ムーシカ文庫の伝言板

いぬいとみこ文庫活動の記録

ムーシカ文庫の仲間たち・編

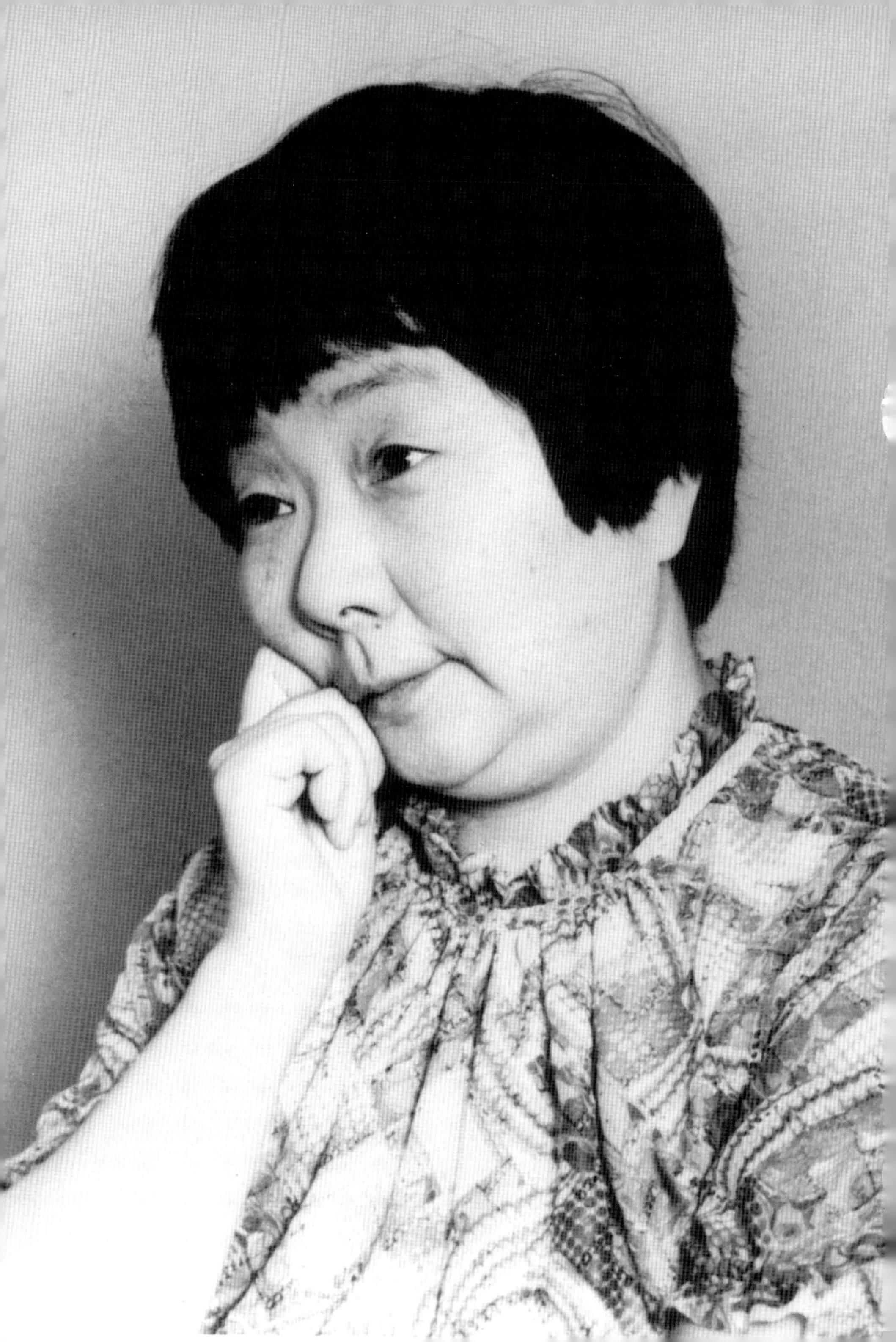

清和幼稚園時代

オオカミ原っぱの家

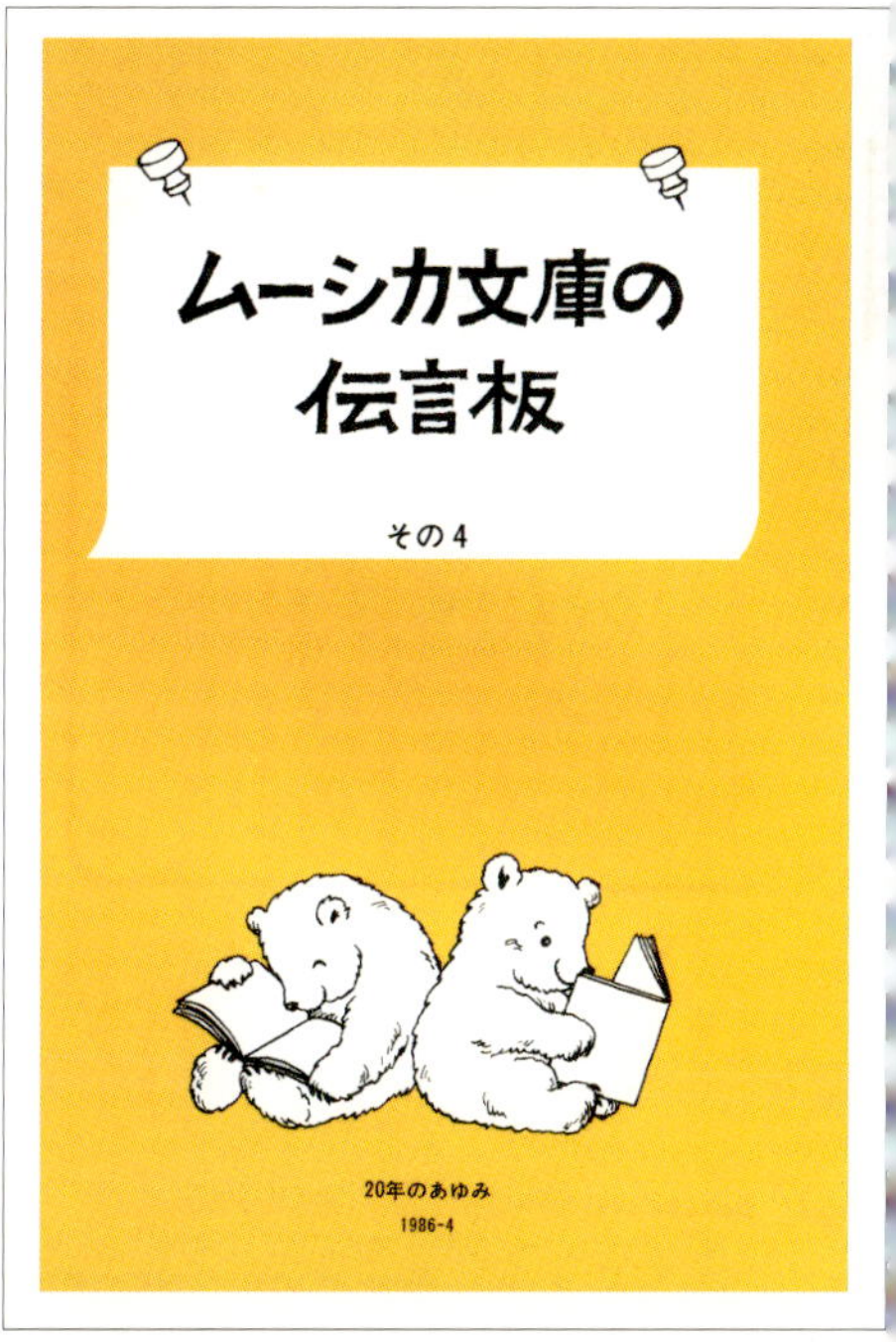

『ムーシカ文庫の伝言板』全四冊の表紙（題字・絵　きのしたあつこ）

ムーシカ文庫
どくしょカード

ムーシカぶんこ
土ようび
1じ30ぷん→4じ

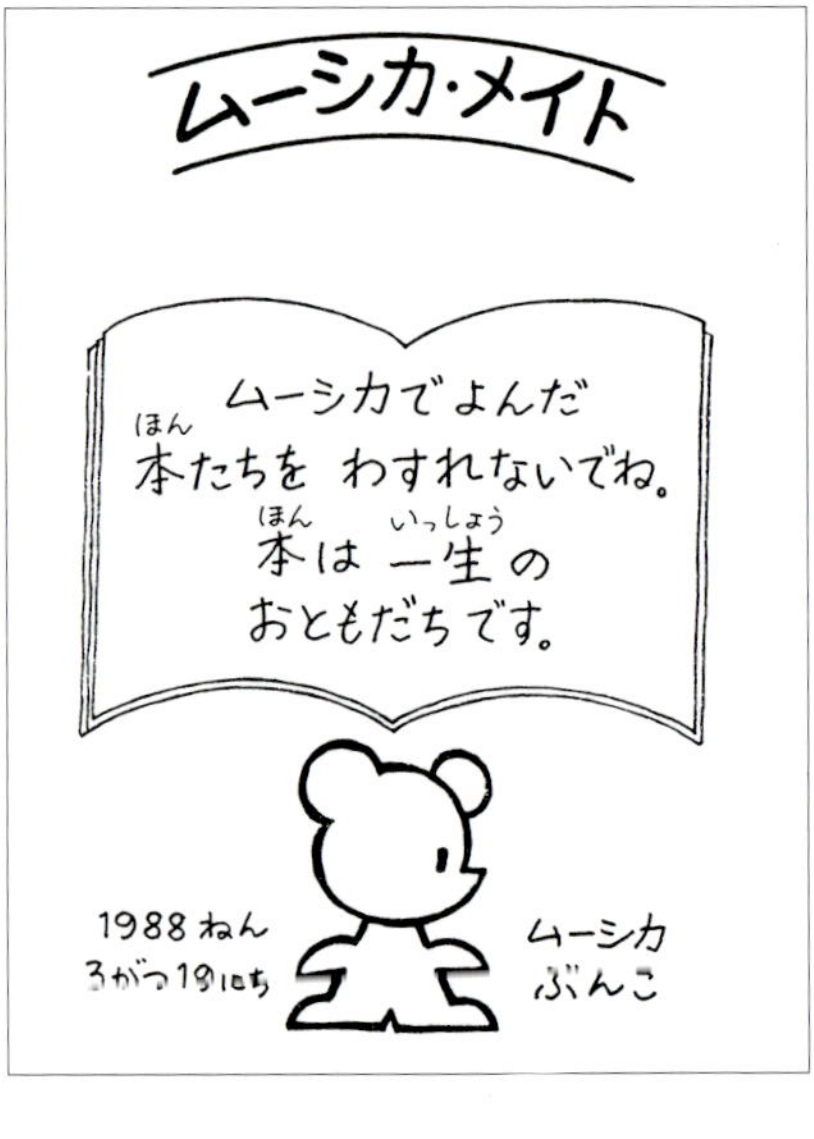
ムーシカ・メイト
ムーシカでよんだ
本《ほん》たちを わすれないでね。
本《ほん》は 一生《いっしょう》の
おともだちです。
1988ねん
3がつ19にち
ムーシカ
ぶんこ

ムーシカ文庫の伝言板

いぬいとみこ　文庫活動の記録

はじめに

一九六五年四月から一九八八年三月にかけて、練馬区の片隅に小さな文庫がありました。作家いぬいとみこ先生が開いた「ムーシカ文庫」です。はじまりはたった一四四冊の本でした。本を読みたい子どもと本好きのおとなのための、本棚しかない、それはそれは小さな空間でした。しかし二十二年の歳月の間にここで本を読んで育った子どもは数知れません。

私はこの文庫に一九六六年四月十日に入会した、と記録にあります。まだ五歳の幼稚園児でしたが、その日から今日このときに至るまで、私は「文庫の子ども」の一人です。

この本の中でも卒業生の一人が書いていますが、文庫は何も強制されず、誰からも束縛されないまったく自由な場所でした。その自由を私達は享受し、たくさんの本を読んで幸せに過ごしました。しかしその恵まれた時間と空間を守るために、いぬい先生とたくさんの大人の世話人の方々がいかに闘い、いかに多くのご苦労をなさっていたか、私たち卒業生は今ごろになってようやく気づき始めたところです。

いぬい先生が亡くなられて一年が過ぎた二〇〇三年三月二日、記念会の席上にて「文庫の記録を残したい」という声が上がりました。作家としての、あるいは編集者としてのいぬい先生の業績は今も児童文学の世界でしっかりと息づいていますし、今後も消えることはないでしょう。けれども私達がお慕いしているのはやはり「ムーシカ文庫のいぬい先生」です。私たちにほほえみかけてくださって、じかに本を手渡してくださって、生の声でお話を読んでくださった、あのいぬい先生のお姿です。その記憶が一人一人の胸から薄れることはありませんが、それぞれの思い出を共有し、形に残しておくことで「文庫の子ども」としての感謝の意を表したいと思います。

この本の前半は、いぬい先生ご自身の手による文庫の記録『ムーシカ文庫の伝言板』と「ムーシカ文庫だより」、同じくいぬい先生の編著である小冊子『松永ふみ子さんの思い出』から成っています。松永ふみ子先生はE・L・カニグズバーグの著書の訳で知られる翻訳家であり、文庫運営の上でいぬい先生の最大のパートナーでした。そして後半にはいぬい先生ご葬儀の際の弔辞、神沢利子先生はじめムーシカ文庫の活動を外から支えてくださった方々によるいぬい先生への追悼文、そして文庫の世話人の方々と卒業生の思い出の文章を掲載させていただきました。

いぬい先生ご遺族の清水慎弥さん・しげみさんご夫妻のご厚意と、木下惇子《あつこ》さんはじめ当時の世話人の方々のご協力によりこのような本を完成させることができますことを、この場をお借りして厚く御礼申し上げます。

二〇〇四年一月十四日

ムーシカ文庫卒業生

小松原　宏子

もくじ

Ⅱ　追悼のことば　279

I　ムーシカ文庫の伝言板

『ムーシカ文庫の伝言板』は、いぬいとみこ先生が文庫活動の記録を残すために自ら編集なさった小冊子です。一九八〇年十二月、八一年十二月、八三年七月、八六年四月の、計四回発行されました。それぞれに、

「だって本っておもしろいもん！　15周年記念号」

「その2　16年のあゆみ」

「その3　ムーシカ文庫で人気のある本」

「その4　20年のあゆみ」と副題がついています。

なお、「16年のあゆみ」は4巻「20年のあゆみ」と重複しますので省かせていただきました。

八六年四月から八八年三月の文庫終了までのことは、「ムーシカ文庫だより」の抜粋をお読みください。

ムーシカ文庫の伝言板　その1

ムーシカ文庫15周年記念号

1980-12

ムーシカ文庫は、一九六五年（昭和四五年）から続いている会員制の文庫です。図書館（ライブラリー）とよぶにはあまりにも小さくて、E・ファージョンのThe Little Bookroom（本の小部屋）が、いちばんふさわしい名まえかもしれません。

ここは、本と本ずきなおとなと、本を読みにくる子どもたちのふれあいの場所です。本を読むよろこびを知って、楽しむ場所——そのほかに何の目的もありません。

ムーシカ文庫は長いこと間借りを続けていましたが、一九七七年一月に、独立してちいさいおうちに移りました。

毎週土よう日、午後一時半から四時まで、一階の部屋で本の貸し出しをしています。二階の二つの和室では、子どもたちが自由に本を読んだり、二時からの「おはなしの時間」に本を読んでもらったりしています。

はじめに

一九八〇年四月一〇日、ムーシカ文庫は一五年目の誕生日をむかえました。いまきている子どもたちの生まれるまえから、この文庫はつづいてきたのです。場所は中村橋の清和幼稚園から富士見台駅近くのT相互銀行の三階へ、そして一九七七年一月からは、オオカミ原っぱといわれていた荒れ地の一角の一軒家へと転々としましたが……。

そして最初のころ小学一年生だった子どもは、大学生となり、いまも時おりハガキをくれたり、なかにはクリスマス会や、本のカード整理を手つだってくれたりする、たのもしい人たちもいるのです。

おととしは、はじめて病気の松永さん不在のクリスマス会をし、去年はまた、いぬいの入院で、クリスマス会中止……という悲しい年をすごしました。

でもその間、ムーシカ文庫は子どもたちと、本好きのおとなの人たちに支えられて、りっぱにつづいてきたのです。

冷夏を前に、ムーシカの垣根のバラは、たくさんの花をつけてくれましたし、初冬のいま、せまい文庫には、幼いひとたちの笑い声と活気がもどってきています。

そこで、私たちおとなも元気をだして、一五年間の小さな歴史をふりかえり、〈子どもたちと本を結ぶ場所〉〈本をよむよろこびの灯の燃える場所〉として、文庫をつづけていきたいと思います。

一五年前の一時期毎週のように来てくださっていた作家の乙骨淑子さんが、今年の八月十三日に亡くなりました。いま古いノートをよみかえしながら、どんなにたくさんの〈本好きの人〉の無償の助力に、私たちが支えられてきたか……と改めて感じ入っています。

（1980・11・11）

目次

闇から光へ
——本をよんでもらうということ

いぬい　とみこ

一年前の十一月二十四日、私はムーシカ文庫の二階で、いつものように子どもたちに絵本をよんであげようとしました。

十一日あまりの長旅のあとで、疲れているなと思っていたものの、飯島ゆうこちゃん、林よりのぶくん、山中ゆかりちゃんなど、よいききてを前にしての「よみきかせ」は、よみ手にとっても楽しいことなのです。（絵本の字がよめないなんて、おかしい……）と、木下惇子さんに、代ってよんでもらいながら、私は初めて自分の目の異変に気づいたのです。

近視の私が老眼になった……と、人にいっても、笑われるばかりで相手にしてもらえません。そこで石井桃子先生にお医者さまを紹介して頂き、眼鏡でも新しくするつもりで十一月二十六日の月曜日、タカノ眼科の高野先生のもとへ出かけたのです。

左目の網膜はくりですぐ入院せよ、といわれ、二十六日厚生年金病院眼科に入院。二十九日手術というあわただしさでした。最低十日は絶対安静、両眼を黒い眼帯でおおわれてしまい、何の予備知識もない私が、失明のおそれのある病人に一変したのでした。

闇と孤独に耐えるため、イヤホーンつきのラジオカセットが入院のはじめから必需品となりました。

手術そのものは、太田先生と河上先生の手で一時間半ですみましたが、部分ますいなので、痛みはなくても、いっさいが見えるのです。汗まみれの先生方。となりの手術室で泣く子どもの患者の声……。

ふつうなら一週間の入院中、いろいろ予備知識を与えられた上での手術でしょう。ところが私の場合、あまりにもはくりが進んでいたので、あっという間に、闇につつまれてしまいました。その闇の中で、一つのカセットを私は一日じゅうきいていました。いぜん創作に疲れたときや、怒りにもえたあと心を鎮めるために、ききつづけていた森有正さんのバッハのコラールと「経験」について彼の「ことば」の入っているカセットでした。

日常生活と切り離された（個室）の中で、自分の慣れ親しんだ森さん

ムーシカ文庫の仲間

のパイプオルガンの音とそのことばが、どんなに私を孤独から救ってくれたかわかりません。

友人たちのかわるがわるのつきそい（木下さん、伊東琴さん、伊藤郁子さんなど、ほとんどが、ムーシカを通してできた友人たち！）と、眼科病棟のナースの人たちのやさしい看護の絶える夜中や、眼帯のとれたのちの長い安静期間中、いくつかのカセットとFMの音楽が、私を支えてくれていました。

一か月の入院中、旧約聖書のテープと「古典落語」のテープがほしいと、私は思いつづけました。

手術からの回復は、病人の心にとっては、死からの回生です。はじめての食事、はじめての半身おきあがり、はじめて、自分で洗面する……といった自立の悦びに、私は自分の幼児体験をまざまざと内側から追体験できたのでした。

まわりの世界がこわい。はじめてすることは、こわい。しかし、一どできたことは、二どめからはもうこわくなくなってしまうのです。

生きる力をとりもどし、闇から光をとりもどしていくプロセスの中で、現代的なものより、バロック音楽、そして新約聖書より旧約を、そして「古典落語」をとのぞんだのは、ごく自然であったと思えます。（短絡のそしりをかえりみずにいうと）ムーシカ文庫の幼い子たちが、グリムや外国のむかしばなしのよみきかせや、古典というべきハッピイ・エンドの絵本や文学をよんでもらっているときみせる、充足しきった顔が、やすらぎを求めて得られたときの〈いい顔〉だったのだなあと思えるのです。

入院中「世間」とつながっていたくて、NHKのニュースやDJもよくきいていました。でも、「どうしても、こくのある日本語がききたい」、「今ふうの日本語ばかりでは、心の栄養失調になりそうだわ……」とも思ってしまったのです。

＊

退院後、ムーシカ文庫も属している「ねりま地域文庫サークル連絡会」という長い名の会の人たちが交渉して下さり、弱視の私にも、石神井図書館の盲人用テープが送られてくるよう、とりはからわれました。新約聖書のほとんど全部と、志ん生の古典落語をほとんど全部、二週間ごとに送っていただき、とてもとても助りました。個人では買いきれない高価なものですから。

（そして落語にも、時代のせいで、封建時代の残りかすがしみついていることを感じました。弱いものいじめ、へつらい、長いものにまかれろ式の弱さ――そうしたものが耐えがたく、『抜け雀』だとか『富久』だとか、人情噺がからないものが好きでした）。

退院後、ムーシカにきている若い人たちに、『オンリー・コネクト』ⅡとⅢや、『メルヘンと女性心理』を、一、二時間ずつよんでもらうことになりました。

図書館まで対面朗読してもらいに外出できないので、出張朗読してもらったわけですが、それもすてきな体験でした。

『メルヘンと女性心理』など、再三自分でよんでいたのに、全く新しくきくことができ、また、よんでくれている人の心の動きまで、こちらに伝わってきて、ある箇所では「これ、私たちみたい！」と、笑ったり、深こくになったりもしました。

生きている人に本をよんでもらうということは、成人の私には初めての経験でした。

それはその人の「声」ばかりでなく、その人の好意と人間性までも、「声」とともに受けとっているのだという、よろこびを伴った経験でした。

つづいて、自分自身も病床にあった松永ふみ子さんが、作品をよんでテープに入れて下さり、（私の意欲も回復してきて）新作にふれたい、文学にふれたい！　との思いがつよまりました。

中川李枝子さん、菊地正子さん、鈴木三枝子さんたち旧「いたどり」グループの人びとの好意で、二月から、トールキン『指輪物語』のカセットづくりが始められ、五月に四十八本で完結しました。これこそ、私の回復に――心の栄養失調を回復させ、さらに生きる意欲をかきたて、創作する力を貯えるために役立つすばらしい贈物でした。わかい北園芽希さん一人では気のどくと、菊地さん、鈴木さん、関日奈子さんといった人びとが、朗読奉仕に加わって下さり、私は彼女たちが深夜にだれとともにいるか偲びつつ――ねこや犬や時計やチャボです――トールキンの世界にひたることができたのでした。

四十歳以上の阿部雪枝さんには、

雑誌『文学』の古事記特集からはじめて『にっぽん音吉漂流記』『花吹雪のごとく』など、自宅で、録音して頂きました。

　こうして「文学」や「評論」を耳からきくことができ、弱視者や盲人のための朗読テープの大切さを、私は痛感しています。

　そして私の弱視は、「ムーシカの子どもに本を読んであげる」ことによって、約一年で回復しつつあります。

　三月から私は、木下惇子さんに新しい絵本を自分がよんでほしくて、ムーシカ文庫へ出かけました。

　そして四月ごろからは（まだ早い早いといわれながら）一冊ぐらい、じぶんで読んであげることもはじめたのです。

　遠く用と近く用のめがねをかけたりはずしたりしながら。慣れているはずの「文庫」でさえ、まだ、気ごころのしれない、こわさの残った場所でした。ロバのイーヨーの気もちが、ようくわかったのもこのころのことです。

　そのうち、常連や、あたらしい子どもたちのいたわりに支えられて、どうやら、私の心も安定しました。

　こまかい字は、いっしょによんでもらいました。一年生になった人たちは、私に字をよんでくれるのが、得意そうでした。

　松永さんも、時おり文庫にきて、本をよんで下さることができるようになりました。

　病気になって、子どもたちが本をよんでもらうときの心のうごきを、万分の一でも内側から追体験できたのは仕合せでした。

　ムーシカ文庫の子どもたち――去年は私が病気になって、クリスマス会がお流れになってごめんなさい。

　今年は十二月二十日に、おはなしをきいたり、ゲームであそぶ楽しいクリスマス会をしましょうね。ムーシカ文庫は今年の四月で、15年目のお誕生日をむかえたのです。

　去年、「よんでもらった」けれど、見ることのできなかったクリスマス・カードを、いま私は見ています。榎本奈比ちゃん、大竹ゆきちゃんたち、すばらしい絵をありがとう。

　みんなも「目」をたいせつにしながら、たのしく本をよんでいきましょうね。

（1980・11・15）

最初のころのこと
—子どもと本をむすぶために—

いぬい　とみこ

　石井桃子さんの「かつら文庫」や、瀬田貞二さんのお宅の家庭文庫に、喜々として来る子どもたちを見て、（わたしも、小さい図書室をつくりたい！）と、いくど思ったことでしょう。

　でも、わたしにはひまがない、だから勤めをやめるまではとても無理だ、とあきらめていました。ところが、一九六四年の夏訪れたモスクワで、作家のチュコフスキーがこういったのです。

――あなたは、自分の作品を、子どもたちに読んでやるのだろうね？

――ええ、ときどき……

と私は答えました。（たしかに、ときどき、三年に二回くらいは）

　チュコフスキーの質問の中には、「子どもと接触のない子どもの文学の作家なんて、とうてい信じられない」といった響きが、はっきりこめられていたのです。

　チュコフスキー自身、自分のつくった森かげのみどり色の図書館で、八十何歳になってからも、小さい子どもたちに本を読んであげるのをひどく楽しんでいることは、何人もの人が書いていますし、老作家自身の口からも、わたしたちとの会話の中で、たびたび繰り返されました。

　そして、一昨年の十一月末、長年書けずにいた作品『うみねこの空』を書き終えて、ほっとしたとき、「こんどこそ、小さい図書室をはじめよう。あのチュコフスキーさんに、ウソツキにならないためにも……」と、決心をかためたのでした。

――そうだ、中村美代さんと、清和幼稚園の美作ひろ先生に相談しよう。

　実は、もう四～五年も前、同じ清和幼稚園で、中村さんと月一回スライドの会をひらいて、「子どもを本に親しませるため」の子ども会をはじめたことがあったのです。でもそれは、二～三回で失敗しました。子どもたちは大ぜい来ましたが、スライドを見て、ワアワア、キャアキャアさわぐだけで、わたしたちは失望し、疲れ果てただけでした。

　そんな「前科者」の二人が、美作先生に、

――小さい文庫をひらきたいのです。週一回幼稚園を貸していただけますか……？と、申し出たとき、美作先生が

心配そうに、

――幼稚園は、どんな人にも使わせていないんですよ。あなたたち、こんどは、ちゃんと長く続きますか？　と念をおされたのも、無理はありません。

　それに、同じ岩波書店に勤めているとはいえ中村さんとわたしとは、めったに顔を合わすひまもなく、お互いの打ち合せは、ぎりぎり、深夜の電話で……というありさまでした。

おさそい

　しかし、いよいよ、一九六五年の四月、「ムーシカ文庫」は出発しました。

　日ざしの暖かい春になりました。みなさまご卒業おめでとうございます。
　来る四月一〇日から、小さい図書室「ムーシカ文庫」を開くことになりました。本に親しむには、小さいおりから、自然に、楽しみながら……というのがいいと考え、おさそいいたします。
　毎週土曜日の午後一時から三時まで、図書室をひらき、かんたんな読書のおすすめと、本の貸し出しをいたします。……（略）……最初は、ささやかな冊数で始めます。あまりおおぜいいらしていただくと、ごめいわくをかけることにもなりかねません。そこで、整理の都合上、入会金五〇円をいただきます。どうか左の申し込み用紙でお申し込みください。なお、カード代などの関係上、毎月三〇円の会費をいただきます。
　「ムーシカ文庫」世話人
いぬいとみこ、中村美代、
小圷《こあくつ》立子

　清和幼稚園の卒業式のとき、こんな「おさそい」を卒業生に配りました。が、四月五日の締切り日までに申し込みは、五～六人でした。

　でも、人数のことなどかまっていられません。先輩の「かつら文庫」の佐々梨代子さんから「文庫を始めて、途中二～三人になっても失望しないように」と注意を受けていましたし、車でならたった五分の距離ながら、いぬい宅から清和幼稚園まで一二〇～一三〇冊の本を運ぶことや、これも佐々さんから教わったとおり、カードをつける仕事やらで、小圷さんとわたしとに、てんてこまいの日がつづきました。

最初の本だな

予想外の初日

いよいよ四月一〇日。土曜日で仕事が忙しく、中村さんに先発してもらい、わたしが二時にかけつけると、日ごろおとなしい中村さんに、――何してたの、おそかったわね。と、しかられました。

なるほど「ムーシカ文庫」にあてられた幼稚園の一室は、満員でした。

――だって申し込みは一〇人くらいでしょ。

――美作先生が心配して、二〜三年生の卒業生に回覧をまわしてくださったのよ……。

へやの中は、小圷さんに申し込み用紙をわたす子ども、『いたずらきかんしゃちゅうちゅう』や『りこうなおきさき』を、本棚から出してきて、一心に読んでいる子などで、ざわめいています。とにかく、お話を読んであげてほしいといわれて、わたしは、四〇人あまりの子どもの九〇ほどの目の真前に立ちました。

まず最初『エルマーとりゅう』の一部を読むつもりでした。それで――この本、知ってる人？　というと、「もってる」「もう、読んだよ」という、なまいきそうな声が響きました。

――じゃ、この本は知らないでしょう？　わたしは、その日手に入れたばかりの『あおい目のこねこ』をさしあげました。

――ふーん。さすがにだれも知りません。未知の小さい図書室へはじめて来て、だれも知らない本を読んでもらったら、その印象は、強いでしょう。

わたしはデンマークのエゴン・マチーセンの魅力的なシャムねこの冒険物語を読みはじめました。（四〇人あまりの子どもに、この本は小さすぎたのですが、おもしろいシーンは、みんなに見えるようにして読みました）読み進むにつれて、シーンとなり、みじかい「一まく」「二まく」の切れめでは――わ、もう終わったよ。――へ、早く「まく」がおわるけどおもしろいね、

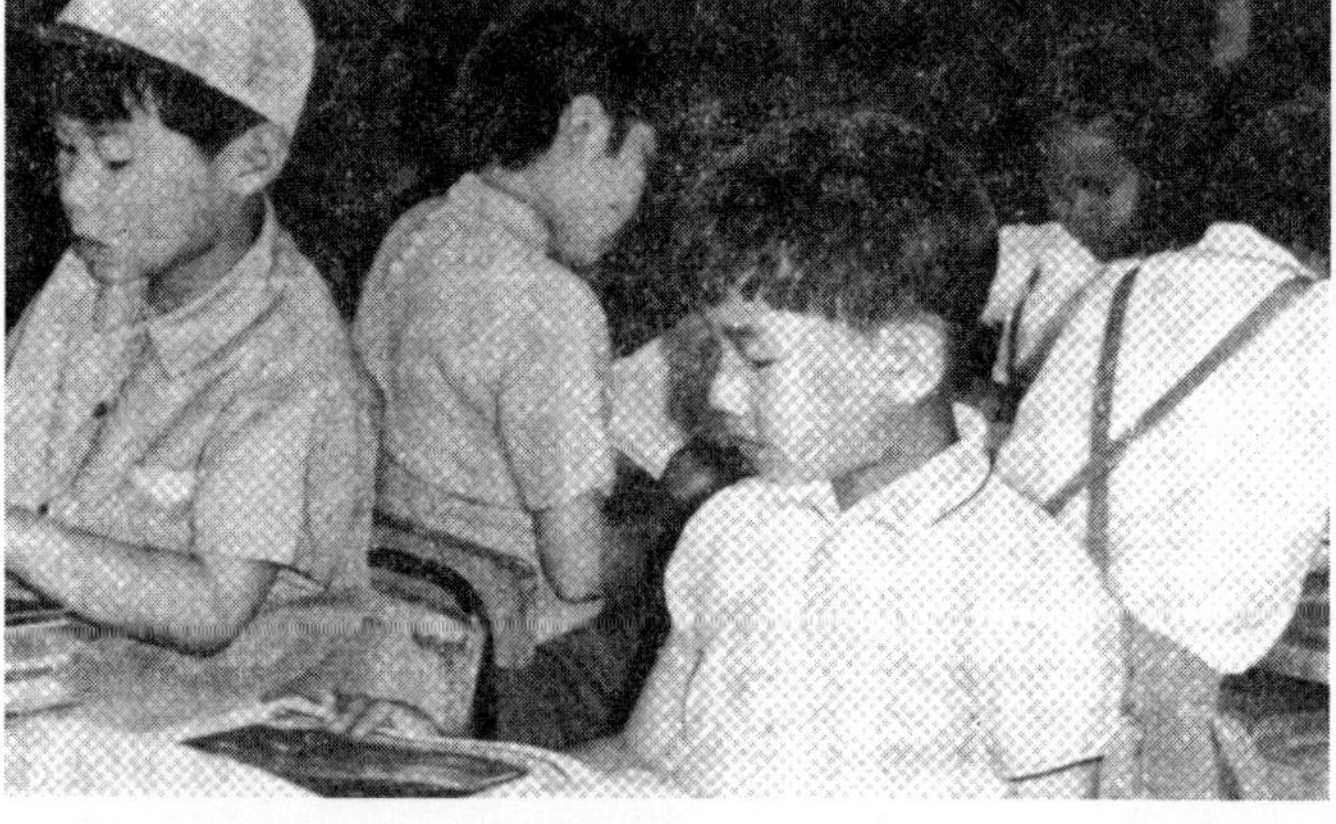

清和幼稚園時代のムーシカ文庫のお友だち
伴地くん（左はし）中西くん（右はし）

という声が飛びました。

やがて、元気でけなげな青い目のこねこが、犬の背中に飛び乗って「山をのぼって、山をくだって、また山をのぼって」と、一ページずつ、山をのぼりくだりするところでは、はじめ遠慮がちだった笑い声が、わァーっと、うれしい笑い声にかわり、こねこが、ねずみの国を発見したところ、そして、ねずみをとって（食べて）まるまるふとったところでは、満足のため息さえ聞こえたのです。

そのうちに、二時半になったので、本の借り方を話し、ひとり一冊ずつということと、カードの書き方を教えました。

「ムーシカ文庫」の蔵書数は、この日はじめて数えてみると
☆自主的に新しく買った本
岩波こどもの本
世界傑作絵本シリーズ（福音館）
岩波おはなしの本　など九二冊
☆いぬいへ寄贈された本のうちから選んだ本
『こねずみせんせい』『そらのりすくん』『日本のむかしばなし一年生』…など五二冊で、合計一四四冊でした。

子どもたちは、本を借りていくのかしら？　と、われわれが心配するまでもなく、ちょっとなまいきそうな男の子が『あおい目のこねこ』を借りたのをきっかけに、顔も名も知らない子どもたちが、名前を書き込んだカードをおいて「さよなら」「さよなら」と、帰ってゆきます。一、二年の子どもには、わたしたちがカードを書きました。貸し出しはひとり一冊です。こちらの不慣れと、本の数が少ないのでやむを得ない処置ですが、二〜三冊貸してという子どもも、かなりいました。

でも、こちらは公平をむねとして―一冊、ここで読んでしまって、一冊別のを持って帰ったら？　というと少しのこって『りこうなおきさき』を読み終えて『天からふったお金』を借りていった女の子がいました。（さいしょのころは、こうした「岩波おはなしの本」シリーズが、特に喜んで読まれました）

さて、子どもたちが帰ったあとで、カードを見ると、三〇冊が貸し出され、自主的にえらんだ本から二〇冊、寄贈本から一〇冊貸し出しになっていました。もしかしたら、より親しみ深く思える寄贈本の方を、多く借りていくかもしれないと思っていたわれわれの予想は、はずれたのです。

目も口も砂だらけになるほどの空っ風の日、車もひろえず、本を運んで来た日のことなども、楽しい思い出となり、わたしたちは、第一日目の成功を喜び合いました。

続いて、四月十七日、二十四日と、「ムーシカ文庫」の日は、いつもにぎやかです。

まず、一時半ごろ、わたしがかけつけてみると、幼稚園の門の所に、子ども用の自転車が五台も六台もおいてあるのが目に入ります。そして、へやへ

入っていくと、二五～二六人の子どもたちが、机にむかって本を見ています。採光のいい保育室には、かいこが桑を食べているような、集中したふんいきが漂っています。

はじめ、わたしたちは、一種のアトラクションとして最初に「本を読む」ことを考えていました。ところが子どもたちは、一時にここへ来て、お庭の鉄棒やジャングルジムやブランコで、一応精力を発散させてしまうと、文庫のへやへ来て、本を読みはじめるのです。このくせが早くついたのは、小圷さんが、いつもきまって一時には文庫のへやに来ていることと、幼稚園の神田先生が、土曜の午後までわざわざのこってくださって、園のどこかで、そこはかとないいげんを示していてくださっているおかげも大きいのです。

そうしたわけで、わたしは、子どもたちの幾人かがあきてくる二時半ごろに、本を読むことにしました。

四月十七日には『せいめいのれきし』を読みました。二十四日からは『エルマーとりゅう』を続き物として一章ずつ読み、読み切りとしては、マルシャークの『しずかなおはなし』を読みました。モスクワで、亡くなる前のマルシャークさんに会ったことなど話して、このものしずかな絵本を読むと、六年生の子どもまで、じっと聞き入っていました。この二十四日には、次の土曜日がメーデーでお休みなので、特別二冊ずつ貸し出すことにしました。でも、一冊だけ借りていく子も多く、ふだんの三〇冊平均にくらべ、この日の貸し出しは四三冊でした。

「ムーシカ文庫」の存在を知って、毎回入会者がふえています。この二十四日（三回目）で、在籍は六〇人にもなり、小圷さんも大忙しです。

しだいに高学年の人がふえたので、こちらは本の買いたしに忙しく、自主的に買った本……一四六冊、寄贈本から選んだ本……五四冊の計二〇〇冊になりました。

児童文学作家のしあわせ

一回休んでの五月八日、がたっとへるのではないかと思っていたのに、相変らず、四〇人あまりが、まちかねたようにやってきました。この日やっとわたしたちは、会員証を、会費の袋にはりつけて配りました。きちんと初めから用意するつもりで、約一と月おくれたのです。この日は『エルマーとりゅう』の続きと『チムとゆうかんなせんちょうさん』を読みました。なれるにつれて、やや「要注意人物」になってきた男の子たちも、この「チム」は喜んで聞いていました。

五月十五日は、ひどく暑い日で、男の子たちは落ちついて本を読んでいません。でも習慣はおそろしいもので二時ちかくになれば、二五～二六人が机にむかって本を読んでいるのです。この日も机がたりなくなって、隣のへやから借りて来ました。

『エルマーとりゅう』のほかに、この

日は『ゆかいなかえる』を読みました。生態もわかる楽しい絵本で、いっしょに喜んで読んでいったのですが、最後の一～二ページになって、急に秋や冬のことをひと息に詰めこんであるのが、とてもおしいと思いました。

五月二十二日も暑い日でした。この日は『いさましいアリのポンス』の中から「アリのポンスはかわりもの」を子どもたちに読みました。自分の作品を、子どもの前で読む機会がやってきたのです。シーンとして聞いていてくれるので、何ともいえず、しあわせでした。この夜わたしは、モスクワのチユコフスキーさんに「ムーシカ文庫」の出発のことを、手紙に書いて送ったのです。

以上が「ムーシカ文庫」の発足のありのままの記録です。費用は、五万円を、理論社の印税から前借りしました。

たのもしい子どもたち

すぐ六月がきましたが「ムーシカ文庫」に皆勤してくる子どもは、二〇人を下りません。

これはわたしたちにとって、ほんとうに驚くべきことでした。この子たちは、ただ、「本がそこにあるから……」やって来るのです。

月刊の「鉄人28号」の出た日には、その雑誌をかかえてやってきます。それも、ついでに持って来たので、ここへ来て読もうとはしません。

勉強も、マンガも、本を読むことも、並行してやってゆけそうなこの子たちを見ていると、一種のたのもしさを感じるのです。

いつも兄妹で来て、わき目もふらずに読んでいくI・Mちゃんたち、本を読んでもらうのが楽しみで、庭へいくのをぐっとがまんし、読んでもらうときは、わたしの真前にきているK君など、おかあさんや先生方は、この子たちのこんな一面を、ごぞんじかしら…と、ほほえましく思ったりしているのです。

忙しい仕事をもつ身で、無理を承知ではじめた小さい「ムーシカ文庫」ですが、いまではおとなたちの方が、土曜日が楽しみでたまりません。

幼稚園という公共の場所がよかったせいか、日ごろの学校の教育がいいのか、大きなトラブルは起こりません。

また、一つには、子どもたちに読んでほしいと思える本が少くとも一〇〇冊や二〇〇冊は、たやすく手に入る時代が来ていることが、わたしたちの文庫「経営」を、以前よりやさしくしているのかもしれません。この文庫をはじめてから、石井桃子さんの『こどもの図書館』（岩波新書）が出て、いろいろ、教えられることばかりです。

こういう先輩があってこそ、わたくしたちの小さな図書館ものんびりと、やっていけるのでしょう。

（1965・6・10記）

ムーシカ文庫の独立まで

T相互銀行時代のムーシカ文庫

いぬい　とみこ・松永ふみ子

ムーシカの引越しの仕掛人は？

　ムーシカ文庫は、もとは中村橋にあったある幼稚園の一室を、園長さんのご好意によって貸していただき出発しました（一九六五年四月）。その後、幼稚園のつごうが悪くなり、移転さきをさがしていたとき、あるお母様の知恵で、富士見台にあるT相互銀行の三階ホールを借りられることになってあやうく存続することができました。六年前の四月でした。三階のホールはひろく、その片すみに、ひとまず二つの本棚をおかせてもらいました（本棚は、のちに、三つと半にふえました）。

　土曜日の午後、銀行の正面の扉がしまってから、子どもたちは裏口から、ぞろぞろホールに上ってきます。でも、はじめ、銀行は快く小さいお客さんを迎えてくれました。

（そのときの支店長は、のち高島平団地にあるT相互銀行の支店長にかわり、そこに自前で「文庫」を作ったそうです）

　ところが、第一回のショックは、ある雨の日の土曜日に起こりました。いつものように、二時半から（当時は二時半からでした）のおはなしをしている私たちと子どもたちの前に頭から湯気を立てたおじさんが、まっ赤な顔でとびこんできたのです。

「ちょっと、この階段を見てください！」

　私たちは、おはなしをやめて、階段を見に行きました。ピカピカに磨かれた階段につけられた、小さい長ぐつの足跡、巨大なゴム消しカスのような「どろ」のかたまり……子どもたちは、きっと、このへんにまだあちこち残っている大根や里芋畑の中を通って来たのでしょう。おじさんは銀行じゅうをピカピカにしているのが仕事なのに、そのだいじな銀行をどろんこにしてしまったのです。

　それからというもの、私たちは雨が降るたびに、身の縮む思いをしながら、廊下を這いずりまわって、ぞうきんで拭くしまつとなりました。間借り人のつらさをしみじみと感じさせられたのです。夏の暑い日、閉め切りのホールは子どもの熱気でムンムンします。クーラーを入れると、湿気がホールのうしろの和室にこもると叱られました。自転車の置き方が悪い！　と叱られました。そして時には、息せき切って時間にかけつけると、子どもたちがしょんぼり外に立っていました。きょうは銀行で会議があるから休んでください、といわれました。かと思えば、バーゲンセールがあって、本を読みに来たはずの子どもたちは、風船とキャンディをもらって大はしゃぎになり、読書どころではなくなります。

いろいろありましたが、そもそも最初にムーシカの引越しを思いつかせてくれたのは、なんといっても、銀行で私たちといちばんふれあいの多い守衛のおじさん（以下オラガさんと呼ぶ）というべきでしょう。

オラガさんは、いわば下士官さんで、銀行では、私たち以外に彼の下の人はいないのだし、掃除の主は彼なので、彼のガミガミは、とうぜん私たちふたりにかかってきます。そして、言われっぱなしの「タダ」の間借り人の私たちは、これがけっこうこたえました。

でも、きっかけはオラガ氏のガミガミとしても、もっと実質的にこまったことが起こりました。まず、文庫のオープン時間の短縮でした。二時半に文庫を閉めることになれば、家の遠い子どもたちや、せっかく来ている中学生が来ることは、ほとんど不可能になります。

一九七三年三月には、とつぜん、改築を理由に追い立てをくったのですが、その時は私たちは追い立てられているとは考えず、文庫を三月中旬から六月末まで休んで、子どもと本を近くの「風の子文庫」「柿の木文庫」「つくし文庫」に分散してあずかってもらい、ぶじに危機を乗りこえることができました。そして、七月に再開してみれば、子どもたちは、待っていたようにニコニコとまた来はじめました。

一九七四年のクリスマスには、例年どおり二十一日（土）をクリスマス会ときめ、銀行とも打ち合わせて出欠の予約までとったのに、会場のつごうで……と急に二十五日に変更させられました。イヤガラセと感じはしたものの、そこをなんとか……とニコニコしながら、とうとう百人近い子どもたちのパーティーをしてしまいましたが、間借り人の身でよくまあがんばったものと、われながら感心します。なぜ、そんなにがんばれたのか？　その理由のひとつは、

「子どもたちは気がねを知らない」

ということです。ある時、急にホールを半分に仕切られて、半分は会議に使います……といわれた日がありました。ところが、くる子ども、くる子ども、言いあわせたように、

——アレ、きょうはムーシカ文庫なのに！

——なんであの人たちがここにいるの？

と大声できくのです。私たちは銀行の仕打ちを不当とは思いながらも、

——きょうは急に用ができたのですって。しずかにね。

などと一応なだめましたが、子ども

たちは平気でいつもよりさわぎます。ついに銀行の人びとは別室に移ってしまいました。

こんな時、子どもがへんにオドオドしたりしたら、私たちの引越しの決心はもっと早まったかもしれません。

しかし、文庫のオープン時間が一時から三時、つぎに一時半から二時四十五分まで、としだいに短縮され、出入りにも三階から外に出る非常階段を使ってください、というふうに、制限はきびしくなるいっぽうでした。世相がわるく、銀行の保安上、非常口でもあけておくのは危険になったのでした。

決定的なショックは、一九七五年のクリスマスにきました。

早やばやとホールの借り入れを申し込みにいくと、「銀行は保安上、年末には厳重に警戒をしなければなりません。そこへ、先生方は百人もの子どもたちを集めるのですか？　それでもし事故でも起きたら、どうなさるのですか？　誰が責任をとるのですか？」と。

でも私たちは、子どもたちがたのしみにしているクリスマス会をやめる気にはなりませんでした。もう、こんな気がねはまっぴらだと思いながらも…。

銀行側はさらに、楽しいクリスマス会のさいちゅうに、

「三階の非常口のカギをあけておくなら、誰かひとり見張りにたってほしい」と、追いうちをかけ、手つだってくれているおとなたちのまっさおな顔…。

私は8ミリをまわしながら、ハラワタのにえくりかえる思いでした。そして、これ以上、間借りをつづけるのは不可能……と思い、七六年の一月はじめ、引越ししよう、松永さんに相談しよう……と決心しました。

引越し先を求めて

（以下メモふうに）

一九七六年二月七日　松永さんと、ムーシカ移転の希望をはなす。目標は九月。貸しマンションでもいいではないか、

本を読む子、本をさがす子、もうかなりの冊数になってきた。本だなもふえてきた。

と。

二月十四日　ムーシカの卒業生Iさんの父（フジミ商事）をたずねて、松永さんと交渉にいく。一ケ月五万円ていどの家賃でマンションを借りたい、とたのむ。七五年は不況でマンションはがらあきのところが多い、と、Iさん楽親的なへんじ。

三月　しかし、土地・住宅の金融緩和と学生の移動などで、貸し家・マンションは見つからず。

いぬいのマンションの二階の一軒が売りに出たときき管理人に申し込んだが、話がダメになる。おかしいと思って、「大善土地」にききにいく。子どもが大ぜい来てはめいわく。持ち主は売らずによそへ月八万円で貸すことにしたという。

四月十日　松永さんと、「大善」のせわで、買う決心で、駅のむこう側のパール・マンション（九百万円）二〇八号室を見にいく。二階でいいところだが、せますぎて、あきらめる。

四月十七日　現在のオオカミ原っぱ（子どもの命名。このへんさいごの原っぱの由）の西よりに、建売りで土地つき、三階だて、一軒千二百万円くらい、九月にできる、という耳よりな話あり、見にいく。しかし、この話は六月ごろダメになった。この間、文庫の子どもの出席が30％くらい減り、毎回60人は来ていた子どもが35人くらいになっているのを知る。でも、中学生が一人、二人、むりして来たりするので、こちらはますます引越先を求める。石神井図書館から本の貸し出しの申し出を受けたが、「本より場所がほしい」と痛感。九月移転はあきらめる。

七月二日　フジミ商事から、オオカミ原っぱに、六軒の建売り出される話あり。新築だが、東南角で千九百九十五万円という。

七月十日　松永さんと若尾建設へ交渉に。千六百万にしてほしい（床の間、オフロ場とりやめなど）と。そして、文庫の必要なわけを話す。わかいセンム氏、社長と相談するという。

七月二十四日　話しすすまず。手付金としてIさんに五十万円あずける。

七月二十六日　松永さん、Iさんと若尾へ行って、千八百万円で妥結。この日、いぬい、松永、土地を見て、その小さいのにショック。

八月七日　若尾と契約書を交わす。頭金として三百五十万円入れる。十一月末完成とのこと。工事、一人の大工さんで、九月ごろから着々と。思ったより、良心的。

九月八日　いぬい、F銀行のローンへ交渉に。松永、いぬいの予定では、I氏のことばにのり、15年間の、9％～10％の金利で千二百万円借りるつもりだった。だがF銀行では、私たちは家があるので、ローンはむりだろう、しかし書類を出して、といわれる。

九月十一日　保証人にI書店の副部長氏の印をもらい、F銀行へ。だが、けっきょく5年で11％で一千万円なら、住宅、土地担保で貸すという。いぬいあきれ、わけをきくと、「営利事業なら一五年の長期ローンもあるが、おたくのは営利でなく、むしろ福祉事業だから貸せないのだ」といわれる。「支店で通しても本店で通らないだろう」と。

係のM氏、いぬいの「木かげ」をよんで知っているという。この人がわるいわけではないと知りながら、大企業、大資本の論理を学ぶ思い。ロッキードもミナマタも内部告発できる体制でないわけ。

T銀行での文庫の子ども

九月十八日　F銀行はあきらめ、松永の取引銀行のT相互にいたします、といってことわる。いぬいの定期預金がこちらにないので、T相互は、その預金の約束を求めているらしい、とわかる。F銀行での教訓から、一千万円を借りたいと申し込む。

九月二十五日　松永、いぬい、T相互の人にあう。七年で一〇・三%の線が出る。そこでいぬいが、現在あるふつう預金、三ケ月定期の他に、さらに二年定期百五十万円を十月中にする……ということで、一応お金が借りられる見込となる。

(出版社に借金の申し込みに歩き、いぬいの血圧が上った)

十月二日　T相互に申し込み書を出す。

T相互銀行の文庫に対するいままでの不親切に対して、私たちが不感症でいられたのは、子どもたちが本を借りていく顔つきの輝かしさと、かれらの物おじしない自由な態度とのおかげだった。

ともあれいま、練馬区貫井3―33―3の一角に、木造モルタル二階の「ちいさいおうち」が、骨組みだけでなく、外側(下見)まで張られて出現してきた。十二月引越しをめざして、私たちは、バザーの準備をはじめている。

とにかくこのクリスマス、わがムーシカ文庫でまっさきに功労賞の花束をあげなければいけないのは、オラガおじさんではないかしら?　しかし、オラガおじさんも、銀行という階級社会の中で、心ならずも私たちにつめたくさせられていたのではなかったか、とも近頃感じはじめている。

(1976・6・5)

なぜ、絵本を読んであげたいのか

木下惇子

絵本を読んであげる理由

私が初めて子どもに絵本を読んであげたのは、文庫を手伝い始めてしばらくしてのことでした。文庫では、十五年前の発足当初から、子どもたちに絵本やお話を読むことを続けてきましたので、私もごくあたりまえのこととして、それを始めたのです。それまで、絵本が好きなタダのおとなとして、一人で絵本を楽しんでいた私にとって、子どもと一緒に絵本を読むことは、まさしく発見の連続でした。今考えてみると、私は最初から実にすばらしい聞き手に恵まれていました。聞き手の子どもたちが、私をより広い絵本の世界へと導いてくれたのです。

ところがそのうち、私は何となく物足りなくなってきました。一週間に一度会うだけの子どもたちと私は、「本」というきずなだけで結ばれています。私は自分と本と子どもたちが、どれだけ強く結ばれているか、知りたくなったのです。もっと欲張りなことに絵本を読んであげることが、どのくらい子どもたちの役に立っているのか、いないのか、子どもたちの心の中をのぞきたくなったのです。自分の行為に、はっきりと心から納得できる意味や、確かな裏付けを付けたかったのかもしれません。

そこで私がしたことは、子どもや子どもの本の専門家の方々の著作を読んだり、お話を伺うことでした。私はその都度、子どもと絵本の関係が理解できたような気がしました。それから、子どもの心の中をのぞくには、発達心理学とか精神分析学とか大脳生理学とか、それに文化人類学やら民族学やら、さまざまな通路があるらしいということもわかってきました。けれど怠け者の私は、その辺で追求を打ち切り、ともかく、やっぱり、幼児にとっての絵本は、まずおとなに読んでもらうことが必要なのだと、頭の中で納得したつもりでおりました。

けれど、本当にすなおにそのことを納得したのは、私自身が、おとなに絵本を読んでもらうことから本の世界に入ったのだ、ということを知ったときでした。

私の書だなには、角がすりきれ、とじめもがたがたになった、古ぼけた小型の絵本が二〇冊ばかりあります。私が読み、弟が読み、兄の息子が読んで、ボロボロになった『ちびくろさんぼ』（岩波書店）をはじめ、それはいずれも、私が子どものころに読んだ絵本なのです。中でもとりわけ好きだった『山のクリスマス』（岩波書店）は、三、四年生向けの文章の長いもので、私はそれを自分で読んだことを記憶していますから、ほかの絵本も最初から全部自分で読んだものと、長い間、疑いもせずに思っていました。

ところがあるとき、父が、それらの絵本を私や弟にせがまれて、文章をすっかり暗記してしまうほど、くりかえし読まされたと申したのです。父に絵本を読んでもらった記憶などまったく無かった私は、それを聞いても、父の記憶違いにちがいないと、すぐに信じることができませんでした。

私はもう一冊、ページがバラバラになってしまった、もっと古い絵本を持っています。横山隆一作『小サナ船長サン』（朝日新聞社）という絵本で、もともと年の離れた兄のものだったのが、私が読み、次に弟の愛読書となりました。「カンタラウのおうちは、かはのうへにうかんだ、おふねです」ということばで始まるこの絵本を見ていたとき、三、四年ぐらいで読んだにしても、今の私でさえ読みづらい、この旧仮名遣いの本を、私も弟も最初から自分で読めたのだろうか、という疑問がわいてきました。兄に確かめましたところ、この絵本は、父が出征中に兄が母に読んでもらった本だそうで、その後、おとなになった兄が、今度は私と弟に読んでくれたというのです。そして、父も母も、私と弟に絵本を読んでやっていたという兄の証言を聞いて、やっと私は父のことばを信じたのでした。

不思議なことに、記憶の空白がそうして所どころうずめられてくると、忘れていた記憶が少しずつたぐり寄せられてきます。散歩に行ったすすきの原で、兄に、「三枚のお札」らしき話をしてもらったこと。それから「うつらうつらのブタおばさん」ということば。これは、私が母をからかうときによくつかったことばですが、このことばには、母と私だけが了解している、懐しい響きがあるのです。私が、幼いときに読んだ絵本にあったことばだ、と母から聞いたことがあるのを思い出しました。ずっと前に亡くなってしまった母に、確かめるすべはありませんが、母と私の間にそのことばがあったということは、母が私にそのことばを読んでくれたのだ、ということを伝えてくれているような気がします。

かつての私も、私の目の前にいる子どもたちと同じ子どもだったということ。その幼い私が、本の世界への入口に立ったとき、こうしたおとなたちの手が、そこにあったということ。改めてそのことを確認した後の私にとって、子どもたちに絵本を読むことは、むつかしい意味など必要のない、まったく自然なこととしてすなおに受け入れられました。このことを通して私は、子どもたちの心の中をのぞくことができるかもしれない、自分だけの小さな「通路」を見つけられたような気がしました。

そうはいっても正直なところ、私は、今でも私が絵本を読んであげることが、子どもたちの成長のために、何かの手助けになっているのかどうかわかりません。ただどうやらわかりかけてきたことは、子どもは絵本を読んでもらうことが好きだということです。子どもはそのことを楽しみます。そして子どもが楽しんだときには、私自身も楽しいのです。今の私にとって、子どもたちに絵本を読んであげる理由は、それだけで十分ですし、またそれ以上のことはないと思っています。それを教えてくれたのは、ほかならぬ身近な子どもたちの一人一人と、かつて子どもだった私も、そのようにして絵本を楽しんだという事実なのです。

子どもの見かた、おとなの見かた

子どもと一緒に絵本を読むことは、いわばおとなにとっての「絵本実習」と言えるのではないでしょうか。私が文庫という絵本の学校で、子どもたちから「実習」したことの一つは、子どもはおとなとは違った絵本の見かたをする、ということ。そしてそれは、絵本の絵の役割を考える上で、たいへん重要な手がかりになる、ということです。

自分がよく知っている動物とか乗り物とか食べ物を、絵本の中に発見して満足する時期を過ぎた年齢の子どもが、次に絵本に求めるのは、新しい世界、見知らぬ世界を経験することではないでしょうか。けれど子どもは、いきなり見知らぬ世界に入っていくことはできません。彼には、新しい世界へ入っていくきっかけ、つまり入り口と、その世界を最後までたどれる手がかり、すなわち通路が必要です。

何が入り口となり通路となるかは、読み手自身の子どもの内的状態と、もちろんお話の素材とことばの問題を抜きにしては考えられませんが、子どもはまずはじめに、絵の中にその入り口を見つけます。

子どもたちと『ひとまねこざる』（岩波書店）や『いたずらきかんしゃちゅうちゅう』（福音館書店）のように、子どもたちがよく知っている絵本や、『旅の絵本』（福音館書店）のように字のない絵本を見るときは、子どもがどんな風に絵を見ているかを、うかがい知る良い機会です。子どもは絵から物語を読み取り、めいめいひとりでにそれをしゃべりはじめます。そして必ず、「ほらね、さっきのねこがここにいるよ」とか、「ほら、赤ちゃんも、あっちって言ってるんだ」と、指さして説明してくれるのです。子どもたちは、画面に登場する人間や動物や乗り物の、しぐさや表情をくわしく見ています。背景の建物の飾りとか、小さい道具の一つ一つも見落としません。子どもはなぜ、このように絵の中の細かい一つ一つの事物を見るのでしょう。それはおそらく、絵の一つの細部が、子どもにとっては、一つのことばと同じ働きをしているからではないでしょうか。

子どもが絵を見るときは、まず画面の中で、具体的に何かを語っている箇所を見つけます。次にその一つ一つの部分を組み立て、その画面のある状況を理解するでしょう。そして、ページをめくるごとに、連続してそういう経験をすれば、それをつなげて、物語全体の関係がわかっていくのではないかと思います。子どもは絵本の絵を読む、絵から物語を読み取る、と言われるのは、こういうことを意味しているのではないでしょうか。

私たちが読む物語は文章から成り、その文章は一つ一つのことばで組み立てられ、そのことばは、また一つ一つの文字によって組み立てられています。文字がわからなければ、ことばが読めないように、イメージを具体的に表現していない絵を、子どもは読むことができません。ただながめるだけです。逆にあることを語っている絵は、確かな現実性を持って子どもの心の中に入りこみ、生きはじめます。つまりそういう絵に出会うことで、子どもは絵本の世界へ入っていけるのでしょう。

ところがおとなが絵を見るときは、子どもと同じ順序をたどりません。たとえば『マドレーヌといぬ』（福音館書店）のマドレーヌはパリに住んでいます。絵を見るまで「パリ」ということばは、子どもにとって何の意味も持たない、タダの音にすぎないでしょう。けれどおとなは、絵を見なくとも「パリ」という単語から、すでにあるイメージを持ちます。おとなは、そのことを意識しようとしまいと、自分の中にあるイメージを絵の中に見ようとします。自分のイメージを視覚的に確認し、そのイメージをより確かに、より豊かにふくらませるために、おとなは絵本の絵を見るのではないでしょうか。絵が具体的に何かを語っていなくとも、一つのふんい気とか情感を表現していれば、おとなは、画面全体の構成や、絵のスタイルや色彩やタッチから、空間や時間や状況と、それらの移り変りを感じ取ります。そして次に、一つ一つの細部で、それをさらに裏づけていくのではないかと思います。

たとえば、すばらしい風景を見るために訪れた、旅先の見知らぬ町で、一人のおばあさんに声をかけられたり、一ぴきの小犬がすり寄ってきたことによって、その町が忘れられない親しい存在になってしまった、という経験をなさったことはありませんか。子どもは風景を見ようとして旅に出たりはしないでしょう。子どもはいきなり小犬に出会います。その小犬にひきつけられれば、子どもは「その小犬のいる」町へ入っていくでしょう。そこではじめてその子の旅がはじまります。絵本の世界を旅することもこれと同じではないでしょうか。

『ちいさいおうち』（岩波書店）を開くとき、私は小さい家をタダの家として見ようとするのですが、どうしてもそれがニコニコしていたり、なさけない表情をした「顔」に見えてしまいます。私は子ども時代にこの絵本に出会いましたが、子どものときの印象が残っているせいでしょうか。おとなの私が風景の中の一つの家として見ようとし、子どもの私がそれを顔と見る、と言うのは短絡にすぎるかもしれません。ただ、子どもの私がこの顔の表情から、この家を生きた存在として受けとめていたらしいということは言えると思います。

「見る」という行為を通して、見えない物語を「想像」する人間の心のしくみが、そう簡単にわかるはずはありません。これ以上の勝手な推理は、こじつけになってしまうでしょう。私がささやかな「絵本実習」を通して、一つだけ確かにわかったことは、たくさんの子どもとおとなに長い間愛されてきた絵本の絵は、どんな見方をしようが、いつもはっきりとした一つの世界を呈示してくれている、言いかえれば、すべての部分で物語を語っているということです。

本の世界へ旅立つ子どもたち

先日、文庫の子どもたちに『かさもっておむかえ』（福音館書店）を読んでいたときのことです。主人公の女の子が、ねこと一緒に緑色の電車に乗り込み、そこで乗客の動物たちに出会う場面のページをあけますと、T君が突然立ち上がって画面を指さし、「あっ、動物が乗ってる。くまもいる、ぞうもいる！」と叫びました。そのときのT君は、絵本のこちら側から、女の子と動物たちが出会う様子をながめていたのではなく、自分も絵本の中にいたのです。T君自身が電車に乗り込み、自分で動物たちを発見したのです。

お子さんに絵本を読んであげた方なら、どなたもこんな経験をお持ちのことと思います。子どもは物語が進むにつれ、思わずハッと息をのんだり、つぶやいたり、うなずいたりします。何回もくり返し読んでいる絵本の場合は、自分で登場人物を演じ始めたりすることもあります。たとえば、読んでいる途中で、自分自身が主人公の機関車になってしまい、画面の線路の上に両手をなげ出して、私のひざの上で走り出した子もいれば、読み終わってから、かけあいで絵本の中の会話をまねながら、絵本ごっこに熱中した子どもたちもいました。

こうした子どもたちに接するたびに、子どもにとって、絵本を読むということは、絵本の世界に出会い、その中に入っていってその世界を体験することなのだ、とあらためて思います。絵本の世界は、距離をおいてながめる架空の世界ではなく、自分自身もその中で生きることのできる、実在の世界として子どもの前に現われるのではないでしょうか。子どもは絵本の登場人物と一緒に、と言うよりは、登場人物自身になってその世界に入っていき、そこでさまざまなことに出会い、驚いたり喜んだりするのでしょう。その驚きや喜びや感動が大きく強いものであれば、それを何度でも体験したくて、くり返しその絵本を読むのだと思います。逆に、絵本の中に入っていくことができなかった場合には、その絵本を読もうとはしません。

子どもが本という新しい世界へ旅立つ旅人だとすれば、最初に訪れる絵本という国で、この体験をじゅうぶんにたっぷりと心ゆくまでしてもらいたいと思います。なぜなら、この体験を通して、子どもは、本というものの中には不思議な未知の世界があるのだ、ということを知るからです。そしてその世界を自分の心の中に住まわせることができるのだ、ということも、そのことが自分に喜びを与えてくれるのだ、ということも知ることができます。このことがわかりさえすれば、子どもはあとはもう自分の足で、本の世界をどんどん先へ進んで行くでしょう。本の世界を旅する「自分の足」とは、すなわち自分の想像力です。その足は、使えば使うほど、強くたくましくなり、行こうという意志さえあれば、どこへでも歩いていくことができるのではないでしょうか。文庫の子どもたちの読書カードをながめるたびに、私はそう思わずにはいられません。

読書カードとは、自分の借りた本の書名を書き入れるカードで、子どもたちはめいめい自分のカードを持っています。一枚のカードに三十冊ほど記入できますが、子どもが本の旅を続けていくに従って、このカードはふえていきます。カードの束は、一人一人の子どもの、本の世界を旅する旅の記録、すなわち読書の歴史の記録であり、地図であるとも言えます。そして、それぞれの地図と歴史の何と多様なこと。子どもの興味の広がりと移り変わりがそこに描かれています。

恐竜と昆虫の絵本ばかり見ていた子が、いつのまにか物語絵本をかたっぱしから借りていたりすると、その子の歴史の上で新しい時代が始まり、その子の地図に新しい大陸が生まれたのだなと私は思います。ファンタジーとナンセンス物語ばかり読んでいた子の地図に、ある日ひょっこりと、『星座を見つけよう』（福音館書店）という島が現われ、やがてポツリポツリと「宇宙」列島を形作り出すということもあります。T子ちゃんのように一年生の半ばで『ぞうさんババール』（評論社）シリーズの時代から、一挙に『ドリトル先生物語』（岩波書店）シリーズ時代へと突入していく子もいれば、K子ちゃんのように二年生の終わりごろから、ゆっくりゆっくり行きつ戻りつしながら、徐々に絵本から童話の時代へ移っていく子もいます。

そういう「時」が、どのようにしてその子の上に訪れたのか、どのようにしてその子がその本に行き当たったのかはわかりません。けれど、その子が自分でそういう「時」をつかみ、そういう本を自分で選び取ってきたのだ、ということだけは確かです。だれに強制される訳でもなく、まったく自分の内的欲求だけを頼りに、子どもたちは読書の旅を続け、自分自身で自分の地図と歴史を作っていきます。一人一人の子どもの、一つ一つ全部違う地図と歴史をたどっていると、私は「子どもはこうして、自分で自分自身になっていくのだな」と思ってしまいます。もちろん、読書は子どもの生活全体から考えれば、ほんの一部にすぎません。でも、部分が全体を象徴するということもあるのではないでしょうか。

　子どもは、「遊び」が自分のタメになるから、何かの役に立つから遊ぶのではなく、遊ぶことがおもしろいから遊びます。遊んでいるうちに、結果として、知らず知らずのうちに表現力や創造力を養ったり、集団のルールを学んだりするのであって、たとえば、始めから協調性を身につけようとして、友だちと遊ぶ子どもはいないでしょう。「読書」もそれと同じではないでしょうか。だからこそ、読書の出発点である絵本の時代に、本を読むことはおもしろいことだ、ということを、たっぷりと子どもたちに、心の中で体験してもらいたいと思うのです。

（福音館書店『こどものとも』付録『絵本のたのしみ』一九八〇年一〇、十一、十二月号より）

オオカミ原っぱに建った家で

　草ぼうぼうの原っぱの一角に、ちいさな家が一軒、建ちかけていました。一九七六年九月末のことです。つきあたりは崖になっていてゆきどまり。車のはいってこないこの原っぱはここにできる「本の小部屋」（ムーシカ文庫）にくる子どもの、いい遊び場になるわ……などと思いながら、未来の家の骨組みを8ミリに撮っていると、とつぜん小学三年くらいの男の子がいいました。

——いやんなっちゃう。オオカミ原っぱは家がたって、つぶされちゃうんだもの。

——ぼくたちの、さいごの原っぱだったのにな。

　自転車であとからきた友だちを、パチンコの小石の一せい射撃で泣かせたりしながらも、けっこう仲よく遊んでいるこの男の子たちは、こちらが原っぱへの「侵入者」の一人ともしらずに、怒りとなげきの声をぶつけるのでした。

十年つづいた「本と子どもをむすぶ場所」を、なんとか永続させたいと、必死の努力をして、「図書室」を建てようとした結果が、子どもたちのさいごの遊び場をうばうとは！　「同罪」の松永ふみ子さんと、現在の子どもとおとなの矛盾にみちた関係を、まざまざとこのオオカミ原っぱにみる思いをしました。


それから約七カ月後のいま、消えてしまったオオカミ原っぱのすみにタンポポが根づよく金いろの花をひらき、ちいさな文庫の家ばかりか、目下「急造中」のコーポに遊び場をうばわれたあの子たちは、

——おばさん、石神井公園の池に魚つりにいってくるねっ。

と、げんきに自転車で出かけていきます。かれらの仲間の新二年生のMくんが、文庫に本をよみにきています。一見はしゃぎ屋でおちつきのないMくんですが、近所に「ムーシカ文庫」が引越してきたという大発見にこうふんして、毎週土曜日には、『マドレーヌといぬ』(ベーメルマンス作・絵)とか、『ふたりはともだち』(A・ローベル作・絵)の絵本をよんでもらいに走りこんでくるのです。

——あれ、いま文庫じゅう、おとなばかりだ！

反応の早いMくんのことばに、私たち世話係のおとなは、思わずわらいだしました。


去年まで銀行のホールに間借りしていたころ、開館時間が短すぎて、こられなかった中学生や高校生が、こちらに建物ができたのを機会にUターンしてきはじめたので、小学生たちが帰ってしまったあと、文庫の中は「おとなばかり」の感じにもなります。

小学五年ごろまでに、C・S・ルイスの『ナルニア国ものがたり』とか、ファージョンの『ムギと王さま』とか、ピアスの『トムは真夜中の庭で』のような、質のいいファンタジーを、毎週土曜日にきては、退治するようによんでいたその少女たちが、中学に入るとスポーツや勉強が忙しくなって……と、本から離れていく姿を、私たちは惜しみながら見送っていたのです。

ところが、さいきん十六、七歳になった彼女たちは、十人ちかくも文庫にもどってきて、ファージョンの『リンゴ畑のマーティン・ピピン』によみふけったり、『ぞうのババール』や『マドレーヌ』の大型絵本シリーズを、何冊ももっていっては二階のたたみの上で見入っていたりしています。

枯れきった土が水分を得たように、心のうるおいをとり戻した彼女たちは、やがて「文庫」の図書カードの整理を手つだったり、手づくりの人形をつくってきたり、何かと奉仕をしてくれたがります。

学校の点数とはかかわりのない世界で、ほっとしているのかもしれない…と思いながらも、松永さんも私も、むりして文庫の独立を計画してよかった……

と、ちかごろ思いはじめています。

オオカミ原っぱを失えば、足をのばしてべつの遊び場を、ちゃんと発見してくる男の子たち……。かれらは楽しむこと、遊ぶことにかけては、敏感で欲ばりです。

ちいさいときから、児童文学の中でもとくにたのしく空想にみちたファンタジーのおもしろさを知った少女たちが、大きくなって文庫のよさを再発見してくれたのも、結局は身にしみてファンタジーを楽しむすべを知っているからでしょう。

＊

Mくんたちが、一時本ばなれしても中学生になったとき、もどってこられる場所を……。

あの少女たちがお母さんになって、またムーシカ文庫を再再発見できるように……。

と、私たちは目標をとおくにおいて、みずからも子どもたちからいろいろと発見させられつつ、オオカミ原っぱに建った家に、いつまでも「野生」の味と「楽しさ」をたもちつづけられるよう、欲ばっています。


（1977・4・16）

間借りの部屋より、新しい部屋では、ゆっくりと、8ミリ映画もみることができます。
（76・12・25）

なおこの少女たちは、いまもムーシカに来ているのです。

上の写真には、神沢利子さんや、OBの森友千重さん、荒井宏子さん、T相互時代からいまもつづけてきている関畑真弓・寿子さん姉妹の顔もみえます。

ぼろぼろの幸運

木島始

ずいぶん何冊も本をつくってきたことになるが、じぶんの書いたものを活字にして、世に出すということの意味を、わたしが、本当にちゃんと把握しているかどうかといえば、意外にとおりいっぺんなのかもしれないと思うことがある。

とにかく活字にして世に出すと意外なときに意外なところで意外なひとから、あれ、読みましたよと声をかけられて、ドッキリ驚くことがあるものなのだ。

ほんとは驚くほうがおかしいので、他人に読んでもらおうと思って出しているわけだから、すなおに喜べばいいだけなのかもしれない。

しかし、ひるがえって、じぶんが他人の本を読んだときのことを思うと、それを書いた著者当人に声をかける（あるいは手紙をかく）などというのは、たいへん少なかったし、これからも多くはあるまいと思われる。たのまれて書評をかく数と、まあ同じくらいと言えるだろうか。

＊

三部作『はたちすぎ』（晶文社）に書いたような毎日を送っていたころ、わたしは、自分の長くつづく仕事に影響をもたらすとはつゆ知らないで、著者への手紙をひとつ書いた。しかも、

木島さんの好きな紙ねずみ

大胆にも、へたくそな英語でだ。

そのアメリカの黒人詩人ラングストン・ヒューズとの手紙のやりとり、詩人の死にいたるまでの十八年間つづいた交信の一部（受けとったほうの紹介で出したほうのは控えがないから、そしてまたあっても恥ずかしくて出せないからまさに一部なのだが）は、ヒュ

ーズの名著として今なお読者の絶えない『ジャズの本』(晶文社)の「あとがき」に引用したから、読んだかたは多いかもしれない。

読者からの手紙というのはそれが誤りの指摘であれ、歯に衣きせない批判であれ、何であれ、書いて出した当人にとっては、まあ他にくらべるもののない、例えばちょっとやそっとの贈りものなどとは並べて考えることもできないくらい、かけがえのないものなのである。

その点が、演劇や音楽やダンスやといった、じかに反応の感じとれるPerforming arts(演ずる芸術)と、読書との大きなちがいで、もしそういう読者からの率直な手紙や、声のかけられかたが無いとすると、本を出版するということは、売りあげ部数を聞くだけという索漠きわまる結果になってしまいかねない。

もちろん、それにもかかわらずものを書くというのは孤独な作業だから、いかに索漠たる心理空間のなかといえども、わたしはわたしなりに歩きつづけているわけなのだが、それだけになお、よく眼光紙背に徹するような読み方をした人が現れると、じぶんが裸にされるようなつらさとともに、ありがたさもまたあるわけなのである。

*

ところで、わたしの書架に、たったー冊だけ、じぶんの書いた本で、ぼろぼろになるまで読まれ、背がこわれたところをビニールで貼りつけた奇妙なわたしの珍重本がある。

三多摩へ行ったとき、秋川の小学校の音楽の先生が、木島さんの本は人気があるんですねえ、ぼろぼろですよと言われ、わたしは信じられない気持だった。その本の売れ行きが芳しくないことを知っていたからである。だが、それは本当だった。西武線でわたしのところとひとつ駅をへだたって、いぬいとみこさんの主宰されているムーシカ文庫があり、たまたま訪ねたらわたしのその本『三人とんま』(太平出版)が、猛烈な子どもたちの借り出しでぼろぼろになっているのを見たのだった。わたしは新本を寄贈して、その本を記念に貰ってかえってきた。書評皆無で大人たち先生たちに無視されても、こういう本の存在のしかたがあると知ることは、わたしにとってやはりひとつの嬉しい発見だったといっていい。貸し出し期間の日附け印が、ほとんど間をおくことなく二枚にぎっしり押され、裏表紙ははぎとれてしまう寸前になっている。

*

誤解のないようにことわっておきたいが、このこと、つまり子どもたちがじぶんで手にとって、あるいは友だちから聞いたりして、本を借り出して読んでいる頻度の猛烈さをもって、わたしは作品批評の基準にしようというつもりはない。ただ、はっきり言えることは、もしこの本がムーシカ文庫に置かれてなかったら、子どもたちが手にとるチャンスは無かったということだ。子どもたちが本を手にとってみる重要さ、——それを思うと、今年の夏、信州で信濃毎日新聞をよんでいたら、学校図書館の古びた本を新しいのに買いかえましょうなどと書いている児童文学者の文章に接して、あきれると同時に怒りをおぼえたことを思い出す。学校図書館にせよ公立図書館にせよ、また、子どもむけの文庫をやっているにせよ、ぼろぼろになるまで借りられ読まれた本は、新しくその本を買いかえるのがまっとうなありかたであり、それを捨てて別の新刊本にとりかえましょうなどというのは決して望ましいことではない、——ああ、こんなことを事新しく書かなければならないとは！

きょうだい文庫のこと

ミーシカ文庫第一号

〈一九七五年、福岡久留米市に〉　佐野利彦

まえから文庫を開きたいと希っていましたが幼児をもつ家内の英美が、賛成でなかったのです。東京に出張した折、紀伊國屋書店で『子どもと本をむすぶもの』（晶文社）を発見。著者は『北極のムーシカミーシカ』（理論社）と同一人物かな……と思い、帰りの車中で「ムーシカ文庫」のことが書かれているのを読み、「これだ」と思いました。

なにげなく机の上に置いておくと、案の定英美が読んでくれて、「これならやれるね」といいました。「しめた！」と思い、顔じゅうでにっこりしたのを覚えています。

一九七五年四月でした。文庫を開いたのが六月一日です。三人の子ども（憲一8歳ムーシカ、玲子6歳マーシカ、純1歳ミーシカ）の読んだ本を中心に、前から買い集めていた本約250冊、久留米市立図書館の協力を得た100冊を加えて350冊の本で出発しました。

名まえは、「ムーシカミーシカ」のうち、弟のミーシカの性格の方がかわいげがあり、気にいっていたので、「ミーシカ文庫」と命名。活動は、わが家の子ども部屋で本の貸し出しと読

み聞かせを中心にして、子どもたちに読書の楽しさを知ってもらい、〝教育性のなさ〟をミーシカ文庫でも見習いたいと思って出発しました（のち独立した文庫の部屋ができました）。

文庫の準備は近所のお母さん方数人が『こどもと本をむすぶもの』と首っぴきでやって下さったので、助かりました。久留米市で初めての子ども文庫である上、やや保守的な土地柄で不安でしたが、当面20～30人のつもりで出発したのに、どんどん会員がふえて、多いときは家じゅうに、200人以上の子どもが毎土曜日（一～五時）押しよせてきました。

会費は一年100円（いまは200円）一回の貸し出しは3冊までです。（以上、佐野利彦さん談）

去年（一九七九年）の今ごろは、いぬいさんを迎えるというので、バザーの準備で大わらわでした。1歳だった末っ子の純も7歳。この四月からは一年生で、この子を中心に若いお母さん方との交流もでき、ミーシカ文庫を始めてよかったと思っています。

恒例の六月一日の文庫開きの「お楽しみ会」は、純の小学校の運動場を拝借して一日たっぷりやりました。長男の憲一は中二で恥ずかしがりやです。「ぼくは王さま」ゲームで勝ち残り、真赤なマントを着なくてはなりませんでしたが、台の上でVサインをしてくれた時は、ほっとしました。いぜん家じゅうを文庫に占領され、不きげんだったこともある憲一ですが、いまは「ぼく、文庫をつづけるよ」と、頼もしいことをいってくれて隊長（利彦）も喜んでいます。

本を読む喜びがもちろん第一ですが、ミーシカでは、お母さん、兄弟たち、学年の違うみしらぬ子ども同士のつながりが自然に生まれて、水曜のお母さんの勉強会、夏のミーシカキャンプや秋のいもほり、三月の卒業おめでとうのもちつきなど、読書にスポーツに必死で張りきっています。（英美さん談）

病院分館も生誕

一九七九年十月、ミーシカ文庫に「国立久留米病院分館」が生まれました。池末さんのお嬢さん珠子さんの入院をきっかけに、病院での読みきかせが始まったのです。小児科病棟の入来先生や婦長さんの賛同を得て、毎週火曜日、10～15人の子どもたちに絵本のよみきかせをし、市立図書館のいらなくなった本（除籍本）から選んで500冊、ミーシカ文庫のお母さんたちと病院に運び、貸し出しまでできるようになりました。珠子さんは元気に退院しましたが、30人ほどの入院児を励まし楽しませるこの分館は、池末さんを中心にますます充実していくでしょう。（池末、坂田さん談）

一九八〇年十一月、ミーシカ文庫の佐野さんたちと下関めぐみ教会で出会い、おはなしをきくことができました。

貝の火文庫

松永ふみ子

貝の火文庫は、昨年十二月に神奈川県大磯町に生まれた、小さな文庫です。九州のミーシカ文庫に続くきょうだいです。海に近いので、貝の字を入れたくて、宮沢賢治の童話の題を貰いました。だからマークは、うさぎのホモイです。玉を手にしたかわいいうさぎのマークは、ムーシカ文庫の木下惇子さんに描いていただきました。

風に磯の香の感じられる、大磯の藤川昭子さんの家の二部屋をお借りしています。藤川さんは私と同窓の慶應図書館学科の出身で三人のお嬢さんたちを育てあげてから、いつか文庫を開きたいと思って居られました。

たまたま三年前に大磯に移って以来、健康がすぐれなくて、練馬のムーシカ文庫まで行くことがだんだん難かしくなって来た私と、二人の相談がまとまって、この文庫の誕生になりました。近くに住み、声がきれいで、お話を読んであげるのが大好きな山本祐子さんと、美しい文字を書き、事務に有能な岩上きみ子さんが協力して下さることになりました。現在では、常時五、六人の応援のお母さん部隊があります。

蔵書は、藤川さんの三人のお嬢さんたちが読んで育った本と、私の手許にいつしか溜った本を芯にして始めましたが、その後ムーシカ文庫や、木下さん、江口さんからもたくさんの本をいただきました。また、ムーシカをいつも応援して下さる木島始先生からも、キーツの絵本を初め、たくさんの貴重な本をいただきました。文庫の会員のお母さん方の手づくりの品々を集めて開いた二度のバザーでも、かなりの財源を得ることが出来ました。（この手づくり品の制作は、お母さん方の楽しいサロンの役割も果しはじめていくます）

大磯町は、ことし人口三万人目の赤ちゃんが生まれて町長さんの祝福を受けたような小さな町ですが、面積はかなり広くて、一つの公共図書館では充分に覆い切れていません。又、家庭文庫は「貝の火」ひとつだけです。そのせいかもしれませんが、開始以来一年足らずの間に会員は男の子が九十人、女の子が百二十人に達し、毎週金曜日には五十人から六十人の小さい「おとくいさん」が本を抱えて訪れ、なかなか賑やかです。その中には、わざわざ町の図書館を通り越してくる子どもたちも少なくありません。「文庫の本ならおもしろいよ」という嗅覚が、ひとりでに子どもたちの間に発達したのかもしれません。ムーシカ文庫の十五年間、いぬいさんを初め木下さん、江口さんたちと、かなりわがままに、自分たちの好きな本ばかり選んでいて、それが子どもたちの好みとあまり狂いがなかったという、ふしぎな自信が、藤川さんと私にも伝わってくるみたいです。というより、良い絵本と童話は五歳から八十歳までの読者のものであるという真理が、ここでも証明されているということかもしれません。

いまのところ、「貝の火文庫」の会員は、幼稚園から一、二年生が中心です。この文庫の強味（?）といえるのは、公共図書館の不活発と、町の書店が少ないという理由から、子どもたちの本に対する「露出度」が低いことです。「ア、その本もう読んだ」「うちにある」「知ってる」といわれてしまうことは滅多にありません。

ラチョフの描くてぶくろの中にネズミからオオカミまで、つぎつぎに入ってしまう不思議を、目を丸くして聞いてくれる大きな男の子たち。『海のおばけオーリー』をたったひとりの子を相手に低い声で読んでいたつもりが、気がついたら大きな男の子まで、まわりに集まって、じっと聞いていました。そして、オーリーが無事におかあさんアザラシにめぐりあった時の、うれしいためいきの合唱。山本さんが読んでくれた『どろんこハリー』が、あんまり汚ないので、家の人にわかってもらえなかったあげく、やっと認めてもらえた時には、思わずパチパチと拍手がわきました。『あらいぐまとねずみたち』に始まって、『ぞうさんババール』シリーズを次から次へと借りて行く九星ちゃん。『おさるのジョージ』が気に入った宗ちゃん。やんちゃ坊主で、本当は文庫よりは浜で遊んでいたい一年生のタカちゃんが、『しろいうさぎくろいうさぎ』のこの眼がかわいいと、本が返ってくるのを待って抱きしめています。本当は三歳ぐらいで知ってよかった本かもしれない。でも本とのめぐり逢いに、遅すぎるということはないし（早すぎるよりは良いと思います）、黒いうさぎのあのまんまるな眼が、タカちゃんの冒険好きなひろびろした世界を、タカちゃんといっしょに、ぴったり見すえているのでしょう。九星ちゃんもタカちゃんも、センダックの絵本の好きな恭平くんも、いままであまり絵本に接しなかったぶんだけ、楽しい驚きを味わっています。その新鮮さが、私達にもう一度それらの本の楽しさをおしえてくれます。私にとっても、既に一度ムーシカ文庫で得ためぐりあいを繰り返させてくれるうれしい機会です。来週は、岩手県生まれの岩上さんのおばあちゃまが、『やまなしもぎ』を読んで下さると、目下特訓中とのことで、私達もたのしみにしています。

新しく文庫をめざす人へ

いぬい　とみこ

　本が手近にない、文庫を開く場所と費用がない、そしていい本を選ぶ目安がわからない……という三点が、文庫をいざはじめようとする人びとの直面する最大の難点だろう。

　ということは、近くに公立の図書館とか、児童図書室をもつ公民館さえ、ないということだが。

　でも、幼稚園児をもつお母さんが、絵本をじぶんの子どもや近所の子どもといっしょに読む……ということから、文庫の芽ばえははじまる。幼児は絵本を読むことができない。しかしかれらが、読んでもらって好きな絵本にめぐりあったとき、まわりの成人は、どんなにその本をくりかえし読まされることか。経験のある保母さんやお母さんなら、すぐにうなずかれるだろう。そして成人は逆に、子どものじっさいの熱狂ぶりから、よい絵本とは何か……の基準を、しらずしらずのうちに学んでいく。

　私の身近には、わが子のために……とのこしておいた兄や姉の愛読したおさがりの絵本を中心にして、自宅で家庭文庫をはじめた人や、一年後に文庫をはじめるために、まず友人や近くのお母さんと話しあううち、絵本や児童文学のとりこになった人がいる。

欲しい図書館の援助

　文庫をじっさいにはじめてみて、すぐ私たちは困難にぶつかる。子どもたちが大勢やってきすぎて、本の数が足りなくなったり、年齢のちがう子どもがふえて、文学ばかりでなく、ＳＦや伝記やノンフィクションなど、多方面の本が求められるようになると、文庫の運営が個人の力では、手に負えない感じになる。

　こうしたとき、地域に公立図書館があり、アドバイスをしてもらえる図書館の司書の人がいてくれたら、どんなにいいだろう。

　各地には、分館をすぐにふやすことができない代わりに、バスによる巡回図書館をつくったり、家庭文庫への長期貸し出しをはじめた図書館がふえてきている。

　一回五十冊―百冊貸し出して、一か月―二か月と、一カ所で利用することができる。しかし、まったくないよりはいいけれど、この制度では、期限ごとに五十冊なり百冊なりを一度に返すため、一週一度ひらいている文庫では、返却して新しくかりてくるまでに、一—二週間のブランクが生じるという嘆きの声が出ているところもある。

市や県がもっと予算をふやして、半分ずつ貸し出しの本を入れかえるくらいの余裕が、ぜひほしいものだ。

文庫を始めて二、三年たてば、経験からいろいろな本を読みくらべて、どれが子どもにとってよい本か選択できるようになる人が多い。しかし、あまりにも新刊の数が多いので、個々の選択には頭を悩まされる。

私たちの文庫のある東京の練馬区では、「ねりま地域文庫読書サークル連絡会」(一九六九年発足)を中心に、作家をよんで作品についてきいたり、民話、ファンタジー、絵本の研究といった一連の講習会が、教育委員会主催で数年前から年に十回ぐらいひらかれている。

こうした会に参加して目をひらかれることも大切だろう。また、同じ文庫の母親たちが読書会を長くつづけて、新刊ばかりでなく文庫の基本となるべき本について、リストを作りはじめたところもある。

新しい児童図書館がその地にできるとき、それらの人びとの発言力が、図書館の本の選択にあたって大きく影響していることもたのもしい。

新しい古典に人気

いわゆる名作のダイジェストの絵本や、マンガの類を本棚におかなくても(いや、おかないからこそ)、親も知らなかった新しい古典や、楽しい物語に夢中になる子どもが多くなった。

毎日の学校生活のきびしさのせいか、ちかごろの子どもは、世界や日本の民話の笑い話やほら話から、『くまのパディントン』シリーズ(福音館)五冊のようなクマを主人公にしたユーモラスな話や、夢の多いファンタジーの世界にひかれている。

そして、男の子なら寺村輝夫、山中恒、古田足日の作品を、女の子なら中川李枝子、松谷みよ子、神沢利子というふうに、個人名をあげてその作品にとびつく子どもも多くなっている。

外国ものでも、ドリトル先生物語集(十二冊)ナルニア国ものがたり(七冊)インガルス一家の物語(五冊)など、一連のシリーズをつぎつぎ読破している子どもが多い。この最後にあげた五冊は、百年まえのアメリカの開拓時代の一家の生活を、具体的につづったワイルダーの自伝的作品だが、各地の文庫で話題となっている。

問題多い受験の壁

小学四、五年生になると、クラブや勉強の時間と両立しなくなって、文庫を去っていく子どもたちが多い。私たちの文庫の場合、まだ五、六年生もきているが、滞留時間はごくみじかく、かなりのむりを押してきているのがわかる。

最近では、忙しくなったから……といって、去っていく五、六年の男子がふえた。受験体制が、子どもを本から遠ざけているのだ。

それにしても、成人は身勝手なものだと思う。幼いときには、本を読みなさいとしきりにすすめた同じ親が、子どもが本の世界の楽しさを知りはじめた時期になって、本を読んではいけません……。と、強制するのだから。

しかしある子どもは、かくれてでも、本を読んでいる。

だが、時間に余裕のない子ほど、プロセスを楽しむ読書をきらって、ミステリーやSF、成人向きのユーモア小説に、はやばやと転向していくのは残念だ。近ごろの世界の「児童文学」の傾向として、思春期の少年少女に人生を考えさせるような、すぐれた作品が出てきているというのに。

ムーシカ文庫の中学生たちの好んでよむ『リンゴ畑のマーティン・ピピン』など、愛情の多様性を牧歌的におしえているし、『愛の旅立ち』や『愛について』も、少年や少女に生きることのむずかしさやとまどいを語っている。

成人が読んでも十分に手ごたえのあるこうした本を、受験の壁にはばまれて少年少女たちが読み得ずにいることは、私たちの大きな問題点だ。スポーツでも読書でものびのびできる、人間らしい暮らしを求めることが多くの小中学生にとってタブーとされている現在、身近に楽しみの小広場として家庭文庫のあることの大切さが、痛感される。

（1975・3・3　「信濃毎日新聞」より転載）

ムーシカ文庫のたからもの

『虹の上をとぶ船』シリーズの大版画

玄関のよこには、『星空をおお鳥に乗ってとぶ子どもたち』（一九七五年—前ページ下段）、二階には『星空をペガサスと牛がとんでいく』（一九七六年）の大きな版画（２ｍ×１ｍ）が、かけられています。八戸市立湊中学養護学級の生徒の作品で、先生の坂本小九郎さんが、ムーシカにもってきて下さったものです。リュイスの『とぶ船』や賢治の『貝の火』『銀河鉄道の夜』そしてギリシア・ローマの神話からの宇宙大のイメージが躍動して、訪れる人の心をとらえます。

岩波少年文庫をとおして長い長いおつきあいの坂本小九郎さんは『うみねこの空』の田中先生のモデルです。

小さな小さな本棚と「てぶくろ」の豆本

玄関わきの戸棚の上に、小さな木の本棚と小さないすとテーブルがあります。本棚は『人形の家』の好きな江口千恵子さんが、記念においていって下さったもの。そこには、小さなスタンドものっていました。

ところが、ある日そのスタンドは「まほうのランプ」となって、白木の家へ移されました。

紙ねずみと白木の家と「まほうのランプ」

紙ねずみは、いまから三年前、木島始さんの下さったキーツの絵本、『ゆめ』のカヴァーの裏に刷りこまれた「かみねずみ」の作り方をもとに、生まれました。新宮ようこさんのいらしたころです。伊大知崇之くんと古屋直人くんが、こりにこって、保安官ねずみとその馬、恋人の女の子のねずみまで作り、木島始さんにもみて頂きました。

やがて崇之くんも直人くんも引越していってしまい、みなで淋しがっていましたら、今年の春休み、神戸から崇之くんが、世田谷から直人くんがやってきました。ムーシカへ入ってくるなり、本棚をいじり、白木の家をばらばらにして組み立てなおし、「またアレ作ろうよね」というのです。アレとは、もちろん紙ねずみです。由起子ちゃんという直人くんの同級生と妹の一年生のはるかちゃんもまじえて、紙ねずみ作りが始まりました。

かれらの訪問に一人でたちあったいぬいは、「ああ、むかしのムーシカに戻ったみたい！」と一人言をいいました。

三年前、直人くんや崇之くんが二年生のころには、まだゆとりがあって、文庫へきて白木の家をバラバラにしてから組み立てたり（思い出しましたが、これは北欧製で、津田櫓冬さんからのプレゼントでした）本棚にのっている「てぶくろ」の豆本をよんでみたりするひまがあったのでした。はるかちゃんが、白木の家のまどに入るくらいの豆ねずみをつくり、スタンドを、「まほうのランプ」といって、家の中に入れて帰りました。

　こうして古きよき時代を偲ぶ〈たからもの〉が、また私たちの文庫にふえたのでした。

紙ねずみとちいさいおうち

サンタクロースと、ローソク

　ムーシカ文庫のクリスマスには、サンタクロースの人形が、活躍します。これは「保育と人形の会」の高田千鶴子さんが、造って下さいました。

　ここ五、六年、クリスマスごとに、神沢利子さんが、きれいなローソクをもってきて下さいます。あの忙しい方が……。神沢さんは七六年一月にムーシカの新しい家ができたときにも、ローソクをもってお祝いにきて下さいました。どうもありがとう！

垣根のバラとフキノトウなど

　五、六月ごろ、ムーシカの垣根に、ピースという名のみごとなバラが咲きます。ムーシカのＯＢの川井リリちゃんのお母さん（いぬいの古い友人）が練馬から横浜へ引越すとき、わけて下さったバラです。

　この春、病後のいぬいは、どこへも行くことができなかったので、バラの手入れに専心し、星の王子さまとバラの関係が、はじめてわかった気がしました。バラってきれいですが傷つきやすく、またそのトゲはほんとうに痛いものです。

　川井家からはバラについて、フキやミョウガ、ヒルガオ、水引き草などもやってきました。二月ごろフキノトウが春を告げ、九月にはミョウガの子を採集できます。今年は長雨で、おとなりの工藤さんが下さった白いシュウカイドウと、去年植えたムラサキシキブの紫の実が、きれいです。（口絵参照）

チュコフスキーさんの額と個人カードのファイル

　すこし真面目な〈たからもの〉もあります。

　文庫のヒーターの横に、だれにも気づかれないで一枚の額がかかっています。ムーシカ文庫のうまれるもとを作ってくれたモスクワのチュコフスキーさんの小さな図書館の写真が、そこに飾ってあるのです。木下惇子さんがレイアウトして下さり、松永ふみ子さんがすてきな額を見たてて下さいました。もう一つ、間借り文庫を十二年もつづけた私たちにとって、個人カードのファイルが、〈たからもの〉です。いまは大学生の稲垣厚子さん、B会員としてつづいている森友百重さん、千重さん、長嶋史乃さん、喜代田智子さん、折戸広子さん、荒井宏子さんといった人びとの、読書の歴史のわかるカードたちです。女性ばかりではありません。慶應へ入った中村亜紀くん、音楽家になりつつある荒井伸一くん、お医者の卵らしい伴地くん、これまた東邦大をへて、筑波大の生物学部の大学院へすすむという岡惠介くんや、高校生の千葉雅人くん、中学生の飯塚知之くんたちの個人カードも、ちゃんととってあるのです。

「ビワの木」とすいれん鉢の中の魚

十一月八日、木下惇子さんが、ムーシカの庭に小さな「ビワの木」を植えました。

去年、中井康夫くんが、とってきてくれたビワの実を、たべたあと木下さんが鉢に埋めておいたら、りっぱなビワの木が生えてきたのです。これがムーシカの「記念樹」となるまで、ムーシカよ永遠に……と、いのっています。

さいごの魚はミステリーです。ファンタジーかもしれません。こんど引越してしまう高沢悟くんは、魚の本のすきな子です。『長鼻くんといううなぎの話』を彼は何回よんだことか。そして夏のある日、彼は好きな魚を、すいれん鉢の中に入れてくれたのです。

冷夏といっても日当りのいいこの庭で、果して魚は生き残れるでしょうか？　悟くんが小さな小さな三びきの魚を鉢に入れたのを見とどけた証人は、木下惇子さん安藤房枝さんです。

そしてホテイアオイの根をきれいにしてやろうとして、いぬいが一ぴきの魚の死体を発見しました、悲しいことに。でも悟くんは、じぶんのつってきた魚が、まだ二ひきは生きていると信じています。魚の宇宙船がやってきて、どこかへ連れていったのか、それとも魚の小人となって、ホテイアオイの根のかげにかくれすんでいるのか――そのひみつはとけていません。悟くん、そのひみつをさぐるために、また文庫に遊びにきてね！

星空をすすむ鳥に乗って飛ぶ子どもたち

手作りの人形

ろうそくを持ってきてくださった神沢利子先生

チュコフスキーさんの額

こぼればなし

いちばん悲しかった誕生日

一九七三年三月三日、母を寝台自動車で溝口の虎門病院の分院までつれてゆきました。

二月二十六日発病した母は、点滴でもっていたのです。たまたまムーシカにきて下さっていた伊東琴さんのダンナサマである茂さんが、虎門病院にいらしたことから、急拠入院できたのでした。

徹夜の看病をつづけたあと、入院をすませて三時半に文庫についたとき、私はよほど疲労コンパイしていたのでしょう。

「どうしたの……?」と、本をよんでもらうのが大好きな松井のり子、近藤真喜・知保姉妹、鈴木もと子ちゃん達がききます。

「私ね、きょうはおたんじょう日なのに、いちばん悲しいことばっかりで……」

と、思わずグチをこぼしました。

するど、日ごろ恥しがりの真喜ちゃんが、私のひざにのってきて、じっと私の顔をのぞきこむのです。

「これ、あげる……」

と、空色のみじかい色えんぴつを、のり子ちゃんが、プレゼントしてくれました。

「ありがとう。いつかこのえんぴつでお話をかくわ」

うれしさのあまり、私は約束しました。

母の発病と時を同じくして、ムーシカ文庫も一つの危機を迎えていました。21ページにふれていますが、間借りしていたT相互の改築が突然早まって、三月十日には、800冊の本と150人の子どもを、ともかく立ちのかせなければならなかったのです。連夜、松永さんや江口さんや近くの文庫の友人と電話で連絡しあい、「つくし文庫」「柿の木文庫」「風の子文庫」に本と子どもを分散して、三か月、あずかってもらいました。

そして六月十三日に母が退院。六月十六日には、新しくなったT相互銀行三階でムーシカ文庫が再開しました。

＊

このような変化にみちた時期だったので、小学二、三年生の少女たちにとって、〈空色のえんぴつで、お話をかいてもらう〉という約束が、たいへん印象的だったのでしょう。

それから約二年のあいだ、「ね、お話まだ?」という少女たちのさいそくがつづきました。

あるときは、マッチ箱に入れた空色のえんぴつが、あるときは連名の脅迫状が、とどけられました。

一九七五年に出た絵本『さぶろうとひみつの海』の前とびらに、「このほんを、わたしがいちばんかなしかった、たんじょうびに、みずいろのえんぴつをくれたのり子ちゃんと(略)もと子ちゃん、まきちゃん、ちほちゃんへ」という長い献詞がついているのはこのためなのです。

よく人に「文庫をやっていれば、取材ができていいですね」といわれます。とんでもない。取材の目でみられていたら、子どもは文庫にきたがらないでしょう。文庫は楽しむ場所なのですし、楽しくさせようとして成人が疲れはてたとき、子どもがそれを見抜いて、ふっと慰めてくれる場所でもあるのです。

あとがき

病み上りの私がムーシカ文庫15周年の小冊子を、このクリスマスまでに作ろうと決心したのは、10月ごろのことです。まる一年の休暇宣言をして仕事を一つもしないで来たおかげで、10月ごろから視力が目にみえて回復し、15年間で7冊の記録ノートをぽつぽつ読みかえすうちに、亡くなった乙骨淑子さんが初期のころ何度も助けに来て下さり、79年3月3日にも北畑静子さんと来て下さったのがわかりました。

ムーシカ文庫はけっして楽しく平和につづいてきたわけではありません。「やめなければ……」と思う危機は、絶えずありました。でも生きている子どもたちと一緒に本を読むよろこび、そして本好きの人とともにまじわるよろこびに支えられて、15年は、あっという間にすぎたのです。

67年からずっと一緒だった松永ふみ子さんは、大磯に79年「貝の火文庫」を開かれ、また5年前九州に「ミーシカ文庫」が生まれ……というように、ムーシカ文庫よりも、いきいきしたきょうだい文庫が次つぎ生まれています。

ここでこの小冊子の筆者を、ご紹介します。詩人の木島始さんは、よきお隣りさんで、時どき本をどさっと持ってきて下さり、また私たちに本を読むことの意義を悟らせて下さる大切な方です。

松永ふみ子さんが、『クローディアの秘密』や『ジョコンダ夫人の肖像』の訳者であることは、みなさんよくごぞんじでしょう。

木下惇子さんは5年間のムーシカでの体験をふまえ、子どもたちが絵本のよみきかせを通して一つの心の旅に出ていくさまを、自己の幼児体験とともに書いておられます。絵本作家で『はっくしょんのおくりもの』『ちょっとかして』の著者です。

この小冊子を、「伝言板」と名づけたのは、文庫に関りながら互いに忙しくて、小さな歴史でも、なかなか伝わっていないので、せめて……と思ってのことです。この号にお名まえが書ききれなかったほどのたくさんのかたたちの無償の愛と手と心に支えられて、文庫は16年目を迎えられます。

来年の3月には、くわしい「ムーシカ文庫のあゆみ」（年表）や、個人カードに残る子どもたちの読書の記録や〈たからもの〉としてのＯＢたちの近況など、「伝言板」第2集を発行の予定。ムーシカ文庫で好かれている本のリストなどものせるつもりです。お母さんがたやＯＢたちの文庫への感想や注文なども編集してのせたいと思っています。志ある方は、ご投稿下さい。

愛とは互いにみつめあうことでなく、同じ方向をみつめること……といったのは、サン＝テグジュペリでしょうか。

闇のこくなりまさる世の中ですが、子どもたちの笑いを絶やすことのないよう、光と灯りを求めていきたいと思います。

さいごに73～75年ごろ、Ｔ相互でのムーシカ文庫に来て下さっていたＰ社の堀信さんにこの小冊子づくりをやって頂いたこと、いまムーシカ文庫を支えてくださっている安藤房枝さん、木下惇子さん、久米直子さん、小林伸子さんのお名を感謝をこめて書きつらねます。また印刷所の浅川孝司さん、ありがとうございました。

（１９８０・11・22　いぬい）

ムーシカ文庫のアルバムから

「おねえちゃん!!またよんでね」

銀行時代

「茶色の本をさがして……」

ムーシカ文庫の伝言板　その2

ムーシカ文庫16周年記念号

1981-12

はじめに

ムーシカ文庫では、十一月二十一日、小さいくまくんが、はじめての雪を体験する絵本『くんちゃんとふゆのパーティー』（D・マリノ作　ペンギン社）を、まずよみました。みなは、くまのくんちゃんと一しょになって、山にきたはじめての雪をたのしみ、ウフフフと、笑いがこぼれました。子どもたちが、本を読んでもらううち、ふとこぼす笑いや、みちたりたいいお顔、そして真剣なまなざし……そういったほのかな照りかえしに励まされつつ、文庫の四人のおとなたちは、入れかわりたちかわり、二階で本をよみつづけました。

四時すぎには久しぶりに木島始さんをお客さまに迎え、頂いたばかりの『てのりノネズミ』（マックナルティ作　さ・え・ら書房）の反響を、お話ししたり、訳者としての打ち明け話を、うかがうことができました。

一年前のクリスマスには、十五周年を記念して「ムーシカ文庫の伝言板」をつくりました。すると、おおぜいの方がたから手紙を頂き、私たちは驚いたり喜んだりしました。

世の中には、子どもの心の世界を大切にしていこうと思っている方が数多くいらっしゃることがわかって心づよく、また、これから小さい文庫を始めようとしている方たちにも、出会うことができました。

しかしいっぽう、文庫の外の世界を吹き荒れる風のつよさから、目をそらすわけにいきません。

私たちは過去をなつかしんで、今をなげくためにでなく、今にいたったみちを改めて見なおし、未来へのあゆみをつづけるため、小さな文庫の十六年の歴史を、みなでふりかえってみました。

目次

こころに種をまくことの意味

いぬい　とみこ

宮澤賢治が、小学三年から四年の一学期にかけて、思いがけない「童話体験」をしたことは、原子朗氏が、筑摩書房の校本全集の月報（74年9月）に書かれています。

「その原体験は、かなり深甚微妙なもので（略）のちのち彼の詩や童話に大きな影響を及ぼしている、と考えられる。」と。

賢治たちの担任であった八木英三先生は、村童たちの余りのそうぞうしさを鎮めるために、五来素川《ごらいそせん》訳の『まだ見ぬ親』（E・マロ作「家なき子」のこと）を、教室でよんできかせたのでした。

賢治自身、「私に詩眼を開いて下さったのは、先生です。私の童話は根本は法華経から来ていますけれ共、先生の童話の臭《におい》のすることがお分りになりませんか」と、おとなになってから八木先生に語ったといわれます。

ついせんだって、私は、花巻に賢治の設計した「南斜花壇」のあとをたずね、賢治がいまから五十数年まえ、花を絵具として地上に花園をつくろうとしたこと、それはつらい労働をよろこびに変えようとの夢を創りだした賢治の詩や童話とまったく同じルーツから発想されたものであることを、感じてきたばかりなのです。

さいわいにも、生前の賢治をいまも「せんせい」と呼んで心に宿している七十歳の冨手一《はじめ》さんや、賢治が亡くなるまで使っていた本棚とともに暮らしていらっしゃる森荘已池《そういち》さんからお話をうかがうことができ、十代のおわりから二十代にかけて、宮澤賢治の詩や童話や花壇設計から、心に種をまかれた人びとの生涯について考えさせられました。冨手一さんは、もう一つ賢治から「りんご」への愛を受け、いま自ら開墾したりんご園を、花巻市大畑の地に一家で造っておられ、私は開花のときと、実のなったとき、そこをたずねて、賢治の夢が脈々といまに生きていることを実感しました。

一生の土仕事（神官のしごとがあるものの）のため、身体が傾いたようになっていられる冨手一さんが、賢治のうたった「精神歌」を、五十年前と同じ（と思われる）大声で、一しょうけんめい歌われるのをきいたとき、苦難にみちた賢治の生涯のうちで、わかい

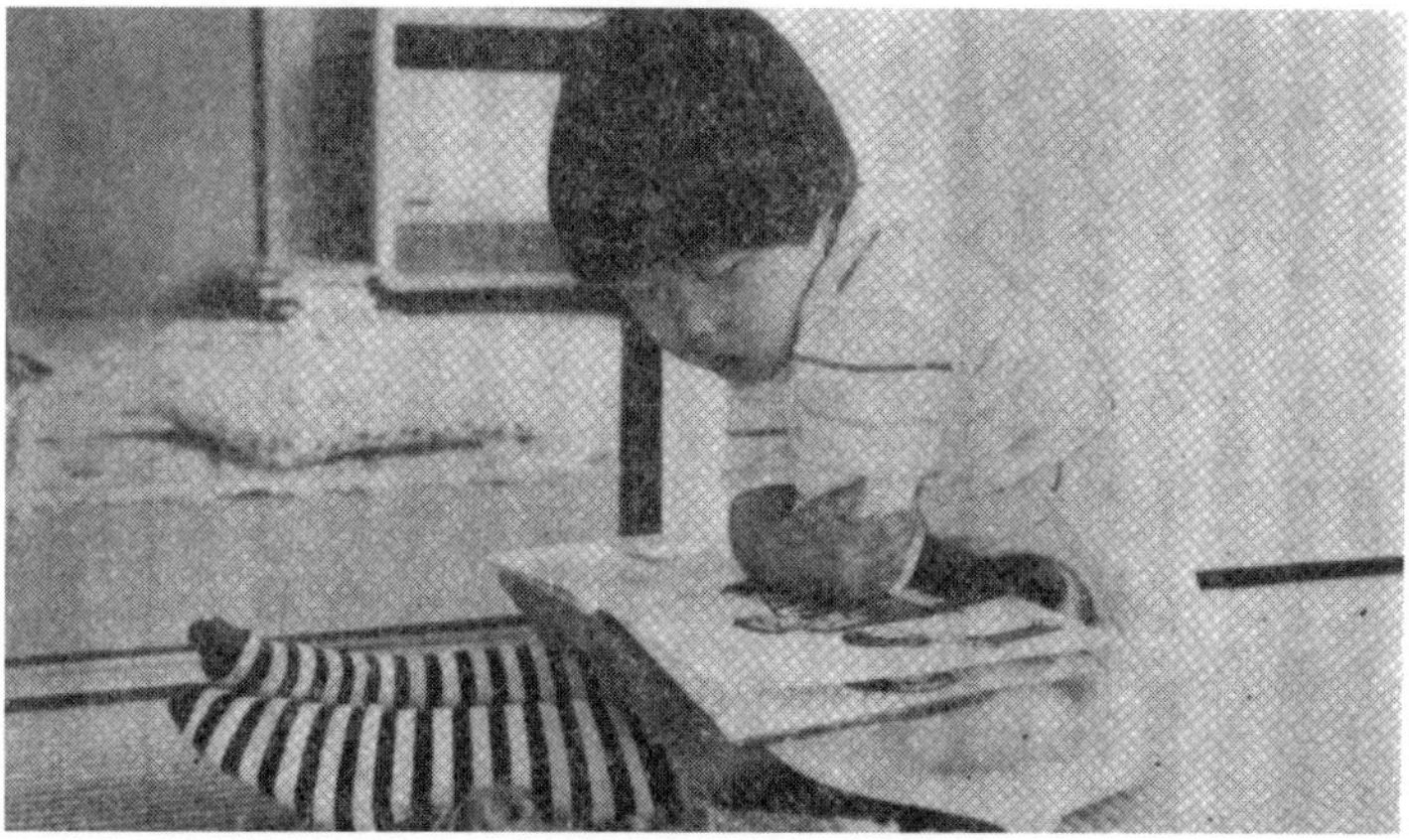

二階でひとり……
（山中みのりちゃん　1981年）

冨手さんたち農学校の生徒に、教室で農業を教え、詩や童話を語ったときが、一ばん仕合せだったのではないか……と思えたのでした。

私には戦時保育園の子どもたちに、小泉八雲のおはなしや「三びきの子ブタ」の話を語ったときの子どもの笑いや、ムーシカ文庫で絵本や本をよんであげているときの、「自分も相手とともに、空想の国へ飛んでいけた」という小さな笑いにみちた喜びの体験があるもので、賢治の喜びを、類推できるのかもしれません。

みなと一しょに生きようとしながら、「早く来すぎた人」の居心地の悪さをつねに感じていたであろう賢治にとって、十代の生徒たちと、ともに歌ったり働いたり、笑ったり踊ったりできた時間をもてたことは、どんなにしあわせだったでしょう。そして賢治の小学生の時代の「童話体験」とも、それがひびきあっていると想像するのは、私の思いすごしでしょうか。

昨年「闇から光へ」の小文を「伝言板」に書いたとき、幼い日こころに受けた体験が、何十年かのちによみがえってくるというふしぎさを、十分に表現することができませんでした。

目を病んで暗黒の世界にいて、『新約聖書』のテープを繰りかえし聞いていたとき、あるテープの声にオーヴァラップして、一人の女の人の声をききました。それは「使徒行伝」の一節でした。ステパノの殉教のことを心をこめて語る日曜学校のY子先生の声を、私は聞いたのでした。七、八歳の私には、当時よくわからなかったのでしょう。記憶としては何も残っていません。でも、テープの声にダブって、私は大森めぐみ教会の芝生のある庭の風景とともに、若かったY子先生が、（昭和十年代のことでもあって）その若者の殉教をわがことのように真剣に語られる声音まで、はっきり心に呼びもどすことができたのでした。

四十何年も前の幼い日に語られたこ

とばが、私の心が不安にみち、いちばんそれを必要とするときになって、ふいによみがえってきたのです。

＊

ムーシカ文庫の十六年の歴史を、半年がかりで調べ再生（ほんのわずかなメモと、71号の「おたより」を手がかりに）していくうちに、そしてさらに、アンケートや手紙やこの号によせられた原稿を通して、ムーシカ文庫につらなった人たちの声を十何年ぶりかできくうちに、幼い日に心に種をまかれたことの意味を、自分のこととして考えはじめることができたのでした。

心に種をまかれた人は、心からの喜びをもって、つぎの世代へまた種をまこうとするでしょう。過保護をおそれ、幼い子どもに愛を注ぐことがサボられている光景をよく目にし、また、自分でもそれを体験しながら、人類がたどってきた「よきこと」の連続として、本を通しての愛の伝達に、これからも励みたいと思います。それは、すぐには役に立たないけれど、何十年かののち、どこかでまた人の心によみがえってくるものなのですから。

（81・11・22）

ムーシカ文庫を巣立った仲間より

『みどりの川のぎんしょきしょき』のころから

岡惠介

「ムーシカ文庫の伝言板」たいへん楽しく読ませていただきました。今から十五年前、小学二年生の私が楽しく通っていた（まだ清和幼稚園時代でした）ムーシカ文庫のあの雰囲気が、今も「オオカミ原っぱ」のちいさなおうちに、確実に息づいていることが読みとれ、とてもうれしい気ぶんでした。

私にとって、ムーシカ文庫から受けたさまざまな影響は、はかり知れないものです。例えば、C・S・ルイスのナルニア国シリーズほど面白いファンタジーには、その後出会っていないし、また、このシリーズを『魔術師のおい』→『ライオンと魔女』→……というべストな配列で与えていただけたことも、当時の感動を倍加させただいじな要因でした。

そして、小学四年生のとき、私の家が仙台へ転勤となって、ムーシカ文庫とは別れてしまうのですが、一年位して仙台の家へ、ニューヨークの母の友人から一冊の雑誌がとどきました。といってもアメリカの雑誌ではなく、日本の『小説時代』一九六六年十月号ですが。同封の手紙によれば、ニューヨークのお友達の家が引越しのとき、処分するはずの雑誌の山から何げなくとった一冊に、私やムーシカ文庫の仲間のことが書いてあったというので、わざわざ海のむこうから送ってくれたのでした。さっそく読んでみると、確かに私にも憶えがある事件で、ムーシカ文庫とむすばれた不思議なえにしに、しばしおどろいたものでした。

文中M子ちゃんは三木雅子さんで、彼女は自分の名前を聞かれたとき、マサコのマサを必ず優雅の雅と説明する女の子でした。I子ちゃんはたぶん井上由美さんで、かけっこが一番のちょっとやんちゃな女の子だったと記憶しています。もう十年以上会っていません。

最近、友人にこのエッセイを読ませたところ、「岡君って、当時から浮気だったのね」といわれ、ちょっとうろたえました。

そしてまた、仙台に行ってから、自分の生き方にも、重要な指針となったひとつの作品に出会いました。『みどりの川のぎんしょきしょき』です。今でもこの主人公のモデルは私にちがいないと、勝手に思いこんでいるほど、この作品への思いいれは激しいものでした。それは例えば小さいころ、仙川の上流へおたまじゃくしを取りにいった思い出などとむすびあい、私の一部となっています。「ぎんしょきしょき」から学んだ自然を愛する態度は、結局私を生物学へと導き、森林のアカネズミやヒメネズミ、カゲネズミ、モグラの仲間のヒミズなどの生態を追うようになり、一方では、カモシカの植林への食害をふせぐために（そして射殺という役所のとった残酷な手段以外の方策をさぐるために）木の苗にカバーをかぶせるボランティアに参加したりしています。幸い今年、筑波の大学院に受かり環境科学専攻ということで、今度は公害問題や環境保全に、正面からとりくみたいと思っています。

いつかオオカミ原っぱのムーシカ文庫へお訪ねしたいと思っております。それではお元気で。


（横浜市在住）

思い出ぶかい『ぼくはネンディ』

千葉みどり

現在私は中学三年生。な！　なんと受験生であります!!　にもかかわらず熱心に吹奏楽部の活動にはげんでおります。兄、雅人は大学をめざして浪人中、それでもよく本を読んでおります。私は最近、雑読乱読ぎみです。妹かおりは同じ中学の一年生、バドミントン部でがんばっています。彼女、一応図書委員で図書室がよいをしております。近況報告はそんなところです。

ムーシカ文庫の思い出、いっぱいあります。もう私がいそがしくなり始めたころのある土曜日、急にあいたのでひさしぶりにと思って文庫へでかけました。私はその少しまえに『悲劇の少女アンネ』をよんだので、こんどは『アンネの日記』をよみたくて、先生に「『アンネの日記』ありますか」とうかがったんです。けれど、そのときはなかったんです。あとではいったらお知らせしますといわれました。何か月か後、かわいい絵葉書で「『アンネの日記』が入りましたよ」というおたよりを、いぬい先生からいただいたんです。その時、あ、おぼえていてくれたんだなあって、すごく本当にうれしかったんです。もちろん、かりにいきました。

真白い布が表紙にはってある本物の日記帳みたいにきれいな本でした。よごしちゃいそうで、もったいないぐらいきれいな本だったことおぼえてます。ほかにはずっと昔、七年も八年も前、『ふらいぱんじいさん』ていう本をよんだんです。その本とっても人気があったので、借りるまでにずいぶんかかったんだなあ。

いやだったこともあります。『ぼくはネンディ』っていう本まだありますか。その本、私といっしょにきていたともだち二人が大好きだったんです。いっつもその二人でその本の話をしていたのに、私は読んだことなかったから、あとから一人でとぼとぼついていくだけ。読もうと思ってさがしてもみつからなかったんです。それで友人には、「えっ、よんでないの」といわれっぱなし。みつけてよんだときは、もうその二人のうちのかたほうの子が、引越していったあとでした。

そういえば、これも何年も前のこと。毎年クリスマス会やってますね。いつだったかどうぶつの顔のついたキャンディを大きなふくろにいれて、先生がまわったときがあったでしょう。

あのとき先生は、「中をみないで一本ずつとってちょうだい」とおっしゃったんです。私は前のほうの人がもっているまっしろいうさぎさんの顔のついたのがほしくって、ちらっと、ふくろをのぞいてしまいました。結局そのようにして、ウサギ・キャンディを手に入れたのですけど、今考えるとずいぶんかわいい年齢だったんだなあと思うばかりです。小学校の一年か二年か三年か……？　よく覚えていません。クリスマス会に縁がふかいのか、自分のだした交換プレゼントがあたったことは二回もあったし。（とりかえてもらったけど……。）

最近また絵本をよみたいなと思うように、なぜかなってきました。幼稚園児だったころよんだ『いやいやえん』や『ぐりとぐら』などひっぱりだしてながめてみたり。『ピーターラビットの絵本』がとっても好きです。いっぽう全然絵のかいてない物語をよんで、その光景がうかんでくると、たまらなくその世界にひきつけられてしまいます。それがまたよいのです。冒険ものをよむとわくわくさせてくれます。夢物語やかわいい恋の物語は、うっとりぼうっとさせてくれます。そんな本の世界に、まだまだとうぶん浸っていそうな私です。それではまたあそびに行きます。本当に乱文ですみません。

（中野区在住）

仙台で「小ざくら文庫」と「移動図書館」利用しています

崎村七恵

いぬいとみこ先生、そしてムーシカ文庫のみなさんお元気ですか。私は元気です。ムーシカ文庫にお世話になったのは、一年生のときだけですが、仙台にきて三年半になります。

こちらでは、近所のおばさんがやっている、「小ざくら文庫」と「移動図書館」を利用しています。知りあいのおばさんから先生の本で、『木かげの家の小人たち』と『くらやみの谷の小人たち』をいただいたし、学校の図書館で、『ながいながいペンギンの話』と『タラノキはかせは船長さん』と『ぼくらはカンガルー』を読みました。とても楽しかったです。私は本をたくさん読んだせいか、今は、メガネをかけています。私は五年生になり、お兄ちゃんは高校一年生になりました。お兄ちゃんは、相変らず本ばかり読んでいます。

今は、「天体の本」と「ムツゴロウ」の本に、こっている様です。お兄ちゃんの夢は、「天文学者」になることだといっています。

お兄ちゃんは、体重六十七キロ、身長一七七センチになりました。私は、体重三十三キロ、身長一四四センチになりました。二人ともこの夏は日に焼けて真黒になりました。

でも、私の方が黒いです。私は海のつどいという市の行事に参加したのと、学校のプールへ毎日行っているからです。海のつどいで松島へ行ったのですが、むこうはよい天気で、蚊がいっぱいいて、三十カ所もさされました。

今は、夏休みですが、暑かったり、すずしかったりしておかしな天気です。私はすっかり仙台弁になりました。もう、仙台になれてしまったので仙台の人のようです。東京にくらべると、仙台は田舎なので、緑がおおく、私の家の近くにも森があります。仙台に来てから、スキーをおぼえ、お正月と春休みに家族皆んなで楽しんでいます。いぬいとみこ先生、仙台にいらっしゃるときがありましたら、かならずお知らせください。お兄ちゃんとお会いしたいと話しています。ムーシカ文庫の皆さん、お身体に気をつけてください。

さようなら。

パディントン駅に、いってきました

長嶋史乃

四つ下の妹さんのいる友達の話を聞いては、高校二年の頃を思い出しています。私は長くのばしていた髪を切って、今と違うところで真面目な、今と違うところで軽薄な、高校生でした。勉強が苦手なこと、授業中ぼおっとすること、気まぐれな態度などなおせないまま、今日までひきずってきたこともたくさんあります。

本はいつも好きでした。読む時期読まない時期、不規則な波を描いているけれど、履歴書の趣味の欄の筆頭はいつだって、〝読書〟です。

〝あんまり読んでないけど〟と照れたりためらったりしますが。実際、四年前はあまり読んでいなかったのです。妙な苛立ちを感じることの多い日々でした。数ⅡBはちんぷんかんぷんだし、英語の予習は手抜いてばかりだし。国立大学をあきらめるべきか否か迷っていましたし。対人関係にも悩む頃。高校生って、やること考えることがたくさんあるのですね。

私立の女子大に通って三年めの今、ぽつぽつ読む時期にはいったようです。今週はパディントンを二冊読みました。昔好きだった本をもう一度読みたくて、それから読まずじまいだったものにも、再挑戦したいのです。読書欲もりもり。

そう、この夏パディントン駅に行ってきました。雨の日の構内は薄暗くて、クマはどうやらいなかったようです。犬はたくさんいました。ヨーロッパの犬は躾が良いようで、もしクマを見つけても黙っているでしょう。イギリスの湖沼地帯は長い間の憧れなのですが、各地で有色人種の暴動が起きている状況の前に残念ながら屈服し、アーサー・ランサムの世界を訪れる計画は実現しませんでした。次のチャンスを待つことにします。

せっかくヨーロッパまで行ったのに、史跡と美術館ばかり巡り歩いていて、本屋さんには数えるほどしか寄らなかったなんて、惜しい話です。語学コンプレックスがそうさせたのかしら、絵本も見たかったのに。

ムーシカ文庫の思い出。何を書いていいのか困ってしまうのは、きっと今でも文庫を訪れてお手伝いもせず、はしゃいでいるからです。過去のこととしてとらえられないのです。ムーシカのお友達は（音信不通だとしても）今でもお友達です。本の中で出会った子たちとも仲良しのままです。

本が好きなこと。本を読むこと。なんて楽しくて心強いことでしょう。ヨーロッパどころか、望めばどんなところへも行けるパスポートを私は持っている、と自負しています。発行してくれたのはムーシカ文庫だと思っています。

（東京女子大・B会員）

「童話の世界ってやっぱりいいなあ」

近藤知保

〝ムーシカ文庫の伝言板〟どうもありがとうございました。ムーシカ文庫の生い立ちを読んでとても感動しました。私がムーシカ文庫に毎週通っていたときは、問題の銀行に文庫があったときでした。毎週土曜日が待ちどおしくて、しかたなかったのをよく覚えています。

先生方がこんなにご苦労なさっていたとは全然知らず本当に楽しい思い出をつくらせていただきました。

今は学校が遠くて一時間半もかかるため、どうしても間に合わなくなってしまうのです。お手伝いにいけないのが残念でしかたありません。姉は今年高校卒業で大学生になります。

私も大学生になりましたら、暇になると思いますので……。ムーシカ文庫ももう十五周年、私が今十五歳でもうすぐ十六歳ですから（はや生まれなので）あまり変わらないんですね。お誕生日といえばいぬい先生のお誕生日は三月三日ですよね。

私の学校は生田（神奈川県）にあるのですが、山の中という感じでいまだにタヌキがでるのです。この間もグランドで体育の授業をしていたらタヌキが横ぎりまして、皆でポケーッと見とれてました。マムシも出るんですよ。校舎だけが真白で近代的なので浮いて見えておかしな感じです。お話は変わりますが、中学校時代は国語の先生が日本の文学・小説をつめこむ感じで読ませ、高校に入ったら〝五木寛之〟です。五木寛之氏はこの間私の学校で講演をなさり、聞いてきました。現在の売れっ子作家ですからお話はたいへんおもしろく聞けました。

でもいぬい先生たちとは（先生方のお話）全く違う感じのものです。今現在、私が読んでいるのはいわゆる文庫本です。一般的に常識とされている文学・小説を読み切っていないという段階ですから……。こういう本を読んでそれから家にある『エルマーとりゅう』とか『プー横丁にたった家』だとかを読むと「童話の世界ってやっぱりいいなあ」とつくづく思います。なんか安心するのです。不思議ですね。こうやって考えると、本におしえられたことってたくさんあります。小説もいいのですが、私は夢のある童話の世界の方が好きです。

小学校の4年生ぐらいの時、姉が中学を受験したため夜遊ぶ相手がいなかったのでムーシカ文庫の本がたよりでした。『リンゴ畑のマーティン・ピピン』というあつい本を読んだのを覚えています。

とにかく〝ムーシカ文庫の伝言板〟を読んで、「今度は先生たちのお手伝いをしてご恩返しをしなくては……」と思っています。年に一度ぐらいしかいけないのですが、久しぶりにいって小学生が「自分達の文庫だぞー！」という顔で文庫に通ってくるのを見ると、自分がよそものみたいでちょっぴりさびしくなります。

でもそんなことにはまけずお訪ねしたいと思います。

それでは、ムーシカ文庫の皆さまによろしくお伝え下さい。

（高校生）

これから私がやりたいこと

井元舎子

こちらへ来てから、もう、一年半ほどがすぎました。その間、読みたい本がなくなってたいくつしたりすると、いつもムーシカ文庫のことを思いだしていました。

それに、学校の図書室や本屋さんでいぬい先生や松永先生の本を見つけると、よけいに思い出し、私の知っている先生の本がある、ということでちょっと自まんしたいような気持ちになります。

八月のはじめの朝日新聞に、ムーシカ文庫のことがでていました。私はその記事を読みながら、私も前はムーシカ文庫にいたんだなあ、という何だかうれしい気持ちになりました。

私が今、一番やりたいと思っていることは、ムーシカ文庫のような文庫をつくることです。できたばかりのムーシカ文庫の本は、百五十さつほどだったというから、私でもできるのでは…。

私がつくる文庫には、私がムーシカ文庫で一番気にいった『やかまし村はいつもにぎやか』など、やかまし村のシリーズ、クマのパディントンのシリーズを全部そろえたいです。でも私がもっているのは、『パディトンのえんとつそうじ』と『やかまし村の春・夏・秋・冬』だけです。

だからこれから、いぬい先生や、松永先生、木下先生の本や、いろいろな名作、絵本などといっしょにそろえていきたいです。

私のもう一つのゆめは、童話作家になることです。私は今、頭の中で二つのお話を考えていますが、考えるだけで、自分で本をつくってまとめることをしません。よく、ムーシカのお友達は、お話を作ると本にしてもってきていました（太田玲子さんのこと）。私も本にして、いぬい先生に見ていただきたいなぁ、と思うのですが、なかなかやりません。

私は、文庫をつくったら「マーシカ文庫」という名前にしたいです。なぜかというと、いつか長崎の方に、「ミーシカ文庫」ができたと聞いたからです。だから「ムーシカ、ミーシカ、マーシカ」のマーシカをとって、こうつけたいです。

私が文庫をつくりたい、と思うようになったのも、本を作ることを覚えたのも、全部、ムーシカのおかげです。

私にとって「ムーシカ文庫」は、いろんなことを教えてくれたところです。

（小5・船橋市在住）

一つの風景

伊大知美奈

どこまでもつづく森とその中にひっそりと点在する、すんだ湖。いつまでも日がしずまずまるでふしぎな夕暮れのような白夜。それはいつも私の夢とかさなり、私のあこがれの地でした。

いつかそんな所に行ってみたい、おばあさんになってしまってからでもいい、かならずきっと……と思いつづけていました。

ところで、今年の夏休み、私はアメリカに行く機会をもつことができました。それもずっと高緯度のワシントン州のシアトルという町です。

そこは、カナディアン・ロッキーのふもとの自然につつまれた都市だときいて、すくなからずの期待を胸に、シアトルに近づきつつあったのです。

すると、飛行機からみおろす景色は、まぎれもなく森、湖なのです。それも、どこまでもどこまでも。

まさか、あの夢にまでみた景色をほんとうにこの目でみられようとは。まわりの雑音をよそに、私の頭の中はすみわたっていました。と私は一つの物語を思いだしたのです。小学生だった、私の頭の中のすべてのものを躍動させたあの物語を。

この何年かの間、転校だ、受験だとさわいで、心までかわってしまっていたのだろうかと思いました。私の感受性の本元になっているあのリンドグレーンの物語をわすれていたなんて。そしてこの風景こそ、いちばん大好きだった「やかまし村」の舞台にまちがいなかったのです。

そう思うと、いまさらながらムーシカ文庫の素敵さがわかったような気がします。他の図書館とちがい、土曜日ごとにうきうきと出かけていっていたわけがわかったような。

遠く神戸という地にはなれてしまっても、本屋さんで、『ながいながいペンギンの話』とか『北極のムーシカミーシカ』をみると思わずほほえんでいたり、いっしょにいる友達に自まんしたくなったりしている自分に気づくたびに思います。大好きだったムーシカ文庫から、これからも、わたしのように気がつくと追っている夢をもつ小さな友達が、どんどんでてくれればいいなって。

（高校生）

感性の豊かな人間でいたい

岡崎祥也

・近況について

一九七一年三月父の仕事の都合で、「ムーシカ文庫」退会後、各地を転々。今春立命館大学を出て十年ぶりに東京へ。現在カシオ計算機（K・K）羽村技術センター勤務。

・ムーシカの思い出。一番印象深かったのは

①佐藤さとる、山中恒、古田足日の著書を読んでました。

②向山小でいっしょだった長谷川君、川上君はどうしているのかな?

③高学年になると色々と忙しくなり、あまり出席できなくなったこと。

④楽しかったクリスマス会。とくに「ミイラ・ゲーム(?)」は印象にのこっています。

・これからあなたがやりたいこと

現在、学生時代の念願だった電子楽器の開発業務にたずさわっています。今後の日標はもちろん早く一人前のエンジニアとなることです。科学、電子技術の進歩にともない、ついこの間までは、夢物語のように思われていたことが、つぎつぎと現実の姿になろうとしています。でもどんな世の中になっても人間の「心」は変わらないように思います。おもしろい「本」に出会った感動、はじめて自分でラジオをつくった感動など、今でも新鮮によみがえってきます。ほんの少し前までは、「ムーシカ文庫」にかよっていたような気がするのに、もうサン・テグジュペリの『星の王子さま』に出てくるような、無味乾燥な「おとな」の仲間になってしまっているので、少し残念な気がします。せめていつまでも幼児のように感性の豊かな「人間」でいたいと思います。

＊

いぬいとみこ先生へ　　お元気ですか?

『ムーシカ文庫の伝言板』をいただきどうもありがとうございました。現在ぼくも二十二歳、もういい「あんちゃん」になってしまいました。大学では電子工学(音響工学)を専攻し、縁あって現在の会社へ勤務しています。大学の学究の世界から、いきなり電子技術の最前線にほうり出され、毎日無我夢中ですごしている、というのが本当のところです。片田舎でも東京へ帰ってくることができたので、一度「ムーシカ文庫」の方へお邪魔しようかな、などと考えているしだいです。

またお目にかかる日を楽しみにしております。(77ページ上段の写真の人)

ぼくと本との友達づきあいをつくってくれたムーシカ文庫の先生たち

黒沢哲

ぼくは今都立西高校という、久我山の方にある学校に通っています。この学校は受験校なのですが、レベルがぼくの思っていたよりもかなりたかく、ぼくは一生懸命ついていいってるというような状態です。

……しかし……国語は安心です。

それは昔文庫で読んだ本や、その延長で読んでいた本が、教科書や、最近では夏休みの感想文の課題などに出るようになったからです。

とは言っても……

ぼくはこのような今の便利を考えて、本を読んでいたのではもちろんありません。それでも、数多くの科目の中、文庫の本たちは国語へのおちつきを与えてくれます。これは何も国語だけにかぎるわけではないのです。もちろん、日常のことでもそうです。小学生の頃のぼくはわけもわからずただ読んでいました。

　そして読んだ本の題名をノートにとっておきました。このノートをもとに、それらの本を高校生になって、ふたたび読んでみるようになりました。一回読んだはずの本がなんと、ぜんぜん覚えてないのです。仕方ないとは思っても、自分がなさけなくなります。

　しかし一部分でも思い出せる本は読みだしたとたんに、あざやかに細部まで思いだすことができます。こういうときは、ほんとうにうれしくなってくるものですね！　先生にもわかっていただけるでしょう。

　またそれと並行して漱石や藤村等の作品を初期の作品から順々に読んでいくこともはじめました。そんな読書も最近は学校と家の往復生活の中でなかなか時間をとれないでいます。今は本当にいそがしいです。

　しかし、ムーシカ文庫や、いぬい先生、松永先生につくっていただいた、ぼくと本との友達づきあいはまだまだつづいていくのです。


（練馬区在住）

印象ぶかい戦争に関する本

喜代田智子

　現在の私は、一応「早稲田大学第一文学部文芸専攻三年生」ですが、従事している時間から言うと、「早稲田大学人形劇研究会ぽぽん太所属」という方がただしいかもしれません。

　ムーシカ文庫に通っていた自分と、人形劇をやっている自分、やはりつながっているのでしょう。脚本を書く段階で、ムーシカで読んだ本や、「お話の時間」にきいたお話をふと思いだして書くこともありました。

『長い長いお医者さんの話』の中の「郵便屋さんの話」や『ふしぎなオルガン』の中の「ガラスの心臓をもった三人姉妹」などは、たしか松永先生が読んでくださったお話ですよね。つねづね意識しているわけではないのに、ひょいと思いだして脚本になりました。できあがった脚本は劇づくりという複数の手による創作の中でイメージがひろがり、あるときは、思いもよらぬ方向へ発展し、ふくらんでいきます。それは、個人の段階では考えられないことで、人形劇にかかわってはじめて見たものでした。以来やみつきで、人形劇中心の大学生活を、もう二年半つづけてきてしまったのです。その中でムーシカの二階で「たけちゃんと雪だるま」という劇をやったことも、うれしい思い出の一つです。

　ムーシカ文庫で読んだ本で印象ふかいものは、戦争に関する本です。『2年2組はヒヨコのクラス』、『スカーフは青だ！』、『さようならを言わないで』、いぬい先生の『木かげの家の小人たち』、高校に入ってから読んだ『野の花は生きる』……。

内容はすでに、うろ覚えですが、今でも「戦争」とか「原爆」とかいうことばに過敏に反応する、条件反射のようなものは、しっかりのこっています。ただ、この「条件反射」をいかに意識の問題にのぼらせるかは、私の勉強にかかっているのだと思いますが、ついついなまけてしまいます。

先日、大学で松谷みよ子さんの講演会があり、講演の最後に、ご自分の絵本を朗読して下さいました。ひさしぶりに接した朗読、ムーシカのお話の時間を思いだして、なつかしくてなりませんでした。もちろん、東京相互銀行の二階でおしゃべりばかりして叱られたことが何度もある私ですが……。

（B会員）

教育実習で『あおい目のこねこ』を！

水野直子

ムーシカ文庫の先生方、皆さん、おひさしぶりです。一年くらい前に一度遊びにいって、なつかしい本達が同じ様にならんでいるのを確かめて、すっかり安心してしまい、お手紙をいただいてものばしのばしになってしまいました。ごめんなさい。

一週間前まで、学芸大附属東大泉小学校に三週間の教育実習にいっていました。大学生活三年めに迎えたビッグイベントといった感じで、予想していたより、ずっと感じるものが多かったのです。実習の話を始めると止まらないんですが、一つだけお話したいと思います。

私が一年生の時、保谷の小学校に半年ほど通っていました。担任の先生が、いろいろな本を読んでくれたのですが、（『おばあさんのひこうき』や『ながいながいペンギンの話』、『アンディとライオン』などです）その中で一番おもしろかったのが、『あおい目のこねこ』でした。それで、実習で一年生のクラスに配置されることがきまってからは、子ども達に本を読んであげるんだったら『あおい目のこねこ』にしようかな、と思っていたのです。

そして六月の末に松永先生の『貝の火文庫』を訪ねて『あおい目のこねこ』を読ませていただいたとき、（子どもの前で本を読む初めての経験でした。）読み終ってから、いたずらっこらしい男の子がさーっとこの本を持っていって、「私が借りようと思ったのにー」と女の子が泣きだしたのを見て、私が一年生の時、わくわくした気持ちをこの子たちも味わったのかしら、と思いとてもうれしくなりました。

いよいよ実習が始まり二日目の給食のとき時間をいただけることになりました。四十人の子ども達の前にたって、それだけで落ち着かない気持ちなのに、自分の気にいっているこの本がこの子どもたちに好かれなかったら……という不安もあり、ドキドキしてしまいました。

でも読み始めると、こちらはすっかりその気になり楽しんで読んでいくと、話のおしまいの頃には、給食の班にお行儀よく座っていた子どもたちが、本がよく見える場所に集まってきていました。子ども達の顔もまだ全然区別がつかない時なので、一人一人の表情はわかりませんでした。でも読んでいく最中に声をだしたり笑ったりするところは、私が一年生のときに気にいったところとおなじでした。

六月のオリエンテーションのとき、担任の先生は〝あまり本を読むのが好きじゃないらしくて、ちょっとがっかりしています〟といわれていましたが、〝子どもの本〟のおもしろさをあまり知らずに大きくなるような環境に子ども達がおかれているだけで、十四年前の一年生も今の一年生も同じ本を読んで楽しめるというのは、やはり本にしかない魅力なのではと思うのです。なんだかまとまりがなくて申しわけありません。これからもどうぞ末長くおつきあい下さいね。

（お茶の水女子大）

なつかしい本たち

水野まり

私は、いわゆる〝本大好き少女〟ではなかったのですが、ムーシカ文庫にはずいぶん長い間通っていました。

姉が土曜日になるとでかけて行くので、その仲間にはいりたい一心でくっついていったのがきっかけでした。それから、本をかりていって読むようになったのですが、最初は、絵本ばかりでした。私は、童話や物語が好きで、それも厚い本ではだめで、おなじ年の友達とくらべると、本の好みが幼なかったように思います。

はじめて私があつい本を読んだときの感動は、今でもわすれません、それは『人形の家』（ルーマー・ゴッデン作）という本だったのですが、自分ですっごくあつい本を借りてきたという満足感があって、それを二日ぐらいで頑張って読みおえたときのあの喜びは……その本の話にも感動しましたが、それ以上にあつい本を二日で読んだという優越感！　今でも忘れることができません。

ほかに印象ぶかい本というと、『シャーロットのおくりもの』とか、『トンデモネズミ大活躍』とか、『大草原の小さな家』シリーズなど、こうやって思いうかべて見ると、なかなかたくさん読んでいるので、われながらおどろいてしまいます。

私は本が大好きで通ったわけではなく、友達と一緒にいくのが、先生に本を読んでもらうのが、先生と会うのが楽しみでムーシカ文庫に行っていたのですが、長く通う間に、（人とくらべたら少ないかもしれませんが）ずいぶんたくさんの本を読んでいるのですネ。

今でも、本屋さんに行って自分が読んだことのある本をみつけるとうれしくなります。

ムーシカ文庫に行って、私は本当によかったと思っています。（高校生）

1971年5月15日のお客さま、イリーナさん

はじめての給料で、『ツバメ号とアマゾン号』を買った私

折戸広子

小学校の三、四年生の頃から、ムーシカ文庫に通いはじめて、今はもう二十一歳。この春、短大生活を終え、会社に勤めるようになりました。

小学生の頃は、ムーシカ文庫でかりた本をそのままピアノの先生のところまで持っていって自分の番がくるまで、読んでいたものです。

中学・高校生になると、文庫本をもち歩くようになり、児童文学からは遠ざかっていましたが、ときおり、ムーシカ文庫でかりていった本の中には、心につよくのこるものがありました。

たとえば、『グリーン・ノウ物語』『ゲド戦記』『モモ』などです。

短大の授業で、ムーシカ文庫や児童文学について発表したとき、みんなにも、幼い頃の読書体験を聞いてみました。子どもの頃に自分が歩いて通える距離のところに児童文庫があって、毎週毎週ちがう本を読める環境にあったということは、とても幸運なことだったと思っています。

働くようになってはじめてもらった給料で、私は『ツバメ号とアマゾン号』を買いました。小学生だった私には、とても高価な本でしたので、一人前になって、給料をもらえるようになったら買おうときめていたのです。

ムーシカ文庫で借りて読んだ本のうちの、何冊あるいは、何十冊かは、私の一生の友達になりそうな気がします。こんどは私が、いつかうまれてくるだろう子どもと、そうした本とのめぐりあいに気をくばってあげられたらいいなと思っています。（B会員）

ムーシカの子どもを写して

森友百重

私がムーシカ文庫にはじめて来たの

は、昭和四十四年（一九六九年）の一月、小学校三年生の時でした。それから中学二年くらいまでは、何回か間をおいたもののムーシカ文庫の本を読みつづけました。けれども、高校生になると、クラブや生徒会活動に熱中して、ムーシカ文庫にはずいぶんと御無沙汰してしまいました。

　去年、一浪した後、慶應義塾大学にはいり、ムーシカ文庫がなつかしくて、一、二回訪問しました。そして、今年の一月からは、ずっと文庫の子供たちの写真をとらせてもらっています。実は、大学でカメラクラブに所属していて、去年一年間、子供ばかり撮っていたのです。けれども、公園で通りすがりの子供にカメラをむけてばかりいるのに飽きたらなくなって、そして文庫で本を読みふけったり、読みきかせに目をかがやかす子供たちを見て、じっくりと腰を落ちつけて写真をとりたいと思ったのです。

　ところで、この間、私の個人カードのたばがみつかりました。文庫で最初に借りた本は「ピッピ」だったのか、昔からへたくそな字を書いているなあ、となつかしくながめていると、私のではない、友だちの字にぶつかりました。自分でこられないときに、新しく本を借りてきてくれるようにたのんだのでしょう。

　そうです。『ひみつの海』と小さく書かれた灰色のぶあつい本をわたされた時はちょっとがっかりして、どんなのでもいいと言ったって、もっとちがうのを借りてきてくれてもいいだろうに、と思ったものでした。

　けれども、一度借りた本はかならず全部読まなければ気がすまないたちの私は、しぶしぶページをめくりました。すると、それは想像していたのとはちがって、自分とおなじような子供たちの冒険が、こまごまと、そして生き生きと書かれたお話でした。その冒険は、夢のような冒険ではなくて、条件さえそろえば私にだってできそうなこと。もう夢中でした。この本は、アーサー・ランサム全集の中の一冊で、カードをみると、それからつづけてこのアーサー・ランサム全集を借りています。時には、あのぶあつい本を同時に二冊借りて一週間で読みあげているのには、われながらおどろきます。

　もっとも、これは小学校四年から五年にかけてのころですから、読みこなす力も暇も充分だったのでしょう。この全集の一冊目にあたる『ツバメ号とアマゾン号』は、当時ムーシカ文庫にみあたらなかったので、家で買ってもらいました。今でも、私の部屋の本だなの一番上に、ポツンとその本はおいてあります。一冊だけだとさびしそうだな、シリーズのこりをそろえようかな、とおそまきながら考えています。

　ほんとうに、カードをながめていると、いろいろな発見をします。動物記や昆虫記を案外たくさん借りていること。日本のお話がすくないこと。その他、白い美しい貴婦人ねずみミス・ビアンカが活躍する『小さい勇士のものがたり』を、飼っていたハムスターに読んできかせようと、ながいこと借りていたことなどが思いだされました。

ムーシカ文庫の子供たちの写真は、すくなくとも来年の三月までとりつづけるつもりでいます。そうすることによって、私の写真活動のうえで何かまとまったものがのこせたら、そして、ムーシカ文庫の記録として、何かお役にたてたら、と思っています。

（B会員）

むすめたちとともに

姫野信子

長女倫子《のりこ》がムーシカ文庫へはじめて行ったのは、四歳の九月頃でした。家と文庫の距離は何十メートルくらいでしょうか。近所のお子さんから聞いて、「五歳から」とも知らずに「お友達は一人でいくのだから……」とだしたのですが、最初の子ということもあって、内心大冒険にだしてしまった思いでした。

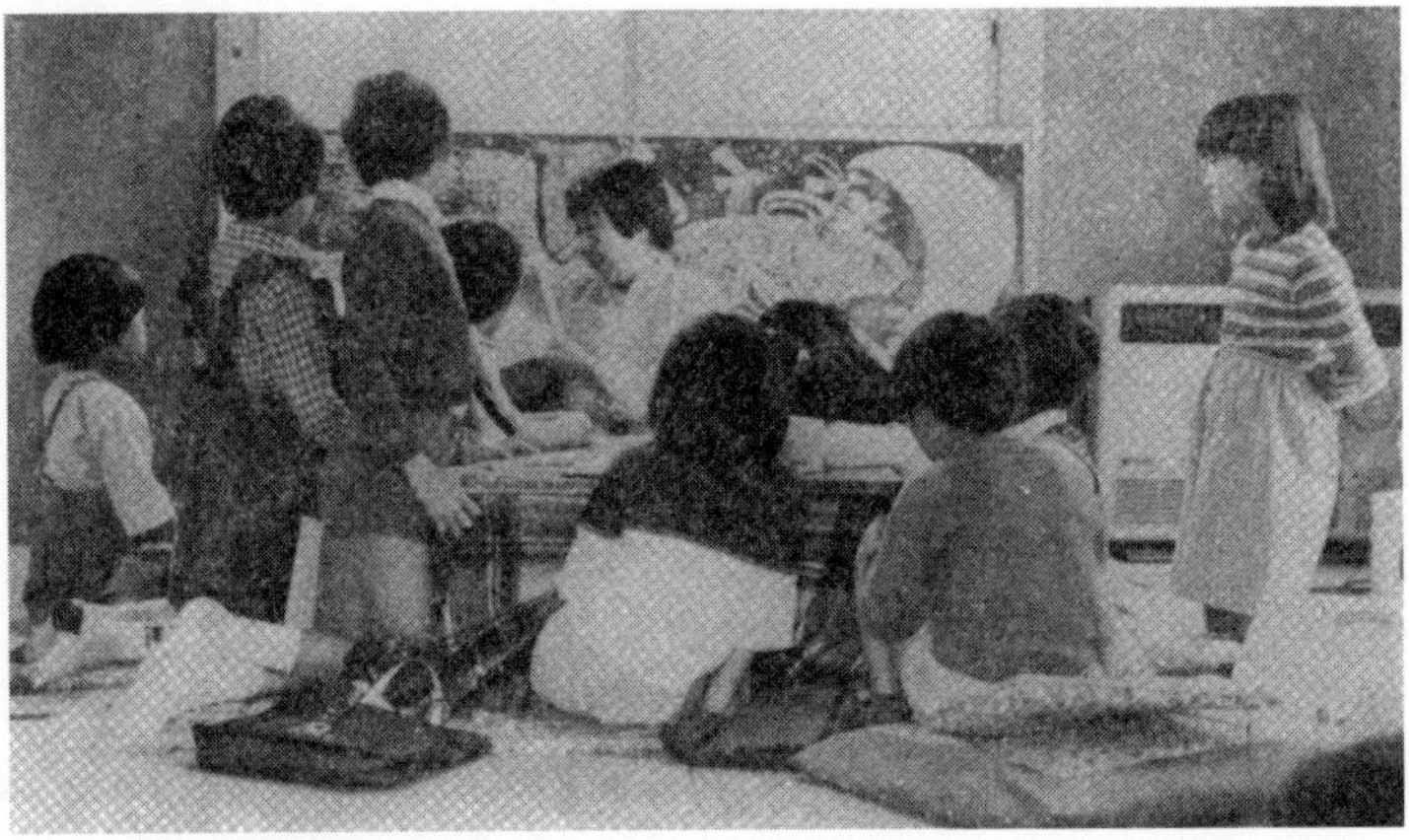

「やっと子どもたちに本を読めて……」（1981年6月）

はじめて本をかかえて帰ってきたときは、ほっとするやら、うれしいやら、よろこんでしまいました。本は『ぞうのババール』でした。長いお話ですが、とにかく最後まで聞いていました。「遊び」のへたな子ですが、よみきかせている間は静かでした。（それは一つの発見でもありました。）ある日、ババールといっしょに『ぼくにげちゃうよ』という本をかかえてきました。詩情豊かに描かれたお話は、私にとって絵本とのはじめての出会いといってもいいでしょう。

四歳の倫子は、ちょうどこの子うさぎのようにやんちゃでしたから、ここに描かれた母うさぎの気持ちに、大きくうなずけたのです。そして、こんなにも「やさしさ」を伝えるものがあったのかとおどろき感動したのでした。

あれから四年がすぎ、引越して家も

文庫とは、だいぶはなれてしまいましたが、はなれてみて「ムーシカ文庫」は子供達にとって、とても大切な場所だったとつくづく思います。

図書館はたくさんあり、絵本は書店の店頭にあふれんばかりにありますが、その多くの本を前に、一冊の本を選ぶのは大人でもたいへんなことです。文庫の本はいぬい先生たちの愛蔵本であると同時に、子供達にとっても長く通う間には一人一人の愛蔵本となっていくでしょう。それは私達にとってうらやましいかぎりに思えます。

文庫がどうして安心してゆっくり本を選べる場なのか考えてみますと、暖かいふんいきと先生方の心が通っていたからなのですね。子供達にとっては、自分達を理解してくれる大人達にふれあえる唯一の場所なのかもしれません。

今、わが家は次女晴子が三歳になり、お姉ちゃんといっしょに絵本をたのしめる年頃になりました。（姉妹で共通のたのしみを持てた子供達は幸せだと思います。）二人で絵本をひろげる時は、お姉ちゃんの影響をいっぱいにうけています。

ママと絵本をひろげる時は、三冊目からは子守歌になります。三人で絵本をひろげるときは、どっちがママにくっついているかが気になるけれど、たのしさが二倍になります。ときどきパパと三人で絵本をひろげると、「お話がちがっちゃうみたい」なのだそうです。

たくさんのお話をたのしんでほしい。お話の中の大好きなものを大切にしていってほしい。そしておたがいのよいところをすなおに認めて、いつまでもおたがいを必要としていってほしい。そんな願いをこめて私も読みながらたのしんでいきたいと思います。

（狭山市在住）

「ああ、おもしろいな――」

ムーシカ文庫にかかわっている人たち

子ども達に育てられて

木下惇子

ムーシカ文庫の世話人は、だれ一人児童図書館の仕事の専門家ではありません。皆、他に職業や家庭をもちながら、文庫の仕事をしています。ですから世話人達が文庫に提供できる能力にも時間にも、それぞれ限界があるわけです。

当然、質の上でも量の上でも、またその方法においても、専門家の方々と同じ様な仕事をする事はできません。しかしながら、できるかぎり最上のものを子ども達に手わたしたい、という願いだけは誰しも持っていますから、私達は常にその「願い」と、自分の限られた技能と時間という「現実」との板ばさみになっている、といえます。

私自身は、文庫の仕事を手伝いはじめて今年で七年目を迎えましたが、ふり返ってみると、私の場合、子どもたちのためにより良い仕事をしたいという思いがある一方で、「私は専門家ではないのだから。専門的な知識や技能を身につけているわけではないのだから」という思いがいつも心のかたすみにあって、この思いが子ども達に対する一種の「負い目」となって、かなり長い間私自身の行動や判断を規制していた様にも思えるのです。

この負い目は、裏をかえせば「甘え」であり、「私は専門家ではないのだから、この程度しかできなくても仕方がないのではないか」というところに逃げこむ口実になっていたのではなかったかと思います。ですから、専門家ではないという事にこだわっていた間、私の文庫へのかかわり方は中途半端でいいかげんなものだった、といえるでしょう。

はっきりした目的意識も、これは仕事なのだという自覚もないままに、ただ「子どもと本が好きだから」という理由だけで文庫を手伝いはじめた私ですから、こうした経緯をたどるのは当然のことだったかもしれません。

そしてその後、文庫を運営していく上で、ある困難が生じた時、私はこの問題にこれほど神経と時間を消もうしなければならないのなら、文庫の仕事などいっそ「もうやめてしまおう」と思ったのです。ところがそう思った時、私の頭に真先にうかんだのは、お話を聴いている時の、そして本を読んでいる時の、子ども達の「あの顔」「この顔」でした。

一人一人の子どもの顔が、私に文庫の仕事をやめることを思いとどまらせたのです。「この子達が来ているかぎり、私はやめたくない。この子達の世界がどこまで広がっていくのか、できるかぎり見とどけたい。そしてもっと多くの子どもに出会いたい」という「欲」が、その時初めて私の中にわき起ってきました。あらためて私は、文庫の子ども達の存在が私の中で占めている重さを知らされたのです。

その経験を通過して文庫の仕事をつづける決心をした時、私は遅ればせながら初めて、「専門家でない者が、職業としてではなく文庫の仕事をする」という事の意味や、仕事のあり方というものを自分自身に問いなおしました。「なぜ私は文庫の仕事をするのか?」はっきり答えられることはただ一つでした。

それは「子ども達とともに本を読むことを通してあたえられる『喜び』が、私にとってかけがえのないものだから私はこの喜びのために文庫の仕事をするのです」という答えでした。

この事を自分の中で確認すると、あの「専門家でない」ことへのこだわりは、自然に消えてゆきました。そして私は、専門家でない事の限界、ボランティアとしての限界はありのままにうけいれた上で、その中で自分は、「何を、どの様に、どこまでできるか」ということをすこしずつさぐりながら見きわめていけばよいのだ、と思うようになったのです。

さらにまた、「今、こうして私の目の前にいる生きた一人一人の子ども達こそ、私にとって最高の教師であり、この子ども達から学ぶのが最良の方法ではないか。子ども達から学んだ事を、あせらずに子ども達に返していけばよいのだ。私の立脚点はここにしかないのだから」ということを再確認したのでした。

このように、一度は文庫をやめようと思ったにもかかわらず、新しい気持ちで再出発することができたのは、何よりも、子ども達に本を読んであげることをつづけてきたおかげでした。

私のつたない読み方にもかかわらず、子ども達は途切れることなく、「お話の時間」にあつまってきてくれました。私がはじめて読みきかせをした当時聴き手だった子ども達は、遠くへお引越しをしていった人をのぞいて、今だに続けて文庫にきてくれています。(中学生になった子もいます)このことが、私にとって最大のはげましとなり、私にこの仕事をつづける勇気をあたえてくれたのです。そしてまた、このことを通して私は、人を引きつけずにはおかない「本の力」と、それをしっかりと受けとめることのできる「子ども達の力」を信じたのです。

しかし皮肉なことに、以前私が専門

家でないということを負い目として一番感じていたのは、他でもないこの「お話の時間」に、どんな子ども達に、どんな時期に、どんな本を、どのように読んであげるかという問題を考えるときだったのです。

本を選ぶときも読むときも、あるいは子ども達の座らせ方にいたるまで、私には子ども達にとって何が最善で適切なのかを判断する裏づけとなる、知識も技術も経験もありませんでしたから、いつも試行錯誤で自分の判断や処置に自信がないまま、専門家ならもっと適切で良い伝え方ができたかもしれないのに、と思いつづけていたのです。

けれど、実は、一番負い目を感じていたこの仕事を通して、私は子ども達から一番多くのものをあたえられたのです。六年間の文庫とのかかわりの中で、もし私の中で文庫の仕事をする人間としての自覚や力が少しでも育っているとしたら、それは「お話の時間」の聴き手の子ども達によって育てられたのです。

そういう意味で、私には忘れられない経験がいくつもあります。たとえば一九七七年九月から十一月にかけ『ながいながいペンギンの話』を読んだときのこともその一つです。

いわば「一回完結読み切り」ものではなく、「長期連続」の読みきかせをしたのは、私にとってこのときがはじめてでした。始める前には、幼稚園、保育園や学校のように、毎日同じ子どもを相手にできる場ならともかく、年齢もまちまちなら読書経験もさまざまな、常連もいれば新顔もいるという文庫の聴き手を相手に、しかも一週間というブランクをおいて、はたしてつづきものの読みきかせができるだろうかと、私は不安でした。

ところがそんな私の危惧を、子ども達はみごとにふきとばしてくれました。最後まで毎週欠かさず聴き手となった常連の中には、四歳のUちゃんもいましたが、五、六歳の子どもが一番多く、やがてその子達がその後「お話の時間」の聴き手の「核」となってくれたのです。

一、二年後、その子達が今度は自分で読むためにつぎつぎにペンギンの本を借り出していったとき、私は思わず小学生になって背もだいぶのびたその子達の姿を見直しながら、心の中が喜びで満たされるのを感じました。

なぜなら、その子達の中で一つの芽が確実に育ったことを、私は自分の目で確かめることができたからです。そして私自身が、その芽に、ほんの一滴ながら、水をそそいだ人間の一人であるということも……。

なぜ四歳のUちゃんまでも三か月間も聴きつづけられたのかを考えることは、この本の持っている魅力を見なおすことにもなりましたが、聴き手の中に二人の強力なリーダーがいたことも見のがせません。当時三年生だったO姉妹のお姉さんR子ちゃんと、K姉妹のお姉さんK子ちゃんです。この二人が強いけん引力となって、幼い人達を物語の中にひきこんでいってくれたのです。

こうしたたのもしいたくさんの子ども達にささえられ、彼らの貪欲な読書欲においまくられながら、私自身の世界もまた絵本の読み手から昔話、物語の読み手、さらにはストリー・テリングへとつぎつぎにひろがってきたのでした。そして、こうした一つ一つの経験を通して、私は「子どもを通して本を知り、本を通して子どもを知ることができるのだ」ということを学んだのです。

どうか一人一人の子どもが、その子にとってかけがえのない本に出会うことができますように。そして一冊一冊の本が、すばらしい読者に出会うことができますようにと願いつつ、今、私は、自分の貧しい能力、つたない技術、とぼしい時間にいらいらとあせったり、あきらめたりすることなく、また素人だから、ボランティアだからということに甘えることなく、この仕事をつづけていきたいと思っています。

そして、だれにたのまれたわけでもなく、生活のためでもなく、好きで、自分からすすんでやりはじめたことなのだからこそ、自分の都合で無責任にやめてしまうことはできないのだ、とも思うのです。

また反対に、この仕事に喜びを感じなくなったとき、そして子ども達から学ぶことができなくなったとき、その時こそは文庫をやめるべきだとも、自分にいいきかせています。なぜなら喜びのない場所で、子ども達がのびのびとくつろいで、十分に本を楽しむことはできないでしょうから。どうかそういうときがきません様にと願いつつ、私は今、一つの詩を思います。

ハリール・ジブラーンの「子どもについて」というこの詩は、数年前、新潟で文庫を開いていらっしゃる真壁伍郎氏に教えていただいて以来、文庫の部屋の伝言板に貼ってあるものです。以前「婦人之友」誌上に掲載された、今は亡き神谷美恵子先生の訳でご紹介したいと思います。

「子どもについて」
――詩集「予言者」より――
ハリール・ジブラーン詩
神谷美恵子訳

赤ん坊を抱いたひとりの女が言った。
どうぞ子どもたちの話をして下さい。
それで彼は言った。
あなたがたの子どもたちは
あなたがたのものではない。
彼らは生命そのものの
あこがれの息子や娘である。
彼らはあなたがたを通して生まれてくるけれども
あなたがたから生じたものではない、
彼らはあなたがたと共にあるけれども
あなたがたの所有物ではない。
あなたがたは彼らに愛情を与えうるが、

あなたがたの考えを与えることはできない、
なぜなら彼らは自分自身の考えを持っているから。
あなたがたは彼らのからだを宿すことはできるが
彼らの魂《たましい》を宿すことはできない、
なぜなら彼らの魂は明日の家に住んでおり、
あなたがたはその家を夢にさえ訪れられないから。
あなたがたは彼らのようになろうと努めうるが、
彼らに自分のようにならせようとしてはならない。
なぜなら生命《いのち》はうしろへ退くことはなく
いつでも昨日のところに
うろうろ　ぐずぐず　してはいないのだ。
あなたがたは弓のようなもの、
その弓からあなたがたの子どもたちは
生きた矢のように射られて　前へ放たれる。
射る者は永遠の道の上に的《まと》をみさだめて
力いっぱいあなたがたの身をしなわせ
その矢が速く遠くとび行くように力をつくす。
射る者の手によって
身をしなわせられるのをよろこびなさい。
射る者はとび行く矢を愛するのと同じ
ようにじっとしている弓をも愛して
いるのだから。

ムーシカ文庫にくるということ

安藤房枝

私がムーシカ文庫の手伝いを始めたのは、一九七九年三月末のことだ。十五年の歴史をもつこの文庫の手伝い係としてはごく新しく、また、経験もあさい。

　私がここに来るようになったきっかけは、一九七五年一月に出したあつかましい一通の手紙をいぬいさんが覚えてらしたことによる。

　当時、私は卒業後のアルバイト先を最初の契約どおり三月いっぱいでやめねばならず、これから何をしようか、なるべくなら好きなことをして稼ぎたいと思っていた。

　もちろんいくらのんきな私でもムーシカ文庫で給料がもらえるとは思わなかったが、今より一層現実ばなれしていたので、後先の考えもなく、何か仕事を手伝わせてくださいと手紙を書いたのだった。けれど、当時は手伝い係も人数がたりていたのでそのままになってしまい、七八年秋いぬいさんに直接お目にかかるまで、文庫とは無関係に過ごすことになった。だが、その間ある本を読むことがきっかけになり、他のさまざまな児童書を読みあさってはいた。

　その本とは『赤毛のアン』だ。当時のアルバイト先で友だちとなったひとから借りて読んだ。感想文、教科書、成績、その他一切に関係なく。何とおもしろかったことか！　それまでの私は少々おマセだったせいもあり、また、わが家にそういう本しかなかったせいもあり、で、『新・平家物語』とか『暗夜行路』とかいう大人の、しかも日本の小説ばかりを読んでいたものだ。そんな私だから「〝アン〟なあんて」と思っていた。

第一少女小説だし、外国のものだし、手にとろうとも思わなかった。その上、中学の教科書に載《の》っていたではないか。あーいやだ、いやだという具合だ。けれどその時はふしぎにも読もうという気になり、読みに読んで、すぐ〝アン〟シリーズを全部読みあげてしまった。

こうして私はひとつの世界（素直に夢をみたり、人間を信じ通したりするのは美しいという）を知った。さらによかったのは、外国の小説も子どものお話も少女小説も、そうだから、との理由で敬遠しなくなったことだ。

だから、その後初めていぬいさんの『木かげの家の小人たち』や『北極のムーシカミーシカ』などを楽しく読んだし、つぎには『子どもと本をむすぶもの』を見て、さっそくムーシカ文庫の手伝いをしたいと考えた。

つまり、大好きな童話や絵本にふれながら小さい人の相手をするのは面白そうだと思って、いぬいさんへ又手紙を書いたのだ。というわけだからムーシカ文庫に来ることになる一番最初のきっかけは『赤毛のアン』との出会いだといえる。何しろその本からいろいろひろがっていったわけだから。たとえ文学的評価がどうであれ、〝アン〟は私の大切な本なのだ。

こんなふうにその人にとっての大切な本は、名作、評論家の選んだもの、ムーシカ文庫のおすすめ本、とかの中にあるとはかぎらないといえるだろう。しかも、いつそれにつきあたるかは不明なのだ。どんな人も私のように、その人にとっての大切な本に、よりはやい時期に出会えると人生がより豊かになるし、またそこからさまざまな方向へひろがってゆくものも出てこよう。

こう考えると個人文庫の手伝い係として参加することは、会員達にそのチャンスをふやしてあげるための手助けをしていることでしかないように思える。とはいえ毎土曜日、こういうことをきちんと意識して手伝っているわけではない。いまだに、母親予備軍でしかない私としては、会員達を見て無責任に面白がっているだけなのだし、おおくの先輩方がつくりあげた基盤の上にのって会員や他の大人達に甘えて楽しませてもらっている段階なのかもしれない。

まずもっと自分の位置を認識して、やれることから無理をせずのんびりやってゆこうと思う。それが、このきびしくなりつつある社会状況の中、ほんのすこしずつでもより良い方向へ進んでゆくための現時点での自戒なのだ。

文庫のよろこび

徳永明子

はじめまして。この四月から文庫のお手伝いをするようになった、ムーシカで一番新米（生まれは昭和ヒトケタですが）のおばさんです。

今は、もう大学生や高校生になっている三人の子どもたちがまだ小さかったころ、「ムーシカ文庫」の誕生を遠くはなれた杉並で知って、とてもうらやましかったことをついこの間のことのように思い出します。子どもたちが幼稚園から持って帰る「こどものとも」や本屋さんで見つけた『ちびくろさんぼ』『きかんしゃやえもん』『いやいやえん』などを読んできかせていっしょに楽しみながら、「ああ、近くに文庫があって、こんな楽しい本がもっともっとたくさん読めたらなあ」と何度思ったことでしょう。

子どもたちが成長して自分で本を読むようになるにつれ、ますますその思いはつのりました。仲よしの本好きのお母さん同志「文庫やりたいねえ」と言い合いながら、そしてそのまねごとをやってみたりしながらも、何やかやで結局実現はできないまま十年余りが経ち、子どもたちも大きくなってしまいました。

昨年秋、偶然ムーシカの木下さんとお近づきになれたことから、幸運にも、長年のあこがれのまと「ムーシカ文庫」でお手伝いができるようになりました。今は毎週の土曜日を心から楽しみに、いそいそと杉並からやってきています。まだ何かと不なれですが、どうぞよろしくお願いいたします。

私にとって「ムーシカ」がなぜそんなに楽しいところなのか……。子どもが好きで本が好き、子どもの本が大好き、ということはもちろんあるのですが、一番の魅力は、「子どもといっしょに本やお話しが楽しめる」ことではないかと思います。絵本の読みきかせや昔ばなしをすると、子どもたちは（それが面白ければ）目を輝かせ、身をのりだして聞いてくれます。するとこっちもますます身がはいって、ついにはそのお話の中にとけこんでしまうような気がするのです。むかし自分の子どもたちと経験したその醍醐味をムーシカで今また味わえるのが、私の大きなよろこびになっています。

それと同時に子どもたちはするどい批評家でもあるので、おとなのひとりよがりなどは全く受けつけてもらえません。ときどき手きびしい批評をこうむってガッカリしながらも、また新しい本やお話を用意して、「きょうはどうかな？」と子どもたちの前にすわる――そんな緊張感も私にはとても貴重なものに思えるのです。

この夏九州の実家に帰省したとき、古いガラクタの中から、野辺地天馬著『旧約聖書物語』小山内竜の絵の『オヤマノカキノキ』『広介童話名作選』など私が小学生のころ読んだ古めかしい本を見つけました。四十年近くも昔のことで、自分ではすっかり忘れていたものでしたが、パラパラとページをめくるうちに、お話しのすじを思い出しただけでなく、それを読んだときどう感じたかとか、印象的だったことばなどまで記憶が呼びさまされたのにはおどろきました。そしてその感じ方は今の私にもたしかに通じるのです。本のとぼしかった戦争中の育ちということも無論あるのでしょうが、私は今文庫をしばしば訪れてはいろいろなお手伝いをして下さっているムーシカの先輩たちの気持がよくわかるような気がしました。やはり自分の感受性のルーツをそこに感じるのではないか、と思ったのです。

　それにつけても、子どもの文庫というのは何と大変な、そしてすばらしい仕事なのだろうと考えずにはいられません。この変化の激しい時代の中で、やわらかい子どもの心に何が刻まれていくのか、いろいろな本とのめぐりあいが子どもの心にどんなものを生みだしていくのか……、いささか空おそろしい気がしながらも、私はこの仕事の楽しさ、夢の大きさを大切に、これからもお手伝いをつづけさせていただきたいと思っています。

わたしの近況について

田中喜美子

　私がムーシカ文庫のお手伝いをさせていただいたのは、今から十三年ほど前になりますが、今、私はその頃足繁くムーシカ文庫に通ってきたなつかしい子供達と同じ世代の人達と、毎日接しています。その人達は、裁判所の速記官を目ざして研修所に入所してきた人達です。

　親もとをはなれての二年間の研修生活は、いろいろな悩みや技術習得上の壁にぶつかって、苦しむことがおおいようですが、私が彼女達（大半が女性）にはいっていく最初のきっかけは、大方童話のことからです。小さいとき読んだ本のことや好きな童話のことを尋ねると、彼女達の顔が急に輝やきだし、そこには年齢や環境をこえた共通の場が生まれ、ずっと前からの友達だったような親しさがわいてくるのです。

　彼女達の速記技術の習得の道はなかなかきびしく正規の授業のほかに朝八時から夜八時ごろまでのハードな練習のつみかさねですが、今でも童話が好きで、日曜日には岩崎ちひろの図書館にいったり、丸善の絵本展にいったりしている人がおおいようです。

　私はここの教務課にいますが、母の日には私の机の上に赤いカーネションがそっとおいてあったりします。また、どうして知ったか今年の私のお誕生日には、すばらしい花束の用意された教室に招かれて、級全員がバースディ・ソングを歌ってくれました。胸がいっぱいでした。

　子どもにめぐまれなかった私が、子どもに語りかけることのできる心をうしないたくなくて、童話を書いたり、ムーシカ文庫のお手伝いをさせていただいたのですが、それらを遠くはなれてしまった今、こうして若い世代の人達と語りあえる喜びは何ものにもかえられません。

　そして思います。

「同じ童話を読んだ大人達が語り合い、手をつないだら。そんな輪が世界中に広がったら、戦争を阻止する力になり得るかも知れない」と。

　ムーシカ文庫の発展に精いっぱいの声援をお送りしています。童話の好きな研修生といつかムーシカ文庫を訪れたいと思いながら――。

（裁判所書記官研修所勤務）

五歳の息子と十歳の娘にまけないように

小林伸子

　十数年前の十二月初め、もう日も暮れて木枯しのふく道を、私はたいそう興奮して歩いていました。先輩に誘われて「親子読書」のあつまりにでかけた帰りでした。家庭文庫をなさっている方や読書活動をしていらっしゃる先生方のお話と、そこにおかれていた絵本のかずかずにすっかり酔わされてしまったのです。

　それらの絵本は私が幼いころ、目にしたのとまるでちがって、まったく美しいものでした。それ以来、お金がはいると絵本を買っていました。今では娘の本棚におかれています。

　そしていつか私も文庫をやってみたいと思い、あちこちの講習会などに出かけていきました。でも実際には、場所もなく時間もなく仲間もなく、何よりも勇気がなく、育児におわれて何年もすぎていきました。

　そして今、ムーシカ文庫のお手伝いをして、一年半がたちました。

　微力な私ですが、本があって、子どもたちがいて、仲間がいて、土曜日が楽しみです。

　文庫にいると、一つの本に対する見方も、本を書く人、作る人から見るとちがっていてとても勉強になります。子どもの本は絵がかわいいとか世評が高いとかで選びがちでしたので、目が開かれていく気がします。ただ、母親としての素朴な感じ方だけは失わないようにしたいな、と思っています。

　この頃、私も読み聞かせをするようになりました。子どもたちを前に本を読むのは、なかなかたいへんなことです。子どもたち一人一人の個性も、その本の味もわかってきます。と同時に、読み手の良し悪しも伝わってしまうので、心にゆとりのないときはうまくいきません。子どもと本との出会い（とくに初めてのとき）を良いものにしてあげたいと心がけて、がんばっています。

　また、読み聞かせの合い間に、子どもたちと折り紙を折ったり、童歌《わらべ》を歌ったりする時をもてたらな、と考えています。

　五歳の息子と十歳の娘に負けないよ

うに、?歳の私も成長していきたいと思います。

お別れの前に
（右が岡崎君　1971年3月）

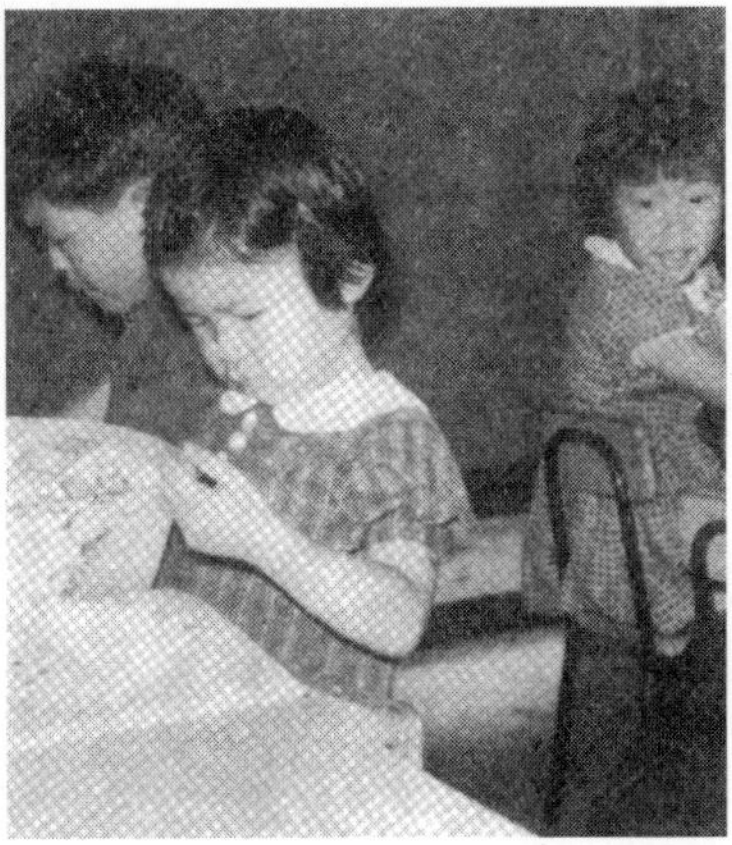

絵本を見る荒井兄弟
（右が岡のゆりちゃん　1966年6月25日）

初期のころお手つだいして……

斎藤玲子

ムーシカ文庫が十五周年を迎えられたことを伺い、嬉しく、また心から敬意を表したく存じます。私はたいしたお手伝いもできませんでしたが、あの頃、子ども達に本を読んで上げているいぬいさんや子どもたちのようす、乙骨さん達と石井桃子さんのお宅に連れて行っていただいたことなど、つぎつぎ思い出しております。

あれから両親の居りました紀州白浜に帰り、第二のムーシカ文庫をと思い、はりきって種々計画をいたしましたが、子どもの頃から育ったところでないため友人もなく一人で丸善でいぬいさんと一しょに買ったカードで図書カード作りなどしておりました。町の公民館の一角を借りるつもりで居りましたが、子どもが少ないこともあって結局うまくいきませんでした。ちょうど東京にいた姉から人類学の国際会議の事務の仕事のさそいがあり、いささか田舎ぐらしがいやになっていた私はとんで東京にもどりました。

その後、以前スウェーデン語を一緒に学んで居りました病理学者と結婚致し、二人の子供を持ちました。今は小五年（男）と二年（女）です。下の子が学校に入ったら一度いぬいさんにムーシカ文庫のことを伺い、お訪ねもしたいと思って居りましたが、下の子が二歳のとき、主人が突然脳血栓症で倒れ、命はとりとめましたが、左半身麻痺になり今日に至って居ります。

主人も友人の方々のはげましで精神的に少しずつ立ちなおり、この頃は病理学者として自宅で標本を見る仕事ができるようになりました。私もやっとすこし気分が晴れてまいりました。過日の「天声人語」でムーシカ文庫のことを読み、本当にうれしく独立された場所を一度見せていただきたいと思って居りました。家族にもあの頃のことを話しました。

たったひとりで……。午後四時ゆきおちゃん（1981年）

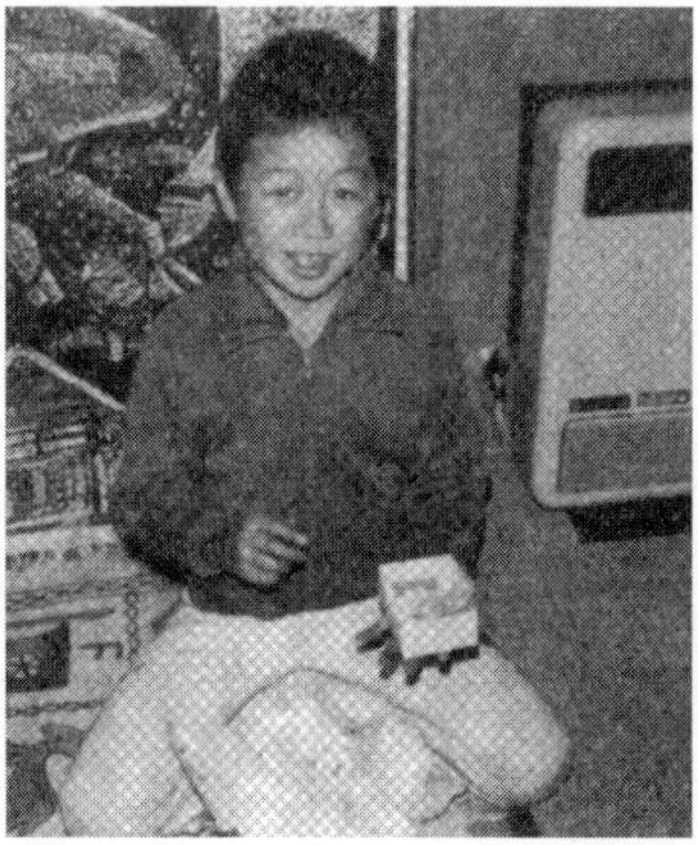

「プレゼントは何かな？」（大竹裕之君・1977年クリスマス会）

私のことを思いだして下さったことを心からうれしく御礼申し上げます。私は豊島園ですので近いうちに一度お訪ねさせていただきたく存じます。くれぐれも御自愛下さいませ。本当に有難うございました。

〈附記〉長いこと「行方」をさがしていた斎藤（畑中）さんも、十月二十四日、ムーシカ文庫をたずねて下さいました。乙骨淑子さんの紹介でいらした方でした。鶴見俊輔さんのこと、大塚勇三さんの「リンドグレーン全集」完成のお祝いに出席したことなど、十五年前を偲び、現在のムーシカのおとなたちと楽しく話し合いました。

ムーシカ文庫が十六年もつづいているなんて

小圷立子

急に秋めいて参りました。おなつかしゅうございます。珍しく主人が持ち帰りました「週刊新潮」を見ておりましたら、「掲示板」におなつかしいお顔が目にはいり、さがしていて下さったことを知ってびっくりいたしました。長い間ごぶさたしてしまいまして、申しわけございません。お元気でご活躍のご様子は、本などで存じ上げておりました。子供達も昔母親がお世話になった方のご本ということで、特別親しみを感じて読ませていただいております。あの時スタートした「ムーシカ文庫」がもう十六年も続いているのは、とてもすばらしいことでございます。ひばりケ丘からこちらへうつって七年半になりました。もっと近ければ、何かお手伝いをさせていただきたいのですが残念でございます。

中三・小六・小二の三人の子どもがおりまして、専業主婦として十六年がすぎました。あの頃ムーシカ文庫に来ていた方々も、もうお子さんのある方もいらっしゃるのではないでしょうか。文庫に通った頃のことは、楽しい思い出として写真と一緒に大切にして過して参りました。
　近いうちにぜひ文庫の方へお伺いさせていただきお目にかかりたいと思っております。どうぞお元気でお過し下さいませ。

〈附記〉私たちの文庫の準備に人一倍力を貸して頂いた小圷さんと音信不通になってしまい、思いあまって「週刊新潮」の掲示板で訴えましたら、すぐ連絡がつき、十月十七日には、横浜から文庫にいらして下さいました。石井桃子さんの旧友狩野ときわさんの教え子の娘さんということで、十六年前お手伝い頂いたのでした。三人の子どものお母さんで、ムーシカ文庫のおとなたちとともに、子どものおかれている「教育」の現状について、時を忘れて悲憤こうがいし合いました。

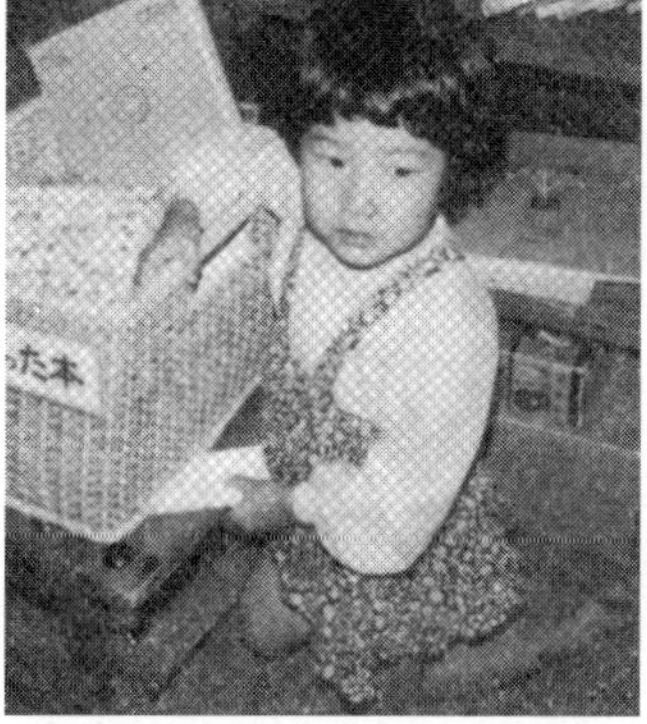
四歳の倫子ちゃん（1977年夏）

心楽しい教科書を

いぬい　とみこ

「いまの子どもたちは教科書によって、小さい時から賢治の作品を知ってしまう。それは仕合せなことであろうけれど、中には教室で教育されるという雰囲気から、賢治のもぎたての果物のような作品の味を、感じないでしまう子どももいるかと思えば、その子のために私はたいへん悲しい気がする。」（「日本児童文学」『子どもと本をむす

ぶもの』一九七二年・晶文社刊）

かつて私はこう書いた。戦時中（一九四一年）に、はじめて宮澤賢治の作品に触れたとき、「じぶんが、この作品と出会えた」という喜びが大きかったし、教室でみんなと一緒にこの作品を習い、一字一句くわしく解釈し、のちには書取りまでさせられたら、「私だったら賢治がきらいになる」、と、妙な確信を抱いていたためだ。

文学は、教育で伝えられないのではないか。「文学教育」で、わかる子もいるかわりに、文学ぎらいになる子もいるのでは……と、いうのが私の持論で、それは昭和五年に早うまれで小学校に入ったという、前歴からきたもの……と、長い間考えていた。

ところが自民党発行の『いま教科書は……』の「はじめに」をみると——「三つ子の魂百まで」といわれるが、昔の人は人間成長の原点をよく察知していたものと思う。（略）もちろん当時の教育に軍国主義化への色彩のあったことは否定しない。しかし毎週月曜の朝礼に教育勅語を唱和し、忠勇義信和の人間の基本姿勢を学びとり、教科書から民族の魂と社会への奉仕の心を体得した——という言葉にぶつかって、（同じ時代の空気を吸った人間の一人として）「あれ、すこし違う」と、思わされてしまった。

一五、六年ほど前、戦前の教科書について何人かと考えていたころ、私より若い「ススメ　ススメ　ヘイタイススメ」の読本を習ったという人たちは、戦後、その教科書に墨を塗らせられた経験もあって、じつによく教科書の中身を覚えていた。

しかし、「ねずみいろの表紙の、すぐ手あかがついてしまって怒られる、面白くない本」としか、「ハナ　ハトマメ」の読本を思い出せない私は、自分が昔よっぽどぼんやり者だったのだろうと、劣等感を抱いてしまったが、それは少し違っていた。

思い出をたぐってみると、私は教科書の中身こそ忘れはしてしまっていたが、「三つ子の魂百まで」とあるように、大森のめぐみ幼稚園できいた「三びきの子ブタ」の話とか、旧約・新約の聖書の物語、小学校四年のクリスマスに買ってもらった上・下二巻の完訳の「グリム童話集」のことは、「勇しいちびっこの仕立屋」とか「雪白とバラ紅」とか、細部までありありと覚えていた。私は二年のとき入新井第四小学校という新設校に移った（その母校は、今年五〇周年を迎えた）が、そこで雨の日に読んでもらった、「少国民のために」の幾冊かも、忘れることができない。

昭和初期の軍国主義色の濃い時代にもかかわらず、悪い伝統のより少なかった新しい公立小学校に通えたという幸運にめぐまれて、私には教科書が唯一の「本」ではなかった。そして、楽しみがほかにあった場合、子どもは辛いこと嫌なことは、さっさと忘れてしまえるものらしい。

学芸会にも戦争の影は、まだ少なかった。日曜日には図画の先生が「課外」で、写生に、遠い多摩川まで歩いてつれていってくれた。作文に熱心な受持ちのN先生の指導で、放課後、クラス新聞「若草」のガリ切りをみんなでしたこともあった。

私にこのような過去の日々を思い出させてくれたのは、一〇年前に出会った長野県のある分校の小学四年生たちだ。私の山小屋から少し上ったところに当時分校があり、帰りみち三、四人の子どもが、よく、より道をした。

ある日、私の棚にあるお人形をみて、一人が、

「あ、これ煙突そうじのお人形ね！」

と、興奮していう。

「そうよ。外国の煙突そうじよ。」

と教えると、子どもたちはその日国語の時間で習ってきたといって、アンデルセンの「絵のない絵本」の中のエピソードと思える、煙突そうじの子の物語を、喜々としてしゃべってくれたのだった。

そうか、町から遠いこの山おくの子どもたちにとって、教科書の中の「文学」が、TVやマンガと違う味わいをもつ、唯一の「文学」だったのだなあ…と、私は初めて実感できたのだった。

その子たちの一人が、若い父親となり、うれしそうに女の赤ちゃんを、私に見せてくれたのは、今夏のことだ。

「教科書」とは、縁遠くすごしてきた私だが、自分の作品『川とノリオ』が、自民党の〝反戦・平和の虚飾〟教材として、批判されているのは心外だし、再び平凡な作家や人間が、「非国民」の名のもとに、言論の自由をうばわれかねない事態に対して、はっきり、ノウ！ といわざるを得ない。

チューリヒで出ているアロワ・カリジェとか、ハンス・フィッシャーなど、その地のすぐれた画家のさし絵の教科書に私は学びたいと思う。

自国の言葉を大切にし、自分と他人の生命を重んじる「教科書」づくりは、むしろこれから始めなくては。副読本もふくめ、心楽しい「教科書」の成立できる土壌を、人びととともに作り出してゆきたい。

（『教科書と教育』法学セミナー増刊、81年11月号より）

1978年のクリスマス会

きょうだい文庫の近況

ミーシカ文庫のこのごろ

佐野利彦・英美

　昭和五十年に誕生したミーシカ文庫も、今年で七年目を迎えました。早いものですね！　土曜日の午後は、あいかわらず数十人の子どもや大人が集まり、ワイワイガヤガヤ、静かに読書というより少々さわがしいフンイキです。

　また、一昨年末に誕生したミーシカ文庫国立病院分館も、入院中の子どもたちに読書を楽しんでもらっています。こちらへは、先日ある村で文庫の話をしたお礼にいただいたお金で、『サザエさん』二十数冊をそろえて、子どもや大人（つきそいの人）から大感謝だったとのこと。婦長さんからわざわざお礼の電話がありました。

　入院中の子らにとって、サザエさんはちょうどピッタリの本のように思いました。

　七年目を迎えた今春、うれしいプレゼントをうけました。というのは、伊藤忠記念財団より助成金をいただき、ふるびてきた本を一新することができたのです。七年目にはいった六月六日、第一次分として約六百冊の新しい本が書棚にならび、貸し出しがはじまりました。やはり新しい本が入ると、子どもたちの目つきがちがいますね。

　書棚もいっぱいになったので、おおくの古い本は、病院分館、小学校の学級文庫、近くの親子読書会などにもらわれて、二度のつとめをはたしています。古い本は、私たちにとって愛着のつよいものがおおいのですが、子どもたちから、「私の好きな本が学級にきたよ、みんなすごく読んでるよ」などという声を聞くと、あらためて、これでよかったんだな、と感じました。

　さて、今文庫では、アーサー・ランサムという怪物がとびまわっています。今年わずかの期間に二人の中学生がこの全集を読破したのをきっかけに、その波紋が大人に子どもにとひろがっています。この本は本当に楽しい本ですね。もっともっと読まれるようにしたいと思っています。

　文庫の行事も恒例の〝お楽しみ会〟〝夏休みファミリーキャンプ〟とすすんで、今（九月）はミーシカ農園のイモが、秋の〝イモ煮会〟を待っています。農園で火をたき、ダンゴ入りの当地特製のダンゴ汁を食べるのは、マッコトうまいものです。

十月十一日には、第二回目のバザーが予定されており、文庫の大人は連日のようにおもちゃ作りや、バッグ、造花、人形作りなどに大わらわです。毎度のことながら、ミーシカアマゾン軍団のエネルギーには感心のいたりです。当日は、おにぎり、おでん、ソフトクリーム等の食べ物コーナー、ヨーヨー、竹トンボ、竹馬などのあそびコーナー、産地直売コーナー、不用品販売のコーナー、などがならび、ミーシカオヤブンらによる紙芝居、アメ売りと、もりだくさんのもよおしが予定されています。

いぬい先生はじめ、ムーシカ文庫の方たちに参加していただけたらうれしいのですが……。

ミーシカの女性たちは、いつかいぬい先生の言われた、

「今度は島原の方へ行きたい……」

という言葉をシッカリと心にきざみ、そのときが、一日もはやくくるのを楽しみにしています。

紅茶のさめないおつきあい

「風の子文庫」関日奈子

私は紅茶党です。いぬいさんもそのようです。風の子文庫は自転車をとばすと、ムーシカ文庫まで約三分というお隣りどうしなので紅茶ブレイクができます。そういうわけで紅茶のさめないおつきあい、なのです。さて、そのおつきあいの中でのエポックは、ムーシカ文庫が東京相互銀行の改築で、やむをえず「休業」し一九七三年に、約三か月のあいだ蔵書と子どもたちをおあずかりしたことでしょう。二〇〇冊の本と十数人の子どもたちが風の子文庫にやってきました。六畳間ほどのスペースにおとなも子どももひざをくっつけあっての暮しですから、ムーシカの子どもたちにとっては、生活水準がぐっとさがった感じだったと思いますが、しばしの間、なんとかしのいだということだったのです。

めでたく新装なった銀行の三階ホールへ帰った子どもたちが、いぬいさんに語ったそうです。「風の子文庫って、マンガがあるんだよ」と。

そうなんです。私は文庫にマンガも少々おいています。根本進の『クリちゃん』手塚治虫の『鉄腕アトム』『火の鳥』白土三平『サスケ』長谷川町子の『サザエさん傑作集』中沢啓治の『ハダシのゲン』ちばてつやの『123と456』などです。子どもたちにマンガを見る目が育ってほしいのと、町の本屋さんには右のような作品が必ずしも売られていないからです。なぜか、文庫にくる子は、マンガだけしか読まないということがありません。

つぎに、「聞いて聞いて!」ということがあります。

ムーシカ文庫をいぬいさんが始められたのは一九六五年、風の子文庫より

は三歳の年上です。OBはもう大学生です。そのOBたちの中の、森友百重さん千重さん姉妹が、「風の子」にゆかりの方と知ったのは、昨年のことでした。私が文庫をはじめたとき「風の子文庫」と名乗ったのは、文庫を始める動機が息子が育った富士見台の「風の子共同保育研究会」に発しているからなのですが、森友さんは、その「風の子」出身だったのです。

ある紅茶ブレイクのとき、いぬいさんがにこにことムーシカのOBについて話されたとき、わかったのです。

「まあ！　あの森友さんが！」というわけで、なつかしくお二人の幼な顔を思いうかべました。お姉さんの百重さんは、私の息子が入会したときもう「ひこばえ幼稚園」へ風の子から通っているおねえさんでしたが、妹の千重ちゃんは三才で卒園するまで、赤ちゃん時代からの定己《さだき》のけんか相手で、お友だちみんなが見物するほどのスゴーイけんかをしたという、なつかしいお友だちなのです。杉並区へ転居されたので、おつきあいがなくなったまま十四年がたっていました。

地域に根ざすということは、なにごとによらず、つながっていくのだなあ、としみじみ思うのです。

〈附記〉　「風の子」は、いまも「風の子共同保育園」として、健在です。ムーシカ文庫を一しょに始めた中村美代さんの長男亜紀くんも、「風の子」出身。その上、大学のクラブまで、森友百重さんといっしょだったときき、まあ！　と思いました。

ある時期、働く父母は、わざわざ富士見台に引越してくるほど、下出医院を母胎としてうまれた「風の子」の存在は、貴重だったのです。0才児保育をして下さるところとして。

「それ知ってるよ！」（1977年・クリスマス会）

チェコの読書クラブの子どもたち

井手弘子

チェコスロバキアの青少年図書クラブは、一九六四年から組織され、五十万人（人口千五百万人）の子どもたちが会員になっている世界最大の読書クラブということをほこりにしています。

会員は、チェコスロバキアで発行される、よい本をすこし安く、確実に手にいれることができるし、学校での共同読物が、そのクラブの本から採用されています。

読む意欲のつよい読者のために、特別の出版をしていることもあります。

日本のように売れる本はすぐ再版されるというのでなく、順々に計画的に割当てて再版がでるこの国では、新刊本が出版される木曜日の夕方五時から、大人の本屋にも児童図書の本屋にも、行列ができて、優秀な本は一、二か月で売りきれる場合もあるのです。

そこで、本好きの子どもたちにとっては、この会にはいって、ほしい本を学校のあるいは自分個人の本として確実に手にいれられることは、歓迎されています。

こういうクラブの子どもたちが、たとえば、どんな活動をしているか、今年のアルバトロス（同名の児童図書出版社の子どもむけ月刊新聞）一月号によせられた、クラブ員の通信でひろってみましょう。

ある村のクラブの五年生の子どもたちは、どんな本と著者を知っているか？　というコンテストをやることにしました。上級生が余興もだしてくれ、そのときアンケートもやりました。アンケートの質問はこんなものです。

①どんな友だちをもつべきでしょうか？

②本は、あなたの友だちになれるでしょうか？

③あなたは、そんな本をもっていますか？

そして、この子どもたちは、劇の練習もして、クリスマスに幼稚園の子どもたちにみせてあげました。

ある町の文学サークルの子どもたちは、針葉樹がおおいことで知られているはずの自分の町の木々が、枯れたりたおれたりしているので、木を植えることにしました。各人が自分の植えた木に、自分の一番好きな作家の名前をつけて、たいせつにそだてています。

ある農業協同組合では、本を読みはじめる年ごろの子どもたちの読書サークルをつくり、まず有名な作家と、イラストレーターにきてもらって、会合をもちました。

このようにチェコスロバキアの作家やイラストレーターは、子どもたちと親しい関係にあります。このクラブの全国組織の年間最大の行事は、首都のプラハ城にある、「子どもの宮殿」で、作家やイラストレーターと話しあいの会をすることだといわれています。

（81・3・17）

あとがき

＊「ムーシカ文庫」で木下さんたちがクリスマス会の相談をしている11月28日、私は信州の山小屋を閉めにいっていました。雪を恋しがりながら行けなかった去年とちがい、雪の林でジョウビタキが悲しそうに啼く声をきいたり、からまつの枝から粉雪が白いヴェールのように吹きおちたりするさまを眺めて、来年の3月までの「さよなら」を、小屋に告げてきました。

＊昨年暮に出した「ムーシカ文庫の伝言板」で、81年3月に……と予告した「文庫16年のあゆみ」を、たいへん遅れてお届けいたします。（編註　この項、その4に併録）

＊ムーシカ発足いらいのノートや70号の「文庫だより」など読みかえし、「こんにちはノート」（子どもたちがきて、名まえをかく）や、個人カードや「さよならの本」（退会する子どもが、お別れのことばをかく）をひっくりかえして、子どもたちの顔を思い出したりしはじめたのは、夏休みごろのことでした。なつかしさと同時に、その折おりの出来事を追体験するのが苦しくて、前へ進めなくなったりもしました。でも、『伝言板』へのさまざまな方の反響、むかしの仲間や友からの手紙、いまムーシカにかかわる人たちの手記など、読むうちに勇気を与えられて、「16年のあゆみ」を書き終えることができました。

＊「ムーシカ文庫」とは、本棚や、新しいおうちのことでなく、土曜日ごとに子どもとおとなが集まって、楽しく本を読もうとした、その「目に見えないつながり」だった……と、痛感しました。もしも、ここにある本が、全部新しくてピカピカだったら、どんなに悲しいことでしょう。読まれて愛されたしるしの汚れは、本にとってはほこらしい衣裳です。そして、文庫のふんいきは、子どもの笑い、さけび声、おとなのよみきかせの声、叱る声、とともに、めんめんと伝わっていくものなのでしょう。16年をふりかえると、初期のよろこびと不安の時代、約10年前の一つの黄金時代——なぜなら、「間借り文庫」であっても、子どもたちが、小学上級生や、中学生まで、土曜日に十分本を読む時間を持てた、すばらしい時代でした。

＊そして80年代のいま、いぬいと松永さんの病気という新たな危機をのりこえて、ムーシカ文庫は、「おはなしの時間」を大切にしながら、新しいメンバーたちの手で、17年目を迎えようとしています。子どもと本をとりまく現況は、10年前よりきびしさを増しています。でも、子どもたちは、生きる力と笑いを失ってはいません。私たちも希望を失わず、楽しいふんいきの文庫を、つづけていきましょう。荒海の中に、一本マストの小さいディンギーで乗り出すきもちですが……。

＊前号で予告した「ムーシカ文庫で好かれている本」のリストは、「伝言板」3号を、お待ちください。このリストをつくるには、もうあと一年の「時」が必要でしょう。新刊ばかり追いかけず、ほんとうに子どもに愛されている古典を大切にする風潮が、世の中にも生まれることを期待します。

＊かつてはオシツオサレツも、ツバメ号も、クマのパディントンも、トラのバターも、くじらつりも、ナルニア国も、新刊の本の中に入っていたのですが……。こうしたことも知らないおとなたちが「教育」に発言している現状を、ほんとうに恐ろしく思います。

＊

こんどまた「伝言板」の2号が出せたのも、P社の堀信さんの励ましと実行力のおかげです。また印刷所の喜瀬武さんにお世話になったことを、心から感謝いたします。

（１９８１・11・30　いぬい）

ムーシカ文庫のアルバムから

おはなしの時間〈1〉

おはなしの時間〈2〉

「どの本がいいかな」

ムーシカ文庫の伝言板　その3

ムーシカ文庫で人気のある本〈345冊〉

1988-7

はじめに

三月十九日、めっきり背の伸びた森友千重さんが現れて、「……慶應大文学部に入りました。」と恥しそうに告げ、本棚から『銀のナイフ』をとりだすと、「これ読みたかったの」と、借りてゆきました。入れちがいに、東京女子大の短大生となった水野まりさんが、何年もの空白が無かったように現れて、本を借り、「また来まーす」と笑って帰っていきました。「受験」から解放された人たちが、久しぶりに本棚へまっすぐに帰ってきてくれる三月は、喜ばしい月です。この日は午後おそく、青山学院の文学部を卒業した荒井宏子さんが、「三日後に大阪へゆきます。」とお別れにきました。中学校への就職が決ったものの、校名も宿舎もまだ不明の由。

「伝言板」その(三)で、文庫の愛読書のリストを345冊に限って選ぶにあたって、偏っているのではないか……と、私たちは迷いに迷いました。

でも、一時期とだえていても、やがて本棚に戻ってくる人たちの姿をみるうち、「ありのままのリストを公表しよう。一九六五年～八三年までの子どもたちと、新しく出た本との交流の歴史が語られるわけだし……」と、決心がついたのでした。

三月二十六日には、近く大島南高校へ就職がきまって発っていく喜代田智子さん、新しく社会に巣立つ水野直子さん、長嶋史乃さんに、大学四年生の森友百重さんが来あわせて、文庫の安藤房枝さん、小林伸子さんたちと、お別れの小さなお茶の会をひらきました。

小学三～四年生から中学生時代まで、ゆっくり本を読めた彼女たちは、大学に入ると、ムーシカの後輩たちのため、力をつくしてくれました。あなた方が、いつかここに戻って来られなくても、いった先ざきで、子どもたちと本とを出会わせる、楽しみの時を持てますように。幼い日から、その時々の心のあゆみをかいま見させてもらった私には、三月はうれしく、また別離の思いに切ない月でもあるのです。（いぬい）

目次

響きあい、響きつづけるもの

―「引用」のパッチワーク―

木下惇子

本を読んでいて、「ああそうだったのかそういうことだったのか」と、思いあたる言葉にぶつかることがあります。それは、それまで自分がずっと抱えていた漠然とした思いが、そこに実に明快に言語化されているのを見る時です。

自分の中でまだはっきりとした形になっていない、けれども消え去ることなく頑固に居すわって、たえずうごめきながら形になろうとしているらしい一つの思い。それが、ある時一つの言葉に遭遇することによって初めて一つの形をとり、正体を現わします。それは、その言葉に出会うまでは、ただ「感じて」いただけの、まさしく「思い」にすぎません。ところが、ある人によって言葉として表現されているのに出会った時から、その思いは、「問題」に姿を変えて「考える」ことを要求しはじめます。

つまり、私が出会った言葉は、それまでの私の思いへの答であると同時に、新たな「問いかけ」になるのです。「問い」が何であるのか、はっきりしなかった間は考えることはできません。ただ感じているだけです。

不思議なことに、別に一つの解答とか一つの方向性を得たいという意図を持って選んだ本ではなく、たまたま偶然読んだ、まったく別の複数の本から、続けざまにこうした「問いかけ」を受けることがあります。しかもその問いは、互に響きあい、つながりあっているかのように思われるのです。

最近私は一冊の本と二冊の雑誌から、このような問いかけを受けました。一冊の本とは「現代英米児童文学作家の発言」の副題のある『とげのあるパラダイス』。私たちにもなじみの深い作家から、作品が一冊も邦訳されていない作家まで、22人の、主にイギリスの作家たちのエッセー集です。一九七五年に出版され、昨年十二月に日本語訳が出ました。

私は、中でも『マリアンヌの夢』のキャサリン・ストーや『親子ネズミの冒険』のラッセル・ホーバン、『砦』のモリー・ハンター、『ウォーターシップ・ダウンのうさぎたち』のリチャード・アダムスなどの発言を興味深く読みました。しかし、ここで取り上げたいのは『村は大きなパイつくり』の作者、ヘレン・クレスウェルによる「古い、新しい、どうにもならぬほど多元的」と題されたエッセーです。

二冊の雑誌のひとつは『子どもの館』一九八三年三月号。その最終頁にある「F氏との対話から」がそれです。この雑誌はこの号をもって十年におよぶその歴史を閉じました。このような雑誌が、姿を消さなければならないという事実そのものが、一つの問題提起、あるいは警告になっていると考えますが、ここではその問題には触れません。「F氏との対話から」は、その最終号を飾るにふさわしい提言であり、同時に編集氏の言葉を借りれば、「館」の読者だけのものとするには「あまりに残念なので」、『子どもの館』編集部の御厚意により、本誌に転載させていただきました。

＊

取り上げたいもうひとつとは、雑誌「図書」二月、三月号掲載の大江健三郎氏による「想像力新論」です。「自分らの生き死に、そして自分らの文化」の副題があり、「岩波の文化講演会」における氏の講演速記をもとに、加筆された、との注が付いています。

私は以上にあげた論考を要約、紹介する能力を持ちませんし、またその紙幅もありません。そしてまた、これらから受けた問いかけに対して考えたことを、私自身の言葉で明確に表現できるためには、まだしばらくの時間を必要とします。そこで、私が出会ったいくつかの言葉を、そのままここに引用したいと思います。もちろん、引用が、必ずしも著書の意図するところを正しく伝えることになるとは思っていません。引用のしかたによっては、まったく逆の結果を招くこともあるでしょう。しかしながら、「本というものは、ある意味では、一人の作家と一人の読者の個人的な対話であり、ほかの人生経験と同じように主観的なものです。」そして、別な言い方をすれば「本は鏡である。ろばがのぞきこんで、使徒の姿がうつることはない」のですから、引用もまた、私という「ろば」のいななきであることを御諒解ください。

＊

ムーシカ文庫のおとなたちも、「おはなしの時間」でのストーリーテリングや読みきかせを通して、昔話の持つ不思議な力に目を開かれてきました。その「力」とはいったい何なのかをさぐるため、マックス・リューティやM・L・フォン・フランツ、あるいはブルーノ・ベッテルハイムなどの著作を通して、また河合隼雄氏や小沢俊夫氏の著作やお話を道案内に、この奥深く壮大な世界に足を踏み入れつつあります。

「F氏との対話」の「昔話の本質は変形可能性にある。」という意見は、昔話の本来の在り方、すなわち伝え方を提示してくれているのではないでしょうか。これは「昔話の外側の衣装は変わるが、文体と語り口は肝心な点では、いつでもどこでも同じである。」とするマックス・リューティの様式論とも重なり合うものだと思いますし、また、「印刷された物語に盲目的にしがみついていては、昔話の価値はずっと減ってしまう。（略）昔話は、語り手と聞き手の双方によって形づくられる、人と人との行為でなければならない」というベッテルハイムの言葉をも思い出させます。

そしてまた、子どもの能力と遊びについての発言は、「子どもにとって繰りかえしがあそびの基本であり、『もう一度』というときがいちばん幸福な状態である」「おなじことを繰りかえす、これが、そもそも共同ということではないか。『かのようにふるまう』のではなく、『繰りかえしやる』こと。このうえなく心をゆさぶる経験が習慣へと転じること。それがあそびの本質である。」「大人にとって無意味であればあるほど、そのおもちゃはほんものである」というヴァルター・ベンヤミンの言葉とも対応するように思われます。

しかしながら、これらの提言の中でも、今回私がとりわけ強い共感を持ったのは「変形のない管理社会に生きなければならない子どもたちに、どれだけの未来があるだろうか」という問いかけです。（そしてこの問いかけは、再び「昔話」の問題へとつながっていくわけですが……）

「予測が固定し、一生が死ぬまで計画され、怖れは排除され、従って歴史はなくなり、自由も失われる」社会で、子どもはどう生きればよいのか、どう生きられると言うのか？　以前、「若者の保守化」をテーマにしたテレビ番組の座談会で、出席者の一人（高畠通敏氏と記憶していますが、確かではありません）が、「管理社会に乗っかった若者は、無力化、保守化し、政治に対しても無関心になりひたすら消費に走る。一方管理社会から落ちこぼれた若者は非行へと向う。いずれにしても、先を見通して「自分はここまで」と自己限定し、目的を喪失してしまうことに起因する」というような主旨（あくまでも私の主観的解釈による）の分析をしていました。

予測が固定し、自己限定せざるを得ない状況へと若者を追い込む社会。

その対極にあるのが、ヘレン・クレスウェルが『とげのあるパラダイス』の中で提示している世界だと思います。クレスウェルは、「古い、新しい、どうにもならぬほど多元的」の冒頭に、ルイス・マクニースの次の詩を引用して、そのエッセーを始めています。

「世界は、我われの予想以上に予想外。
世界は、わけがわからず、実に多様で、
我われの考えをはるかにこえて、
どうにもならぬほど多元的。
ぼくは、みかんをむいて房を分け、
たねを吐き出しながら、ものごとの多様さに酔いをおぼえる。」

クレスウェルはまた、彼女の創作過程について、「私の書く本は、道であり、旅であり、探険なのです。私には、自分がどこにたどりつくのか、ついてみるまでわかりません。私はただ旅立ちます。」と書いていますが、これは人生そのものの過程でもあると言えます。

そして、自分の前に広がっている世界が、「そういうものである」ことを、子どもは知らなければなりません。『とげのあるパラダイス』の中で、リチャード・アダムスがこう書いているように。「私は、この作品（ウォルター・デ・ラ・メアの『三匹のムッラ・ムルガー』）から、ぼんやりとですが、私たちはみな、暗闇と、眠気をもよおす海のかなたの、いずことも知れぬところへ向かって雪のなかをさまよっているのだと知りました。そうではないなどとごまかしてはならないのでした。」

では、子どもにとって、世界が「そういうもの」であるためには、子どもがそういう世界へ旅立つためには何が必要なのでしょうか。

再びクレスウェルの文章の中に、私は、私自身がひそかに用意していた答を見出すのです。それは「想像力」です。

彼女は、ボングルウィードという草を主人公にした自作の「ボングルウィード物語」を通して、次のように書いています。まず、ボングルウィードが「創造的想像力のシンボル」であることを肯定した上で、「ボングルウィードは、それ自体が価値ある何かであるばかりでなく、価値ある何かのしるしでもあるのです。ですから、当然のことながら、ベッキィ（登場人物の園丁の娘）はボングルウィードが死にたえてしまっても、それがほんとうは終わりでも何でもないことを知っています。」と。つまり、「ボングルウィードは、あらゆることがおこり得るしるし」であり、「一度ボングルウィードがはえ育った世界では、これから何がおこるかわからないのです」と言うのです。

クレスウェルはまた別の個所で、「私は、『想像力はただ一つ実在する永遠の世界であり、われわれの退屈な世界は、その青白い影である。』というブレイクの言葉を信じています。」と書いています。

そして、大江健三郎氏の「想像力新論」は、クレスウェルのこれらの発言の意味するところを、さらに探く私に教えてくれました。

大江氏は、ガストン・バシュラールの次の言葉をもってその論を始めています。

「いまでも人々は、想像力とはイメージを形成する能力だとしている。ところが想像力とは、むしろ知覚によって提供されたイメージを歪形する能力であり、それは、わけても基本的イメージからわれわれを解放し、イメージを変える能力なのだ。イメージの変化、イメージの思いがけない結合がなければ想像力はなく、想像するという行動はない。」（『空と夢』宇佐見英治訳）

『とげのあるパラダイス』の中で『ゲド戦記』の作者アーシュラ・ル・グウ

ィンは想像力について次のように書いています。「私は、想像力という言葉を、知的な面と感覚的な面双方における心の自由な遊びという意味でつかっています。『遊び』とはレクリエーション、つまり再創造、すなわち、すでにわかっていることを組み立てなおして新しいものにすることです。『自由な』とは、その行為に利益という直接的な目的がなく、自然な発露として行われるという意味です。」

大江氏は、これに続くバシュラールの次の言葉「ブレイクが明言しているとおり、想像力は状態ではなく、人間の生存、エグジスタンスそのものである。」から始って、ウィリアム・ブレイクの言う想像力について、以下のような解説をほどこしています。

まず私たちは、バシュラールが引用したブレイクの言葉を理解するために、ブレイクによる次の言葉の定義を知る必要があります。ブレイクは、「われわれが生きている上で、ある現象のようにして外側から見える状態、そういうものをステートといって、これは滅び去るもの。」としています。そういう意味において「想像力はステート（状態）ではない」というのです。これに対して「個々の人間が滅び去ったあとも残るはずの、軌範とか、希望とか、そういうものを含み込んだ、人間全体の本質を表わす形」「人間が生きていく上で、自分の本質を実現するような表われというものを、ブレイクはフォームズ、形式」と呼んでいます。「したがって人間についても、永遠に、これが人間だとわれわれが考えることができるようなある形というものが、人間の形式であり、そしてわれわれが日々生きているこのあり方、状態（ステート）は失われるけれども、形式（フォームズ）としての人間はいつまでもあり続ける、というふうに考えれば」よくわかってくるのではないか、と大江氏は語ります。

そしてさらに氏は、「ブレイクの考え方の究極は、人間が最後に救われるときには、すべての人間がひとつの存在のなかに統合されていく。自分たちが結局は人間のいちばん最上の形に向かって統合されていく、と考える。そしていつも、現在ある自分自身から未来に向けて、ほんとうの人間の形ということを想像する、思い描く。その操作に人間の生きていく中心の力がある、というふうに考えれば、先ほど申しました、想像力が人間の存在そのものである、という言い方をよりよく理解できるのではないでしょうか。」と続けています。（傍点筆者）

また、先にヘレン・クレスウェルが引用したブレイクの言葉は、ブレイク自身の次の言葉によって説明できると思います。「君自身の胸のなかに、空、大地、そして君の目にするところのすべてを君は抱いているのだ。それは外側にあるように見えるけれども、内側にこそある。君の想像力のなかに。この死すべき者らの世界は、ただその影

にすぎない。」（大江氏訳）

では、「そのような」想像力を、私たちはどのようにして持ち得るのでしょうか。ル・グウィンの言葉を借りれば、想像力はどのようにして「鍛練」され、「成長と活動を力づけて実り豊かに」されるのでしょうか。

ここで私は、もう一度昔話の問題へと戻ってみたいと思います。と言うのは、想像力ということをここまでたどってきて、私が今までつなぎ合わせてきた言葉と重なり合う世界を、昔話の中に見つけるからです。

試みに、文芸学者、マックス・リューティの著書『昔話の本質』の中から、私が「重なり合う」と思う言葉をいくつか拾い上げてみると、次のようになります。（ここで言う「昔話」とは、ヨーロッパの昔話をさします。）

「昔話の主人公は本来旅人である。」「昔話は主人公をきまって広い世界へ送り出す。」「それも大抵は一人で。」「昔話は人間を世界との出会いにおいて示す。」「昔話は主人公を通して、究極の関連は分からぬながら、危険な見知らぬ世界を安全に導かれていく者の姿を描いている。」「昔話の聞き手は、（略）主人公と自分を同一視する。一人で世界中を旅し、一人だからこそ本質的な問題と自由にかかわり合うことができる主人公の身になる。」

「昔話は本質的な生の過程を描いているような気がする。征服、危険にさらすこと、没落、救済、発展、成熟、展開が非現実的な、しかしそれだからこそ魅力のある人物の姿を通じて、私たちの心の眼の前で演じられる。」

「昔話ではあらゆることが可能である。あらゆる種類の奇蹟が起こるという意味ばかりでなく、（略）最も低い者が最も高い地位に達しうる、そして最も高い地位にある者、悪い女王、王子、王女、大臣が底へ落ちて滅ぼされる、という意味においてもまた。」

「あらゆるものがあらゆるものと関係を結びうること、これが昔話における本来の奇蹟であり、同時にまた自明の事柄でもある。」

「昔話とかそれに近いジャンルの物語は、私たちを時の流れのそとに連れ出して、別の見方、別の感じ方があること、あらゆる生起と消滅の背後にうつろわない朽ちない世界があることを感じさせる。」

「昔話はよく、一文無しが金持になったり、女中が王妃になったり、（略）ひき蛙や熊や猿や犬が美しい娘や輝くばかりの若者に変わるところを描くが、その際、人がぴんと感じるのは人間の変化能力一般である。下男から主人への社会的上昇や、まま子扱いをされた子どもが価値を認められ重んじられることが中心をなしているのではない。それらはより本質的な事柄を象徴している。人間を非本来的な在り方から本来的な在り方へ救い出すことを象徴しているのである。」

昔話は、人間の発展の姿、成熟の過程（ユング心理学の言葉では自己実現への道、個性化の過程）を描いたものである、ということは、異なる分野の研究者たちから、指摘されていますが、リューティは次のように書いています。「人間は誰でも自分の内部に目標となるイメージを持っている。王様になるとか、王冠を戴くとかいうことは人間が到達しうる最高の領域まで成長することを意味するものである。人は誰も自分の内部に隠れた王国を抱いている。（略）王になるというのは単に権力を握るということではない。（略）王になるということは、全き自己の実現を象徴するものである。昔話の中で大きな役割を演じている王冠とか華麗な衣服は、人間の内部において遂げられた高い完成から出る光輝を目に見えるように示しているのである。」

「人間は自己を超えて成長しうる存在であり、最高のものへ至る芽をうちに孕《はら》み、その最高のものに到達することすらある存在である、というのが昔話に描かれている人間像である――もっと詳しく言うなら、昔話に描かれている人間像の一つの面である。そういう人間像は、昔話にじっと聞き入っている子どもたちにすっかり理解はされていないかも知れないが、感じ取られてはいる。それは信じてよい。（美は心で感じ取る方が頭で理解するよりずっと大事なのだ。）社会的な上昇が、「昔話の年令」（五歳から十歳まで）にある子どもをとりこにするのではない。危険の克服と光の国への入場が子どもをひき付けるのである。」

子どもが、このような昔話の世界を心の中でくり返し経験することによって、昔話が差し出す人間像を感じ取ることと、ブレイクの言う想像力、つまり、「現在ある自分自身から未来に向けて、ほんとうの人間の形ということを想像する、思い描く。その操作に人間の生きていく中心の力がある」ということを結びつけるのは短絡に過ぎるかもしれません。

しかしながら私には、「このような」昔話をくり返し聴くことによって、子どもの中に想像力の原形、あるいは核ともなる種子と言えばよいでしょうか、そのようなものが与えられるのではないかと思われるのです。

昔話の起源や伝承の歴史をたどっていけば、昔話の中に人間の根源的、本質的な要素（たとえば願望など）が含まれている、と考えるのは当然であるのかもしれませんし、（だからこそ昔話が、さまざまな分野から研究されているのでしょうか。）それゆえに、昔話と想像力が深く結びついているのも自明のことと言えるのかもしれません。その解明や論証は専門家にまかせるとして、現実を昇華させ抽象化する昔話の形象が、想像力に対して開かれていること、つまり想像力が働く余地が大きくかつ深いということは言えるのではないでしょうか。

そして、今また述べたような意味で私は、異なる分野の人々からの次のような発言を、大変興味深い問いかけとして受け止めています。

「伝承されてきた昔話という、我々が共有している空想的財産を分け与えられていない子どもは、生きていく上での問題を、自分だけの力では、解決する助けになるような物語を、作り出せない。子どもが自分一人で作った物語には、その子の不安や願望が表現されているだけだ。子どもが自分自身の力だけに頼って想像できるのは、現在自分はどういう状態にあるか、ということだけでしかない。子どもは、自分がどこへ行く必要があるのか、どうすればそこへ行けるるか、ということを知りえないからだ。一方、昔話が子どもにいちばん必要なものを与えるというのは、まさにこの点をさしている。」

「（昔話の）形式が単純というなら、昔話の用いることばも単純でしかも簡潔である。描写せず、ただ命名し、動きの大筋を大胆にのべる昔話の言語は、真に効果的といえる。その方がきき手の「想像力に自由な活動を許すもの」として働くからだ。そしてその自由な想像の翼がどんなに拡げられても、とりとめもない拡散に向う恐れはない。語りが徹底して、まとまりのある内的世界を語り出す精神の集中作業であるように、昔話のことばも、強力な磁石のようにきき手の想像を深み、高みへと引きつけ集中させる。」

「古典的構造体の解体の中から、ばらばらではあるが或る対極性を持った別々の世界が複数出現し、その一極を、――最も想像的な一極を体現するものとしておとぎ話が生まれたのではなかったか」

ともあれ、私たちおとなの役目は、子どもの中にある想像力の芽を摘むことではなく、その成長に手を貸すことであるはずです。言葉をかえれば、子どもの持っている想像力を圧迫するのではなく、解放する環境を作っていくことなのではないでしょうか。

従って、私たちがかかわっている本に戻って考えるならば、すぐれた子どもの本とは、子どもに対してそうした役割を果たすものでなければならない、と思います。本の中に真実の世界があれば、子どもはくり返し、「もう一度」その世界を「経験」しに戻っていくことでしょう。

最後に、ひとりの絵本作家の言葉をもって、「引用」のツギハギ作業の針を止めたいと思います。

「児童文学の優劣をきめる質を、たった一言で単刀直入に要約できます。想像力です。そして想像力とは、子どもに結びつけて考えれば、わたしにとっては、ファンタジーと同義語です。（略）子ども時代は、そのほんの一部だけが、無心の時代です。わたしにいわせれば、子ども時代は、まじめさと、困惑と多くの苦しみの時代です。あるいはまた、人生の最高の時代かもしれません。子どもにとって想像力とは、毎日の問題をとおりぬける道をみつけるためにつかう、ふしぎな自由自在に働く仕掛けなのです。想像することは、発散できないフラストレーションや怒りのような腐食的な感情に、正常で健康なはけ口をつけ、圧迫感や、子どもにとっては好ましくない感情に、積極的で適切なチャンネルを開きます。ファンタジーを通して子どもたちはカタルシスを達成するのです。」

モーリス・センダック

＊

この文を書いている受験と卒業の時期、中学生の暴力事件が連日のように報道されています。中でも衝撃的だったのは横浜での「浮浪者殺傷事件」でした。

とうとう私たちの社会は、ここまで子どもたちを追いつめてしまったのか、という思いがします。すさまじいまでに、管理化と合理化と消費化が同時進行してきた私たちの社会のありようを、そうした社会が生み出すものを、この事件は象徴しているのではないでしょうか。しかも一連の中学生暴力事件は、さらに行政からの管理強化を招くきざしを見せています。

同じ時期、ＮＨＫテレビ（「日本の条件、教育、何が荒廃しているのか」）は、コンピューターによって偏差値をたたき出している巨大な受験産業の姿を伝えていました。私には、それはまるで、子どもたち一人一人に、「あなたはここまで」と未来限定のレッテル貼り作業をしている光景に見えました。教育の場と言われている所が、社会というマーケットに向けて、同一規格にあった「製品」を生産する工場と化しているかのような観さえありました。五段階相対評価とか偏差値などという「合理化」された評価方法だけで、子どもの能力を評価することが、こんなにもハバをきかせていてよいものでしょうか。なぜ子どもたちは、たった一つの尺度で評価されなければならないのでしょう。しかし偏差値もまた、私たちの社会の一つの象徴です。

子どもにいくら知識をつめ込んでも、知識が知識として留まるだけならば、何の役にも立ちません。事実を認識することと真実を知ることが違うように、知識と知もまた違うものだと思います。知識が知、すなわち、人間が人間として生きるために必要な力となり得るには、そこに想像力の働きがあるということが不可欠なのではないでしょうか。

想像力は、生きるエネルギーである「興味」を私たちの中で育むためにも、私たちが自分の生に「意味」を見出すためにも必要な力なのだと思います。そして幼ない人たちこそ「たとえこの世界を全体として見通し理解しないにしても、私たちは意味をはらんだ世界の中に護《まも》られているし、その世界に意味をはらんで適応し、意味をはらんで行動し、生きていこう」という、生への信頼で心が満たされる必要があるのではないでしょうか。私たち人間は意味のある苦難には耐え得ても意味の無い人生には耐え得ない存在なのですから。

今、私たちおとなが子どもに対して

なすべきことは、管理を強めることではなく、まず子どもたちから奪ってしまった自由な時間と空間を、おとなによって管理されない時間と空間を、少しでも子どもたちのもとへ取り戻すことなのではないでしょうか。それは放縦にまかせるということではなく、ましてや、管理社会の枠からはみ出した子どもを切り捨て、棄民とすることでもありません。子どもが、自分で自分の生に興味と意味を見つけ出す力をはぐくむ機会を、より多く子どものもとへ返す、ということです。

《引用した本、雑誌》
『とげのあるパラダイス』エドワード・ブリッシェン編　神宮輝夫訳　偕成社
『F氏との対話から』—「子どもの館」一九八三年三月号　福音館書店
『想像力新論』—「図書」一九八三年二月、三月号　大江健三郎講演記録　岩波書店
『昔話の本質』マックス・リューティ著　野村泫訳　福音館書店
『昔話の解釈』マックス・リューティ著　野村泫訳　福音館書店
『昔話の魔力』ブルーノ・ベッテルハイム著　波多野完治・乾侑美子訳　評論社
『教育としての遊び』ヴァルター・ベンヤミン著　丘澤静也訳　晶文社
『昔話は語ること』真壁伍郎—Runeu一九八一年一四号　新潟大学
『或る喪失の経験—隠れん坊の精神史』藤田省三—「子どもの館」一九八一年九月号掲載　平凡社選書『精神史的考察』収録
『センダックの世界』セルマ・G・レインズ著　渡辺茂男訳　岩波書店
《昔話を理解するために》
『ヨーロッパの昔話—その形式と本質』マックス・リュティ著　小沢俊夫訳　岩崎美術社
『昔話の本質—むかしむかしあるところに』マックス・リューティ著　野村泫訳　福音館書店
『昔話の解釈—今でもやっぱり生きている』マックス・リューティ著　野村泫訳　福音館書店
『昔話の魔力』ブルーノ・ベッテルハイム著　波多野完治・乾侑美子　評論社
『昔話の深層』河合隼雄著　福音館書店
『世界の民話—ひとと動物の婚姻譚』小沢俊夫著　中央公論社
特に心理学の立場から書かれた本としてはさらにM・L・フォン・フランツの『おとぎ話の心理学』氏原寛訳　創元社、同じく『メルヘンと女性心理』秋山さと子・野村美紀子訳　海鳴社、『おとぎ話における悪』『おとぎ話における影』二冊とも氏原寛訳　人文書院、河合隼雄著『昔話と日本人の心』岩波書店『夢と昔話の深層心理』小学館などがあります。また昔話絵本については『昔話を絵本にすること』松岡享子著　東京子ども図書館があります。

F氏との対話から

これはF氏との対話の抜粋である。本号のため氏に依頼した論考は、氏の病気のため不可能となり、その代わりに行なわれたインタビューでは、児童文化の根底にとどく興味深いお話を聞くことができたものの、会話の冗漫を潔しとしない氏の固辞によって、インタビューは掲載に至らなかった。しかし、そのままではあまりに残念なので、F氏との対話の断片を、編集部の責任において、以下に紹介したい。昔話をめぐる話からインタビューは始まった。庶民の基礎経験にもとづく、単純で力強い昔話のストーリーやことばのエネルギーを、現代にどう回復するかという観点から昔話を考えてきた本誌は、昔話を正面から見据えれば、多かれ少なかれ欧米の中産階級にその出自をもつ児童文化のありようも、それをモデルにした近代の日本の子どもの文化の全体も、その根本から問いなおされざるをえないと考えるからである。

○昔話の本質は変形可能性にある。中心にある簡単な核を残しさえすれば、昔話は、地方により、時代により、語る人によって、自在に形を変えることができる。だから明らかに同じ核を持つ昔話が世界中にあり、同時にまったく同じ話は一つとして存在しない。これは人類の経験が普遍的であること、そして、基礎経験がその場で語られたことを示している。昔話の核を受け取った人間が、自分の言葉で語ることが重要なことであって、その言葉の具体性が問題なのだ。（もちろん再話の仕方次第で昔話は生き生きともし、つまらぬものになったりもする。それは、デフォルメが内的な必然性をもって展開されるか否かにかかっている）。だから、いかにすぐれた本でも、これがこの昔話の決定版という形で提供され、有難がって受け取られ、読まれるだけということは、昔話と似て非なるものである。

○昔話のもう一つの特性は、繰り返されるものだということである。繰り返しによって、昔話の核は人間の意識下に蓄えられる。

○昔話の身体版である遊びについても同じことが言える。子どもは遊びのルールをその場に応じて自在に作り変えて、繰り返し繰り返し繰り返し遊んだものであった。

○子どもが持つ抜群の能力とは、見立て、つまりイメージによる変形能力である。木切れが巨大な帆船となり、水槽は大海原と変わる。イメージによる変形可能性がもっとも高いものは、無用のものである。だから、屑のようなものこそもっともすぐれたオモチャである。

○子どもは彼岸である。無心の、思いわずらいのない子どもから受ける衝撃は、ものそのものから受けるような衝撃である。

○成長とは、子どもの世界を内に統合することである。そして、時間の淘汰を経ても自分の内にずっと鳴り響きつづけているもの（＝経験）があるかどうかということが問題なのである。それは断定だが、それを核にする（ユートピアの根拠にする）ことができなければ、そもそも物を書くなどということはできないし、子どもとの交流も不可能だろう。

○管理社会の精神的特徴は、変形がないということである。予測が固定し、一生が死ぬまで計画され、怖れは排除され、従って歴史はなくなり、自由も失われる。驚異と怖れを排除しつづけてきた社会には未来（＝隠された驚異のかたまり）もない。あらかじめ設定されて経験もない。従ってつくられた、たプログラムによってつくられた、変形可能性のまったくないオモチャで遊び、遊びのルールを自分で変形する能力を失い、定評のある立派な子どもの本を大人と隔絶された子ども部屋で読む子どもに、どれだけの未来があるだろうか。

○怖いものの代表はお化けである。お化けの恐しさは顔立ちの崩壊にある。自然空間が恐しいものに変わるのは風景（顔立ち）が崩れる時である。お化けの射程は、管理社会の根底にとどく。

（『子どもの館』一九八三年三月号より転載）

づけ、子どもたちにどんどんいい本を読ませてあげてください。O・Gのひとりとして文庫の発展を心からお祈りいたします。

アンケート

私たちのすいせんする10冊の本

喜代田智子

「おすすめする本10冊」ですが、私のムーシカ文庫の個人カードのリストに何度も繰り返して出てくる本、だいぶ大きくなってから読んで心に残った本、お話の時間に参加して、そこでおもしろいなあと思って自分でも読んだ本などアトランダムに並べてみます。

1 ノンちゃん雲に乗る

私の両親は昭和の初めの生まれで、両親の幼い頃の話を「昔はよかった…」という形で聞いていたので、近所に雑木林の神社があることなど、うらやましく思いました。そんなせいもあって、この本は、私の個人カードに登場する回数ベスト1です。それから、図々しくも雲の上の「おじいさん」のお手紙をいただいたことが、今でも素晴らしい思い出です。

荒井宏子

「すいせんする本10冊」ということですが、昔のつたないノートなど見ながら、記憶をたどってみました。その中でも印象深いものとして、まっさきに浮かぶのは『長くつ下のピッピ』です。その他9冊はノートに基づいて挙げてみました。

1 長くつ下のピッピ
2 風にのってきたメアリーポピンズ
3 やかまし村の子どもたち
4 人形の家
5 だれも知らない小さな国
6 あらしの前
7 木かげの家の小人たち
8 ゲンのいた谷
9 片耳の大シカ
10 床下の小人たち

リンドグレーンの本は、ほとんど2回ずつ読んでいます。小学校の時から、読んだ本を記録しておりますが、改めてページを繰ってみると小学校卒業までにノートにつけたものだけで、465冊にもなっています。自分で言うのも妙なものですが、これはなかなかの数字だと思います。もし、ムーシカ文庫に来ていなかったら、これだけの数の本は、とても得られなかっただろうと思います。どうか、これからも文庫をつくもノンちゃんに自分を投影させていたせいもあります。同じような理由で、「三太シリーズ」もよく読みました。

2　三月ひなのつき

誕生日が近いせいか、年中行事の中で、おひなまつりが一番好きで、この本もそんなきっかけで読みました。

3　黄色い風船

夏休み、どこへも連れて行ってもらえない女の子に、すごく親近感がありました。

4　クローディアの秘密

5　パディントン・シリーズ

6　ドリトル先生・シリーズ

どれか一冊というのなら、「秘密の湖」です。

7　ふしぎなオルガン

8　長い長いお医者さんの話

どちらもお話の時間に読んでいただきました。これをもとに、原作とはまるでちがった内容の人形劇の脚本を？年後に書いたりするのですから、頭の引出しには、何がどんな風につまっているかわからないものです。

9　野の花は生きる

10　モモ

あと一冊、わが愚弟のために「西遊記」を加えたいと思います。あらゆる出版社のあらゆる「西遊記」「そんごくう」を読みあさり、「そんごくう」に関しては大家となったのですが、あとはあまり他の本には興味を示さなかったのです。弟の「そんごくう狂い」を今、考えると、むきになって一冊の本を読んだり、興味ある方面にのみ異常なほどに集中したりという〝偏向読書体験〟は、まわりの大人が地ならししないで見ていてあげると、きっとすごくおもしろい子が育つだろうなと。まだまだ子どもなど持たぬ気楽さで、のん気にそう思います。

崎村友男

お元気ですか。こちらは暖冬で、もうすぐ一月だというのに、庭に一度も雪が積っていません。通学途中の広瀬川は暗く沈んでいるのですが。

〈伝言板その2〉を読み、遅ればせながら思いついた事を記してみます。

まず、手記を寄せている卒業生（?）の人達が、その形が多岐にわたるにせよ、ムーシカの思い出を大切に持ちつづけているという共感です。僕にとっても、原風景の一つであります。

少し古い話になりますが、秋に「図書館だより」にのせるための座談会に出席しました。先生4人、生徒4人で、題は『本ばなれ』でした。高校生が本を読まなくなったと叫ばれているからです。本を読まない人が出席しなかったのですが、それでも新鮮な意見が聞かれました。僕は、その席でムーシカ文庫の話をして、この様な読書体験を持つことは、非常に大きな意味を持つのではないかというふうな事を言い、支持されました。その後、ある先生が、「教科書も本、活字ではないか」というような事をおっしゃいました。これは僕にとって盲点でした。もし、人によってある一定期間に求める活字の量みたいなものが決っているとすれば…。僕自身、ふりかえってみれば、難しいもの、大作と呼ばれるものは避けてきました。大して勉強しているわけではないのに、見るだけでうんざりするところがありました。

僕は、この夏にトールキンの『指輪物語』にとりつかれて、小遣いが入ると次の日、本屋へ行って購入しました。この本の日本語訳が出版されたのは、四十七年から五十年ですから、おそらく僕がムーシカを出る前に本棚にあったはずなのですが、全く記憶にありません。映画が封切られた後に、友達がその下敷を持っていて、その絵に妙に引きつけられたこと、その前編にあたる『ホビットの冒険』のことなどは憶えているのですが、あれを契機に物語・童話を買いだしました。「シルマリリオン」「アリス」、そして、今、「パディントン」と「ナルニア」を集めています。「ナルニア」は、評判の高い本ですが、僕は確か、その題名が妙に好きになれなくて、読まなかったのです。こういう本は、心が沈んだ時にいいものですし、ケストナーやリンドグレーンの本が図書室においてない小学校に通っている妹にもいいものですから。妹にはそういった本を市民図書館から借りてきてやろうと思っています。

文学のほうでは、現在は、安部公房です。畑正憲から離れて以来のほぼ一年間、トーマス=マンや横光、ヘッセ、ショーロホフ、大江、ロラン、ジイド、カミュ、アンダスン、テクジュペリ等の代表作などをつまみ食いしてきたのですが、しばらくは落ちつきそうです。他の分野の本は、どれもだめでした。

この一年間で最も印象に残った本のベスト5は、『指輪物語』『デミアン』『トニオ=クレエゲル』『箱男』『静かなドン』です。去年に比べて読書体験は豊富なのに、物を見る目が養われていないのは、感性的な乱読しかしていないからでしょう。そこで、今年は大作と評論を主に、と考えています。手始めにプルーストと小林秀雄でも……と威張っています。それに、こうすれば受験勉強との折り合いもつきそうですから。僕は受験に目を血走らせることがとてもできそうにありませんから。たとえ希望大学と職業が決っていても。

世の暗さがいや増し、いかなる人もヒトの行く末を見通すことができなくなっています。ホモ＝サピエンスを含めた生き物をこの暗がりから脱出させる者がいるとすれば、それは、「半ば子どもの脳をもった大人たち」しかいないと思うのです。そして、ムーシカはこうした者たちを送り出す、ささやかな、ちいさな、しかし確かな点ではないかと思います。〈伝言板〉を読むとそう信じられるのです。たとえ、人間は歴史から学ばぬ者だとしても。

特に東京では受験戦争がその激しさを増していると聞きます。ムーシカもその影響を被り始めているのではないかと心配しています。
　大学に入れましたら、是非一度お訪ねしたいと思っています。一九八四年の春、ムーシカの前に丸坊主の人相の悪い男がいて、オオカミ原っぱをウロウロしているかもしれません。

「おすすめする10冊」

1 指輪物語
2 パディントン・シリーズ
3 星の王子さま
4 銀河鉄道の夜
5 クマのプーさん　プー横丁にたった家
6 アーサー・ランサム全集
7 シートン動物記
8 赤毛のアン
9 次郎物語
10 これは、題名、作者ともに忘れてしまった本なのです。ある少年（四人兄弟の一人だったかと）が、あるお店で「持っているお金（ものだったかな？）全部とあと少し。」で小さなすてきな、しかし実は魔法の船を買うことから始まる話なのですが……。
（注・『とぶ船』のこと）

　他にもたくさんあるのですが、ひとまず10冊（？）だけ書いておきます。

長嶋史乃

「おすすめする10冊」は、ムーシカ文庫の会員の皆さんの年齢が低くなっているので、低学年のときに親しんだ本を紹介したいと思ったのですが、まとまった読書記録や感想文ノートが無くて困ってしまいました。そこで、あまり年齢にこだわらず、私の脳裏に焼きついている本を10冊選んでみました。どれも印象的で、大好きな本です。

★幼稚園の頃から、何度読んだかわからない絵本
・ぐりとぐら

★小学校低学年の頃、私の宝物だった本
・北極のムーシカミーシカ
・ちいさいモモちゃん

★四年生になって親しんだ本
・長くつ下のピッピ
・木かげの家の小人たち

★小学校の高学年から、今日まで愛読している本
・ドリトル先生物語全集
・だれも知らない小さな国
・床下の小人たち
・アーサー・ランサム全集
・ホビットの冒険

　文庫で、いぬい先生たちに出会えたこと、本を読む楽しさを教えていただいたことを、自分のものとしてだけで終わらせてはならないと悩んでいたのですが、クリスマス会の後、文庫でKさん、Tさん、Aさんや先生たちのお話をうかがって、目の前が明るくなりました。今の自分の非力さを嘆くのはやめて、より広い世界を知り、多くの経験を

積んで成長し、30歳・40歳になったときに自分のやり方で、社会へ還元できるよう、自分を長い目で見ていこうと思ったのです。大変なことですが、あきらめずに生きていきたいと思います。

　私の読書の傾向として〝動物が主人公のもの、または動物とのふれあいを描いたもの〟と〝小人の活躍するもの〟が大好きだという2点があるようです。「10冊」には入りませんでしたが、前者では、「シートン動物記」「ミス・ビアンカのぼうけん」「グリックの冒険」、椋鳩十の作品など。後者では、「指輪物語」「サーカスの小びと」など夢中で読みました。「アーサー・ランサム全集」はどちらの範ちゅうにも入りませんが、小・中学校時代よりもむしろ現在の方が熱狂的に愛読しているのです。（大学4年になって全部購入しました。）いずれにしろ、日常の生活、日常の世界を違った目で見させてくれる本にひかれているようです。

水野直子

私の好きな本ベスト・テン。絶対にマイナーだなと思いつつ。

1　愛について
2　トムは真夜中の庭で
3　卒業の夏
4　ぼくと（ジョージ）
5　ディダコイ
6　リンゴ畑のマーティン・ピピン
7　少女と鳥のひこうき
8　クローディアの秘密
9　タランと角の王
10　海にでるつもりじゃなかった

やっぱり、好み100%、自分が何回も読んで今も好きな本です。（でも、みんなムーシカで読んだのですヨ。）

「おすすめする本」なら、

1　おきなさいフェルディナンド
2　名探偵カッレとスパイ団
3　ミオよ私のミオ
4　グリックの冒険
5　地底のミス・ビアンカ

……………です。

　長年、愛してきた本達をなるたけ早く、たくさん買うことが、今年の目標です。（先生に〝絶版になる――〟とおどかされたので。）

水野まり（短大一年）

大どろぼうホッツェンプロッツシリーズ
フェルディナンドのシリーズ
ふらいぱんじいさん
大きな森の小さな家シリーズ
ミス・ビアンカのシリーズ
めがねうさぎ
カッレくんのシリーズ
ノンちゃん雲に乗る
さむがりやのサンタ
シャーロッテのおくりもの
マドレーヌの絵本（全4冊）

大きくなっても絵本は良いものですネ！　記憶にもよく残ってます。

森友百重

☆心にしみ入るものがある絵本
100万回生きたねこ　講談社
しろいうさぎ　くろいうさぎ　福音館書店
☆楽しんで読める本
ちいさなスプーンおばさん　学研
長くつ下のピッピ　岩波書店
くまのパディントン　福音館書店
風にのってきたメアリー・ポピンズ　岩波書店
☆読みごたえのある本
タランと角の王　評論社
影との戦い　岩波書店
ジョコンダ夫人の肖像　岩波書店
モモ　岩波書店

飯島ゆう子（小3・9才）

なんでもふたつさん（大日本図書）
いやいやえん

古塔のミス・ビアンカ
ミス・ビアンカのぼうけん
小さな勇士のものがたり
山んば見習いのむすめ
ヘクター・プロテクターとうみのうえをふねでいったら（モーリス・センダック）
めいたんていシリーズ（シャーマット　大日本図書）
おばあさんのひこうき
旅の絵本

桑原都史子（11才）

ドリトル先生シリーズ
ケストナー全集
ファージョン作品集
ぞうのババール
「がちょうのペチューニア」のシリーズ
「げんきなマドレーヌ」のシリーズ
北極のムーシカミーシカ

ながいながいペンギンの話
アーサー・ランサム全集

貫井中2年　桑原久美子

大地（パール・バック）
北の海（井上靖）
ヒマラヤの孤児マヤ（岩村史子　偕成社）
おかあさんの赤いくつ（高井節子　ポプラ社文庫）
ぐうたら王とちょこまか王女（ミラ＝ローベ作　学研）
コロボックル物語（佐藤さとる）
モモ
道子の朝（砂田弘　盛光社）
ガラスのうさぎ
北極のムーシカミーシカ

私の好きな本

小林伸子

1　小公子

私の通っていた小学校の校医さんは、作文をじょうずに書けた子何人かに、いろいろな本をくださっていました。五年生の時、どうしたことか、作文ぎらいの私が本をいただけたのです。文庫本の「小公子」でした。先生のサインがありました。初めて手にしたこの文庫本をとんで帰って読みました。

セドリックの愛らしさと、その母の気高さに魅了されて、いつか私もこんな母子になりたいものと密かに思ったものですが……。

あれから三十年近くたって、理想と現実とはずいぶん違いますが、それもまたよきかな、と思える年令《とし》になりました。あの中嶋先生はまだ、お達者でしょうか。

2　ドリトル先生・シリーズ

二十才頃読みました。初めは奇妙な絵が描かれていて、何でこれが有名なのかしらと思ったものです。でも、今一冊だけ選ぶとしたら、ためらいなく、「ドリトル先生アフリカゆき」にします。

先日、娘ももう読めるだろうと思い、できるだけさりげなくすすめてみました。一冊読んで、彼女は「私、ドリトル先生大好き！　私も獣医さんになろうかな？」と夢中です。私は、「これでこの子はもう大丈夫。」と思いました。

それは、「ドリトル先生」が読みこなせたことや、母親の愛読書を気に入ってくれたこともさりながら、この本に限らず、良い本を読んで感動した経験が、いつか何かの折、娘の支えになってくれるだろうと考えるからです。

ロフティングが戦場から息子あてに書き送ったのが、この作品の誕生とあります。どんなにか平和を願って書かれたことでしょう。大人にも読んでもらいたい本です。

3　エルマー・シリーズ

息子のお気に入りです。他の本を借りてもすぐまた「エルマー」にもどります。あまり度々借りているので、この本はもう、我家の本のような顔をしてきました。

買ってやるのは簡単なのですが、なんだか自分の物になった途端、アツイオモイが消えていきそうでやめています。

でも、一人占めはいけないので〝予約〟がはいっていないか確めます。今のところ同志はいないようです。

さて、エルマー熱いつまで続くかな？

4　ねずみ女房

文庫の本棚で、厚い本たちに挟まれていたこの本をみつけました。かわいらしいねずみの絵の表紙です。子どもたちにどうかしら、とページを繰っているうちに、目が離せなくなりました。つづいてもう一度読むうちに、涙が出てきてしかたありませんでした。近年、一番の収穫です。

同じ頃、ナルニア国物語を、読み始

めました。スケールの大きいすばらしい本です。おおいにおすすめします。

ただ、「ナルニア」は、一気に読める時期に没頭して読みたかったと思います。今の私には、地の果てから、たてがみをなびかせて走り来るライオンの姿よりも、鍵のかかった窓の内側から外を見つめているねずみの姿に共感を覚えます。いつ、どんな本にめぐり合うかで、印象も違ってしまいます。多感な子供時代に多くの良い本と、めぐり合ってほしいですね。
5　きょうりゅうくんとさんぽ
6　アンディとライオン
この二冊は、読み聞かせの時、絶対に喜ばれる本です。すごくいい顔で聞いてくれます。
7　ちいさいおうち
8　ふたりはともだち他
すこし聞きじょうずな子や、少人数の時に向いていると思います。ローベルの作品は、みな暖かです。
9　だれも知らない小さな国
10　パディントン・シリーズ
11　『ふたりのロッテ』など、ケストナーの作品、どれも楽しいです。
12　赤毛のアンシリーズ
最後に、中学時代、夢中だったANNEをあげないわけにはいきません。

楽しさのおすそわけを

安藤房枝

☆読みきかせにおすすめする本
一〇〇万回生きたねこ
やどなしねずみのマーサ
どろんこここぶた
おふろだいすき
☆読んでいただきたい本
モモ
木かげの家の小人たち
ライオンと魔女（ナルニア国物語）
ぼくはレース場の持主だ！
グリーン・ノウの子どもたち
クローディアの秘密

私の声は姉に云わせるとドマゴエ（胴間声？）ということになるそうだ。少なくともかわいらしいお姫様よりはおばあさん、動物ならばうさぎよりおおかみにふさわしい声の質とは云えようか。ところが私は楽しくてアハハと笑うような話と同じくらい、しゃれたラヴ・ストーリィが好きだ。だから読みきかせの時にそういったものもひとつくらいはやりたいと考えていた。

さて、私が〝読みきかせにおすすめする本〟として選んだ四冊には、どちらの傾向も揃っている。まず『どろんこここぶた』と『おふろだいすき』は、実際に大人が黙読しても絵と相俟って楽しい本と思う。だが私は『一〇〇万回生きたねこ』についてお伝えしたい。これはまあ何とも不敵な面構えのねこが主人公だ。何しろ一〇〇万回死んで一〇〇万回生きたというくらいのものだから。そうして誰に飼われていてもその飼主のことはだいっきらいだったというのだから、もう……。

私はこの本を初めてムーシカ文庫で読みきかせた時のことをよく覚えている。暑い日だったせいか、会員達はかなりザワザワしていた。題名、作者名と読んでも余り興味の無い様子。ただし迫力満点にしてはやさしい色使いの絵なので絵は見ているらしい。その内物語は、ねこが「……なんかだいきらいでした」と繰返し主張し、又このねこが何度も「しんで」しまうことを繰返してゆく。そのように何度も繰り返してゆくに従って会員達は静かになっていった。それから、ねこが（『だれのねこでも』ない）のらねこになった時、白くて美しいねこ（女性）が登場し、物語は新たに展開する。この辺から聴き手はぐうっと緊張してゆくようだった。そして、読み手も又。最後に恋女房に先立たれたこのねこが泣いて泣いてやはり、もう生き返らぬという結末を聞いてから、その緊張はほおと緩んだ。何しろ物語もねこの愛も完結してしまったのだから。というわけでこれはどら猫声で語れるラヴ・ストーリィという、私にとってはまさに有難い絵本なのだった。

ところでまだもう一冊『やどなしねずみのマーサ』が残っている。けれどもどうやら、これも、ねずみ声で語れるラヴ・ストーリィとだけ説明しておき、実際声を出してお読みになることをお勧めしようと思う。たぶん小さい人も大人もあたたかい気分になるに違いない。

15～20年前に子どもとよんで

徳永明子

○ちびくろさんぼ　岩波書店
○おかあさんだいすき　岩波書店
○ぞうのババール　評論社
○ちいさいおうち　岩波書店
○きかんしゃやえもん　岩波書店
○いたずらこねこ　福音館書店
○もりのなか　福音館書店
○三びきのやぎのがらがらどん　福音館書店
○いやいやえん　福音館書店
○エルマーのぼうけん　福音館書店

以上の十冊は今から15～20年前、幼稚園から小学校一年ぐらいの我が家の子どもたちに、くり返しくり返し読まされた本。読む方も聞く方もそのたびに「あーおもしろかった！」という感じの持てた本です。文庫の読みきかせでも、みなとてもよく聞いてくれました。

子どもたちが小学校二・三年のころに自分で読んだ本としては、本人たちの記憶にはこっちの方がよく残っているとのことです。

○ももいろのきりん　福音館書店
○しあわせなちょうちょう　学研
○誰も知らない小さな国　講談社
（コロボックル・シリーズ）
○やかまし村シリーズ　岩波書店
○せいめいのれきし　岩波書店

ムーシカ文庫「おはなしの時間」スケッチ

土曜日の午後一時半、二冊の本を手さげ袋に入れた幼い子たちが、「こんにちは！」と大声でいいながら、駆けこんでくる。

十二畳しかない階下の部屋は、たちまち子どもたちの熱気でむんむんする。

去年の四月、ぴっかぴっかの一年生で、入ってきたT・Mくん。彼は今回もまたルービック・キューブをもってきている。

——あら、Mくん、おもちゃをもってこないって約束でしょ？

——わかってる。わかってる！

大人の言葉を鼻であしらいながら、本好きの彼は絵本を選び、友だちと大声で笑い合う。

「おはなしの時間」は二時からだが、この生きのいいガキ大将を文庫に定着させなくては……という、いわば本能的な感じから、彼にいう。

——Mくん、おもちゃは二階では手さげ袋から出さないって、約束しようね。さ、指きりげんまん、うそついたら、この指、くーさる！

前歯の一本ないMくんは、照れくさそうに指切りする。

一時四〇分。二階へいってみると、本を読んでもらうのが好きなYくん、Tちゃんたちが、すでにこたつを囲んで静かに本をみながら待っていた。

二階は六畳二つで、奥のほうにこたつがあり、そのまわりで本をよんできかせる。

いまの幼児たちは一歳八か月くらいから、TVのある茶の間で育つ。コマーシャル・ソングから、怪獣もの、大人のマンザイ、駄洒落ものなどの洗礼を、まず耳と映像から受け、「小さな大人」としてかなり、耳学問でませてしまっている。

T・Mくんがいまごろルービックを手にしているのも面白い。たぶん、絵本のよみきかせを自宅でもしているという彼の両親は「流行」への抵抗を試みていたのに、彼はそれにもめげず、おそまきながら手にしたルービックに、いま熱中しているらしい。

そんなことを頭の片すみで考えつつ、「おもちゃをしまってから」と彼にいい、面白い本——絵をみせつつ朗読するのにいい本——を、読みはじめる。

長年の経験から、古典的で、でも十分幼い人たちをひきつけるとわかっているバートンの『除雪車けいてぃ』を、選んだ。T・Mくんとそのつれは、ルービックをしまいつつ、耳だけそばたてていたが、二冊目の『恐竜』(福音館書店)となると、おもちゃはきちんと片づけて、こたつのまわりに居ずわってしまった。彼の子分格の二人も、もちろん一しょに。Yちゃんのように「本の世界」を十分楽しめる子どもに、本をよんで上げるのは楽しい。

しかし、T・Mくんのように、ありあまるエネルギーから、流行を追いかけている男の子たちに、本の魅力を発見させ、こちらに引っぱりこむ喜びは、さらに大きい。

(1982・2・2)

*

ムーシカ文庫では、本の貸出しや、新入会員の受付、本の受入れなどの事務的なことも、世話人が、手わけしてみじかい開館時間内にしてしまわなければならない。

そのため、一ばん事務の苦手ないぬいが、前座をつとめに、「おはなしの時間」の二時少し前から、二階へ上る。いくらきまりはきまりでも、お天気のいい日など、サッカーにいきたい小学二年生たちは、二時までほうっておけば、本を借りただけで、とんで行ってしまう。しかし、「お話もききたい」WくんやKくんは二階へ上って待っているので、せっかくのかれらの気分を逃したくないのだ。そんな時、待ちきれずに、二階でかけまわっている子どもはどしどし叱る。

二階は、しずかにお話をきける人と、二階の本棚の本を読みたい人の「場所」なのだから。

このみえない「場所づくり」は、かなり大事だ。ここでは、読み手もしずかな心にならないと、お話が「みえてこない」し、お話がイメージとしてみえてくることを覚えた子どもは、一時叱られてでも、エネルギーを発散しつくしてしまうと、T・Mくんのように、おくの方のこたつのある部屋に落着くことになる。

小さい人の多い時は、ムナリの仕掛け絵本『たんじょう日のおくりもの』などが喜ばれる。また、生意気ざかりの二年、三年、四年生の男の子が多いときには、マコーレイの『ピラミッド』(岩波書店)のような大型のノン・フィクションの本を持ち出してきて、成人も楽しみながら解説する。

そしてみなの間に、本をよんでもらいたい感じが整ったとき、安藤房枝さん、小林伸子さん、徳永明子さんがかわるがわる二階へいき、とくいのレパートリーの読みきかせをする。

きれいな声でやさしく語りかける小林さん。かならず絵本を家にもって帰って下読みしてきて、朗々とよむ安藤さん。世話人がみなでよむみちを、率先してひらいてくれた徳永さん。徳永さんは最初、ご自分のお子さんとむかし一緒によんだ「岩波こどもの本」の『ねずみと王さま』など、喜んで読んでくれたが、いまの子どもは、スピー

「はい、今日はこの本ね」

ドの早い本がすきだったりして、いろいろ悩んだ末に、「おはなしのろうそく」(東京子ども図書館)からお話を覚えてきて、すこし久留米なまりのやさしい語り口で(ふるえながら)語っていた。子どもたちは、その熱意に惹きこまれ、徳永さんのファンも、ふえてきているし、第一おはなしをするときの徳永さんは、とてもうれしそうだ。「おはなしの時間」の真打ちは、木下惇子さんだ。子どもたちは、木下さんが「長くてこわいお話をしてくれる人」と評価していて、「こわいお話をして!」と、さいそくする。

四、五年前からイタリアのカルヴィーノの『みどりの小鳥』から「死人のうで」や「こわいものなしのジョンヴァンニン」をくり返し読み、素語りしているうちに、聞き手との交流によって、その語りにみがきがかかった。約半年近い、お父さまの看病のための仙台ゆきの間に、文庫の読み手は育ったが、木下さんが文庫の二階に帰ってきてくれると、まったく新しい顔ぶれの子どもまで、「こわいお話して!」と、ねだっているのは、興味ぶかい。(子どもたちは、たった一回きいても、その語り手の特色がわかってしまうらしい。)

私も一時、目をわるくしていた時、聞き手の側にまわって木下さんのお話(絵本の読みきかせも)に惹き入れられてきき、子どもたちよりさきに笑ったりした。知っている物語が、つぎつぎと、ここちよいスピードで、こちらの心にひびいてくる感じは、忘れがたい。

新しものずきの子どもが、「それ、知っているう!」と、いやな顔をしても、語り手はあまり、びっくりしないほうがいい。「知っているう……」といいながら、子どもは一回一回、新しいその話(絵本)との出会いを経験しているのだ。私たちが、志ん生や小さんの落語を繰りかえし楽しんできくように。知っている話や絵本だからこそ、きくたびに「さきどり」して楽しむ喜びもふえ、また、知らぬまに細部の面

「お話、おもしろいね」

白さを発見したりもできる。

　がやがやしている子どもたちの中に、「おはなしの好きな人」が、二、三人いてくれると、中心ができ、お話の流れが生まれてくる。流れというより、聞き手と話し手の間にみえない糸のようなつながりが生まれ、それはピーンと張りつめて、すきとおってキラキラと光りだす。そしていつのまにかその糸はヴェールのように織りなされて、その場にいる子ども全体が、「お話の世界」につつみこまれてしまう。このときの安らかな気もちや心のたかぶりは、味わった方にならよくわかると思う。

　お話（絵本）がおわると、ふーっと息をつき、「もう一回！」「もっとよんで！」と、子どもたちはいう。外からみえる反応はそれだけだが、子どもといっしょに本を声を出して読んでいくと、読み手の心も能動的にうごきだして、手にした本が、全然別の本に変わっていく。歴史的に名高い本ではあるけれど、いまの子どもたちには、ちょっと静かすぎるのでは……と思っていた『ねこのオーランドー』（キャスリーン・ヘイル作・画　脇明子訳　福音館書店）など、絵の細部を子どもたちと楽しみながら読める本で、大きな本なのに、子どもたちは、あらそって借りていく。また、何回か二階でよんでも、よみおわるとほっと、安心のためいきがもれる。

　しかし、ムーシカ文庫の二階が、いつもこんないい感じの時ばかりであるとはかぎらない。

　暑かったり、学校の行事で子どもが疲れはてているときなど、情けないほど、話の途中からねそべってきく子が多くなる。となりどうし世間話にふける子もふえて、「お話の世界」が結晶しないまま、ちりぢりになってしまうこともある。

　こうした日には、読み手の成人もがっかりして、文庫のやり方を反省したり、外から押しよせてくる「受験体制」の波を、ひしひしと感じて、すっかりゆううつになってしまいもする。
でも､長い目でみれば､どうだろうか。おはなしを聞く習慣がなくて、幼稚園や学校にも慣れていない子どもが多かった四月ごろと、それから十一、二カ月たった三月ごろとでは、二階の「おはなしの時間」の密度がまるきりちがうのだ。二年三年とおはなしになじんだ子どもたちは、となりの部屋で気どって本棚の近くでかってに二階の本をよんでいるが、こちらのお話（絵本）が面白く佳境に達すると、足音をしのばせてこたつの部屋にきて、六畳の間が大入り満員になってしまう。

一九八三年三月のいま、去年の暮ごろから『ドリトル先生物語全集』十二冊を、つぎつぎよみあげて、ついに「これが最後だと思うと、惜しいな」といって、十二冊目を大事そうにもっていったY・Kくんや、小学四年生で入ってきて、お話をよくきくKくん、大島美穂さん（123ページ参照）の紹介で、幼稚園からきていて、われわれ読み手のかくれたアイドルになっているM・Nちゃんたちが、時にはゆううつになる世話人の心をふるいたたせ、一種のおはなしの世界への「牽引車」の役目を知らずに果していてくれる。

たった一年か二年のうちに、子どもたちの顔つきも、体格もびっくりするほど変ってくる。そして外からみることはできないけれど、心のうちの無限の可能性も、のびて育っているにちがいない。

家庭でも学校でもない週一回の文庫で、「おはなしの時間」や本の貸し出しの折のつかのまのふれあいからも、その心の成長ぶりを、かいま見て喜ぶことのできる私たちは、仕合せものといえるだろう。

安藤さんも小林さんも徳永さんも、二階へいく時間がますますふえた。

二年生になったあのT・Mくんは、塾がよいを始めて、大いそぎで易しい本を借りていく。以前おうちで『ドリトル先生の動物園』など読んでもらっていたT・Mくんは、どう成長していくのだろう。子分格だったKくんは、まっさきに来て、二階へもあがってくるが。

みんなの十年さきが楽しみ……と、書きかけて、心が痛む。一九七〇年代に、ムーシカに来ていた人たちは、その成長ぶりをこの「伝言板」③のなかで見せてくれている。

けれど、「風見鶏」のさす方角が、はっきり「軍拡」の方向へ定まったこの一九八三年に、十年さきが楽しみとは、どうしていえよう。十年さきに、この子どもたちが、銃をとらされ、人殺しのために他国へ出向くような日本に、けっしてさせないように、努力しなくてはと、切に思う。心楽しい「おはなしの世界」が、楽しく希望にみちたものであればあるだけ、外に吹くあらしのつよさを、身にしみて、ひしひしと感じさせられる早春だ。

（1983・3・17）

町の公立児童図書館に二歳半の息子と通い出して

市川道子・ニュージャージー在

『子どもと本をむすぶもの』を大変嬉しく拝見致しました。

当地で生まれ育って居ります息子謙一は、町の公立児童館の利用で沢山の本を通して彼なりに成長しております。二歳半から幼稚園は週三日、半日通園（一人っ子で不幸にして近所に同年令の遊び相手が不在のため、少し早かったのですが、トイレット・トレーニングが出来ていれば通園できるときいて行かせました。）他の時間は、家庭と町の図書館のストーリータイム（週一回又は二回）に参加して来ました。もちろん、公立ですから、町の住民は誰でも全て無料で参加利用できます。予算の関係で活動内容は地域によってまちまちですが、同じ州内（ニュージャージー州）の同じ郡内（バーゲンカウンティ）の近隣の町の施設も利用できる特典があり、周辺の大きな町の活動にも自由に参加しました。

ＳＴＯＲＹ・ＴＩＭＥは、読みきかせの他に、音楽を聞いてリズムをとったり、体を動かしたり、映画や人形劇を見たり、お絵かきや工作をしたり、色々なものが年令に即して組み込まれての一時間で、母親は隣室で待ちます。

幼い親離れしていない子供の場合、参加不可能になる者もいますが、生まれて初めての集団での楽しい活動なので、ほとんどの子供達が喜んで欠かさず出席し、終了後は目を輝かせて、今聞いてきたばかりのお話を母親にきかせてくれたりします。

ある時は、町のボランティアの主婦達の催しや、小学生中高年の手作りの人形による自作自演の人形劇や、童話作家や詩人や童話画家を招いて著書を読んでもらったり、原画を見せてもらったり、大変興味深い催しもあります。またある時は、有名な童話から即興の劇を演じたりします。たとえば〝三びきのくま〟の話から、父さんぐま、母さんぐま、子ぐま、ゴーディロック（女の子）の各々の等身大の絵が描かれている紙を子供に持たせて、先生が物語を読みすすめ、そこで父さんぐまは、「……」と言われると、父さんぐまになった子供が、「……」（セリフ）と言う。といった具合で全員が一体となって物語の中にとけ込んでいく試みもありました。繰り返しのセリフの多いものは子どもたちも覚えていますので、とてもスムーズにいきます。

また、ある時は、動物園から本物の小さな動物が運ばれて来て、子ども達は直接触れたり、えさをやったりして動物のお話を聞く会がありました。私など蛇に触れるのは勿論のこと、目にすることも、嫌いなのですが、この様な機会に子ども達は母親の主観的な影響を受けずに正しい蛇についての知識と接し方扱い方、そして指で触れてみての新しい体験をします。この貴重な体験を通して子ども達の感動をきいて、私は自分ではとても出来ない事をしてくださった図書館員に感謝致しました。このような有意義な機会は地域の新聞を通して知る事が出来、時間の都合のつくかぎり自由に参加出来ます。義務教育の始まるキンダー（五歳）まで地域図書館のあらゆる活動を中心に利用したおかげで、謙一も本の好きな子どもに育ちました。

キンダーから小学校では、一週間に一度、学校図書館を活用する時間がカリキュラムにありますが、たくさんの本の中で、自分にあったもの、自分が必要とする本を上手に選出しているようです。小学校の低学年の間は、日本の学校とちがってけっして読書感想文を強要されず、子ども達が自由に読み、自由に得た本からの知識を自分の言葉で表現するトレーニングのみを受けていきます。

現在、謙一は現地校で小学三年生（八歳）ですが、学級文庫が充実していて、受け持ちの先生が一日一冊読書を奨励されていますので（宿題以外の課題）ＢＯＯＫ・ＲＥＡＤＩＮＧ・ＣＯＮＴＥＳＴと称して積極的に参加しています。小三程度ですから、短い簡単な本もありますが、かなり長篇で一日で読破するのは困難な場合もありますが、興味が湧くようで読みつづけています。毎日、各人が前日に読んだ本の話や感想をクラスで発表する時間が持たれ、あまりうまく読み取ってない場合はもう一度同じ本を読むように先生が指示されます。日本の一斉教育からは、この様な時間を毎日持つことは不可能です。ちょっと考えられません。私も日本語学校で毎週土曜日（月～金曜日迄は、現地校へ通学、土曜日のみ、日本語学校へ通学する日本人子弟を対象とした文部省管轄の指定校）に、教えている立場ですが、国語力保持の手段として読書をすすめ、感想文を書く指導などする時間さえも限られているのが現状です。文部省の基底カリキュラムでは、表現力に重点を置いて指導するようになっていますが、建て前だけで、実際は、教科書中心の指導で精一杯ですから、本当の読書の楽しさや喜びを味う指導が出来ないのが悔まれます。

今も謙一は、月一～二度位、公立図書館の小学生を対象とした催しには参加していますし、三ケ月の夏休み中は、学校と公立図書館が協力してコンテスト（約九週間、毎週四冊以上読書するチャート）が実施され、毎週一回、図書館通いをし、九月の新学期に結果が校内で表彰される様になっています。

私事のお話を長々と申し上げましたが、当地の手軽に参加できる文庫活動を紹介させていただきました。

ムーシカ文庫推せんの百冊の書物も大いに参考にさせていただき、日本語学校の図書の充実もはかりたいと思って居ります。

ムーシカ文庫との出あいから始まったこと

伊藤郁子

私がムーシカ文庫のお手伝いをできたのは、S49年から53年のほんの短い間でした。（ちょうど、ムーシカの大きな引越しをまん中に……。）その後は現在まで、印刷係としてのみ参加しています。そんな訳で、最近の私にとってのムーシカ文庫は、小さなともだちが帰ってしまったあとの「しーん」とした、本たちが休憩している本棚の並ぶムーシカ文庫です。ぐるーと本棚を見渡すと、「あっ、あの本、借りられている」「あっ、あの本も、やっぱり……」「わぁー、新しい絵本だ！」なんて、日頃の忙しさから解放されて、ゆったりとした気分になれて、私にとってはリフレッシュの場です。

私がムーシカ文庫と知り合ったのは、大学四年生の頃で、「なにを生活の中心に据えて生きたいのか」がみつけられず一人でウロウロしていた時でした。なんとなく自己逃避的に本を読んでいた時でした。毎週土曜日、子どもたちが集ってきて、喜々として本を選び、大切そうに抱えて帰る——、お話の時間になると瞳を輝やかせて——と、一人一人が、しっかりと楽しみを自分のものにしている実感がありました。私も地に足をつけて、喜びの実感を感じながら生きたい、このままだと、なにか不健康な気がして……。

そして、仕事が見つかりました。やっぱり、ちいさい子どもたちの集まる所です。〝田無市立心身障害児通所訓練施設「ひよっこ」〟といって、障害をもった子どもたちの幼稚園のようなところです。北風のふきはじめた、ほこりっぽい日、私は「ひよっこ」をたずねました。ちょっと薄暗い部屋の中では、大型ブロックとすべり台にマットを使って山をつくり、子どもたちがよじ登ったり、すべったり、とび降りたりして遊んでいました。

「子ども」と直接的に関わったことのない私は、妙に自意識過剰で、やたらと恥しくてオドオドしてつったっていました。動けない子は大人に抱えられて、ハイハイ移動の子は、ハイハイで、ピョコタン歩きの子はピョコタン…、みんなと一緒が嫌な子は一人ブロックで、汽車の好きな子はプラレールでと各々が思い思いにバラバラにいて、仲間に入りやすい印象を受け、ここで働いてみよう……と思いました。ほんとうは、茂之くんに一目惚れでした。先天性筋ジストロフィーという病名を持つしげくんは、つぶらな瞳の魅力的な男の子でした。しげくんは乗り物が大好きで通園バスの中から好きな自動車をみつけると目を輝やかせて重い指で、どうにか指さそうとします。そんなしげくんを抱っこして、みんなで一緒に丸の内線に乗って東京駅まで新幹線をさわりにいって大喜びしたこともありました。（しげくんは今年の四月で、中学生になりました。）

期待通り、ひよっこの子どもたちは、そのままの私をともだちにしてくれました。「ともだちになる」って事は、いつだって、誰とだって同じです。自分の心を投げかけて、受けとって、投げかえされて、受けとって……と「心の交換会」に参加できさえすれば。そして、脳性マヒのみつるくん、左片マヒのよっちゃん、ダウン症の玲子ちゃんとかわいいともだちが増えて、それ以来、私は「ひよっこ」のちいさなともだちにひっぱられて過してきています。「ひよっこ」のともだちが、かたくなった手をつっぱって顔をあげようとする、よろける足で歩こうとする、ハッキリ見えない世界へ手さぐりで歩みつつ「生きる」ことを一生懸命に求めつづける時、私も一緒に「自分が生きる」ことをしっかりと見つめていこうと思いました。

なかでも、親友になった玲子ちゃんには教わること大でした。私は玲子ちゃんの卒直な忌憚ない御意見（？）によって、ずいぶんと考えさせられたり、悩まされたり、もちろん確信を得たりしました。この玲子ちゃんと一緒の日々の中で、〈障害をもった子どもたちが幼児期を楽しくすごす〉ということを真剣に考えさせられるようになりました。

そのうち、「ひよっこ」の「不自然さ」が気になりだしました。――ここは、お互いに話したくても話せない、遊びたくても遊べない子どもたちと大人だけの社会だったのです。大人のともだちだけで、同年齢のともだちがいないのは淋しすぎます。

近くの保育園へ遊びに行くカリキュラムを入れてから、保育園へ遊びに行く日を楽しみにしている「ひよっこ」の子どもたちを発見しました。プールあそびも、行事も、子どもたちのエネルギッシュな渦こそが必要条件でした。いくら大人が親身に、懸命になっても補いきれないものをおしえられました。子供時代は、子供同士で遊ぶことが自然で楽しいことだし、ともだちとくらしあう中でこそ、生命力もエネルギーも培われるのです。

障害をもつ子どももたない子どもが、ともだちとして一緒に育つことは、すべての子ども達の未来へ通じていくことだと思います。「ひよっこ」の子ども達と私との間には、「障害」はありません。一緒にすごしていくうちに「障害」は「障害」でなくなるのです。たまたま器官に疾患をうけたものが、社会生活の中で、「障害」という型で現われてしまう時に、いわゆる「障害」は存在し、それは疾患をうけたものにも、うけないものにも、それぞれにとっての「問題」として存在しだします。それは、相互に心とからだでともだちとなって、一緒に解決にむかって努力していく課題だと思います。

障害者といわれる人が、どこまで普通の社会生活に近づけるか？（入れてもらえるか？）などということでなく、いまおきている問題のほとんどは、健常者といわれる集団がつくっている社会の在り様にかかっていることを「ひよっこ」の中で感じました。多数の方だけでつくった社会は、少数の「不自由さ」をもつ人を「不適応」とする社会をつくってしまうのです。幼い頃から一緒に育ち合う中で、お互いが手繰りあってゆくことから自然に社会づくりが始まるのではないでしょうか。私も「ひよっこ」で働きだして、初めの一週間くらいの間、どうしてもおべんとうがのどを通らなかったことを思い出します。「ひよっこ」の昼食は、子どもを介助しながら、大人も一緒に食べるのですが、慣れない私には、脳性マヒの子が全面介助で食べながら、うまく咀しゃくできずに半分くらいは、口から押しだしてしまっている姿や、片手の不自由な子や目と手の共応のへたな子は、おべんとうの半分が口に運べれば良いくらいに食べちらかしながら――、点頭てんかんの子は時々発作でコップをひっくりかえしてしまいながらの、この子どもたちにとっては自分で食事をするのに必死な食事風景が、私には生理的にダメでした。でも、個々の子どもと知り合って、その子と一緒におべんとうを食べる――うまく食べられないのでこぼしてしまう、自分でスプーンを使えないので一緒に食事する人が口まで運んであげる、むせれば当然吹きだしてしまうというふうに受けとめられるようになった時には、もう、あたりまえの食事の時間になりました。私は、吐気を感じてしまった自分をとっても恥しいと思いましたが、いまでは、それは、当然な反応だったのだろうと思っています。誰だって（子どもの方がもっと素直に）驚くものには驚き、わからないことは恐れるものです。無理に観念的に理解するのではなく、自然に親しみ、わかりあえる関係がつくれることが大切で、それは幼い時から、あたりまえに一緒に育っていくことでしかつくれないと考えています。ところが、56年9月、五歳になったばかりの玲子ちゃんが、心臓の手術で、突然、天国へ還ってしまったのです。私にどっさりと宿題を残したまま……。玲子ちゃんの『センセ！　ホイクエン　イコウョ～』の声に励まされながら、「ひよっこ・市立保育園併設」の運動がすすめられ、57年6月に実現しました。現在、「ひよっこ」の9人の子どもたちは、お隣りの保育園のともだちと一緒に毎日を過しています。問題は山積みですが、まずはまちにまった「一緒の保育」が始まりました。

そして、9月、玲子ちゃんのプレゼントしてくれた『りとる・うなのほんばこ』という文庫が誕生しました。（注・玲子ちゃんが一番初めに自分の事をなぜか『うな』と呼びました。）

福音館書店、いぬいとみこさんたちに応援していただいたくさんの絵本がそろいました。目標はムーシカ文庫の妹文庫になって、いろんな子どもたちのいっぱい集まる「ほんばこ」になることなのですが、まだまだの状態です。毎日、保育園のともだちがやってきては本を手にしていますが、読むことよりも〃本やさんごっこ〃にも使われている現状です。でも、少し時間をかけて、土を耕し、畑をつくることから始めて、種をまく仕事へのこころがまえをもって、大切に続けていきたいと思っています。

まずは、四月から、土曜日に読みきかせの時間を設けていこうと計画しています。

私たちに勇気を吹きこんでくれた手紙から

先日は「ムーシカ文庫の伝言板」本当にありがとうございました。私はムーシカ文庫の創立当時に二年ほどお世話になっておりましたが、小学校の上級になり、学校が遠くにあったため、お借りしていた本もそのままに、お別れも言わず急に行くのをやめてしまいました。そんな失礼な子供だった私にも伝言板をくださり、しかも伝言板の中に一ケ所自分の名前を発見し、嬉しいと同時に申し訳けない気持で一杯でございます。

さらに伝言板を読んでも、他の皆様のようにクリスマスパーティーなど子供らしい思い出が一切浮かんで来ず、自分はムーシカ文庫で果して他の方々と人間関係を結べていたのかと疑問すら湧いてくる始末です。でも、毎週行くのが楽しみだった当時の、本を前にした時のワクワクした気持と、清和幼稚園にあったあのなつかしい小さな木の本棚のことは、今でもはっきり心に描くことが出来ます。元来人見知りする性質だったので、清和幼稚園の卒園生や近くの学校に通う人の多かったムーシカ文庫の中で、私は人にとけこむことが出来ない子供であったのではと振り返っています。

子供の頃の思い出というのは誰しも、思い出特有の美化作用から逃れられないわけで、よくつきつめて考えてみると随分くよくよ悩んでいたようにも思います。しかし、それにもかかわらず忘れられないのは、『ピッピ南の島へ』の中で、ピッピ達三人が飲む「おっきくならない薬」の話であり、「ナルニア国物語」の中で、大人の女の人になり、ナルニアのことをすっかり忘れてしまったスーザンを悲しく思うルーシーに共鳴し、「私は、〝今の〟ことを絶対忘れないんだ。お化粧したおかしな女の人にはならないぞ」と決心した時の気持です。

とにかく、本の世界が楽しくて仕方なく、家に帰ると物も言わずに本に向かってばかりいたのですから、やはり、幸福な幼年時代をムーシカ文庫で過させていただいたのだと思います。

ムーシカ文庫に通えなくなってからも学校の図書館で片っぱしから本を読んでいましたが、物語的な本を好んだのは小学生までで、中学校に通う頃からは、様々な小説の他、社会的要素の加わった例えば、本多勝一のルポルタージュなどを読み漁っていました。高校時代は、そうした影響もあって新聞部に入り、学校側と対立ばかりして学校に適応出来ない高校生でした。大学では国際関係を専攻し、今、津田塾大学の大学院で北欧の政治史を勉強しています。

北欧の作家というとまず頭に浮かぶ人に私の大好きだったリンドグレーンが居ます。現在の立場は、従来日本人が北欧に対して抱いていたメルヘン的なイメージを対象化し、新たな北欧の国際政治史的意味を捉え直そうというものであり、当時の気持とは反対の極にむしろあるのかもしれません。しかし、あの頃リンドグレーンの本の中で、ローサやカッレやラスムス達と楽しい時を過したから、このようなことを今やっているのではないのかとも思うのです。

例えば、現在子供の本の中ですごいなと思うものに『灰色の畑と緑の畑』があります。戦争や離婚など大人社会のいやな面をそのまま表出させた本です。子供の本でありながら、辛い状況にある人々の心の痛み、状況の不条理性を平易な文章で鋭角的に描写しており、読む度に動揺をおぼえます。しかし、もしこの本と、楽しい物語が好きだった子供時代に出会っていたら、その状況の怖さゆえ、絶対に嫌いになっていただろうと思います。子供の頃に楽しい本の世界を知ることが出来たからこそ、今〝怖い話〟と面と向かえるのではないかという気がします。

前述した通り、子供を必要以上に美化するのはいやですし、さらに本との出会いもいろいろあると思いますが、いやなことを出来るかぎり排除し楽しい世界に没頭出来る子供時代があってもよいのではないかと思っています。

ムーシカ文庫に通っていた頃、まわりの人々が怖くて私と一緒でなければ文庫に行けなかった意気地無しの弟も大学生になり、今では背の高さが180㎝以上もあります。どうぞ力仕事などございましたら、私共々、言いつけていただきたく思います。

今日、手紙を運んでくれた女の子は家の斜め前に住む中山瑞穂ちゃんで、以前一緒に『三月ひなのつき』を読んだ経験があります。これからも彼女かうムーシカ文庫の話をたくさん聞き、さらに仲良くなった近所の子にムーシカ文庫の宣伝をするという形ででもムーシカ文庫との関係を続けていきたく思います。

まだまだ未熟で、これからの展望など一切たたずにおりますが、勉強を続けることに意味を見出せる限り、勉強に励み、社会の繞形化した部分、私たちの歪んだ考え方に向き合っていきたいと思います。

一九八二年二月六日

大島美穂

大島美穂様
おたよりうれしくいただきました。たぶん町で、あなたとすれちがうときもあるのでしょうが、私にはもう成長されたあなたがわかりません。

それでいいのです。きのうも中山瑞穂ちゃんのお母さんとすれちがいましたら、声をかけてくださいました。――瑞穂も妹のちひろも喜んでムーシカ文庫へいっています。帰ってくると何もかも話してくれるのですよ、と。

あなたが渡してくださったバトンは、ちゃんとつぎの人に手渡され、瑞穂ちゃんたちも私も喜んでいます。心から心へ伝わるみえない環を、これからも大切にしてゆきます。

（1983・3・16　いぬい）

「ヤッタゼ!!　クリスマス会」

ビキニ・デーに再会して

いぬい先生、目の具合はいかがですか。今日、書店の本棚で『ぼくらはカンガルー』『いさましいアリのポンス』が講談社文庫より発行されているのを知り購入し、読み終えた所です。私は幼いころ練馬区の中村に住んでいて、幼稚園は清和幼稚園でした。私が年長組(一九六五年)にいたときに、ムーシカ文庫が始り、中学一年で現在住んでいる越谷へ引越すまで、ムーシカ文庫に通っていました。文庫が東京相互銀行に移ってからも、電車で通ったのをよく覚えています。三時頃になると、本を読んできかせてくださる「お話しの時間」がありましたが、私はそのあと習い事があって、あまり聴けなかったのが残念です。『いさましいアリのポンス』に収録されている『トビウオのぼうやはびょうきです』等の中に出てくる原水爆反対の思いを私も持っています。広島・長崎で行われる原水禁世界大会へ、大学に入学してから行っています。今、戦争を知らない世代が、母親父親となって行き、子供たちが生まれています。欧米では激しい反核運動が起こっているのに、日本では「平和」ということに慣れてしまい、まるでそのような運動がありません。そこで先生の短編に会えたのは喜びです。大学でも〈平和〉の問題など話しかけたりすると、「今は平和だ」とか「ソ連がせめてくるから、軍拡をすべきだ」とかいう人がいて、〈反核〉を口にするだけで色眼鏡で見られがちです。そんな中で、子どもむけの小説で、戦争を取りあげた物に会えて、大変力強く感じます。

現在、私は大学の三年に在籍しています。いつか暇をみつけてムーシカ文庫を訪ねてみたいと思います。よろしければ同封の葉書にムーシカ文庫の所在地を書いて送ってください。サークル活動が忙しくて、結局行けないことになるかもしれませんが、ムーシカ文庫がどこにあるかということを知っていれば、やはり嬉しくなります。先日の朝日新聞の文化面に先生のことが載っていてお目を悪くしたことを知りました。無理をせずにまたよい本を書いてくださることをお祈りしています。

一九八一年十二月二十一日

高橋由佳

二年前の年末に、なつかしい高橋由佳ちゃんからこの手紙をもらって、さっそく「ムーシカ文庫の伝言板」①と②を送りました。それきり再会の機会にめぐまれませんでした。

ところが、一九八三年三月一日、神田の教育会館へ絵本作家の津田櫓冬さんと出かけました。ビキニ水爆実験を思いおこし、〈反核〉への新たな思いをよびおこすその集会で、私は見知らぬ女子学生から、ふいに声をかけられたのです。

それが、高橋由佳ちゃんでした。二十八年前に書いた『トビウオのぼうやはびょうきです』（金の星社刊）が、昨年絵本になったので、久しぶりに出かけたビキニ・デーが、私と由佳ちゃんを、思いがけず再会させてくれました。

あのおとなしかった由佳ちゃんが……？　と驚くほど、はつらつとした東洋大の四年生です。

――山奥にしか、職場がないかもしれません。と、笑って言っていた由佳ちゃんが、仕事を得て、社会へ自立していく日のくることを、心から祈っています。

そして三月一日の集会に、戦争を知らない若い人びとが、百五十人あまり集っていたことを私は忘れまいと思っています。

（いぬい）

私の〈少国民〉体験
―一冊の本を読んで―

徳永明子

〈少国民〉という言葉をご存じでしょうか。戦後生まれの方には多分耳馴れない、今ではほとんど死語のようなこの言葉のもとに、四十年前、太平洋戦争下の子どもたちは、実にさまざまな体験をしたのでした。

このお正月、ふらりと入った本屋さんで、一冊の本を見つけました。『子どもが〈少国民〉といわれたころ＝戦中教育の裏窓』（山中恒著・朝日新聞社刊）。目立たない装丁のこの本に気がつき、思わず本棚から抜き出していたのは、私自身、太平洋戦争の四年間を国民学校（小学校）の生徒として、文字通りの戦中教育を受けた世代であり、未だに〈少国民〉という言葉に敏感に反応する後遺症を持っているからに違いありません。買って帰ると、食事の支度もそっちのけで、ほとんど一気に読んでしまいました。読んでいくうち、私の身体の中を悪寒のような戦慄が走り、自分自身の体験と、本の内容が重なり合う生々しさに、思わず何度も声をあげていました。

戦争中、子どもたちはどんな生活をし、どんな教育を受けていたのか、またどのように戦争とかかわっていたのか——それを明らかにするために、この本の著者は、当時の新聞・雑誌などに「典型的少国民」として名前の出た人々をさがし出し、本人にインタービューして、「あのとき」と「その後」を徹底的に追求しています。その中には、作文・図画の入選者あり、健康優良児あり、美談の主あり、また陸・海軍の少年兵や『ガラスのうさぎ』の作者などもあって、環境も体験もさまざまですが、いずれも当時十歳から十五歳ぐらいの少年・少女だった人ばかりで、同じ世代に属する私には、とても他人のこととは思えなかったのです。

本の中に再録されている作文の調子——それはまぎれもなく、私自身が小学生時代に書いた作文（当時は綴方といっていましたが）の記憶に重なるものでした。私も、「戦地の兵隊さん」への慰問文をはじめ、たくさんの〈少国民〉的作文を書きましたが、中でも二つの作文が、鮮明な情景の記憶を伴って、私の胸に残っていたのです。

その一つは、四年生のときに書いた「ああ、山本五十六元帥」という、連合艦隊司令長官の戦死を悼んだ作文です。無敵海軍のシンボルだった山本元帥の戦死は、小学生の私たちにも戦況の厳しさを感じさせる大きなショックでした。校庭で行われる追悼式で作文を朗読することになり、「海ゆかば」の音楽が流れるものものしい雰囲気の中で、緊張して足が震えたことまで覚えています。

もう一つは、これも同じころ、小学生たちが毎月一日（たしか興亜奉公日といっていました）に一銭（！）ずつ献金して積立てたお金で、陸軍に機関銃を献納したときのこと、それに添える生徒の作文として、私の書いたものが選ばれたのでした。献納式の当日、陸軍の将校や兵士が大勢学校に来て機関銃の試射（勿論たまは入っていませんが）が行われることになり、作文を書いたごほうび（？）に、私が機関銃の引金をひくことになったのです。全校生徒が運動場の周りに坐り、かたずを飲むなか、引金にかけた私の手の上に「兵隊さん」の大きな手がかぶさり、「ダダダダ……」という激しい音が校庭に鳴りひびきました。大きくゆさぶられた私の身体の中を、冷いものがジーンと走りぬけてゆきました。

思い出すのは作文のことばかりではありません。戦争の末期、物資不足で運動靴もなく、私たちは素足にわらぞうりをはいて学校に通っていました。その姿を見かねたのか、ある日祖母が「せめて女の子らしく」とぞうりの鼻緒に赤いもようの古い布を巻いてくれたのです。けれども、「あしなか」という、足の裏の中ほどまでしかない（つまりかかとは直接地面に触れているのです）小さなぞうりをはいている子が大部分だった教室では、それすら大変なぜいたく品で、何のかのと悪口をいわれたり、ぞうりが下駄箱から姿を消したりしたのでした。

　そのほか、授業時間に防空壕掘りや畑作りをしたこと、「杭木出し」といって山奥からふもとまで材木をかついでおりたこと、新聞を配達する人がみな戦地や工場に行ってしまって、小学生が新聞配達をしたことなど、戦後四十年の間に遠く押しやられていた「あのころ」の記憶が、この一冊の本に触発されて次々に頭の中によみがえり、その異様な思い出の洪水が私を戦慄させたのです。

　そして、私がこういう体験をした年齢が、いまムーシカ文庫に通ってきている子どもたちと全く同じだったことに気がついたとき、私はまた新たな戦慄を覚えずにはいられませんでした。昔話に耳をかたむけ、ファンタジーに目をかがやかせるこの年齢の子どもたちが、「銃後の守りは私たち少国民が引受けますから、兵隊さんたちは一人でも多くの敵を倒すためにがんばってください」とか、「天皇陛下のおんために」、「米英撃滅、撃チテシ止マム」などと大まじめで考え、口にしていたという事実――そういう思想（？）や感覚を教育の中で何の抵抗もなく身につけ、戦争に協力していた、その恐ろしさを思わずにはいられなかったのです。

　その後、文庫の世話人の仲間うちでこの本の話をしたところ、皆さんの驚きぶりから、こうした〈少国民〉体験は、昭和ヒトケタ生まれの限られた世代だけが知る特殊なものだということを再認識しました。そして、私たち〈もと少国民〉は、もっともっと自分たちの体験を語りつづけて行くべきなのだとあらためて感じたのでした。

　土曜の午後、文庫に集まってくる子どもたちの元気な顔をながめながら、戦争がどんなにおそろしく、平和がどんなに有難いものであるかを思い、この平和がいつまでも続くことを祈らずにはいられないこのごろです。

〈付記〉『子どもが〈少国民〉といわれたころ』は、ムーシカ文庫のおとな用の本棚に置かせていただくことになりましたので、OBの皆さんやお母さま方にも、機会があったら是非読んでいただきたいと思っています。

＊

〈本号の筆者紹介〉

　市川道子さんは、いぬいの京都時代の恩師家森正子氏の娘さん。私信を公開して申しわけないのですが、一市民が利用したアメリカの公立図書館の実状がよくわかるので、載せさせて頂きました。

　ムーシカの同人とOBは、伝言板の①と②以来のおなじみなので、ご紹介を略します。「ひよっこ」について書いた伊藤郁子さんは、高島平在住。心身に障害をもつ幼児の保育から日々に学んだこのエッセイには、日ごろのオトメチックな「郁子さん」らしからぬ、一つの考えが読みとれます。ふつうの保育園と「ひよっこ」を一緒にした田無市の保育の歩みを支持しつつ。

ムーシカ文庫で人気のある本〈全345冊〉

ここには、ムーシカの文庫から巣立った大学生や社会人が、幼い手で初めて読んだ本から、カラフルで大型の最新刊の絵本まで345冊の本がそろっています。どれもみな読まれ、愛されてきた本のリストです。ちいさい文庫の一階の本棚だけで1,500冊の本があります。そこから345冊を選ぶのは、至難のわざでした。いま世間には、子どもの本がはんらんしています。いっぽう「本離れ・活字離れ」の嘆きの声も他人ごとでなく高まっています。ムーシカ文庫では、ここ四・五年、絵本を中心にして、幼い時代にたっぷり本の楽しさにひたれるよう、こころみました。以前より薄くて字の大きい本も、ためったのち、秘かに配慮しながら、本棚にふやしました。そのかたわら、「読みきかせ」を大切にして、文庫の成人が順番で一日に十冊以上の本を、二階で読むことにしたのです。

その結果、いま文庫に毎週70人の子どもがやってきて（一時は、35人ほど）、本をたのしむ雰囲気がいっぱいです。小学4～5年生のふえたことも、私たちの喜びです。本棚に18年愛されつづけた本があり、大きい人たちの姿が多いのは、文庫の小さい人たちにいい影響があるようです。また目にみえない読者の〝愛〟は、本にしみこむし、愛された本は一種のあたたかさを、つぎに読む人に伝えるものかもしれません。

〈幼い日から本の世界のあたたかさを知り、いつか読むべき本の名に親しむため〉、このリストを作りました。

〈絵本はたのしいな〉

絵本の本棚I――よんでもらうなら4歳から――

あまがさ 八島太郎文・絵／福音館
あらいぐまとねずみたち 大友康夫文・絵／福音館
アンガスとあひる フラック文・絵／瀬田貞二訳／福音館
いたずらきかんしゃちゅうちゅう バートン文・絵／村岡花子訳／福音館
いたずらこねこ クック文／チャーリップ絵／間崎ルリ子訳／福音館
おおかみと七ひきのこやぎ グリム童話／ホフマン絵／瀬田貞二訳／福音館
おおきなかぶ 内田莉莎子再話／佐藤忠良絵／福音館
おだんごぱん ロシヤ民話／脇田和絵／瀬田貞二訳／福音館
おやすみなさいのほん ブラウン文／シャロー絵／石井桃子訳／福音館
かさもっておむかえ 征矢清文／長新太絵／福音館
かばくん 岸田衿子文／中谷千代子絵／福音館
ぐりとぐら 中川李枝子文／大村百合子絵／福音館（全4冊）
三びきのやぎのがらがらどん 北欧民話／ブラウン絵／瀬田貞二訳／福音館
しずかなおはなし マルシャーク文／レーベデフ絵／内田莉莎子訳／福音館
しょうぼうじどうしゃじぷた 渡辺茂男文／山本忠敬絵／福音館
ちいさいしょうぼうじどうしゃ レンスキー文・絵／渡辺茂男訳／福音館（全5冊）
ティッチ ハッチンス文・絵／石井桃子訳／福音館
てぶくろ ウクライナ民話／ラチョフ絵／内田莉莎子訳／福音館
つきのぼうや オルセン文・絵／山内清子訳／福音館
どろんこハリー ジオン文／グレアム絵／渡辺茂男訳／福音館（全3冊）
はなをくんくん クラウス文／サイモント絵／木島始訳／福音館
100まんびきのねこ ガアグ文・絵／石井桃子訳／福音館
もりのなか エッツ文・絵／間崎ルリ子訳／福音館
ラチとらいおん マレーク文・絵／徳永康元訳／福音館
わたしとあそんで エッツ文・絵／与田準一訳／福音館
ちびくろさんぼ ヘレン・バンナーマン文／ドビアス、岡部冬彦絵／光吉夏弥訳／岩波
ひとまねこざる H・A・レイ文・絵／光吉夏弥訳／岩波（全6冊）
まりーちゃんとひつじ フランソワーズ文・絵／与田準一訳／岩波
おばけのバーバパパ チゾンとテイラー文・絵／やましたはるお訳／偕成社

くまのコールテンくん
フリーマン文・絵／松岡享子訳／偕成社
くまのビーディーくん
フリーマン文・絵／松岡享子訳／偕成社
すてきな三にんぐみ
トミー・アンゲラー文・絵／今江祥智訳／偕成社
まっくろネリノ
ヘルガ・ガルラー文・絵／矢川澄子訳／偕成社
アーサーのくまちゃん
L・ホーバン文・絵／木島始訳／文化出版局
どろんここぶた
アーノルド・ローベル文・絵／岸田衿子訳／文化出版局
はろるどとむらさきのくれよん
ジョンソン文・絵／岸田衿子訳／文化出版局（全3冊）
11ぴきのねこ
馬場のぼる文・絵／こぐま社
（シリーズ全4冊）
わたしのワンピース
にしまきかやこ文・絵／こぐま社
かしこいビル
W・ニコルソン文・絵／
松岡享子・吉田新一訳／ペンギン社
くんちゃんのはじめてのがっこう
ドロシー・マリノ文・
絵／間崎ルリ子訳／ペンギン社（全5冊）
あおくんときいろちゃん
レオ・レオニ文・絵／藤田圭雄訳／至光社

うさぎさんてつだってほしいの
ゾロトウ文／センダック絵／こだまともこ訳／冨山房
ねずみくんのチョッキ
なかえよしを文／上野紀子絵／ポプラ社
ひなたやまゆうびんきょく
佐々木利明文／小沢良吉絵／小峰書店
ぼくにげちゃうよ
ブラウン文／クレメント・ハード絵／
岩田みみ訳／ほるぷ
はっくしょんのおくりもの
きのしたあつこ作・絵／偕成社
おふろばをそらいろにぬりたいな
クラウス作／センダック絵／岩波
ふくろうくん
アーノルド・ローベル作・絵／
三木卓訳／文化出版局

〈ひとりでよみなさいって、いわないで！〉

絵本の本棚Ⅱ―幼・1・2年以上―

あおい目のこねこ　マチーセン文・絵／瀬田貞二訳／福音館
おしゃべりなたまごやき
寺村輝夫文／長新太絵／福音館
おばけりんご
ヤーノシュ文・絵／矢川澄子訳／福音館
おやすみなさいフランシス
R・ホーバン文／
G・ウィリアムズ絵／松岡享子訳／福音館
かさじぞう
瀬田貞二再話／赤羽末吉絵／福音館

かぜのおまつり　いぬいとみこ文／梶山俊夫絵／福音館
かもさんおとおり
R・マクロスキー文・絵／渡辺茂男訳／福音館
げんきなマドレーヌ
ベーメルマンス文・絵／瀬田貞二訳／福音館（全4冊）
ごきげんならいおん
ファティオ文／デュボアザン絵／村岡花子訳／福音館
こぐまのくまくん
E・H・ミナリック文／M・センダック絵／松岡享子訳／福音館
さむがりやのサンタ
レイモンド・ブリッグズ文・絵／菅原啓州訳／福音館
ジオジオのかんむり　岸田衿子文／中谷千代子絵／福音館
しろいうさぎとくろいうさぎ
ガース・ウィリアムズ文・絵／松岡享子訳／福音館
スーホの白い馬　大塚勇三再話／赤羽末吉絵／福音館
たんじょうび
ハンス・フィッシャー文・絵／大塚勇三訳／福音館
チムとゆうかんなせんちょうさん
アーディゾーニ文・絵／瀬田貞二訳／福音館
長ぐつをはいたねこ
フェリクス・ホフマン文・絵／瀬田貞二訳／福音館
ねこのオーランドー
キャスリーン・ヘイル文・絵／脇明子訳／福音館

ねこのごんごん　大道あや文・絵／福音館
ねずみじょうど　瀬田貞二再話／丸木位里絵／福音館
ねむりひめ
フェリクス・ホフマン文・絵／瀬田貞二訳／福音館
ふしぎなたけのこ　松野正子文／瀬川康男絵／福音館
ペレのあたらしいふく
ベスコフ文・絵／小野寺百合子訳／福音館
やっぱりおおかみ　佐々木マキ文・絵／福音館
アルプスのきょうだい
ゼリナ・ヘンツ文／アロワ・カリジェ絵／光吉夏弥訳／岩波
海のおばけオーリー
マリー・ホール・エッツ文・絵／石井桃子訳／岩波
かにむかし　木下順二文／清水崑絵／岩波
きかんしゃやえもん　阿川弘之文／岡部冬彦絵／岩波
こねこのぴっち
ハンス・フィッシャー文・絵／石井桃子訳／岩波
ちいさいおうち
バージニア・リー・バートン文・絵／石井桃子訳／岩波
はなのすきなうし
マンロー・リーフ文／ロバート・ローソン絵／光吉夏弥訳／岩波
ふしぎなたいこ　石井桃子文／清水崑絵／岩波
ピーターのいす
キーツ文・絵／木島始訳／偕成社
ふゆねこさん

ハワード・ノッツ文・絵／松岡享子訳／偕成社
おばかさんのペチューニア
ロジャー・デュボアザン文・絵／松岡享子訳／佑学社
かばのベロニカ
ロジャー・デュボアザン文・絵／神宮輝夫訳／佑学社
おじさんのかさ　さのようこ文・絵／銀河社（編注・講談社）
かいじゅうたちのいるところ
モーリス・センダック文・絵／神宮輝夫訳／冨山房
ジルベルトとかぜ
マリー・ホール・エッツ文・絵／たなべいすず訳／冨山房
まよなかのだいどころ
モーリス・センダック文・絵／神宮輝夫訳／冨山房
子うさぎましろのお話
佐々木たづ文／みよしせきや絵／ポプラ社
わたしのぼうし
さのようこ文・絵／ポプラ社
ぞうのババール
ブリュノフ文・絵／矢川澄子訳／評論社
（全10冊）
ものいうほね
W・スタイグ文・絵／瀬田貞二訳／評論社
とうさんおはなしして
アーノルド・ローベル文・絵／三木卓訳／文化出版局
ふたりはともだち
アーノルド・ローベル文・絵／三木卓訳／文化出版局
やぎのしずか
田島征三文・絵／偕成社（全4冊）

ひとあしひとあし
レオ・レオニ文・絵／谷川俊太郎訳／好学社
100万回生きたねこ
佐野洋子文・絵／講談社
ひょうのぼんやりおやすみをとる
角野栄子文／伊勢英子絵／講談社
ターちゃんとペリカン
ドン・フリーマン文・絵／西園寺祥子訳／ほるぷ
どうぶつえんをにげだしたらくだ
パスカル・アラモン文・絵／瀬田貞二訳／評論社
はちうえはぼくにまかせて
ジオン文／グレアム絵／もりひさし訳／ペンギン社
あくたれラルフ
ガントス文／ルーベル絵／石井桃子訳／福音館
にぐるまひいて
ホール作／バーバラ・クーニー絵／もきかずこ訳／ほるぷ
スキーをはいたねこのヘンリー
カルハウン作／エリック・イングラハム絵／猪熊葉子訳／佑学社
ちいさなちいさな駅長さんの話
いぬいとみこ作／津田櫓冬絵／新日本出版

〈絵本から本へのかけはし〉

5歳の子どもでも、よんであげれば、小学生と同じストーリーのゆたかな本を、たのしめます。絵本には、文字以外のたくさんのメッセージがこめられているので、その味わいを深く知った幼い子ほど、5～6歳になって自分でよめる本を、〈なんだ、幼稚っぽいや〉と、思いがちです。TVやマンガで、おとなっぽい世界を早くからしってしまう男の子たちも、そうした傾向がつよいのです。ここにあげた本のリストは、じぶんでよんでも、かなりたのしいもの、ユーモラスなものが多いのです。〈小学1年生になったのだから、自分でよみなさい〉と、いわないで、どうか「よみきかせ」を、つづけてください。本の絵や余白から、いきいきしたイメージを汲みとっている子ほど、絵本時代が長いのです。そして〈聞き上手〉は、まもなく〈読み上手〉に育つでしょう。ゆっくりと、おとなが待ち、見守れるといいですね。なおこのリストのさいごの〈ぼくはめいたんていシリーズ〉は、82年10月から83年4月までムーシカの6歳から10歳の子どもたちに、引っぱりだこのシリーズです。なお、次ページの赤い本棚の＊印の本も、〈かけはし〉として役立つたのしい本です。

＊　＊　＊

だいくとおにろく　松居直再話／赤羽末吉絵／福音館
やまなしもぎ　平野直再話／太田大八絵／福音館
ちょっとかして　きのしたあつこ文・絵／偕成社
おばけのジョージー　ブライト文・絵／光吉夏弥訳／福音館
アントニーなんかやっつけちゃう　ヴィオースト文／A・ローベル絵／渡辺茂男訳／文化出版局

バーバちゃんのお客さま　神沢利子文／山脇百合子絵／偕成社（全4冊）
ぼくしんかんせんにのったんだ　渡辺茂男作／大友康夫絵／あかね
もりのへなそうる　渡辺茂男作／山脇百合子絵／福音館
たんたのたんてい　中川李枝子作／山脇百合子絵／学研
かえるのエルタ　中川李枝子作／大村百合子絵／福音館
いやいやえん　中川李枝子作／大村百合子絵／福音館
森おばけ　中川李枝子作／山脇百合子絵／福音館
めんどりのコッコおばさん　小沢正作／渡辺有一絵／あかね
目をさませトラゴロウ　小沢正作／井上洋介絵／理論社
かわいそうなゆうれい　小沢正作／西川おさむ絵／講談社
ロボット・カミイ　古田足日作／堀内誠一絵／福音館
くしゃみくしゃみ天のめぐみ　松岡享子作／寺島竜一絵／福音館
あたまをつかった小さいおばあさん　ニューウェル作／松岡享子訳／山脇百合子絵／福音館
七つのぽけっと　あまんきみこ作／佐野洋子絵／理論社
エルマーのぼうけん　S・ガネット作／C・ガネット絵／渡辺茂男訳／福音館（三部作）
プーのはちみつとり　A・A・ミルン作／E・H・シェパード絵／石井桃子訳／岩波（クマのプーさんえほん全15冊）

しょうぼうねこ　アベリル作・絵／藤田圭雄訳／文化出版局
黒ねこジェニーのはなし（1と2）
アベリル作・絵／松岡享子訳／福音館
きえた犬のえ
シャーマット作／シマント絵／光吉夏弥訳／大日本（ぼくはめいたんていシリーズ全6冊）

〈物語のくにへ〉

Ⅰ赤いいろの本棚―6歳～10歳―*よみきかせにも向く本

*こぎつねルーファスのぼうけん
アリソン・アトリー作／石井桃子訳／岩波
*ポリーとはらぺこおおかみ
キャサリン・ストー作／掛川恭子訳／岩波
*山の上の火
クーランダー、レスロー文／渡辺茂男訳／岩波
*まほうの馬
A・トルストイ、M・ブラートフ文／高杉一郎、田中泰子訳／岩波
*千びきのうさぎと牧童
ヤニーナ・ポラジンスカ文／内田莉莎子訳／岩波
ゆかいなホーマーくん
ロバート・マックロスキー作／石井桃子訳／岩波
すばらしいフェルディナンド
ルドウィク・J・ケルン作／内田莉莎子訳／岩波
人形の家
ルーマー・ゴッデン作／瀬田貞二訳／岩波（少年文庫にもある）
魔女ジェニファとわたし
カニグズバーグ作／松永ふみ子訳／岩波
小さい勇士のものがたり
M・シャープ作／渡辺茂男訳／岩波（ミス・ビアンカ・シリーズ全4冊）
*しずくの首飾り
ジョーン・エイキン作／猪熊葉子訳／岩波
セロひきのゴーシュ
宮沢賢治作／福音館
トンカチと花将軍
舟崎克彦・靖子作／福音館
くまのパディントン
ボンド作／松岡享子訳／福音館（パディントン・シリーズ全6冊）
くまのテディ・ロビンソン
ロビンソン作／坪井郁美訳／福音館
*ちいさいモモちゃん
松谷みよ子作／講談社（シリーズ全4巻）
*ながいながいペンギンの話
いぬいとみこ作／理論社
北極のムーシカミーシカ
いぬいとみこ作／理論社
ちびっこカムのぼうけん
神沢利子作／理論社
*ぼくは王さま
寺村輝夫作／理論社（シリーズ全4巻）
*チム・ラビットのぼうけん
アトリー作／石井桃子訳／童心社
こいぬとこねこはゆかいななかま

＊野ねずみハツラッツは消防士
チャペック作／井出・いぬい共訳／童心社
ハンカチの上の花畑
J・ウォール作／山下明生訳／あかね
大どろぼうホッツェンプロッツ
安房直子作／あかね
＊町かどのジム
プロイスラー作／中村浩三訳／偕成社
小さい魔女
ファージョン作／松岡享子訳／学研
小さなスプーンおばさん
プロイスラー作／大塚勇三訳／学研
りんごの木の下の宇宙船
プリョイセン作／大塚勇三訳／学研
がんばれヘンリーくん
スロボトキン作／河合三郎訳／学研
＊アジアの昔話
クリアリー作／松岡享子訳／学研（シリーズ全9巻）
ユネスコ・アジア文化センター編／
丘はうたう
松岡享子訳／福音館（全6巻）
ディヤング作／脇明子訳／福音館
大きな森の小さな家
ワイルダー作／恩地三保子訳／福音館（シリーズ金5巻）
＊イギリスとアイルランドの昔話　石井桃子編・訳／福音館
長くつ下のピッピ
A・リンドグレーン作／大塚勇三訳／
岩波（リンドグレーン作品集12巻　別巻7）
やかまし村の子どもたち
A・リンドグレーン作／大塚勇三訳／岩波（同右）
ドリトル先生アフリカゆき
ロフティング作／
井伏鱒二訳／岩波（ドリトル全集全12巻）
＊年とったばあやのお話かご
ファージョン作／
石井桃子訳／岩波（ファージョン作品集全6巻）

Ⅱ茶いろの本棚―11歳以上～大学生まで―

海のたまご　L・M・ボストン作／猪熊葉子訳／大日本図書
たのしいムーミン一家
トーベ＝ヤンソン作／山室静訳／講談社（全8巻）
クラバート
プロイスラー作／中村浩三訳／偕成社
ドリトル先生と秘密の湖
ロフティング作／井伏鱒二訳／岩波（ドリトル全集）
ライオンと魔女
C・S・ルイス作／瀬田貞二訳／
岩波（ナルニア国ものがたり全7巻）
エーミールと探偵たち
E・ケストナー作／高橋健二訳／岩波（ケストナー全集）
飛ぶ教室
E・ケストナー作／高橋健二訳／
岩波（同右、全8巻別巻1）
ふたりのロッテ
E・ケストナー作／高橋健二訳／岩波（同右）
ツバメ号とアマゾン号
A・ランサム作／岩田欣三・
神宮輝夫訳／岩波（アーサー・ランサム全集全12巻）

シロクマ号となぞの鳥
アーサー・ランサム作／神宮輝夫訳／岩波（同右）
クローディアの秘密　カニグズバーグ作／松永ふみ子訳／
岩波（少年文庫にもある）
ムギと王さま　ファージョン作／石井桃子訳／
岩波（ファージョン作品集全6巻）
りんご畑のマーティン・ピピン
ファージョン作／石井桃子訳／岩波（同右）
グリーン・ノウのお客さま　L・M・ボストン作／
亀井俊介訳／評論社（全5巻・別巻1あり）
台所のマリアさま
ルーマー・ゴッデン作／猪熊葉子訳／評論社
タランと角の王（プリディン物語全5巻）
アリグザンダー作／神宮輝夫訳／評論社
名探偵カッレとスパイ団　A・リンドグレーン作／
尾崎義訳／岩波（リンドグレーン作品集）
山賊のむすめローニャ
A・リンドグレーン作／大塚勇三訳／岩波（同右別巻）
わらしべ長者
木下順二作／赤羽末吉絵／岩波
風の又三郎
宮沢賢治作／解説草野心平・恩田逸夫／
春日野たすく絵／岩波
銀河鉄道の夜　宮沢賢治作／解説草野心平・恩田逸夫／岩波
おじいさんのランプ
新美南吉作／岩波

だれも知らない小さな国　佐藤さとる作／講談社
（佐藤さとるファンタジー全集全16巻）
竜の子太郎　松谷みよ子作／講談社（松谷みよ子全集全15巻）
ズボン船長さんの話
角野栄子作／福音館
山のトムさん
石井桃子作／福音館
ノンちゃん雲に乗る
石井桃子作／福音館
木かげの家の小人たち
いぬいとみこ作／福音館
山んばと空とぶ白い馬
いぬいとみこ作／福音館
遠い野ばらの村
安房直子作／筑摩書房
魔の沼
天沢退二郎作／筑摩書房
ぽっぺん先生の日曜日
舟崎克彦作／筑摩書房
（シリーズ全6巻）
銀色ラッコのなみだ
岡野薫子作／実業之日本
ぼくがぼくであること
山中恒作／実業之日本
肥後の石工
今西祐行作／実業之日本
でんでん虫の競馬
安藤美紀夫作／偕成社
冒険者たち
斎藤惇夫作／岩波
グリックの冒険
斎藤惇夫作／岩波
ガンバとカワウソの冒険
斎藤惇夫作／岩波
＊みどりの小鳥
イタロ・カルヴィーノ作／河島英昭訳／岩波
やぎと少年
I・B・シンガー作／工藤幸雄訳／岩波
星の王子さま
サン＝テグジュペリ作／内藤濯訳／

クマのプーさん・プー横丁にたった家
岩波（少年文庫にもある）
A・A・ミルン作／石井桃子訳／岩波
長い長いお医者さんの話
K・チャペック作／中野好夫訳／岩波
ジャックと豆のつる
ジェイコブズ作／木下順二訳／岩波
風にのってきたメアリー・ポピンズ
トラヴァース作／林容吉訳／岩波
たのしい川べ　ケネス・グレーアム作／石井桃子訳／岩波
おおかみに冬なし
クルト・リュートゲン作／中野重治訳／岩波
ホビットの冒険
トールキン作／瀬田貞二訳／岩波（少年文庫にもある）
コウノトリと六人の子どもたち
M・ディヤング作／遠藤寿子訳／岩波
トムは真夜中の庭で　フィリパ・ピアス作／高杉一郎訳／
岩波（少年文庫にもある）
太陽の戦士　ローズマリ・サトクリフ作／猪熊葉子訳／岩波
ともしびをかかげて
ローズマリ・サトクリフ作／猪熊葉子訳／岩波
遅命の騎士　ローズマリ・サトクリフ作／猪熊葉子訳／岩波
旧約聖書物語
ウォルター・デ・ラ・メア作／阿部知二訳／岩波

ホメーロスのイーリアス物語
バーバラ・L・ピカード作／高杉一郎訳／岩波
ホメーロスのオデュッセイア物語
バーバラ・L・ピカード／高杉一郎訳／岩波
ロビン・フッドのゆかいな冒険
ハワード・パイル作／村山知義・亜土訳／岩波
森は生きている
サムイル・マルシャーク作／湯浅芳子訳／岩波
愛の旅立ち（フランバース屋敷の人々三部作）
K・M・ペイトン作／掛川恭子訳／
岩波（少年文庫にもある）
アーノルドのはげしい夏
J・R・タウンゼンド作／神宮輝夫訳／岩波
影との戦い（ゲド戦記三部作）
U・K・ル＝グウィン作／清水真砂子訳／岩波
モモ
M・エンデ作／大島かおり訳／岩波
はてしない物語
M・エンデ作／上田真而子・佐藤真理子訳／岩波
ふしぎなオルガン
レアンダー作／国松孝二訳／岩波（少年文庫）
イソップのお話
河野与一編訳／岩波（少年文庫）
シャーロック・ホウムズの冒険
コナン・ドイル作／林克己訳／岩波（少年文庫）

シャーロック・ホウムズの回想
コナン・ドイル作／林克己訳／岩波（少年文庫）
シャーロック・ホウムズ帰る
コナン・ドイル作／林克己訳／岩波（少年文庫）
お話を運んだ馬
アイザック・B・シンガー作／
工藤幸雄訳／岩波（少年文庫）
思い出のマーニー（上・下）
ロビンソン作／松野正子訳／岩波（少年文庫）
オタバリの少年探偵たち
C・D・ルイス作／瀬田貞二訳／岩波（少年文庫）
古事記物語
福永武彦作／岩波（少年文庫）
銀のナイフ　セレリヤー作／河野六郎訳／岩波（少年文庫）
風と花びら
平塚武二作／岩波（少年文庫）
マルコヴァルドさんの四季
カルヴィーノ作／安藤美紀夫訳／岩波（少年文庫）
まぼろしの小さい犬
ピアス作／猪熊葉子訳／学研（ベストブックス）
ぼくらのジャングル街
タウンゼンド作／亀山龍樹訳／学研（ベストブックス）

〈ノンフィクション〉

みどりの本棚—4才～10才以上—

どうしても、動物や虫の本でなければダメという男の子たちも最近ふえました。二階では月刊「かがくのとも」（福音館）を読んであげたり、フィクションにちかい、『のうさぎのフルー』なども、すすめています。この本棚の本も、ときには声に出して読んであげてください。じっさいに野や林や池や小川で、生きた魚や虫や花や小鳥たちに出会っている子どもほど、目を輝やかせて、このノンフィクションの本を好きになっています。

絵本ビアンキ動物記
V・ビアンキ文／チャルーシン他絵／樹下節訳／理論社
ぼくは小さなサメはかせ
矢野憲一文／平沢茂太郎絵／講談社
オトシブミ
千田安之輔文・写真／偕成社
オコジョのすむ谷
増田戻樹文・写真／あかね
ゴキブリ400000000年
松岡洋子文／松岡達英絵／北隆館
いるかのカーフ　R・A・モリス文／マモル・フナイ絵／
杉浦宏訳／文化出版局
かえってきたさけ　フレガー文／アーノルド・ローベル絵／
杉浦宏訳／文化出版局
ライチョウの四季
天野明文・写真／大日本図書
セイタカシギ大空をとぶ
国松俊英文・写真／大日本図書
そうちゃんとえぞりす
たかはしけん文／鈴木泰司写真／ポプラ社

こっちゃんときたきつね　たかはしけん文／竹田津実写真／ポプラ社
さかなの食事　佐原雄二作／岩波
ドードーを知っていますか　ポール・ライス、ピーター・メイリー文／ショーン・ライス絵／斉藤たける訳／福武書店
せいめいのれきし　バージニア・リー・バートン文・絵／いしいももこ訳／岩波
たねのりょこう　ウェバー文・絵／滝沢海南子訳／福音館
じめんのうえとじめんのした　ウェバー文・絵／藤沢澪子訳／福音館
わたし　谷川俊太郎文／長新太絵／福音館
にわやこうえんにくるとり（日本の野鳥①）　藪内正幸文・絵／福音館
かわ　加古里子文・絵／福音館
ざっそう　甲斐信枝文・絵／福音館
ふくろう　宮崎学文・写真／福音館
のうさぎのフルー　リダ文／ロジャンコフスキー絵／いしい、大村訳／福音館
おおさんしょううお　三芳悌吉文・絵／福音館
たべられるしょくぶつ　森谷憲文／寺島龍一絵／福音館
池や小川の生物　得田之久文・絵／福音館
へび　五里主・リチャード文／トゥース絵／福音館
恐竜の世界　ハーバード・S・ジム文／アービング絵／小原秀雄訳／福音館
野尻湖のぞう　井尻正二文／金子三蔵絵／福音館
星座を見つけよう　H・A・レイ文・絵／草下英明訳／福音館
しまふくろうのみずうみ　手島圭三郎文・版画／福武書店

〈二階の本棚から〉

ムーシカ文庫の二階に、六畳の和室が二つあります。おくでは〈よみきかせ〉を、手まえのへやでは、静かに本をよむことを目的としています。（騒ぐ人ももちろんいます！）ムーシカ文庫では、階下の本は、みな貸出します。が、二階の本は貸出しません。二階の本は、小型だったり、個性派の本だったりして、階下においたら、「ふつうの本」に圧倒されそして、目立たない本になったり、なくなってしまうでしょう。二階の all age 向といわれている本も、マンガ風の本も、意外に愛されて、いつのまにかぼろぼろになっているのです。

I 〈少数派のための絵本〉

〈これが、なぜ？〉と、ふしぎに思うかたもあるでしょう。しかし、つぎにあげた本は、一人対一人で読んであげるほうが、より楽しめたり、また、大きくなってからの方が、十分味わえたりする本と私たちは思います。好ましさからいった

しれません。

ら、ここの本が、とくに深く愛される度あいが、つよいかも

ピーター・ラビットの絵本（全15冊）

ポター作・絵／石井桃子訳／福音館

きみなんかだいきらいさ

アドリー文／センダック絵／こだまともこ訳／冨山房

くれよんのはなし

ドン・フリーマン作／西園寺祥子訳／ほるぷ

ちいさなちいさなえほんばこ

モーリス・センダック作／神宮輝夫訳／冨山房

わにのなみだ

アンドレ・フランソワ作・絵／いわやくにお訳／ほるぷ

たんじょうびのプレゼント

ブルーノ・ムナーリ作／でんでんむし訳／大日本絵画

旅の絵本（Ⅰ〜Ⅲ）

安野光雅絵／福音館

あいうえおの本

安野光雅絵／福音館

ゆきだるま

ブリッグズ作／評論社

ばしん！ばん！どかん！（他2冊）

ピーター・スピア作／渡辺茂男訳／冨山房

フレデリック

レオ・レオニ作／谷川俊太郎訳／好学社

ことばあそびうた

谷川俊太郎詩／瀬川康男絵／福音館

なつのあさ

谷内こうた作／至光社

サンタクロースからの手紙

ベイリー・トールキン編／瀬田貞二訳／評論社

なみにきをつけてシャーリー

ジョン・バーニンガム作／辺見まさなお訳／ほるぷ

ねずみ女房

ルーマー・ゴッデン作／石井桃子訳／福音館

雪の女王

アンデルセン作／ラース・ボー絵／大塚勇三訳／福音館

かえってきたお人形

バンサン作・絵／もりひさし訳／ブックローン社（全4冊）

アルプスの花物語

クライドルフ作／矢川澄子訳／童話屋

へんてこりんなサムとねこ

ネス作・絵／猪熊葉子訳／佑学社

ねずみのラットのやっかいなしっぽ

アトリー作／テンペスト絵／神宮・河野訳／評論社（グレイラビット全12冊）

あやとりいととり

さいとうたま採取／つじむらますろう絵／福音館（全3冊）

ピラミッド

デビッド・マコーレイ作／鈴木八司訳／岩波（全5冊）

Ⅱ〈平和を考える〉

二階の成人用の本棚には、これ以外にも、原爆や戦争に関わりのある本がそろえてあります。子どもたちの関心が自然

に向ったとき、それも読んでほしいとねがっています。

じゃがいもかあさん

アニータ・ローベル作／いまえよしとも訳／偕成社

トミーが3歳になった日

ミース・バウハウス作／よこやまかずこ訳／ほるぷ

風が吹くとき　ブリッグズ作／小林忠夫訳／篠崎書林

トビウオのぼうやはびょうきです

いぬいとみこ作／津田櫓冬絵／童心社

ルミちゃんのきいろいリボン

奥田貞子作／宮本忠夫絵／ポプラ社

ボクラ少国民　山中恒作／辺境社（全6巻）

子どもが〈少国民〉といわれたころ　山中恒作／朝日新聞社

ぼんぼん　今江祥智作／理論社（3部作）

ふたりのイーダ　松谷みよ子作／講談社

私のアンネ・フランク　松谷みよ子作／偕成社

ガラスのうさぎ　高木敏子作／金の星

太陽の子　灰谷健次郎作／理論社

野の花は生きる　いぬいとみこ作／童心社

光の消えた日　いぬいとみこ作／岩波

ゲンのいた谷　長崎源之助作／実業之日本

花吹雪のごとく　竹崎有斐作／福音館

くらがり峠　今西祐行作／偕成社

あのころはフリードリヒがいた

リヒター作／上田真而子訳／岩波（少年文庫）

みどりのゆび　モーリス・ドリュオン作／安東次男訳／岩波

あらしの前・あらしのあと

ドラ・ド・ヨング作／吉野源三郎訳／岩波

シニとわたしのいた二階　ライス作／前田純子訳／冨山房

レニとよばれたわたし　ベズチェコバー作／

ベドナージョバー絵／井出弘子訳／らくだ

火の瞳　早乙女勝元著／講談社

Ⅲ〈人生を考える〉

この本たちは、ムーシカの小学生のひとには、すこしむずかしいのです。でも、中学生以上の人には、夏休みなどにぜひ読んでほしいと思います。また、文庫をはじめたばかりで、絵本やファンタジーは、どうも苦手と考えられる成人の人に、ぜひ、つぎのⅣと一緒に、ご一読をおすすめします。

流れのほとり　神沢利子作／福音館

幼なものがたり　石井桃子作／福音館

生きることの意味　高史明作／筑摩書房

ニムオロ原野の片すみから　高田勝作／福音館

意地っぱりのおばかさん―L・M・ボストン自伝―

立花美乃里訳／福音館

少年動物誌　河合雅雄作／福音館
ひとり立ちへの旅―ある絵かきの誕生―　佐伯和子作／筑摩書房
ぼく　はみだし少年？　尾崎秀樹作／ポプラ社
ミス・ジェーン・ピットマン　ゲインズ作／槇未知子訳／福音館
わたしたちのトビアス　セシリア＝スペドベリ編／山内清子訳／偕成社

Ⅳ〈おとなである　あなたと……〉

J・R・Rトールキン伝―或る伝記―　カーペンタイン作／菅原啓州訳／評論社
指輪物語（『旅の仲間』他全6冊）　J・R・Rトールキン作／瀬田貞二訳／評論社
日本人と民話　小澤俊夫編／ぎょうせい
昔話と日本人の心　河合隼雄作／岩波
昔ばなしとは何か　小澤俊夫／大和書房
昔話の解釈　マックス・リューティ作／野村泫訳／福音館
なぞなぞの本　福音館書店編集部編／福音館（よんであげれば子どもにも）
とげのあるパラダイス―現代英米児童文学作家の発言―　エドワード＝ブリッシェン編／神宮輝夫訳／偕成社
児童文学の歴史―英語圏の児童文学―上・下

バーナード・リーチの日時計―青春の世界武者修行―　タウンゼンド作／高杉一郎訳／岩波
昔話の聴き手がもつアンティシペイション（論文）　C・W・ニコル作／松田銑訳／角川選書
ケストナーの生涯―ドレスデンの抵抗作家―　百々佑利子／季刊『飛ぶ教室』冬季号／光村図書
私の宮沢賢治―付・政次郎擁護―　高橋健二作／駸々堂
荻窪風土記　内田朝雄作／農山漁村文化協会
井伏鱒二作／新潮社

＊　＊　＊

ページ数の節約のため、リストちゅうの出版社名や、全集名が、愛称となっております。あかね書房が〈あかね〉岩波書店が〈岩波〉などです。おゆるし下さい。シリーズ名も、勝手な愛称のものがあります。不備の点、ここにあっても絶版になっている本なども、ご寛容を願います。

（1983・3・31現在）

編注・この時点で絶版・品切れになっていた作品は、このリストには載っておりません。絶版書のリストも完成には至りませんでした。このあと復活した「おすすめの本」は、そのつど「ムーシカ文庫だより」で会員に紹介されました。

あとがき

　TVや新聞や日常会話のなかに、子どもたちの万引とか、家庭内暴力の問題が、語られない日はありません。私たちは、そうした面から顔をそむけず、しかし、重い心をふるいたたせて、子どもたちの、もう一つの世界についての思いを、この小冊子にまとめました。「うちの子に限って」ということは、残念ながら、どの家庭でも、一〇〇%いえない悲しい時代です。どの子どもの心にも正義はあり、しかも、同時に「悪」もまたその心に存在することを認めつつ、私たち自身が、子どもとふれあうなかで、互いを知り、心を通わせあうみちをたどりながら、「文庫」の存続を、これからもつづけていきたいと思います。

『星の王子さま』や『みどりの指』を、女子どもの文学として笑い去れるでしょうか。

　本を通して想像力を養われた成人が、各界に、点在しています。国境や性別を越えた「地の塩」ともいうべきその人たちの行為に触れたとき、どんなに慰められるでしょう。

　小石の下にあった種子が、小石を転がして芽生え成長していくように、現代でも、子どもたちは寸暇を惜しんで遊び、本を読み、スポーツをし、精一ぱい楽しもうと、張りきっています。

　もし、TVや新聞だけで子どもをみていたら、私たちはそのエネルギーを知らずにしまうでしょう。ムーシカにきて、想像力と創造性の芽生えを身につけたこどもたちが、ハイティーンになっても、その能力を生かせるような世の中にしなくては……と、切に思います。そしてここを巣立った若い人びとが、「地の塩」としての歩みを始めてくれていることを、この小冊子は、お伝えできるでしょう。『ムーシカ文庫で人気のある本』のリストを作るために、十八年の間「愛され、読まれつづけた本」の名を書き写し、さらにコピーし、並べかえたりしているうちに、「これがムーシカ文庫だ」という実感を、同人（まさにこの言葉でしか表わせない、つきあいが生まれて）一同が持つに至りました。一九八〇年末に出した「伝言板」①に始って三年目、ようやく宿題を果すと同時に、「ムーシカ文庫」を「よりどころ」とする同人が、二十代から五十代までふくめて誕生したのです。もちろん、リストを作るということだけでなく、「子どもとともに本を読んだ」という体験が、その根本にあることも、各々の文章からご推察頂けるでしょう。

「響きあい、響きつづけるもの」は、『子どもの館』の「F氏との対話から」に感銘を受けたいぬいと木下さんが話すうち、この力作のエッセイが出来上りました。木下さんは、引用句にいちいち出典の注を入れていましたが、あまり「論文」らしくなって読みにくいので、いぬいの判断で文末に引用文献の名を挙げるのみにしました。どうか、その「文献」をそっくりお読み下さい。

　またこの小冊子に、「F氏との対話から」を載せることをお許し下さった、福音館書店菅原啓州さんにお礼を申します。

＊

　この号は発行が大へんおくれ、一年とばして18年目の「記念号」となりました。九州久留米市のミーシカ文庫、大磯町の「貝の火文庫」もがんばっています。その記事をのせられず残念でした。また、いつもながらP社の堀信さん、印刷所の、桜木さんにお世話になりました。（い）

ムーシカ文庫の伝言板　その4

ムーシカ文庫20年のあゆみ

1988-4

目次

外なる子ども内なる子ども

いぬい　とみこ

復活祭が近づいてきたというのに、ムーシカの庭のクロッカスはまだ咲いていません。ただ、三月二〇日につよい風が吹き、ベランダのアケビのつるを見にいきますと、四、五日まえまで枯れていたのに、雪と雨の水分を十分に吸った枯れたいろのつるから、芽のたまごがものすごいいきおいで吹きだしていました。あの若緑の芽が萌えだすのも、もうすぐでしょう。

ムーシカ文庫は、今年21年目の春を迎えました。このはなはだ私的な年表をごらん頂くことにしましたのは、21年前『あおい目のこねこ』を読んであげたひとたちが、それぞれ成長し、職業につき、あるひとは母親となり、ムーシカを思い出して下さっているので、そのひとびとと、この文庫にボランティアとしてかかわって下さった方がたへの報告書として、20周年号を、ださなくっちゃ、と考えたからです。

中村橋の清和幼稚園の卒園生を中心に始めたささやかな間借り文庫が、東京相互銀行の三階ホールをお借りして全盛期をすごし、その後一九七七年には、一軒のちいさいおうちを獲得、まがりなりにも、いまも89人の子どもたちが在籍して、毎週土曜日には、にぎやかな笑い声、よみきかせの声がつづいています。

この文庫を支えてくれたのは、バートン『ちいさいおうち』であり、『ひとまねこざる』であり、『いやいやえん』『ぼくは王さま』『ドリトル先生』シリーズ『ナルニア国ものがたり』などの本たちでした。本のたのしさを知っているおとなと子どものふれあいの場所——そしてその楽しさをなんとか他のひとにも知ってほしいというおせっかい心の持続性——これだけが、ムーシカ文庫がつづいてきた理由と思われます。

一九七九年の末、網膜はくりで本をよむことができなくなったとき、その手術後の回復期に、私は「本を読んでもらうこと」が、本の内容や情報の伝達ではなく、読み手の心と、その本の内側にある世界への好悪の情まで受けとるものだと悟りました。そして同時によみ手は、受け手の反応により励まされて、必死によんでくれるのだということも。

子どもが胎内にあってすでに母親の心のうごきを感じているように、子どもはことば以前に、感覚で多くのものを受けとめニューメディアの機器で解明される前に、私たちのこころは、すでにそれを感じとっていたのではないでしょうか。

一九八四年五月に出たドロシー・バトラー著『クシュラの奇跡』に私たちが感動したのも、苦しみ泣き叫ぶ幼児が、本の世界に心の安定をみいだしていったプロセスを、つぶさに学べたからでしょう。12歳になったクシュラは、「本をよんであげる」ボランティアに、障害をもつ子どものところへ出かけているそうです。ムーシカ文庫の小学生たちも、心の中で、「いつか大きくなったら、ハンコを押す人になりたい（本のうしろのカードに返却印を押す）」と思っていますし、多くの子どもたちが成長して、小学校や中学高校の教師となり、また母親になってわが子に、自分が好きだった本をよんであげようとしているのを知っています。

最近では、ムーシカの小学生たちが巣立って入学する中学や高校にも、「いじめ」の問題が、目立ってきています。子どもの「本離れ」の問題も、まさに身近になってきました。でも、幼いときから、こころの世界、楽しみの世界、自然の中で遊び、スポーツの喜びを十分味わえた人たちが、十代になって、多感すぎて悩むことはあっても、それに耐える多様な感受性とユーモアの精神を身につけて、新しい友人とのつきあいのうちに、それぞれ生きようとしてくれると信じます。

私自身、幼い日からたくさんのよき語りべ、よき友人とめぐりあい、困難にぶつかるたびに、よき援助者にめぐりあって、つぎのステップをふみだすことができました。

ムーシカ文庫にいままでかかわって下さった中村美代さん松永ふみ子さん木下惇子さん始め、たくさんのボランティアのお母さん、学生たち、そして、ムーシカ文庫と本が好きで通いつづけてくれた子どもたちに心から「ありがとう！」と申します。

そして作家としての私は、外なる生きた子どもたちととりくんで、「内なる自分の子ども」を発見しつつ、楽しむ幸福者であることを、感謝をこめて告白いたします。

（１９８６・３・21）

ムーシカ文庫　20年のあゆみ

第一の時代（１９６５～６８）

◇小さな出発。あわただしい準備◇

一九六五年（昭40）

3月17日　練馬区中村北4―6清和幼稚園に、園長美作ひろ子先生をたずね、4月10日から「文庫」を開かせて頂きたいとお願いした。（ゆるされて決定したこと、①4月10日オープン、②卒園式までに、「よびかけ」を作り、配ること、③毎週土曜日の午後、神田先生に1～3時まで残って頂くこと）

3月22日～4月3日　本のリストづくりなど、事務は主婦小《こ》坏《あくつ》立子がすべて担当。22日「ムーシカ文庫だより」1号を、清和幼稚園に届けた。文庫名は文庫設立者いぬいとみこと中村美代が電話で相談。中村の案で「ムーシカ文庫」ときまる。（なお中村はいぬいと岩波少年文庫の同僚。美作ひろ子先生は中村の姉）。

3月26日　理論社よりいぬい宅へ本届く。岩波、福音館の本も買い始めた。

4月2日　丸善で図書カード、カードポケット購入。

4月3日　午前小坏さんと本にカード張り。午後中村橋まで上鷺宮のいぬい宅から95冊の本を運ぼうとしたが、タクシー拾えず。小坏さんと春一番の砂ぼこりの中を歩いて運んだ。本棚は、園の近くで買う予定が、売れてしまう。

4月4日　忙しい娘に代り、いぬいの父母が池袋宮田家具へゆき注文。あやうく9日届く。

◇ムーシカ文庫誕生◇

4月10日　ムーシカ文庫オープン。快晴。いぬい『あおい目のこねこ』よむ。贈書144冊。出席30人。出席のおとな美作園長、神田先生、中村、小坏、いぬい。入会金50円会費一月30円一人一冊貸出。この日30冊貸出。思ったより小学1～3年の子どもが多く来て、おとなたち、てんてこまい。でも喜びも大きい。

4月15日　ムーシカのゴム印ようやくできた。（イラストは、ブルガリアのアニメ映画パンフより盗用。それを知らず、岩波某氏すてきな版下を書いて下さった。）
5月7日　会員証、ようやくできた。
7月24日　「ムーシカ文庫だより」2号夏休みのしらせ。
8月14日（8月はこの一回だけ）「こだま」同人乙骨淑子、北畑静子、平島かおる、田中喜美子さんが手伝う。いぬい『とびうおのぼうやはびょうきです』をよんだが、子どもにわからず。岡恵介くんだけ「死の灰らしい。パパがいっていた」とつぶやく。
10月9日　乙骨淑子、畑中玲子さん手伝う。畑中さん毎週きてくれることになる。
10月6日　大塚勇三氏夫人みち氏『長くつ下のピッピ』を持ってきて下さる。いぬいが一章だけよむと、さっそく借りていく子あり。
11月20日　ラチョフ『てぶくろ』と『エルマーと16ぴきのりゅう』をよむ。3時すぎ石井桃子さん宅「かつら文庫」へ見学に。畑中、田中、乙骨、小圷、いぬい。荒井督子さんが、こちらでも『てぶくろ』をよんでいた。
12月11日　「ムーシカ文庫だより」3号クリスマス会のしらせ。このところ、エルマー三部作、ピッピ三部作が大人気。
12月18日　園のクリスマスでムーシカ休み。宮田家具より二つ目の本棚くる。本もふえたため、乙骨、大塚みち、田中、いぬいで、ナンバーのつけかえ。
12月25日　午後1時半～3時。第一回クリスマス会。出席32人。紙芝居「なしの木仙人」絵本『大雪』（よみきかせ失敗）紙芝居「トミーは何になったか」おはなし『山の上の火』（わりとしずかにきく）ゲーム「すきですかきらいですか」（大成功）はじめての会なので、大さわぎ。会費50円、お菓子袋つくりに三日かけた。おとなの出席神田先生、田中、北畑、いぬい。
＊なお4月～12月まで延べ879冊貸出し。まいごの本1冊もなし！

一九六六年（昭41）

1月8日　ムーシカお休み。本のカード整理。乙骨、北畑、田中、いぬい。夜、乙骨、北畑、いぬい宅で新年会。
1月22日　近く文庫を開くため小林静江氏見学に。小圷、畑中、いぬい、忙しくてリレー式に文庫に滞留。1月　杯で小圷さん、さよなら。
2月12日　小1の三木雅子ちゃん、「ピアノが忙しいので二週間かかってもいい？」とききき、『ドリトル先生アフリカゆき』よみはじめる。
2月26日　雅子ちゃん二週間かかって『アフリカゆき』をよみ、『航海記』をかりていく！　石神井からきている坂本純子ちゃんは『やかまし村』（リンドグレーン）シリーズにやみつき。卒園生の男の子たちが慣れてさわぎがひどく、もっと叱ってほしいと、美作先生よりご注意。

3月5日　美作先生、4月から、さらに一年の続行を認めて下さる。

3月12日　「文庫だより」4号。(45部)「清和幼稚園のご好意でまた一年文庫をつづけられます。ひきつづき来たい方は、申しこんで下さい」。入会申込のカードを、粂川タイプで100部作った。

3月19日　来年度入会（継続）の手つづきでお母さん方園庭を埋め驚く。65年4月入会の30人のうち、25人が継続。その後の入会もふくめ29人が継続。この定着ぶりがうれしい。

＊65年4月～66年3月貸出延1350冊（一人一冊）蔵書黄マーク73冊赤マーク123冊茶マーク45冊緑マーク42冊計283冊。畑中玲子さん、和歌山県白浜へ帰るため31日までで、さよなら。

◇人手不足ながら二年目に出航◇

4月9日　「文庫だより」5号をわたす。トーシャ刷18ページ。一年間のよみきかせリスト、子どもの書評などものせた。(後日松居直、松岡享子氏よりハガキ。) この日石井桃子氏『いっすんぼうし』、神宮輝夫氏『11わのハト』、学研より『ゆかいなどろぼうたち』『小さなスプーンおばさん』、偕成社より阿部知二『新聞小僧』寄贈。『風にのってきたメアリー・ポピンズ』『シロクマ号となぞの鳥』購入。

4月23日　4月9日岡くんが妹、のゆりちゃんをつれてきて以来、みなが幼稚園児をつれてくる（10分以上歩いて）ので、一年以上つづけてきている人の弟妹にかぎり、特別入れることにした。(会場の関係から、幼稚園児は受入れられなかった。)

4月30日　神田、田中、いぬい。NHKのTVの人取材。よみきかせのところ撮る。みなが帰ってから、5分30秒話す。

5月6日　夜8～9時、(NHK3チャンネル)「童話と現代の子」にムーシカも登場。

5月7日　TVでいぬいが人手不足を訴えたところ、翌日松永ふみ子さん、救援に現れた。松永さんは、中村、いぬいの旧友で、同人誌「子どもの本棚」(3号でつぶれた) にバートンの『絵本論』を訳してもらった間柄。この日坂本純子ちゃん、「大きくなったらムーシカ文庫を開く。名まえは、支店」という。

6月11日　『ライオンと魔女』をもってゆき新刊紹介する。大島美穂ちゃん、本屋でみてほしかったといい、借りていく。ムーシカ以前に、岩波こどもの本→福音館こどものともなど、家庭でよみきかせしていた子が、中核として15人あまりいることから、本を一目みて「面白そう!」と感じる子どもが出来ている。

6月25日　スナップ写真とる。「伝言板」一号に登場の中西くん、伴地くんの写真の他、アルバムに荒井伸一、宏子兄妹、岡のゆり、大西純一、伊賀上兄妹や、小圷立子さんの顔も残る。

12月24日　第二回クリスマス会。63人出席。神田、松永、田中、いぬい。予定より多く子どもがきて、お菓子が足りなくなり、松永さんがスーパーへ走る。林容吉さんからプレゼントの小さいカウベルを打ちふって鎮める場面もあったが、32人出席の去年より、静かでお話もよくきけた。神田先生と一年の成果ねと喜びあう。お家の人へのプレゼント——石井桃子さんのブックリストと「ムーシカ文庫ですすめたいおもしろい本。」後者はこちらでリストを作り、男24人、女26人計50人の子どもたちに○をつけてもらって作成。主に幼稚園から小学初〜中級向の165冊で、ムーシカ文庫にある本、いぬいが実際よんだ本のみで作成。表紙に『みどりのゆび』のカット盗用。10ページ、タイプ刷美本200部（3600円でできた！）

一九六七年（昭42）

1月14日　入会金50円はそのまま。会費を一と月ごとに集めるのが困難なので、三か月に一ど100円ずつ年四回集めることにした。

3月18日　新入会員を、4月、7月、10月、1月にのみ受付けることにした。バラバラ入ってきて、文庫の古い人たちがさっさと本を借りたり、先生と親しくしているのを見て、新入会員は背のびしがち。やたらにむずかしい本を借りては、つまらなくなって、すぐにやめていく例が多かった。年四回にしぼると、こちらも目が届きやすいし、慣れない友だちがいるので劣等感もより少ない。その上、「出来心」できた子がへったので、おとなの事務も少しは楽になった。在籍100人近く、毎回50人出席。初期にくらべ、本の返却がおくれ、「まいごの本」が多くなった。

3月25日　岡恵介くん一家仙台へ引越。今後もプリントがほしいと、教文館勤務のお父さんがみえた。

4月15日　三年目に入る。猪熊葉子さん紹介の聖心女子大の学生梶川妙子さんに、早速手つだってもらう。ホフマン『七ひきの小山羊』を松永さんよむ。

5月27日　松永、少年文庫『ロビンソン・クルーソー』を、すこしずつよみきかせ（実験的に。）大きい子6人くらいはきく。

6月10日　恩田逸夫さん紹介の明治薬大生森久雄くんに、早速手つだってもらう。いぬい出張が多く、こうした人びとに助けられた。

12月23日　第三回クリスマス会、70人。森くんの友人が応援。「きよしこのよる」クラリネットで入場。松永『ものぐさむすめ』（アイルランド民話）郡司琴『金はだれのもの』（中国民話）手品（森）ゲーム（いぬい）ミイラゲーム、「すき？きらい？」なぞなぞ、ピラミッドなど好評。会費100円。（来年はもうすこし質の高いお菓子にしては……の意見あり）

12月26日　「ムーシカ回らん板」の提案いぬいより。いぬいの不在がちとともに、子どももお手伝いの人も増え、意志が通じにくい感じがあり、つぎの年へ思いを新たにするため。
12月～1月の冬休みちゅう、いぬい→田中→松永→森→郡司琴→岩崎文栄→甲斐捷子と、まわった。

一九六八年（昭43）

1月～3月　いぬいのノートに記録なし。
7月6日　「文庫だより」14号、ドリトル全集、ナルニア全集、ランサム全集が、ひっぱりだこと、うれしいしらせ。だが、家庭からの反響はなし。
12月7日　「文庫だより」15号、お手つだい松永、田中、岩崎、甲斐、いぬい。中央大の学生にたのみ、ムーシカで不要の絵本60冊沖縄へ。
12月21日　第四回クリスマス会。会費100円。その他記録なし。

第二の時代（1969～76）

◇さいしょの危機、そして移転◇

一九六九年（昭44）

1月25日　「ムーシカ文庫だより」16号で、幼稚園の改築のため、4月から文庫をつづける場所をさがしたい（2月中旬までに）と訴えた。1月の新会員受け入れ中止。場所がみつからなければ、4月からの文庫中止の心配もあった。
＊ここのところ、毎週のようにアンケートを配る。①つづけるための小委員会に入ってもいい。②自宅は開放できないが、場所をさがす……など、心づよい回答もあり、改めて「文庫」の必要性を痛感した。
2月22日　15日に平山みさえさんのお母さんから、富士見台駅近くの東京相互三階ホールを、無料で毎週土曜日、開放してもらえる、と朗報あり。22日附「文庫だより」17号で、4月から場所を移してつづけられます……と、知らせることができた。（子どもたち不安げだったが、このしらせで、ほっとした顔をみせる。）
3月29日　ムーシカ文庫の引越。費用2500円。その他の記録なし。「文庫だより」18号も残っていない。いぬいの手もとに、中村橋から富士見台に移ったことで、やめなければならなかった人たちのアンケートの束が残っている。みな、兄弟や姉妹できていた本好きの家族が多く、残念むねん。

7月12日　「文庫だより」19号、夏休みの知らせ。手伝う人、岩崎、甲斐、田中、松永、いぬい。毎回60人出席。入会金を50円から100円にした。6月から「ねりま地域文庫読書サークル連絡会」がうまれ、ムーシカのいぬいも個人加入。またこの日、北大英文科平野涼子さん、福井出身の九鬼啓子さん見学にみえ、のちふたりに手伝って頂く。

9月14日～15日　岩崎文栄、伊東琴、甲斐捷子さん、黒姫いぬいの小屋へ。

9月27日　松永さんと前記三人にいぬいが加わり事務の簡素化を相談した。本を返すのがおそくなった人が多いためなど。

10月15日　一枚に13冊書ける個人カードに変更。

＊9～10月　集団検診でいぬい高血圧症といわれる。

11月？日　「ムーシカ文庫のきまり」印刷（一九七五年まで、変更なし。）

12月20日　第五回クリスマス会。会費100円。65人出席。ひろい場所で楽しい会ができた。

◇本も子どももふえて、楽しい時代◇

一九七〇年（昭45）

＊1～3月記録なし。（1月いぬいの父死。3月末岩波を退社して作家・文庫に専念。）

4月11日　「雨の日に上ばきをもたせて下さい」の文庫だより。

7月11日　毎回70人出席して定員オーヴァーぎみ。7月18日～9月11日まで夏休み。

12月19日　第六回クリスマス会。93人出席。記録はないが、松永、伊東、岩崎、いぬいの他甲斐さんがストーリーテリングをしたり、平野涼子さんが大きな紙芝居をしたりしている写真が残っている。子どもにも成人たちにも、ミイラゲームなどの楽しい記憶あり。会費100円。

一九七一年（昭46）

5月15日　イリーナ・コジェブニコワさん来訪。チュコフスキーといぬいを会わせてくれた人。

7月17日　「ムーシカ文庫だより」26号、80枚つくっても足りなかった。

10月2日　岩崎文栄さんの結婚式で、臨時にお休み（手伝いの成人、全員出席のため。）

11月、12月と銀行の行事のつごうで、臨時のお休みが多くなる。

12月18日とりやめ、25日　第七回クリスマス会。申込者92人。清和幼稚園からつづいている新井紀夫、原田三姉妹、古瀬浩史、井上紀美、前橋信之、黒沢敬、河原孝行、喜代田姉弟、松本三姉妹、中西光、長嶋史乃さんの他、水野直子、一瀬真理、飯塚美紀、稲葉布美、近藤姉妹、加藤武、熊谷優子、君塚姉妹、清宮姉弟、木村千章、長尾英明、大久保りえ、小野寺美枝、尾埜光紀、鈴木姉弟、高村啓子、内山俊郎さんなど、なつかしい人たちの名前がノートに残っている。水野さん、近藤知保ちゃんたちが、一ばん楽しかったといっている時代。おとなは、松永、甲斐、河野、大槻（聖心女子大）、いぬい。

一九七二年（昭47）

「ムーシカ文庫だより」は毎回100部になる。

7月22日　夏休みに「ムーシカ文庫のすすめる10冊の本」発表。『こだぬき6ぴき』『トンカチと花将軍』『ムギと王さま』『ライオンと魔女』（他「ナルニア国ものがたり」）『冒険者たち』『くらやみの谷の小人たち』（小学中級以上）『わたしたちの島で』（リンドグレーン）『ボクちゃんの戦場』『運命の騎士』（サトクリフ）『海へ出るつもりじゃなかった』（ランサム）（小学上級以上）「現代の児童文学」（中公新書）お母さん方に……。これがけっして、むずかしすぎでない、よき時代であった！　場所の方は、あまりの混雑に、銀行側が悲鳴をあげてきていたようだ。面白い本が、ひっぱりだこで足りなくて、「予約」する制度ができた。

◇二ばん目の危機◇

一九七三年（昭48）

3月3日　「伝言板」1号の「こぼればなし」参照。「ムーシカ文庫だより」34号に、東京相互銀行改築のため、4～6月休んでほしいといわれた、その三か月を休むか、他で開くかご意見をききたい、とあり。

3月10日　改築の時期がくり上り、3月10日～5月末ごろまで休みます。――と急拠「たより」35号に。本800冊のうち、約200冊ずつ「つくし文庫」「柿の木文庫」「風の子文庫」「パンダ文庫」にあずけ、とおい「パンダ」を除いた三つの文庫には、子どもも20～30人ずつあずかってもらうことにきまった。この日の午前中、つぎつぎとダンボール箱をもって、各文庫から本を引きとりにきて下さる。131人の子どもを、貫井地区、中野区上鷺宮、中村橋中心の三か所にわけた。こんなことが実行できたのも、大ぜいの子どもたちとお母さん方の熱意に支えられていたからだった。本もまだ少ない時代で、ムーシカ文庫の本が喜んであずかられたのも事実。しかし、「本をよむ」子どもがいる以上、文庫を休むことは悪業、とみなが思えた。受けいれて下さるお隣り文庫のありがた味も痛感した。「柿の木」には、ムーシカにきていた大久保さん姉妹のお母さんが、「つくし」には、江口千恵子さん、高田千鶴子さんが、「風の子」には関日奈子さんがいたのだ。

4月14日　どの文庫へも、わりあてきれない子どももいるので、練馬公民館を借りて、『冒険者たち』の斎藤惇夫さんにきてお話をして頂く。子どもたち、感銘を受けたもよう。

5月19日　第二回のお話し会。北畑静子さんに『赤い貨車』やシベリアのお話をして頂いた。

6月11日　銀行の改築がすみ、引越。本を返す各文庫、おきのどくで困る。でも、整然と、運んできて下さった。中学生になった中西光くんと伴地竜介くんから、手伝いにかけつけたが、私たちが引越をすませて帰ったあとだったと、あとからハガキがきた。

7月7日　ようやく新入会員を受付。6月16日から名古屋出身の大学生河野賢三さんが手つだってくれる。井上（岩崎）文栄さんが転勤さきの山形市で文庫をひらくというので、ムーシカの本を100冊上げた。

＊松永先生フランスへ。いぬいの母の再入院で、有志の人に手伝ってほしいと申し入れ。太田まゆみさん（母）、中学生の荒井宏子、宮地妃佐子、一瀬真理、佐脇真司くんが、手伝ってくれた。

12月24日　第九回クリスマス会。会費制でなく150円の交換プレゼント制にした。不慣れのため大さわぎ。「ムーシカ文庫がえらんだ100冊の本」のリストをくばった。

一九七四年（昭49）

1月1日　9年目となると、年賀状もふえた。栗田孝昭くん、岡恵介（高1）のゆり（中1）さん、これはお父さんから。香田由美子、一瀬真理、近藤真喜、知保ちゃんたちより。

3月27日　73年度本83冊＋本棚（一〇、五〇〇円）支出七二、二五〇円、収入六〇、七〇〇円で赤字のため、会費を4月から三か月200円に値上げ。

6月1日　高校生大木宏子さん、お手伝い申し出。猪熊葉子さんの紹介で、聖心女子大の北村千枝子、佐藤悦子、美甘孝子さんたちこのところ、手伝って下さっていた。

12月25日（水）　第十回クリスマス会。21日（土）に予約し、出欠もとってあったのに、急に25日となる。いやがらせか…と悟るが、100人近くの子どもたち、大喜び。女子大の人が多くゲーム成功。ミカンだけでお菓子がなくてはかわいそう…と、中学生の先輩荒井宏子、森友百重さん、ミルキーをカンパ。おとなは恐縮した。この人たちが小さいころは、100円のお菓子袋をせっせとつめたのに、と。

一九七五年（昭50）

＊昨年末出たいぬい『子どもと本をむすぶもの』に、ムーシカの九年間をまとめてかく。

4月5日　銀行からついに、貸出し時間短縮といわれた。（午後一時一〇分から二時半まで。）このため、大きい子どもたちが、目にみえてこられなくなった。

6月1日　福岡県久留米市に、きょうだい文庫一号「ミーシカ文庫」が誕生。祝電を打つ。

7月19日　いっぽう、手伝いのおとなはこの日、松永、いぬい、江口、堀、大木、吉田（高校生）袋崎、森友百重（中学生久しぶり）その上ゲストに下関の菅原理之牧師、長井妙美さん他3人。このようにおとなが多いため、OLの安藤房枝さんのお手伝いの申し出、まって頂く。
10月21日　以前手紙を下さった木下惇子さんよりお手伝いの申し出。11月29日からきてもらう。
12月2日　第十一回クリスマス会。ことしも時間制限がきびしく、不快。(「伝言板」1号22ページ参照。) これ以上「間借り文庫」をつづけるのは無理……といぬい痛感。

◇小さいおうちへ、独立まで◇

一九七六年(昭51)

＊2〜7月　松永、いぬい引越さきさがし。
7月26日　オオカミ原っぱの建売りみつかる。(このへんも「伝言板」1号参照)
8月7日　いぬい黒姫より上京。松永さんと若尾建設にゆき、契約書交わした。11月末完成の予定。9月からオオカミ原っぱの片すみに、木造モルタル二階建の「家」、大工さん一人の手で建ちはじめる。
9月16日　松永、いぬいの銀行ローン交渉不調。それをみかねてか、Y・Sさん、バザーの呼びかけ書を早ばやと作る。お母さん方にムーシカのマーク(アップリケ)つき手さげ袋などを作って頂きたい、と。
10月?日　ふたたびバザーの呼びかけ。共催「つくし文庫」「ブルブル文庫」「風の子文庫」「保育と人形の会」となる。

11月24日　高校生の喜代田智子さんの手紙。「人気者の『トムは真夜中の庭で』をずっと借りっぱなし。ごめんなさいね。P・S　クラスにもパディントン・ファンがいて喜んでいます。」とあり、来られないで、借りている本を気にしているようすが、よくわかる。
11月27日　中野区上鷺宮公民館の二階を会場に、バザー。準備不足でたいへん。でも、子どもたち、手伝いの大学生やOBの高校生の人たちは、楽しそう。手づくりクッキー、手ぶくろ人形などがまず売れ、家庭からよせられた衣類や自転車、マーク入り手さげ袋(本をもってくるための)出品多数。また猪熊葉子、内田莉莎子、大友康夫、北畑静子、菅原啓州、田中かな子、時田史郎さんから著書を寄贈され、福音館、岩波、角川の本も売った。世話人外の伊東琴さん、むくどり文庫佐藤さん、田中かな子、北畑静子さんも、売り子として活躍。この日、土曜日で交通事情がわるく、都心からくる目玉商品の額やノート、エンピツのたぐいが、三時間もおくれ、会場はこんらんした。運び役の松永ふみ子、太郎さんたちも大へんだったが……。「二度とバザーはいや」という声も残るほどの半日だった。でもみなさんの善意はひしひしと感じられ、とくにOB荒井伸一くん(芸大生)がアルバイトして得た三、〇〇〇円のカンパを届けてくれたのは、うれしかった。
12月11日　「ムーシカ文庫だより」52号。クリスマス会を新しい「おうち」で……と、願っていたが、ついに間に合わず。

バザーの会場で、クリスマス会を開き、おわってから、子どもたちに「プレゼント」として、新しいおうちを紹介することにきめた。
12月18日　東京相互の方たちありがとう！　そしてさようなら。本棚四つと1500冊の本が、新しい「家」へ。番地がまだなくて、困った。
12月25日　午後2〜4時まで第十二回クリスマス会。交換プレゼント（200円）も、なれてきて、うまくいった。寒い風の中を新しいおうちまで歩き、テープカット。神沢利子さん、大友康夫さん一家や、「毎日」松本享子さんとカメラマンも一しょで、又もや、大こんらん。中野区から西武線を越えて練馬区まで歩くわけだし、リードすべき私たちも番地のない、なじみのうすい迷路を通っていくのだから。
12月29日　文庫の住所（表示）ようやくきまる。貫井3—33—3。
12月30日　夜、さむさきびしく、（新開地は、ことに西北風つよく）文庫の水道管ハレツ！
12月31日　いぬいの懇願がきいて、若尾の若いセンムさん、キッチンとトイレの水道をなおさせてくれた。（ただし新しいトイレの壁に穴をあけて。）夜十時、カーテンとオレンジいろのじゅうたんが敷かれて、いぬい自宅へ戻れた。

第三の時代（1977〜）

一九七七年（昭52）

1月4日　江口千恵子さん、ラジカセをもってきてくれる。このところ、一ばん家の近い（といっても、中野区白鷺）江口さん、ムーシカの主婦役として活躍。
1月7日　西武へコタツぶとんを買いにゆき、持ってかえる。
1月8日　新しい家に移ってから第一回目のムーシカ文庫。子ども37人。（午前11時半、東京相互の入口に、引越さきの地図入りポスターを張ってきた。）おとな松永、江口、大木、木下、新宮、渡辺、久米、伊藤、いぬい。この他の記録なし。
　午後5時から、絵を贈って下さった富山妙子さんをむかえ、お祝いの会。出席、お隣り文庫から阿部雪枝、阿部信子、関日奈子、高田千鶴子、酒井さんたちの他、ムーシカから、松永、木下、伊藤、新宮、江口さんたち。いぬい、司会役として次の内輪の会でもはりきる。みなが帰ったあと、袋崎さんがかけつけ、三次会。結局12時間勤務となった。
1月10日　東京相互、オラガ小父さんへお年始に。
1月19日　大晦日に応急に直したトイレを一つ、洗面所にかえてもらった。（壁の穴は残ったまま。）
1月23日　大雪。いぬいが雪かきをしていたら一年生の三宅秀彦くん、「あっ、ここがムーシカか！」といって喜ぶ。お休みをしていた三宅くんは、一年生でポスターの字もよめず、約一と月、ムーシカの引越先がわからずにいたのだった。自分の家の近くに文庫を発見した彼は、ムーシカを愛して、引越すまで一年半以上、にぎやかな存在（妹も）でありつづけた。
1月25日　「ムーシカ文庫について」をつくり、会則の一部を変えた。小学5・6年中学生のなかに塾やクラブ活動のため、休む人が多くなったので、毎週こられるA会員の他、Uターンして又こられるB会員をつくった。一年以上つづけてきた人がやむをえず休む場合、B会員となると、又きて本を借りられる。貸出しは一か月。会員は来た月のみ払えばいい。本は借りっぱなし会費は未払いのため来にくくなってやめる人が多いので、一種の敗者復活の試み。ただし長く来ている大きい人は、休んでいた分の会費も払ってくれたがり、私たちは、「気もちとして」頂いている。
2月12日　33人出席。久しぶりに松井典子、水野まり、近藤知保、長嶋史乃さんがきてうれしい。
2月19日　ムーシカへのお客さんとして、木島始さん、小林静江さん。折戸さん、喜代田さん。その夜、広島の深川宗俊さん、ムーシカに一泊。被爆朝鮮人のお話をきく。
2月28日　電話加入申込（名義松永太郎）。なんとかTVなし電話なしですませようとしたが、あまりの不便さに加入。
3月11日　お客さま内田莉莎子さん、木島始夫妻、チェコのイワン・クロウスキーさんとミサコ夫人。レネちゃんとエリカちゃん。間借りでなくてお客さまにきて頂けるようになってうれしい。クロウスキーさんとは、一九六三年ごろからのおつきあい。
4月？日　ムーシカにきていた川井利理ちゃん宅から、大輪のバラ二株を垣根に贈られた。根元にミズヒキ、ヒルガオ、フキ、ミョウガ、アイリスがついてき、四季楽しめる。
4月30日　「文庫だより」53号、昨年11月27日のバザーの会計報告ようやくできた。（手ちがいで、売れ残りが多く、3月までかかって、整理ができたので）収入二一六九、八七五円、支出ナショナルクリーナー、一階用カーテンとじゅうたん、ラジカセと時計、などなど、二六七、三七九円。バザー経費に九一、一二六円もかけ、労多くして何とやら。いや、ほんとうに、ごくろうさま。
5月21日〜22日　松永、木下、新宮、袋崎、久米、伊藤さんたちと、初めて黒姫のいぬいの小屋へ。21日は戸隠をまわり22日は、みなで池の平に一泊。
5月24日　大版画『虹の上をとぶ船』二面を下さった坂本小九郎さん一家が、モービル児童文化賞受賞のため上京。ムーシカに来られた。夜、木島始さん、菅原啓州さんも招き、坂本さんの版画教育について、スライド入りでお話をきく。松永、木下さん、はじめて文庫に一泊。
6月11日　キーツの絵本の影響で、伊大知くん古屋くんたち二週間にわたり、紙ネズミつくりに熱中する（いぬい、黒姫発午前8時でムーシカに出勤。）
7月19日　洗面所の穴、やっとふさがる。木下惇子さんのカットで、本の寄贈のお礼のハガキできる。
8月25日　17才の荒井宏子さんより手紙。10年お世話になったけれど、こんどから自立し、クリスマスだけにまとめて小さい人のめんどうをみたいと。（21才に至るまで、宏子さんはこれを実行している。）
9月24日　「文庫だより」54号。新しい家にきてから、在籍約100人。幼児も受けつけられるようになってうれしい。ここに内訳がのっている。高校生8　中学生13　小学六年10　五年17　四年14　三年10　二年11　一年7　幼児3計93名。知らないまに、大きい人たちが主になっている。10月の新入会員受付は、一年生と幼稚園児（5才以上）にかぎって受入れることにした。
9月27日　長崎源之助さん来訪。お隣り文庫の方たちと一しょに「豆の木文庫」の話をきいた。
10月15日　「ミーシカ文庫」の佐野利彦さん来訪。子ども部屋と同居している「文庫」を、独立した部屋にしたいと見学に来られた。父親ぐるみの九州久留米のミーシカの行事の話をきき、いぬい、父親不在のムーシカを嘆くことしきり。
10月29日　「文庫だより」55号。受入れの結果、高校生8　中学生13　小六8　小五15　小四14　小三8　小二10　小一11　幼児13計100人となった。

11月12日　9月の「文庫だより」のころから、いぬい内心であせり始めた。せっかく独立して「おうち」がもてたのに、本棚には大きい人向の本が増え、絵本はあまり、ふえない。木島始さんや木下惇子さんのおかげで、『ふくろうくん』とか『アーサーのくまくん』『ふゆねこさん』『ぼくにげちゃうよ』が文庫に入り、太田玲子、清水園子、中楚兄弟などよくきく人がいるのに、文庫の中はおとなの世間話が多くなりがち。二階ができて「読みきかせ」をしているけれど、何か全体としてうまくいっていない感じがして、2月から個人のノートに、よんだ絵本のメモをつけはじめた。それによると、4月2日、中3の知保ちゃん、『ふしぎな目をした男の子』と「ババール」五冊をよんでいくというメモがある。休みがちで文庫にようやくこられた彼女が、なつかしそうに昔なじみの本棚から本を出し、また大型絵本を何時間でもよんでいくのがいとおしい。6月ごろから木下惇子さんに幼い人むきの本中心によんでもらうことにした。そのころのノートが一冊まいごになっていて、くわしいことはわからないが、9月17日『ながいながいペンギンの話』第一部おわるというメモがある。昨年以来文庫に関する雑用的の忙しさに疲れ、創作活動も思うにまかせぬいぬいは、ミーシカ文庫のわかわかしい文庫ぶりをきくにつけても、せっかくあたらしいおうちになった「ムーシカ」を、うまく組織していけないことにあせり悩む。「3月まで、創作80％、ムーシカ20％に、エネルギーをさきたい」などと、11月19日、メンバーに手紙でいっている。
12月2日　1日夜ベッテルハイムさんの講演会へいく。しかし夜は出られない人もいたので、2日新潟「野の花文庫」の真壁伍郎さんに来て頂き、講演をふまえて「昔話」や、ハリール・ジブラーンの詩について話して頂いた。若佐久美子、丸山美勢さんがムーシカ文庫に泊り、「赤ずきん」「貧乏神」のストーリー・テリングをして下さった。いぬいの心身症だいぶいやされた。
12月10日　中楚くん兄弟、﨑村さん兄妹が引越で退会。よくお話をきけた本好きの人とのお別れはつらい。
12月24日　第十三回クリスマス会。はじめて独立した文庫の「家」で。スライド、センダックと『くまのコールテンくん』。お話松永さん。時間制限もなく、棒つきキャンディーも出せてうれしい。神沢利子さんより手づくりのローソクを、高田千鶴子さんより、大きい手づくりのサンタクロースを頂く。出席33人。お話のよくきける、太田、桑原、関畑姉妹、大竹、中山兄妹や四才の倫子ちゃん、千葉かおり、中山康夫、三宅くんのはしゃぐ姿が写真に残る。OBでは、荒井宏子、森友千重、水野まり、近藤知保さんたちが、手つだってくれた。おとなは松永、江口、伊藤、木下、いぬい。

◇本をよんであげることの意味◇

一九七八年（昭53）

1月～6月　読んであげた絵本の題名のみ、いぬいの記録にある。
7月15日　「文庫だより」57号、「ここ一年のあいだに、お話のよくきけるきょうだいの人が十組以上やめられたので、二時からの『おはなしの時間』に七人くらいしか、きけません。五年とか十年単位で見ますと、ごく小さいときから外国の民話や日本の創作えほんに耳からも親しんでいる人たちが、ムーシカにきてからも、お話や絵本のよみきかせが好きになるようです。どうか夏休みには、おうちにある絵本ややさしいお話の本を、声に出して読んで上げて下さい（3～8才まで）。

文字がよめることと、耳からお話をきいて、イメージを自分でつくることとは、小さいころ、両立しません。テレビのように画と一しょでなく、耳から受けたことばをイメージに自分で組み立てる力は、おとなに本をよんでもらって楽しみながら、ひとりでに習慣として身につくのです。ムーシカでは、ここ一年半に約120冊の絵本のよみきかせをしました。毎週一～二冊ずつですが、かぞえてみるとよくよんだ（且、きいてくれた）ものだと思います。

こうした『下地』ができていない人ほど、お話や民話のプロセスを楽しむことができず、小学三年生ぐらいでSFとか、伝記、推理ものばかりを好むようになり、読書や興味のはんいが狭くなりがちです。反対にファンタジーでも、リアルな話でも、プロセスをゆっくりたのしめる習慣のついていく人を、見守っていくのが私たちの楽しみなのです。」とあり、「夏休みによんでね！」のリスト38冊をつけている。例えば平和を考える本の中には、お母さんの読書のことも考えて、『あのころはフリードリヒがいた』『アンネの日記』『ガラスのうさぎ』『ふたりのイーダ』『ぼんぼん』『原爆の絵』など入れてある。

9月17日　京都大学の河合隼雄さんが上京された機会に、「ユングと昔話」についてお話をうかがう。こころの問題を考えていた時だけにうれしかった。

12月16日　大磯へ移られた松永さん、7月からご病気でお休み。今日、がんばって出てこられた。

12月23日　第十四回クリスマス会。出席29人。いぬいは、クリスマスの絵本『さぶろうと空とぶトナカイ』をはじめてよむ。去年のクリスマスにもきていた人たちの他高橋姉弟、前田未来、坂上智子、井元舎子、先山みほこさんたちの顔が写真にみえ、このあと、栗本姉弟、小川姉妹、太田姉妹がつぎつぎお引越で退会され悲しい。B会員では荒井宏子、近藤知保、水野まり、森友千重さんが今年も手伝ってくれた。

＊坂上智子さんは一年から二年にかけて、「ドリトル全集」だけを借りてよみ上げた。昔ほど一、二年生でこの全集に集中できる人がすくなくなっていたので、印象ぶかい。

＊12月9日づけ「文庫だより」には附録があり「岩波こどもの本」よこぐみセットや、大友康夫『ももことごろうのおくりもの』いぬい『さぶろうと空とぶトナカイ』『みどりの川のぎんしょきしょき』にまじって、ムーシカ文庫から育った絵本作家木下惇子さんの新刊『はっくしょんのおくりもの』（偕成社）を8掛けでお売りしますと、かいてある。

　小型の「岩波こどもの本」がこの十二月に創刊25年を迎えた。その創刊のころ苦楽をともにした編集者の一人であるいぬいは、ひそかにその年々を思い、木下惇子さんたちの絵本のPRをしたかった。なぜならこの人が幼いときに『山のクリスマス』や『ちいさいおうち』をよんで育ち、大きくなって絵本をつくりはじめたことを、知っていたから……。

一九七九年（昭54）

2月10日「ムーシカ文庫のしおり」改訂。幼稚園の人がふえるので、幼、一、二年までの個人カードも、ふつうの図書カードから、手づくりの大型版に変えた。小さい人がエンピツで字を書き易いように。ブルーやオレンジの紙。うらおもてで、30冊記入できる。伊藤郁子さん作成。

2月17日　「文庫だより」59号、78年度購入65冊寄贈37冊計102冊のリストと、収支報告。収入会費他五八、五一七円、支出本代他六五、一〇八円で六、五九一円赤字。「本と子ども」

の勉強会の提案など。
3月3日　北畑静子さんのスライドとお話を、乙骨淑子さんも交えてきいた。乙骨さんはこのあと入院なさり、八〇年八月十四日に永眠された。
3月5日　「子どもと本」の会。井元、大竹、桑原、姫野、辺見、山中さん出席。文庫側、木下、江口、いぬい。日ごろ家庭でどんなふうにムーシカのことが話されているか話してもらい、ずいぶん楽しく、参考になった。
3月10日　安藤房枝さんにきて頂く。75年から待ってもらったことになる。
7月7日　午後2時すぎ、近くで火事。いぬい、老母のいる自宅へ駆けつけた。工場の火事のため黒煙が上り、文庫の遠くのおうちでは、文庫が火事かと驚かれた。いったん文庫をはなれたいぬい、交通遮断で戻れず、電話で文庫と連絡。火事という非常の場合に備えていなかった用意のなさを痛感した。
7月14日　「文庫だより」61号、火事のときのようす報告。
7月21日　「文庫だより」62号。ムーシカOBへのアンケートの中間報告。(これは一部の人のみ、ていねいに答えてくれたが、まとまらずに終った。)別ずりで、「夏休みにおすすめする本」(18冊＋お母さんへの参考書『子どもの深層』『サンタクロースの部屋』『メルヘンと女性心理』)のリストをつけた。
7月25日　「絵本について話す会。」木下惇子さんの新刊『ちょっとかして』を紹介。桑原、辺見、飯島、榎本、尻高、井元、姫野、山中さん出席。文庫から松永、木下、江口、いぬい。
＊7月26日～8月14日まで、根室の保母大島千鶴子さん、スクーリングへ通うため、ムーシカ文庫に泊られた。
8月5日　前からしなくては……といっていた本の整理作業の日。65年以来、本腰を入れて整理していなかったので、大へん手のかかる仕事になった。文庫側から木下、伊藤、安藤、江口、杉山。OBの長嶋史乃、喜代田智子、早乙女恵子さんたちは、夜8時すぎまで、協力してくれた。
8月6日　夜6時半、ムーシカのブロックべいに、生協の車が接触して破損。子どもたちが、けがをするといけないので、若尾に修理をたのんだ(修理されたのは、12月30日！)。
9月～10月　奥村まことさんの設計で東窓の下の本棚に間じきりを入れ、新しく入口右に絵本用の本棚を作った。地震対策の一つとして固定していない本棚にもカギをつけとめてもらう。
10月27日　『セイタカシギ大空をとぶ』(大日本図書)を出された国松俊英さんが来られ、子どもたちにお話。日ごろ野鳥の観察をされている子ども好きの作家のお話に、子どもたち喜ぶ。
11月24日　十日あまりの旅を終えてムーシカの二階で本をよ

んでいたいぬい、視力がおちて、「よみきかせ」ができず、木下惇子さんに代って頂く。（27日網膜はくりで入院。「伝言板」1号参照。）
12月8日「文庫だより」63号、12月22日が最後の貸出し。クリスマス会は、いぬいの病気でお休み（15年間で、はじめてのお休み）。
12月　大磯に「貝の火文庫」誕生（「伝言板1号参照」）。

一九八〇年（昭55）

1月12日　いぬいの入院で人手不足だったムーシカ文庫は、安藤、江口、木下、久米さんたちの手で一回も休まず「よみきかせ」と貸出しをつづけ、八〇年代を迎えた。今日は松永さんも大磯から。
1月19日　いぬい、病後はじめて文庫へ。めがねも作れないほど左右ちぐはぐの目では、慣れたはずのムーシカが、異空間に思えた。
2月9日　二時の「おはなしの時間」を子どもたちと一しょに楽しんでいたが、がまんできず『カヌーはまんいん』を、よんであげた。ドキドキし、初心にかえった思い。
3月8日　福井県春江町で図書館の児童室の司書をしている坪内（九鬼）啓子さん、4才のあゆみちゃんと上京し、文庫を訪問。十一〜二年ぶりの再会と、文庫が独立しておうちになっているのを喜んでくれた。

3月15日　「文庫だより」64号。2月ごろ、在籍を調べてみたらA会員は、幼3　小一15　小二10　小三7　小四7　小五3　小六1計46人。この他にB会員（5名の大学生をふくむ）17人で総計63人とわかり、みなでショックを受けた。とうとうムーシカ文庫にも「低学年化」が始まっており、しかも他では「幼稚園化」がおこっているのに、ここでは、幼児さえ少なくなっていた。そこで「4月はムーシカの創立15年目です。心をあらたにして、たのしく本をよめる文庫としてよみがえるよう努めます。2時から2階で木下惇子さんを中心に絵本やお話をよんでもらう習慣はこれからも続けたい」と、文庫だよりで、おうちの人にも訴えている。「ムーシカ文庫に入れた本」（79・1〜12）の書名リスト4枚も家庭へ。内訳120冊計八八、七九〇円（購入二八、二三三円　寄贈書六〇、五五七円）
4月19日　「ムーシカ文庫のしおり」一部改訂。本が返却されているかどうか、いままでチェックしていなかったが、これからは本を返したら、個人カードのうしろに済の小印を押すことにした。その他はいままでと同じ。
5月10日　近くの上鷺宮住宅に住む小林伸子さんに毎週きて頂くことになる。元先生をしていらした人。小三の桂ちゃん、三才の泰斗くんのお母さん。
5月17日　クリスマス会にとくべつな「おはなし」がなかったので、元東京子ども図書館の上野由紀子さんに、ストーリーテリング「三まいのお札」「輪ごむはどこまでのびるか」「エパミナンダス」「ちいちゃい、ちいちゃい」をして頂く。お母さんも三〜四人みえ、楽しくきいた。ムーシカの子どもは、「素朴ですね」といわれ、「あれあれ」と思った。

7月11日　夜、津田櫓冬さんが、ほるぷ刊「オズボーン・コレクション」に収められているカルデコットやウォルター・クレインの原書（！）数十冊を、車でもってきて見せて下さった。原典と複製との微妙なちがいを、お隣り文庫の阿部雪枝・信子さんたちとともに味わうことができた。

10月12日（日）「ふきのとう文庫」の小林静江さん、久しぶりにムーシカを見学に。「文庫」をいよいよ新しく作るのだ……と念を入れて、すみずみまで見ていかれた。

11月15日　お魚博士の高沢悟くん、お引越でさようなら。4月あたりから、一、二年の男の子でよみきかせやお話を楽しめる人が多くなる。木下さんに「死人の腕」（『みどりの小鳥』所収）や「三枚のお札」をよくねだる練三小「二年三組」のグループや、まみ、ゆきお、のりこ、ゆうこ、よりのぶ、かおり、ともみといった何でもよく聞ける人たちのそばで、彼ややすしくん、つよしくんは、スポーツや外遊びの大好きな面白い存在だった。かれらをお話好きにできるか……が、私たちの課題で、なかでも、じぶんの好きな魚や釣りに関しては専門家はだしの注意力のある悟くんとのお別れは、（お話のすきな弟の靖くんとともに）文庫のおとなたちを、ひどくさびしがらせた。

12月20日　15周年を記念した『ムーシカ文庫の伝言板』（32ページ）が、ようやくできた。

2月22日　第十五回のクリスマス会。出席の子ども46人。お話（木下）「こわいものなしのジョヴァンニン」よみきかせ（いぬい）「ティムのおよめさん」ペープサート（小林・安藤・久米）「大きなかぶ」歌（小林）手品（山田）など、催しものもいっぱいで、楽しい会になった。日ごろ好かれている木下さんの『みどりの小鳥』からのお話も、練習を積んだ「大きなかぶ」もよかったし、I書店山田さんの手品も、失敗したけれど大人気だった。病後のいぬいを助けて、飯島、林、片岡さんのお母さんがきて下さり、OBの森友千重、稲垣厚子、喜代田智子さんもかけつけてくれた。プレゼントとして『伝言板』をくばる。

一九八一年（昭56）

1月17日　荒井宏子さん、吹奏楽クラブに属していて、土曜日はずっとこられないので、日曜日に一〜二時間でも、文庫を開いては……と、提案。自分の経験から、日曜日に開けば喜ぶ人もいるとも。この申出はありがたく、OBの森友百重さんと二人で当番制にしてなど具体案も出たが、結局いまの「ムーシカ」を土曜日だけ開くのにおとなたちの全精力がかかっており、「学生」の荒井さんたちには無理が多すぎることが目にみえていて、実現は残念ながら、みおくりとなる。（なお、慶大生森友百重さんは、80年度1月から土曜日があいたので、カメラクラブ活動の一つとしてほとんど毎週文庫に参加。「けっして子どもたちに意識させては困る。目立ちたがりやさんは、完全に無視してほしい」との約束をよく守ってくれた。）

2月2日　昨年暮に出した『伝言板』に反響しきり。一ばんうれしかったのは、OBの人たちが、つぎつぎに土曜日ごとに顔をみせてくれたことだ。しかし文庫を客観視しはじめると、あせりもつよく、また、ともにそこにいる喜びだけで、子どもたちが見えなくなっては困るので、いぬい、文庫のわかい友人たちに「回らん手紙」を書く。

2月4日　「文庫だより」68号。2月14日、OBの喜代田智子さんのかかわる早大人形劇研「ぽぽん太」公演のお知らせ。おかあさん方と「集い」のお知らせ（20日か27日のアンケート）。

2月5日　「ぽぽん太」の大人たち、大道具もちこみ。

2月12～13日　「ぽぽん太」の人たち、リハーサル。大声がひびく。

2月14日　2時から『たけちゃんと雪だるま』演出喜代田、たけちゃん…佐藤智都子、雪だるま…松沢明、ギラギラ太陽…室原憲彦、戸田津子さんの熱演に、二階も落ちんばかり。45人の子どもとおとな大感激。あとから大口の雪だるまに、手をかんでもらったり、握手したりして、「また、きてね…」と叫んでお別れした。

3月7日　「文庫だより」69号。2月27日「おかあさんとの集い」に出席された方11人、文庫から4人で時をわすれ、本のこと、子どもたちのこと、ムーシカに帰ってきたOBたちのことなど話し合った。「いつまでも絵本の世界にばかり遊んでいていいか」という問いには、二年生から四年生まで長いことかかって、絵本からドリトル全集、ケストナーなど物語の世界へ旅立ちをした桑原都史子ちゃんたちの実例もあげながら、ゆっくり、そのいきつ戻りつの時を「待って見守って」上げてほしいこと、学校や世間では、早いこと、情報の多いこと、関心の広いことが要望されがちだけれども、私たちは、「喜んで一つのことに集中できる人」を大切にしたい旨、おはなしした。2月現在の会員数は、A会員70人、B会員6名で76人。80年1月～12月に「文庫に入れた本」89冊の書名リスト3枚も、この日くばった。

4月25日　「文庫だより」70号。4月11日新入会員15人を迎えて、文庫は満員。「このごろ、すこし忘れられているお約束」として、①せまいので、会員外のお友だちをつれてこないで！　②たべながらきたり、おもちゃをもってこないでね！　③こられなくなったら、早くしらせて！　などと、「たより」に書いてある。マンロー・リーフの絵本『みんなの世界』には、公共の場所へくるときの約束などが、マンガ風にやさしく語られているので、読んであげたいなと思いつつ、あてつけがましいかな、と、えんりょ中。一月以来、お客さまが多く、ついお茶にして、残っていた子どもたちにも、すすめたりしたが、そのため日常の事務や次回の打合せ、本の受入れにもさしつかえる上、おとなたちは目がまわりそうに忙しい。そこで、3時半以後は、2階でしずかに本をよめる人だけが残り、階下でおとなは、打合せや、準備などに時間を使いたい旨、「たより」70号で、おうちの人に訴えた。いぬいと小林以外、一時間以上かけてきているので、この時間は貴重。文庫へのお客さまもOBや作家のほかは、できるだけえんりょして頂いている。

5月16日　バードウィーク最後の日『コアジサシの親子』という著書をもって国松俊英さんがきて下さった。紙芝居を持ってきて話して下さったので、子どもたちに大へんな人気。尻高道子さんが、さっそく『コアジサシ』を借りたいと申しこみ。

＊今年から本の「予約」制が復活している。早野奈津子さんたち小学上級生は、「茶色の本」に熱中して、友だちどうし面白い本の情報をしゃべり合っては、予約していく。いまでは小学一、二年生まで、よみたい本を待ちかねて予約していく。『宿題をしにきた宇宙船』『けしつぶクッキー』『カンガルーをのせた宇宙船』など。

7月11日　木のいす3脚、階下に買い、スペイン製の小いす一つ2階へ。「おはなしの時間」に、おとなが腰かけて話せるように。ムーシカ文庫のOBたちへのアンケート文案を、みなできめた。今年3月発行予告の「伝言板」2号を、いよいよ9月締切で出すことに決め、みな原稿をかくことなども決めた。

7月18日　「アンケート」のプリントを荒井さん持参。森友さんはムーシカのキャメラマンとしての成果を、みなにみせてくれ、子どもたちの「知られていない顔」に出会い、驚かされた。本に熱中している顔・顔・顔……。森友さんは「迫力がない」と外で評されたと嘆いていたが、私たちは静かな迫力にむしろ感動した。この日、折戸さんの他、同年輩の斎藤真理子さんが訪問。『あらしの前』『あらしのあと』を、大学に入って上京するまで時折愛読していた真理子さんと折戸さんたち四人は大いに話しがはずんでいた。みな幼い日、同じ本たちを愛したという共通点があった。真理子さんはいま、朝鮮語を習い、ボランティアとして在日韓国・朝鮮の子どもや先生といきいきと交流をしている。ムーシカでは、こういった話はあまりしないできたが、一味ちがう彼女の話に、OBたちも刺激を感じたらしい。この冬から、いぬいばかりでなく、木下さん、徳永さんたちが、「教科書もんだい」ととりくみだした。『わたしのアンネ・フランク』をひろいよみしている斎藤真理子さんを見ながら、私たちが、「あらしの前」にたっていることをいぬいは感じていた。

◇読みきかせを中心にして

一九八一年（昭56）

9月26日　この日から、飯島美智子さん（裕子ちゃん母）と、中村橋の桑原泰子さん（久美子・都史子ちゃん母）たちが、交替でムーシカ文庫の貸出しや事務を手つだってくださることになった。

11月28日　クリスマス会の相談。せまいけれど今年も二階ですること。「交換プレゼント」は、サンリオ式の品物が多く問題だが、手づくりをすすめ、今年もすることがきまる。なお、最近子どもたちが「おはなし」を楽しみにして長時間二階にいるが、TVでも見るように、ねころんできく人がふえた。ちゃんときける雰囲気づくりや、疲れ具合をよく見、よんであげる本を臨機応変にえらべるように……と、木下惇子さんから提案があった。

12月15日　『ムーシカ文庫の伝言板』その(二)ができ、堀信さんが100部持って来てくださる。前号より16ページ増え、森友百重さんの撮った写真もたくさん入って、好評。（400部作った。）

12月19日　第16回クリスマス会。70人の子どもと15人のおとな（手つだいのOBも含めて）で大満員。折戸、喜代田、長嶋、森友百重さんたちは、交換プレゼントのくじ作り。飯島さんは、足りない品物の買出しやミカン運びに大わらわだった。演しもの――しずかなお話『百まいのきもの』（「岩波こどもの本」より）いぬい。うたとゲーム。なぞなぞ（絵入り）とお話『世界でいちばんやかましい音』木下。山根あおおに氏の即席マンガ話。さいごにペープサート『三びきのやぎのがらがらどん』（案・演出・木下。出演・安藤、小林、徳永）は、大熱演。

この日の文庫からのプレゼントは、出来たての「伝言板」(二)と、木下さんの「野菜カード」（「母の友」12月号ふろく）。とび入りの山根あおおに氏の登場は、日ごろマンガを一冊も置いていないムーシカだけに、子どもたちの喜びが大きかった。ただ満員で、おとなは出演者しか二階へ上れず、次回のクリスマス会は、ここでは無理か……と頭が痛む。しかし、子どもたちがこんなにも楽しんでくれるものなら、来年も張りきらなくては、と一同痛感した。

一九八二年（昭57）

1月9日　文庫びらき。今年は文庫に「ナルニア国ものがたり」のカレンダー（イギリス製）が入ったので、いぬいがアスランのことなど解説し、『ライオンと魔女』を紹介した。

1月中旬『伝言板』(二)の反響があって、たのしい。ムーシカにかかわっていた人たちや、渡辺茂男、沖井千代子、山根あおおに、大木宏子（高校時代からムーシカを手伝い、聖心を卒業。現在、志木の図書館に働いている）さんたちからハガキがとどく。

3月28日　仙台へ帰っての看護のかいもなく木下惇子さんの父上が永眠された。哀悼―。
4月10日　ムーシカ文庫17年目を迎える。読みきかせで育った人たちの中から、「ナルニア国ものがたり」「アーサー・ランサム全集」に挑戦する小学4年生が久しぶりに現われて、おとなたちひそかに喜ぶ。
4月12日　ストーブの上の棚においた水栽培の水仙が異様にのび、2メートルもくきをのばして花を開く。(人がいないとき室温0度。毎週土曜日25度という激変のせいか?)作田くん兄弟が面白がり、いぬいもつられて「おばけ水仙」のお話を作る約束をした。
5月11日　今年もムーシカの垣根のバラ満開。休んでいた木下さんが帰り、「こわいものなしのジョヴァンニン」(『緑の小鳥』より)のお話をきけて、片岡麻美ちゃんたち大満足。
6月8日〜22日　一月二十五日の講演につづいて、筑波大の小沢俊夫先生が、中村橋に三回来てくださり、「昔話」(リュティによる)についての講演を、文庫のおとな全員がきくことができた。地域文庫の会との交流も、全員参加はこれが初めて。小沢俊夫先生の情熱をこめたお話に「肉声を聞くこと」の大切さが改めて身にしみて理解された。ムーシカの「おはなしの時間」をいっそう大切に……と、みなで確認しあった。
7月17日　夏休みに入る。「文庫だより」76号に、「ムーシカ文庫で人気のある本」30冊のリストをつけ、お母さんに『世界の民話』小沢俊夫(中公新書)など、おすすめした。
9月18日　一階と二階に本棚を造るよう、城東佐藤工務店に頼んだ。(設計、奥村まことさん)。小さい人たちが増えて、もっと絵本ややさしい本を一階に多く置きたいし、あまり読まれない茶色マークの本(小学4年以上向)の一部を二階の本棚へ移した。が、それでもまだ小さい人向きの棚が一階に不足なので、さらに引越しさせる話をしていたら、OBの折戸さんがキッとなっていう。「茶色マークのどの本が移されるか心配ですから、来週も来ます」と。たしかに、いくらいま読まれていないからといって、『リンゴ畑のマーティン・ピピン』や、サトクリフの本たちや、『愛の旅立ち』『砂』や『八月がくるたびに』などを、二階へ上げてしまったら、ムーシカ文庫の本棚の雰囲気は、一変してしまうだろう。「いつか読むべき本」が、棚の上にでんとすわっていて、大学生になってからでも読めるのが、ムーシカの特色ではないか…、そういう反省もこめて、本棚を増やすことに決めたのだった。
10月1日　木下惇子さん、日比谷図書館で開かれている清水真砂子先生の連続講座へ。(全5回10月29日まで)。クリスマス会の『なぞなぞのすきな女の子』の指人形たち、小林伸子さんの手で完成。
10月9日　いぬいの目が全く回復し、創作のため、月の半ば以上黒姫ゆき。この日、「おはなしの時間」に徳永さんが一人きりで困っていたら、大学生の森友百重さんが現れ、『どろんこハリー』『しろいうさぎくろいうさぎ』『おばけりんご』『ぐりとぐら』『おそばのくきはなぜあかい』など、子どものとき、ムーシカで好きだった絵本をつぎからつぎへと読んでくれたという。同世代の娘をもつ徳永さんが感激して電話で伝えてくれ、その心情のわかるいぬいもうれしかった。

10月16日　本棚ができた。一階の絵本の本棚に大型の『ねこのオーランドー』などおさまるようになった。いぬいの不在で、二階の三つの本棚の扱いなど混迷の末、結局、一番右側に従来どおり、「二階で子どもがみる本」を並べ、中央にムーシカのおとな用の本、その下段にベリィマン『だれがわたしをわかってくれるの?』や『トミーが三歳になった日』など置く。そして左側にカーテンをして、未整理の本（いぬいの私物他）を置くことにきめた。これで二階がせまくなり、文庫のクリスマス会は、外部でしなくては……と思った。

10月23日　桑原さんと飯島さんがサンライフ練馬の和室（クリスマス会のため）申込みに行列してくださり、12月18日午後がとれて一安心。（会場費3600円）

11月13日　クリスマス会のプログラムについて相談。『伝言板』その(三)をできれば83年3月に出したいので、アンケート「私のすすめる10冊の本」を文庫の世話人に依頼した。本の受け入れ台帳の新しい形式決定。

12月18日　はじめて外部でのクリスマス会（第17回）。小学三年以上はめいめいで会場にいけるが、幼稚園の人や中野区からきている人は、文庫に集ってもらい、行列していった。いぬいが地理オンチで困っていたら、中井康夫くんと関口泰司くんが日頃の登校時のように、めんどうみよく引率していってくれたので大助かり。ついてみると、子どもたちは整然と入場しているのに、会場の雰囲気がおかしい。（サンライフ側の受入れに「子ども」への理解不足があったらしく、あやうく「クリスマス会」が流れる危険さえあったが、世話人の母親たちの必死の懇願と努力で開会された。）今回の演しもののメインは、人形劇『なぞなぞのすきな女の子』（出演・安藤、飯島、桑原、小林、徳永）、お客さまの国松俊英先生の「東京湾の鳥」（スライドとお話）が、圧巻だった。交換プレゼントやゲームには、今年も長嶋・喜代田・森友百重さんたちが活躍。静かにしかも喜んで子どもたちが帰ったあと、ムーシカ文庫に帰って、おとなたち（国松さんやP社の堀さんも一緒）は、忘年会をした。会場のサンライフ練馬では、主だった人が、子どもは部屋や器物をこわすもの……ときめこんでいて、老人の演会用なら使用OKいう口ぶりだった由。パブリックなところが、またもや「お役所」的貸してやる方式にいつのまにか戻りつつあることを肌で感じられただけでも、今回「外部へ出た」ことは、よかったのかもしれない。しかし、十一月の〈ヤス時代〉到来とともに暗い思いは根深い。

　この日、文庫からのプレゼントは、『伝言板』の代りに、

「ムーシカ文庫・冬休みにすすめたい本100選（ふろく『読みきかせ』のためのふろく55選）」を配った。

一九八三年（昭58）

1月22日　『子どもの館』誌3月号（最終号）にのせた『ゆきおと木まもりオオカミ』を「おはなしの時間」の最終によむ。オオカミ原っぱに建った家と、実在した「お化け水仙」が登場するので、よくきいてくれたが、読みきかせ向の作品でないことを悟る。しかし作田兄弟との約束が、一年ぶりに果たせてほっとした。

3月19日　「ムーシカ文庫だより」78号。室内の水栽培のヒヤシンスとクロッカスが、やっと咲く。最近、毎週のように70人の出席で、一階は満員でうれしい。在籍内訳（3月12日現在）幼稚園男6女6、小1男5女12、小2男9女5、小3男8女7、小4男5女14、小5男2女14、小6男2女3計A会員男37名女56名合計96名。その他にB会員男4女14計18名で、総計は114名。

3月26日　石井桃子さんと、荻窪の井伏鱒二先生を訪ね、ムーシカ文庫で近ごろ「ドリトル先生」が、またつぎつぎに読まれていることをお話しした。井伏夫人のおもてなしに、『荻窪風土記』の空気を味わい、感銘。OBたちが文庫にきているので大急ぎで文庫へ。

この日、鎌倉に、滝口充さん泰さんの「メダカ文庫」が、とうとう誕生。おめでとう！

4月11日　『ムーシカ文庫の伝言板』その(三)の原稿を、堀信さんにようやく渡せた。リスト作りに、みなで力を合せたが、「絶版書リスト」など、入れられなくなって、残念。

なお、3月末現在のムーシカ文庫の蔵書数は、黄（絵本）479冊、赤（童話・低学年）458冊、茶（フィクション・4年以上）408冊、緑（ノンフィクション）153冊で計1498冊。この他に二階に約200冊以上あって、整理中です。

7月20日　「ムーシカ文庫の伝言板」その(三)がようやくでき、夏休みに入る子どもたちに手わたしした。巻末の「ムーシカ文庫で人気のある本」（345冊）には、おとなたち一同大いに苦労した。200冊の予定がオーヴァーしたので。絵本から、やさしいものがたりの本、むかしばなし、ファンタジー、リアリスティックな本、ノン・フィクションなど、いずれも文庫の子どもたちが、じっさいに読みふけった本たちを、一冊でもおとすのにしのびなかった。いっぽう、これは戦後の「世界児童文学」のみちしるべになり得る本たちのリストであり、書名だけをみて、にんまりと共感の笑みを浮かべてくれる全国各地の文庫や家庭の友人たちへの、メッセージでもある。

9月　5月から小河内芳子さんのストーリーテリング講座に参加した小林伸子、徳永明子さんが、ねりまおはなしの会に入会。安藤房枝さんもくわわり、文庫の二階でのよみきかせにも力が入ってきた。

9月24日　石井桃子さんと中川李枝子さんが、いらした。有名な二人の作家をむかえて、いつもより子どもがおとなしいと、こちらは思っていたが、お二人は「ムーシカの子どもは元気がいい」と、びっくり。中川李枝子さんに『ひとまねこざる』や『ペレのあたらしいふく』をよんでいただいて、子どもたちは大喜び。外のベランダには、庭の鉄さくからのび上ってきたトケイソウの花たちが満開で、にぎやかなひと時だった。

10月30日　朝日新聞の「天声人語」にムーシカ文庫が紹介されていると知らされ、黒姫のキツツキ小屋にいたいぬいは、新聞をみせてもらいに隣りのペンションへいそぐ。『伝言板』その(三)にはムーシカのOBやOGからの反響が大きかったが、その人たちのアンケートににじみ出ている読書への喜びが、「天声人語」さんに共感され、うれしかった。しかし、ムーシカ文庫の現状は、「その(三)」でOBの崎村友男くん(仙台在住)が案じてくれているように、塾やならいごと、スポーツに時間をとられて、小学四年以上の男の子が減少しているし、また貸出した本の「迷い子」が確実に増えている。こうしたことに直面しつつ、どうやればいいか……と、おとなたちはしばしば考えこんでいる。

11月29日　なくなった本の補充を中心に買入れた本がトータルで35冊となった(9月以降)。

12月10日　今年のクリスマス会は、公立の場所が借りられず、大同相互銀行の二階を拝借することになる。メインのだしもの「ちびくろさんぼ」(人形劇) 脚色・演出小林伸子さん。11月から世話人に加わった土屋ふき子さんが、ちびくろの人形をさっそく作ってこられ、一同喜ぶ。10日には、リハーサル。水のみ場がないので水筒持参とか、おとなたち心を配る。

12月17日　第十八回クリスマス会。会場が近いので、舞台用のヤシの木や、しきものの運搬はらくだったが、「銀行」を借りる上での制約は大きい。司会の徳永さん、伝令の森友百重さん、時間の配分にハラハラのしどおし。しかし安藤、徳永、小林、飯島、桑原、土屋さんたちの練習のかいがあって、「ちびくろさんぼ」は、大好評。ムーシカ文庫へ帰ってから、折戸広子、長嶋史乃、水野まりさんたちと、ぶじにすんだことを喜びあった。P社の堀さんも手伝ってヤシの木をもって下さった。このささやかな年一回のたのしみ会を、なんとか持続させたい。

一九八四年 (昭59)

2月28日　「おばけ水仙」がひきがねになってうまれた『ゆきおと木まもりオオカミ』(理論社)ができた。いせひでこさん絵の表紙の夕やけがすばらしい。さっそく、文庫とモデルの少年たちに進呈。

3月3日　おひなまつりが土曜にあたり、いぬい、誕生日を祝って頂く。九州のミーシカ文庫から、博多人形がとどく。六十回目の誕生日。網膜はくりで創作ができなかった三年ののち、老母の太腿骨骨折のためさらに一年の空白期間があり、創作に専念したい思いがつのっていたので、この日ムーシカ文庫は「会長」にして頂き、徳永明子さんにリーダー役の事務局長のしごとをひきうけて頂きたい……と、おねがいした。（ムーシカ文庫だよりNo.80号）。

3月18日　「天声人語」で、『ゆきおと木まもりオオカミ』が紹介された。オオカミ原っぱの失われた樹たちのためにもうれしかった。いぬいは冬の黒姫に目を痛めてゆけなくなって、東京のはだかの巨木の梢の美しさ、夕やけのみごとさを、そして原っぱの消滅を知らされた。反核の思いも、緑を守ることも、子どもたちの精神のゆたかさを守ることも、一つのことなのだ。

5月　のら書店からバトラー作『クシュラの奇跡』を贈られ、感動して読む。ニュージーランド人の著者の孫むすめクシュラが、重い身障児として生れ、父と母と周囲の家族たちに守られ、「絵本」をとおして世界を認知し、喜びを表現し、ことばを、他者への愛を獲得しつつ育っていくさまが綴られたこの本に、つよく打たれた。ムーシカ文庫でよんであげている絵本や本たちと共通している「本」の価値とよろこびを再認識させられ、暗くなりがちだった文庫の前途に、新しい光を与えられた。文庫の人びとやお母さんたちも、つぎつぎ、「クシュラ」に夢中になっていった。

5月29日～6月13日　いぬいは病後はじめて、イスラエルとオーベルアマガウの受難劇見学の旅へ。聖書の土地をふみ、砂漠に感動。ガリラヤ湖やカペナウムの明るさにも心打たれて帰国したが、ムーシカ文庫の田垣耕三くん（小六）の永眠を知り悲しかった。文庫ではじめての会員の死去だった。数人の世話人がお通夜とお葬式に。弟の史郎くんが、がんばってつづけてきてくれている。

10月6日　早くもクリスマス会の相談開始。12月25日貫井地区区民館を申し込むことにきめた。

11月10日　いろいろの案の中から、「ブレーメンの音楽隊」（ハンス・フィッシャーの絵本より）ペープサートで……と、ほぼきまる。人形つくり、小林伸子さん。

12月7日　「ブレーメン」のリハーサル。安藤、小林、土屋、徳永さんのチームワーク十分。セリフをつくり、音楽（ポータサウンド）もきまった。

12月22日　クリスマス会打合せ。お菓子袋づめもおわる。

12月25日　第十九回クリスマス会、場所、中村橋の貫井区民館和室。お客さまとして、大磯から、貝の火文庫の松永ふみ子さんと藤川さん。またムーシカ（東京相互3F時代）の元世話人井上（岩崎）文栄さんが三人の子どもづれで、参加してくださった。松永さんのご病気も全くなおってうれしい。十分準備された「ブレーメンの音楽隊」は、影絵劇の効果も十分ですばらしかった。今年は森友千重さんが手伝ってくれた。飯島さんが車で荷物運び。会のあとムーシカでいぬいの旅みやげオーベルアマガウの「受難劇」のスライドをみた。いぬい疲れはてて、しどろもどろ。応援の木下惇子さんに助けられた。久しぶりに、新旧のメンバーが顔をそろえ、すばらしいクリスマス会だった。なお初めて、アフリカの飢えた子どもたちへの募金を呼びかけた。クリスマスは他の人びとへプレゼントする日ですよと。二五五五〇円、箱の中に集り、朝日新聞厚生文化事業団へ送った。また、冬休みにすすめる本として『クシュラの奇跡』をつよくすいせんした。

一九八五年（昭60）

3月2日　多摩へお引越の小林伸子さんと近く書道塾を開かれることになった安藤房枝さんをはげますパーティを開く。誕生日で、3月には、いつもとくをするいぬいも、半泣きでローソクをふきけした。小林さん『だめといわれてひっこむな』安藤さん『それ、ほんとう?』をよみきかせをして下さる。できる限り、お二人とも、来てくださる、とやくそく。

3月から新しい世話人に、片岡知子さん、福田美幸さん、4月から倉橋しおりさんが加わって下さる。

3月16日　春休みに入る。春休みにすすめたい本のリストをくばる。（ムーシカ文庫だよりNo.83）

4月　OBの岡恵介くんよりハガキ。岡くんは、東邦大四年筑波大四年足かけ八年の大学生活を終え、岩手県下閉伊郡岩泉町の権現《ごんげん》小中学校へ就職したという！　中学の理科、体育、美術、英語を担当。複式授業では小学生に体育を教えているという。岡くんのことは、父上の善樹氏が教文館書店におられた関係から、たびたびおたよりをだし、おへんじも頂いて、恵介、のゆりの兄妹について、つねにようすを知らせて頂いていた。文庫の第一回生でもあり、一昨年『アニマ』誌に「かつてドングリは山人の糧だった」の一文を載せている。当時からあの岡くんと秘かに思っていたが、その岡君は長年通いつめ住みこみもしたフィールドに教職を得て独立した。安家のあたりは、『くらやみの谷の小人たち』のイメージを求めて、いぬいがさまよった土地でもあり、自然が多く残っている。岡くん、がんばって下さい。

6月8日　文庫お休み。『クシュラの奇跡』のドロシー・バトラーさんの講演に世話人一同が出席のため。こうしたお休みは十数年前の井上（岩崎）文栄さんの結婚式参加以来、初めてのこと。目白の日本女子大講堂では、小沢俊夫先生はじめ懐しい顔かおと対面。何にもまして、ニュージーランドの自立した出版人であるバトラーさんのお話から、娘パトリシアさんが、幼い時から絵本を心の糧として育った体験が、重い身障をもつ孫のクシュラを支え、夫や家族たちの献身と相まって、「絵本がどんな子どもたちにとっても大切な精神的な支えであり、たましいの栄養になること」を、親子二代がかりで行動と愛によって証明してみせてくれた背景が明らかにされた。百々佑利子さんのよき通訳をとおして、この日、本を愛する人びととともに、たくさんの心の宝ものをかかえ、家路についた。

6月28日　7月1日オープンの貫井図書館の一室を借り、いぬいがムーシカ文庫での子どもと本の出会いについて語った。ほとんど五年ぶりの会。プラハにいかれたばかりの徳永明子さんが、あちらの出版社アルバトロスの美しいカタログや頂いた絵本をみせて、4冊の絵本のおっとりしたよさについて語られた。景近の日本の絵本のケバケバしい色彩と対比しながら。

7月25日　クロウスキーさん一家四人がムーシカ文庫へ再訪。

10月25・26日　6月1日に10周年をむかえた久留米のミーシカ文庫を、いぬい訪問。久しぶりに夜、ミーシカ文庫の本棚のあるへやで佐野利彦、英美夫妻や、世話人の人大ぜいと再会した。けんそんな英美さんに感激。翌日、子どもたちとも会い、目的地の大分へ向った。佐野夫妻とは、文庫を通してだけのおつきあいなのに別れ難く、二人は臼杵の野上弥生子先生の生家まで、車で送って下さる。

12月14日　今年もクリスマス会について小林伸子さんが楽しみにプランをねっていて下さったが、いぬいの長い不在や悪い風邪の流行などなど悪条件が重り、だしもののメインを、安藤房枝さん手描きの「かにむかし」にしぼり、「おはなし」中心の会にすることにきめて「文庫だより」86号を出した。冬休みにすすめたい本のリストと、ミーシカの10周年を伝えるミニ・ニュースとともに。

12月22日　第二十回クリスマス会。小林泰斗くんの発熱で、小林さん不在のクリスマス会。片岡知子さんは、12月からストーリーテリングの受講をはじめていたが、大緊張でおはなしをして下さる。いぬいはひとさまの話を暗記することができず、自分のクリスマス体験をこめて、聖書ルカ伝8章以下を背景に、「ロバのアブラム」のおはなしをした。今年はむりかと思っていたが、大学生の森友千重さん、その友人の柳沢淳子さんが、交換プレゼントほか、喜んで手伝って下さった。中学生の片岡磨美、西賀奈緒さんも、活躍してくれ、午後4時半、小林さんに、無事終了の電話をすることができた。

一九八六年（昭61）

1月18日　ムーシカ文庫に小松原（荒井）宏子さんが、昨年8月20日に生れた優美ちゃんを背負って現れた。大阪で中学の先生をしていたが、現在は専業主婦になった由。一同、あの宏子ちゃんが……と、驚きかつ喜ぶ。徳永さんの抱きかたが堂に入っているのに、いぬい、おそるおそる抱かせてもらう。「これから、私の好きだった本、優美といっしょに、みーんなよみます」と、宏子ちゃん、細いからだで張りきって笑った。

3月1日　この春は寒さがいつまでもつづき、ムーシカ文庫の庭のフキノトウも小さい顔しかのぞかせていない。クロッカスもまだ咲いてくれないが、この日また、いぬいの誕生日が祝われた。一昨年11月から現在まで『白鳥のふたごものがたり』（全三冊420枚）の執筆・校正などにおわれ、文庫への足が遠のきがちであったが、徳永さんがりっぱに事務局長としての役割を果し、他のかたたちもそれぞれがんばって下さった。そこへ、2月はじめ第二回「子ども文庫功労賞」（伊藤忠財団）をいぬいが、小河内芳子、斎藤尚吾さんとご一緒に受けるという知らせがあり、その前祝いもかねたティーパーティだった。

3月15日　「文庫だより87号」を発行。22日から、ムーシカ文庫は春休みに入り、4月12日新学期が始まる。会員数89人（内訳A会員幼11人　小一9人　小二14人　小三20人　小四12人　小五7人　小六4人　中学三1人　計78人。この他に来られるときにくる人B会員11人）この中学三年生は、中井康夫くん。小学一年のときから九年間つづけてくれた。弟隆広くんにバトンタッチして高一になる4月からはB会員に。こうした人びとを思い、ムーシカ文庫のおとな一同、志を新たにして、新しい4月をむかえようと話し合った。

ムーシカ文庫だより

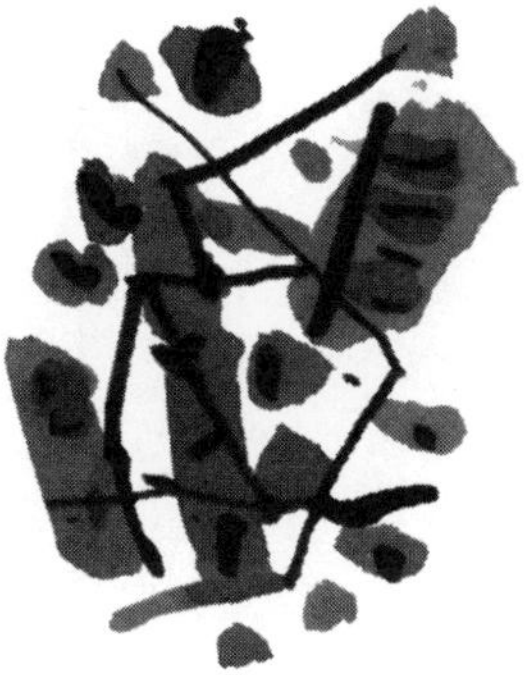

ムーシカ文庫だより　1975・4・5

◆貸し出し時間の変更について
本の貸し出しを四月十二日から始めます。

会場（銀行）の都合で貸し出し時間が変わりますので、お知らせいたします。

ごご一時十分から
二時三十分まで

お話と新刊紹介は、二時からです。

なお、五・六年生以上の人で時間内に来られない方は、係りまで申し出てください。

◆本の返却について
このごろ、本を返す日が守られていないようです。おっくうにならないうちに返すようにしましょう。

何週間も返しに来られないときは、お友だちやきょうだいにことづけても結構です。

次に待っているお友だちのことを考えて期日までに返すように心がけてください。

ムーシカ文庫世話係

ムーシカ文庫だより　1978・12・9

みなさん、おげんきですか。

今年もクリスマスの季節になりました。

いつもおはなしをしてくださっていた松永ふみ子先生が、ご病気で休んでいましたが、だんだんよくなられていることをお知らせできて幸いです。

さて、十二月二十三日（土）午後一時半から、第十三回目のクリスマスをいたします。おはなしやゆび人形、ゲームなどで楽しくすごしましょう。

第一回のとき幼稚園児だった人が、今年もう高校三年生です。

◆十二月十六日（土）一人四冊貸し出し（二十三日は貸し出ししません）
◆クリスマス会　十二月二十三日（土）午後一時半～三時すぎまで
会費なし。プレゼント交換のため200円くらいのプレゼントをもってきてください。


ちかごろ、五、六歳のひとから小学校三年生まで絵本の読み聞かせを楽しめる人がふえて、私たちおとなも楽しみです。

また、ドリトル先生物語や『くまのパディントン』シリーズや、ファージョンのお話シリーズを熱心につぎつぎに読むひとたちもいます。

　絵本の読み聞かせは午後二時から三時まで。二階のおこたで。

ムーシカ文庫だより　1979・12・16

〈おしらせ〉　一九七九年一月六日（土）
　長いこと待っていただいた新入会員を十名受け付けます。
　幼稚園の年長組以上の方です。

〈おしゃべり〉

　小型の「岩波こどもの本」が、この十二月に創刊三十五年をむかえます。『ちいさいおうち』や『山のクリスマス』を読んでもらって育った人が二十五歳以上になり、ぽつぽつ絵本をつくりはじめました。さきにご紹介した、きのしたあつこさん（ムーシカ文庫の）も、その一人です。

　私や松永ふみ子さんは、二十何年前から、少数の人にしか知られなかった「岩波こどもの本」や、福音館の絵本を多くの人に知らせようとやっきになったことを思い出しています。で、現在、ムーシカ文庫で新しい「岩波こどもの本」が小さい人たちによろこんで迎えられているのが、わたしたちにはほんとうにうれしいのです。

〈いぬい記〉

冬休み・クリスマスにおすすめする本

○絵本（幼・一年）おさない人に
　ふわふわくんとアルフレッド
　　マリノ　文・絵　岩波こどもの本
　くんちゃんのだいりょこう
　　マリノ　文・絵　岩波こどもの本
※へんなどうぶつ
　　ワンダ・ガーグ　文・絵　岩波こどもの本
※はっくしょんのおくりもの
　　きのしたあつこ　文・絵　偕成社
赤ちゃん出ておいで
　マタシュキン文　ヒムラー絵　松永ふみ子訳　偕成社
ちいさいしょうぼうじどうしゃ
　　レンスキー　文・絵　福音館
※どうながのプレッツェル
　　H・A・レイ絵　M・レイ文　福音館
さぶろうと空とぶトナカイ
　　いぬいとみこ文　大友康夫絵　童心社

○絵本（小1・2）すこし大きい人に
アーサーのクリスマスプレゼント　ホーバン作　文化出版局
※ゆきだるま　ブリッグズ作　評論社
※ペチューニアのだいりょこう　デュボアサン　文・絵　佑学社
かさじぞう　日本民話　赤羽末吉絵　福音館
山のクリスマス　ベーメルマン　文・絵　岩波こどもの本
ふゆねこさん　ノッツ　文・絵　偕成社
ものいうほね　スタイグ　文・絵　評論社

○おはなしの本（小三年以上）
台所のマリアさま　ゴッデン作　岩波書店
やかまし村の子どもたち　リンドグレーン作　岩波書店
イタリアののぞきめがね　ファージョン作　アーディゾーニ絵　岩波書店
※ぼくと〈ジョージ〉　カニグズバーグ作　松永ふみ子訳　岩波書店
グリックの冒険　斎藤惇夫作　アリス館
銀のほのおの国　神沢利子作　福音館
※みどりの川のぎんしょきしょき　いぬいとみこ作　福音館
プラムクリークの土手で　ワイルダー作　福音館

○フィクション（中学生～成人の方へ）
太陽の戦士　サトクリフ作　岩波書店
※いないいないばあや　神沢利子作　岩波書店
※光の消えた日　いぬいとみこ作　岩波書店
※シニとわたしのいた二階　J・ライス作　冨山房
マリアンヌの夢　ストー作　冨山房
ミス・ジェーン・ピットマン　ゲインズ作　福音館

※は新刊書

ムーシカ文庫だより　1979・2・17

暖かい冬でした。

ムーシカの小さい庭にフキノトウが芽を出しています。1月16日のおたよりに6人ほど答えてくださったので、ひとまず「ムーシカ文庫に入れた本」（1978年　購入65冊、寄贈37冊、計102冊）のリストと、文庫の収支をお届けします。寄贈の本はわたしたちが選んで文庫に入れています。この人々のご厚意で本棚がゆたかになっていることが、リストでお分かりいただけるでしょう。

三月に一度「本と子ども」とでも題して集まりを開きたいと思います。そして、今年の文庫の「勉強会」とか、お手伝いをしてくださる方とのお話し合いにも代えたいと思っています。月末までにもう一度おたよりを差し上げますが、リストの方は捨てずにとっておいてくださいませ。

文庫のOBたちは、今高三の人が多くていろいろたいへんのようですが、中一から高三の人たちが時々訪ねてきてくれます。五年以上続けてきていた人に地域サークルでやっているOBのアンケートをおねがいしたら、100％の回答があり心強く思いました。三月末までには、もっと広い範囲でOBの方にアンケートを送ります。

三月は転勤やお引越しの季節。仲良しになったお友達と「さよなら」するのはかなしいことですね。

◆3月3日（土）2時30分から2階でソビエトのたのしい童話のスライドをします。北畑静子さん（ソビエト児童文学者）がきてくださいます。休まないできてくださいね。

◆なお、新入会員は4月にお入れします。

ムーシカ文庫

ムーシカ文庫だより　1979・7・14

◆夏休みのお知らせ
7月21日（土）　ごご1：30〜4：00
今学期最後の日　4冊まで貸し出し
9月8日（土）　ごご1：30〜4：00
新学期をはじめます。新入会員は十月第一週までお待ちください。

◆近くに火事がありました！
ご存知の方も多いと思います。7月7日ごご2時10分、ムーシカ文庫でお話の時間が始まっていたとき、ごく近くの大東電化サービス会社が焼けて黒煙があがりはじめました。富士見台マンション4階に老母のいる知らせを受けて、いそいで行ってみたときには火勢が強く、ムーシカ文庫に引き返せなくなりました。すぐ電話で、松永先生や木下先生、江口先生と連絡をとり、文庫にいる子供さんを確認することができ、ほっとしました。文庫へお迎えにこられても近づけず、心配なさったお母様も多かったことでしょう。不意のこととはいいながら、備えのうすかったことを私たちは反省しました。

火事の原因は、子どもの花火（爆竹式で5mもとぶ）と聞きました。長い夏休み、どうかみなさんもお気をつけ下さい。

9月には、こうした場合の連絡方法についてご相談します。

◆「絵本について話す会」のこと
3月に手紙をさしあげたとき、近くまた、子どもの本や絵本について話す会をひらきたいと書きましたが、今学期はいぬいが創作の取材のため北海道・東北へ出かけたり、せっかくよくなった松永ふみ子先生が、またお休みになったり、いろいろのことがあって、「会」ができませんでした。そのため7月25日ごぜん10時～12時までムーシカ文庫の一階で、「絵本について話す会」をいたします。その日には、二冊目の絵本『ちょっとかして』を出した、ムーシカ文庫の木下惇子さんと、最近『ながいながいペンギンの話』が少年文庫に入ったいぬいとみこがお話をしますので、どうかご出席ください。会員外のお母様でも5名くらいでしたらおいでくださって大丈夫です。出席ご希望の方は申し込み用紙にご記入の上、7月21日までにおとどけください。

ムーシカ文庫だより　1979・7・21

◆去る3月10日のおたよりでお約束した「会員名簿」は、文庫の中心になってここ3、4年つづいていたきょうだいの方が、さみだれ式に、毎月のようにお引越しや転勤で5組も退会されたうえ、新入の方の出入りもはげしくて、ついに作って配ることができませんでしたことを残念に思っております。

◆「ムーシカ文庫ＯＢへのアンケート」中間報告
ムーシカ文庫の小さな歴史をみなさまにおしらせしようとＯＢの人たちにアンケートを12月から1月に配りました。

　回答の中より
a．ムーシカにきて、新刊ばかりでなく、昔の本もあってよかった。

b．本を読んでもらったのがよかった。

c．本を読んで、話のできるともだちができてよかった。

d．ムーシカの先生たちと話ができてよかった。

e．クリスマスにゲームやおはなしがきけてよかった。

というのが多く、きょうだいで5年つづけてきていた人の回答が多かったのも印象的でした。いずれ、細部はまとめて9月末におしらせします。ムーシカに前に来ていたごきょうだいがいらっしゃいましたら、ぜひ、感想をきかせてください。

◆夏休みにおすすめする本
☆幼～小学4（読んであげればわかる本）
（絵本）
ちょっとかして　きのしたあつこ作・絵　偕成社
あなはほるもの　おっこちるとこ　クラウス　文　センダック絵　岩波書店
おばかさんのペチューニア　デュボワザン　作・絵　佑学社

いきものくらべ　キーツ作　木島始訳　偕成社
（やさしいおはなし）
くまのテディー・ロビンソン
G・ロビンソン　作・絵　福音館
ノンビリすいぞくかん
長新太作・絵　理論社
（やさしい物語）
北極のムーシカミーシカ
いぬいとみこ　理論社
しずくの首飾り
エイキン　岩波書店
森おばけ
中川李枝子　福音館

☆小学3・4年以上
（空想ものがたり）
海のたまご
ボストン　大日本図書
グリーン・ノウの煙突
ボストン　評論社
床下の小人たち
ノートン　岩波少年文庫
（おかあさんといっしょに）
クローディアの秘密
カニグズバーグ作・松永ふみ子訳　岩波書店
流れのほとり
神沢利子　福音館
いないいないばあや
神沢利子　岩波書店

シニとわたしのいた二階　ヨハンナ・ライス　冨山房
あのころはフリードリヒがいた
リヒター　岩波少年文庫
この他、アニメ映画のくるトールキン作『指輪物語』（評論社）（文庫版もある）を、中学生からお母様がたにおすすめします。
（参考書）
子どもの深層　秋山さと子　海鳴社
サンタクロースの部屋　松岡享子　こぐま社
メルヘンと女性心理　秋山さと子　海鳴社

ムーシカ文庫だより　1980・3・15

梅のつぼみに、つめたい風がふきつけています。みなさんおげんきですか。ムーシカ文庫は、3月22日で春休みにはいります。

大変、おそくなりましたが、1979年中に文庫に入った本のリストと、会計報告をお届けします。ごらんのように去年は絵本をたくさん買いました。といいますのは、ムーシカ文庫にも「低学年化」という傾向がとうとうあらわれてきたのです。三年前、あたらしい「家」にひっこしてきたころ、わたしたちのところは定員100名。「小、中学生が各学年平均して10人くらいずつ読みにくる文庫」としてよその文庫からは珍しがられる文庫でした。ところが、「受験」の波が押し寄せてきたのでしょう。八〇年二月現在、A会員は、幼稚園児小一5、小二10、小三7、小四7、小五3、小六1（名）、計46名というありさまです。B会員がこのほか17名（中には5名の大学生も含む）いて、時折来るといっても、めざましい「低学年化」ぶりです。とくに昨十一月末から、いぬいが「網膜はくり」で入院したりして、子どもたちにも、ムーシカの人々にも、たいへんごめいわくをかけました。

でも、四月はムーシカの創立十五年目です。心をあらたにして、たのしく本を読める文庫としてよみがえるように努めます。二時から二階で木下惇子さんを中心に、絵本やお話をよんでもらう習慣はこれからも続けたいと思います。幼いとき、よくお話をきける子どもほど、大きくなっても本離れをしないからです。

さて、四月の新入会員の受付ですが、四月十二日、新一年生10名までと、それ以上の人5～6名受け付けます。幼稚園年長組の人を、四月二六日に受け付けます。今からわかっているお友達がありましたら予約しますので、申し込み用紙に新しい学年をかいておもちください。

◆三月十五日　四冊まで貸し出し

◆三月二二日　学期最後の日

◆四月十二日　はじめの日

さいきん、清瀬の図書館から「ムーシカ文庫の本が迷子になって返されてきた」と電話がありました。まだ本を返していないおともだちがあったら早く返してくださるよう伝えてください。

ムーシカ文庫世話人一同

ムーシカ文庫だより　1980・12・13

寒くなりましたが、お元気ですか。

去年はクリスマス会ができませんでしたが、今年は十二月二十日（土）ムーシカ文庫の二階で楽しいひとときをすごしたいと思います。ちかごろは五十人あまりの人が文庫に来るようになり、なかなかにぎやかです。

◆クリスマス会についてのおしらせ

・当日、ひとり200円のプレゼントをもってきてください。

・お手伝いいただける方は当日おいでくださいませ。（目下人手不足で～す）

・二十日には、ムーシカ文庫十五周年を記念して、小冊子『ムーシカ文庫の伝言板』（32ページ）をさしあげます。

ムーシカ文庫だより　1981・2・4

ムーシカ文庫ＯＢの喜代田智子さんが、おともだちと一緒に人形劇をみせてくださいます。

二月十四日　ごご二時　ムーシカ文庫二階

『たけちゃんと雪だるま』　たけ　佐藤　智都子

雪　松沢　明

ギラギラ太陽　室原　憲彦

（ぽぽん太／早大人形劇研究会）

一月にはＯＢの人たちがおおぜい文庫に顔をみせてくれました。小学生のとき読んだ「ナルニア」や「タラン」や『トムは真夜中の庭で』、中学生のとき読んだ「フランバース屋敷」など、22冊も再会できたと感激した水野直子さん（20才）や、さっそく十六年目の記録を…と、カメラ持参の森友百重さん（20才）。『ムーシカ文庫の伝言板』を読み、十五年前のふんいきがまさしく伝わっているようだ、「ナルニア」が面白かった、と手紙をくれた岡恵介くん（24才）など。

こうしたＯＢたちの応援にこたえ、私たちもはりきっています。

このところ出席もよく、いつも満員なので、一月の新入会員は、小学生５人で〆きらせていただきました。つぎは四月に受け付けます。（５才以上10人まで）

お母さん方との「集い」をしたいと思っています。入試の時期で出席されにくいかもしれませんが、『伝言板』をお読みくださって感じられたことを中心に、「本との出会い」「ムーシカ文庫で人気のある絵本」などについて話し合いたいと思っています。

ご都合のつく日をご記入ください。七人くらいご都合のいい方がいらっしゃれば、そちらの日にしぼって「集い」をいたします。その折、地震などの変事にそなえて、地域（同じマンションなど）別の連絡網をつくっておきたいと思います。欠席の方もご意見をお寄せ下さい。

ムーシカ文庫だより　69号　1981・3・7

きびしい寒のもどりで、文庫の庭への春のおとずれも例年よりすこしおそいようです。

二月二七日には、ご案内のように久しぶりの「お母さんとの話し合い」をいたしました。出席された方11人、文庫側４人で、時を忘れ、本のこと、子どものこと、ムーシカのＯＢ（ＯＧ）のことなど話し合いました。ひとりひとりの子どもが、ムーシカ文庫と本を大切に思ってくれていることがわかり、私たちはたいへん力づけられました。

新一年生をおもちのお母さま、またいつまでも「絵本の世界」にばかり遊んでいてよいものか…とお迷いのお母さま方、どうか絵本からものがたりの世界への旅立ちをあせらずゆっくり見ていてあげてください。

一年生から三年生まで『ドリトル先生物語全集』が、ものがたりの世界への導入になっている人たちが多いのです。でもいま、そこへ入っていくためにいきつもどりつしている人たちも多いのです。なによりも大切なことは「早さ」や「広さ」ではなく、「喜んで一つのことに集中できること」と、私たちは重ねて申し上げます。

二月十四日の「ぽぽん太」の人たちの人形劇は、二日もリハーサルをしたうえでの熱演で、子供達もおとなも大感激。「またきてね…」と、お人形の雪だるまに握手を求める子どもがいっぱいでした。

四月十一日（土）に新入会員を受け付けます。現在、幼稚園児の方は前々から入会予約を受けてお待ちいただいている方が6名いらっしゃいますので、〆切らせていただきます。小学一年、二年生の方10名、それに上の方5、6名を受け付けます。お友達で入りたい方がいらっしゃいましたらおさそいください。

ムーシカ文庫だより　1981・4・25

入学・進級おめでとうございます。文庫の垣根のバラにも、きらきらした新しい芽と葉が光り始めました。

四月十一日、15人の新会員をむかえて、ちいさなムーシカ文庫は文字どおり満員です。十八日には4～5人申し込まれましたが、十月まで待っていただくことになり心苦しく思っています。

◆一回目には落ち着けなかった幼・一・二年生の人たちが、早くも二回目には『くまのコールテンくん』や『さかんしゃやえもん』を楽しんできくことができ、ものがたりの『黒ねこミケシュのぼうけん』まで、しずかにきけて、わたしたちもよろこんでいます。

◆「おはなしの時間」では二時からは幼い人対象の絵本を読み、三時近くには、ものがたりの「本」の読み聞かせを…とおおまかな目安を立てています。が、その日の出席の人の組み合わせや気分によって読む本を自然に変えています。こんどから、本の読み手がふえました。ご期待ください。

◆三時半からは、おとなは一階で打ち合わせをしながら本の貸し出しを続け、静かに本を読める人だけ二階にのこって本を読むという習慣をつけたい…と願っています。文庫の世話係りのおとなは、いぬいを除き、みな遠くから来ています。一週に一日、顔をあわせて新しい本の受け入れや次回の打ち合わせをする時間も大切なのです。

〈このごろすこし忘れられているおやくそく〉

◆せまい、せまい文庫なので会員外のおともだちは中に入れません。外でまってもらうのはかわいそうですから、つれてこないでね！

◆文庫は本を借りたり本をよむところです。何か食べながら来たり、おもちゃを持ってくるのはよしましょう。

◆つごうで来られなくなったら早くしらせてください。そして、本はおともだちにたのんで返してください。こられなくなったわけを話してくだされば、一年くらい休んでも、またB会員としてもどってこられます。

四月からムーシカ文庫のOGで大学生の森友さん、喜代田さん、長嶋さん、社会人となった折戸さんたちが顔を見せ、何かと手伝ってくださるのはたのもしいです。

ムーシカ文庫：　安藤房枝　いぬいとみこ　木下惇子
　　　　　　　　小林伸子　徳永明子　松永ふみ子
　　　　　　　　伊藤郁子（おたより係）

ムーシカ文庫だより　1981・7・18

毎日暑い日がつづきますが、お元気ですか。毎週50～60人の人たちが楽しみにして来てくださるので文庫のおとなたちも喜んでいます。

きたる七月二五日の貸出しをさいごに、文庫は夏休みに入ります。キャンプに、プールに、お手伝いや虫捕りや魚つりに、楽しい日をすごしてください。また、日ごろ読めないあつい本（たとえばドリトル全集やナルニア国ものがたり、クマのパディントンなど）も、がんばって読んでください。ではお元気で。よい夏休みを！

ムーシカ文庫だより　1983・3・19

3月というのに春のあゆみがおそく、心の晴れない毎日ですが、ムーシカの室内のヒヤシンスやクロッカスは、むらさきいろの花を開いています。ちかごろは、70人出席の日が多くなり、「おはなしの時間」の子どもたちの手ごたえも十分で、文庫の中は楽しい気分があふれています。卒園・卒業のシーズンで、さまざまなお別れや出会いがくりひろげられましょう。どうか、こころの中身を大切に、元気に巣立ってください。

ムーシカの春休みのスケジュールと収支と会員数のご報告をいたします。別表の「文庫が入れた本」のリストは大切にごらんください。なお、4月の新入会員は、予約の方が60名に達しましたので、先着の方から4月9日に15人ほどの方にお電話でお知らせし、4月16日受け入れをいたします。転勤や引越しの方で退会される方は、どうかお早めにご連絡くださいませ。

なお、「ムーシカ文庫の伝言板　その三」は、いま編集中で、4月20日頃刊行予定です。

◆ムーシカ文庫世話人紹介

安藤・飯島・いぬい・木下・桑原・小林

（プリント）伊藤

◆会員現況

A会員

	男の子	女の子
幼	6	6
小1	5	12
2	9	5
3	8	7
4	5	14
5	2	12
6	2	3
計	37	59

男の子＋女の子　96名

B会員	
男の子	4
女の子	14
計	18

ムーシカ文庫だより　1983・7・16

雨の多い寒い初夏です。でも、トケイ草もムラサキシキブも、時がくると花を見せてくれます。

長らく予告のみだった「ムーシカ文庫の伝言板　その三」（ブックリスト付）が、ようやくできましたので、夏休みに入る7月23日にさし上げます。夏休みの読書プランに、ご利用下さい。

近ごろ、世話人の安藤・小林・徳永さんが「ねりまおはなしの会」の人たちと、おはなし（語り）の勉強会に通い張り切っています。貸し出しには、飯島・桑原・土屋さんに協力して頂いています。黒姫へ通いはじめたいぬいさんは、『山んば見習いのむすめ』（1982年刊）で、サンケイ児童出版文化賞・赤い鳥児童文学賞を最近頂き、文庫仲間によろこんでもらいました。

では、よい夏休みをすごして、9月には元気でムーシカへ来てくださいね！

冷たい雨が日本の各地に降りつづき、賢治なら、オロオロと、歩きつづけていることでしょう。

「ムーシカ文庫の伝言板　その三」が、ようやくできましたのでお届けします。不行き届きの点も多いのですが、子どもたちに愛されてきた「本棚」の風景として、ごらんいただければ幸いです。こんなにも楽しい時がもてた一文庫の風景として……。

8月は、平和への志をあらたにする月。かつては、山や野にありふれていた昔ばなしや戦後の楽しい読書の喜びが、「受験戦争」の波間に押しやられていることもまた、平和への侵食と私など感じております。こころの内なる平和の回復を力弱い声で、しかし、持続的にいいつづけたいものと思っております。

「伝言板　その三」にご紹介するのが間にあいませんでしたが、私はいま、小澤俊夫『昔話とは何か』（大和書房　83・6・20刊）130ページ「話のすじが一本であること」を皆様にぜひ読んでいただきたいとねがっています。音楽や昔ばなしを「自己を内面化してきくこと」―それは、人間が人間であることの証であり、なぜ平和か……を考えるうえで、忘れてはいけない心の体験であろうと思われるからです。

では、『ムーシカ文庫の伝言板』は、20周年号まで、お休みいたします。

いままでに寄せられたお力添え、励ましに感謝しつつ……。

1983・7・23

いぬい　とみこ（ムーシカ文庫）

ムーシカ文庫だより　1984・3・10

大雪のつづいた長い冬でした。

でも、ムーシカ文庫の中は、いつも笑い声でいっぱいでした。忙しいおけいこや塾行きのひまをぬって、かけつけてきてくれる人も多くて、たのもしいかぎりです。

また、二階の『おはなしの時間』もますます盛況です。安藤・小林・徳永さんにまじって、いぬいも喜んで『よみきかせ』や『おはなし』にはげんでいます。

文庫にきている人のお母さんのうち、お近くの飯島さんと桑原さんに手伝っていただいていましたが、クリスマス前から、土屋ふき子さんにも加わっていただき、大いに助かっています。

子どもたちの〈活字ばなれ〉がやかましくいわれているなかで、ムーシカ文庫では、本ずきの子どもが、しずかに育っていってくれるのは、『本』の楽しさが、空気伝染するのでしょうか。

さて、3月3日には、いぬいが誕生日をムーシカの大人たちから盛大に祝っていただきました。（何歳の……?とは、きかないでください！）そして、この際、年に免じて「ムーシカ文庫」の会長にさせていただき、事務局長の形のチーフ役を、徳永さんにおねがいすることにしました。

（徳永さんは、私といちばん近い年令なのです！）

木下さんも、4月からは出ていらして、徳永さんを助けてくださるでしょう。

では、ほんとうの春がめぐってくる4月からも、ムーシカ文庫へ休まずにきてくださいね。

◆ ムーシカ文庫世話人紹介
安藤・飯島・いぬい・木下・桑原・小林・土屋・徳永・いとう

ムーシカ文庫だより　1984・7・10

ムーシカ文庫は1965（昭和40）年からつづいている会員制の文庫です。図書館（ライブラリー）とよぶにはあまりにも小さくて、E・ファージョンのThe Little Bookroom（本の小部屋）がいちばんふさわしい名まえかもしれません。

ここは、本と本ずきなおとなと、本をよみにくる子どもたちのふれあいの場所です。

本をよむよろこびを知って楽しむ場所。―そのほかに何の目的もありません。

ムーシカ文庫は長いこと間借りをつづけていましたが、1977年1月に、独立してちいさいおうちに移りました。階下は本の貸し出し部屋。

2階の和室2つは、子どもたちがおはなしをきいたり、本を読んでもらったりする部屋です。

できるだけのびのびした文庫にしたいのですが、多少のきまりがなくては、こんらんしますので、つぎのようなものを作りました。

① 会員
＊A会員（5才以上）
毎週土曜日、午後1時半から4時までの間、いつでも本をよみにくることができます。
貸出し：一人2冊　期間1週間
＊B会員（1年以上続いて来ていた人で、一時的に来られなくなって、又来たい人。ＯＢ。）
つごうで来られなくなったとき、相談の上B会員として復活できる方法を　新しく作りました。
貸出し：一人2冊　期間1ヶ月厳守

② 会費
＊自主的に本をよみにきているしるしとして、会費を集めます。月100円でも、みんなのために新しい本が買えます。
A会員：入会金　200円　月　100円
年4回にわけ、1月、4月、7月、10月に集めます。

B会員：月100円

本を借りた月から会費も復活します。

③ 開館時間

＊毎週土曜日　午後1時半から4時

＊2時から2階で「おはなし」と「新刊紹介」の時間があります。しずかにききましょう。

④ 本のかりかた

1．きたら「こんにちは！」ノートに名まえをかいてください。

2．個人カードをさがし、かえす本といっしょに先生にわたして、スミの印をおしてもらってください。

3．かえす本は、それぞれ色の棚にかえしてください。

きいろ―絵本

赤　―小学校　初・中級向

茶　―小学校　上級向

みどり―ノン・フィクション

4．かりたい本がきまったら、個人カードにかりた日と本の名をかきいれてください。

5．さいごに、本のうらにあるカードに、かえす日づけの印をおしてもらってください。

⑤ 入退会・その他

1．入会は、1月、4月・9月の第一土曜日にかぎって受けつけます。小さな文庫なので、在籍は100人が限度です。

2．会費は、1月、4月・7月、10月の第二土曜日までに、おさめてください。

3．退会の場合は、すぐにご連絡ください。こられなくなったとき、本はおともだちに託して、お返しください。

4．本をなくした場合は、すぐにご連絡ください。

ムーシカ文庫だより　1984・7・14

暑い日が続いたとき、ムーシカ文庫の小さな庭に、ヒキガエルくんがでてきて、バラにまいているホースの水を喜んでいました。二、三年前から、ヒキガエルくんは姿を消したと思っていたのに……。都会の片すみに小さな生きものが生きつづけているように、ムーシカ文庫でも、子供たちは、あいかわらず本を楽しんでいます。

夏休みには、時間がなくて読めなかった「ドリトル先生物語」シリーズや「長くつ下のピッピ」の入っているリンドグレーン全集など字の小さい本にチャレンジしてみてはどうでしょうか。

『おはなしの時間』には、小さい人たちと大きい人たちの好みが別れて、大人たちがききたい話をリクエストしてくれたり、子どもたちの方がききたい話があっても困る場合もあります。でも、子どもたちの方がききたい話をリクエストしてくれたり、つまらないときはねころんでしまったりと自在にふるまっているのも　興味深いことです。

大人がすすめても読まない本が、友だちが面白がっているのにつられて、次々と借りられていくことが多いのです。

また、小さいとき、読みきかせの好きな子ほど、一、二年生(とくに男の子)で自分が読むのが苦手という感じが目立ちます。ムーシカ文庫では、そういう人たちが「文字のかべ」をうまく乗り切れるよう、気ながく見まもっていくつもりです。どうか、お家でもあせらずに　読みきかせをつづけてください。クリスマスごろには、どんどん本にとびつくかもしれませんから……。

◆57年秋から、ムーシカ文庫の仲間だった田垣耕三くん（練馬第二小6年）が、4月以来、二ヶ月近い闘病のあと、6月15日に亡くなりました。いつもニコニコしていたおだやかな笑顔が、私たちの胸に残っています。親しかったお友だちをはじめ、文庫からも数人がお通夜、お葬式に参列しましたが、精いっぱい生きぬいた田垣くんは、きっと神さまのもとに迎えられたことと信じます。ご家族の上にも、天からのお慰めを心からお祈りいたします。

ムーシカ文庫だより　1984・12・15

おさむくなりました。ムーシカ文庫のふんいきは、あいかわらず活気いっぱいです。新入会員もふえ、本の選び方にも、読みきかせを体験した人ならでは……の好みが、はっきりしてきました。冬休みとクリスマス会のお知らせに、冬休みにおすすめしたい本のリストもそえます。よいお正月をおむかえください。

◆プレゼントを……！

クリスマスは、プレゼントをもらう日でなく、かなしい人や、困っている人に何かおくる日でもあるのね。アフリカで飢えたり、病気になっている子どもたちに、おこづかいからプレゼントしましょう。12月22日と25日はこをつくっておきますので、お金を入れてください。（あつまったお金は、新聞社のアフリカ援助資金におくります。）

◆冬休みにおすすめしたい本
（1984・12・25　ムーシカ文庫）

Ⅰ　絵本を中心に

きょうりゅうのかいかた
草野大介文／やぶうちまさゆき絵　岩波書店
きつねがコホン
W・ブラウン文／G・ウィリアムズ絵　評論社
ぼくはあるくよ　まっすぐ　まっすぐ
W・ブラウン　坪井文／林明子絵　ペンギン社
ちいさいピッポ
M・ブラウン作・絵　偕成社
＊わにのライル・シリーズ(1～5)
B・ウェーバー作・絵　大日本図書
はじめてのキャンプ
林明子作・絵　福音館
おやつにまほうをかけないで
角野栄子文／いせひでこ絵　小峰書店

＊印……絵本と本のかけはしとして、すぐれている。

Ⅱ　じぶんで読む本　―小学3年生以上―

キツネ森さいばん
佐々木利明作　福音館
ゆきおと木まもりオオカミ　いぬいとみこ作　理論社
もうひとつの空
あまんきみこ作　福音館
ペットねずみ
F・ピアス作　岩波書店
＊大きな森の小さな家（インガルス一家の物語1～6）
ワイルダー作　福音館
グリム童話集（大型1・2・3）　岩波書店
さよなら　わたしのおにいちゃん
ボーゲル作　あかね書房
＊＊風のまにまに号の旅（あなぐまビルの冒険1～6）
B・B作　小峰書店

＊＊印……地味な本ですが、いまムーシカ文庫の男の子たちにもっとも人気のある本。本らしい本を読めたかんじがするようです。プレゼントに向いています。
＊印……こちらもTVでやっていて、長く人気のある本です。

Ⅲ　5年生以上とお母さん方に

ファージョン作品集（1～6）　岩波書店
シートン動物記（1～8　自伝）　集英社
ひみつの山の子どもたち
富山和子作　講談社

旅人　―ペトロ岐部の一生―　松永伍一作　偕成社
＊クシュラの奇跡―140冊の絵本との日々―
D・バトラー作　のら書店
大人になることのむずかしさ　河合隼雄　岩波書店
放課後の子どもたち　斉藤次郎　岩波書店
すばらしいとき　―絵本との出会い―
渡辺茂男　大和書房

＊印……この本は、ムーシカ文庫のすいせん書です。
障害児と健常児の心の発達を実証的に描いたすばらしい本。2800円なのでご希望の方には、2割引でおとりよせします。保母さんや先生方にもおすすめしたい本です。

ムーシカ文庫だより　1985・3・16

思いがけない春の雪に、ムーシカの庭のチューリップの芽やフキノトウが、びっくりしていることでしょう。

わるい風邪がはやり、長い冬でしたが、たのしい春休みをむかえて、4月から、げんきにまたムーシカ文庫にきてください。

この4月でムーシカ文庫は、20周年をむかえます。おはなしのきける人の多い、たのしい文庫として、よいふんいきをこれからも保ちつづけましょう。クリスマスに募金をしました「アフリカの飢えた子どもたちへのお金」は、2550円あつまりました。12月27日、朝日新聞厚生文化事業団へ送りましたことをご報告いたします。

◆3月2日、文庫の貸し出しがすんでから、いぬいさんのお誕生日祝いと、近々、多摩へお引越しなさる小林さん、書道塾を開かれることになった安藤さんのさよなら会をかねたささやかなパーティーをしました。「ムーシカ文庫がいつまでもつづきますように」との願いをこめて、バースデー・ケーキのローソクをいぬいさんが吹き消されたあと、お茶を飲みながら、小林さんの『だめといわれてひっこむな』のおはなしや、安藤さんの『それ、ほんとう?』の読みきかせ実演などで、楽しいひとときをすごしました。安藤さんも小林さんも新しい生活のエネルギー源としても、できる限り、文庫には来るようにしたいとおっしゃっています。

（徳永　記）

◆世話人がふえました……。
飯島さん・木下さん・安藤さん・小林さんが、B世話人として、ひきつづき手つだってくださいます。

3月から、片岡知子さん・福田美幸さん、4月から倉橋しおりさんが、レギュラーとして新しく加わり、ベテランの徳永さん・土屋さんをたすけてくださいます。

いぬいは、「会長」として、創作にはげみつつ、できるだけ、ムーシカ文庫の子どもたちに接して、エネルギーを充電させてもらいます。おたより係は従来どおり、伊藤郁子さんです。

（いぬい　記）

ムーシカ文庫だより　1985・6・22

梅雨びえの日が続きます。おげんきですか？

去る6月8日は、急に文庫をおやすみにして、失礼いたしました。『クシュラの奇跡』の著者であるニュージーランドのドロシー・バトラーさんの講演会に、ムーシカ文庫の世話人一同が出席させて頂きました。クシュラは、この方の孫娘で、重い障害をもって生まれたのですが、両親が幼いときから美しい絵本や、リズミカルな詩やわらべうたを繰り返し読みきかせて育んだ結果、情感の豊かな少女に成長しました。著者は、両親の血のにじむような努力や、医者たちとの交流をこまごまと綴って、絵本がどの子どもにとっても、大切な精神的な友であり、たましいの栄養となることを立証してみせてくれたのです。

本を読む喜びを訴えるバトラーさんに接して、文庫の大人たちはますます、本を読みきかせし、子どもたちとともに読書を楽しむムーシカ文庫の使命を痛感したのでした。

◆おさそい！

わたしたちのムーシカ文庫は、この4月で満20才をむかえました。

そこで、来る6月28日（金）ごぜん10時〜12時まで、新設の貫井図書館をおかりして、いぬいとみこの「語らいの会」を開きます。主催は、ねりま地域文庫読書サークル連絡会です。子どもと本をむすぶさまざまな問題について、少人数で話し合う予定です。日ごろゆっくりお話をする機会がありませんので、ご都合のつく方は、ご出席をお待ちしています。（貫井図書館は7月1日オープンですが、ご厚意でお借りできることになりました。場所は中村橋駅ちかく「練馬サンライフ」となりです。）

ムーシカ文庫だより　1985・7・13

ようやく夏らしい日になりましたが、お元気ですか。夏休みのスケジュールをお知らせします。毎年、8月におやすみにすることを心苦しく思っていました。ところが、7月1日から、中村橋の練馬第三小学校のそばに「貫井図書館」がオープンして、子どもの本もたくさん入っています。どうか夏休みには、山や海やプールでからだを鍛えたり、自然にしたしむいっぽうで、本の世界にも親しんでくださいね。ふだん時間がなくて読めなかったひとも、どうか、ながいおはなしや、ノン・フィクション、伝記なども読んでみてください。幼稚園や小学校低学年のひとは、お母さんと一緒に、貫井図書館など公共図書館にいって、絵本など借りてください。では、元気で、よい夏休みを！　そして9月からまた、ムーシカへきてくださいね。

◆なお、6月28日の小さい集まりは、地域文庫のお母さん方や「ねりまおはなしの会」の方々ともお会いできて、大雨のなかでしたが、盛会でした。

最近、プラハへ行かれた徳永明子さんから、チェコの児童図書出版社　アルバトロスの美しいカタログやら本をみせてもらい、大いに楽しみました。

◆ムーシカ文庫事務局

いぬいとみこ

安藤房枝・小林伸子・片岡知子・倉橋しおり・土屋ふき子・福田美幸・伊藤郁子（おたより係）

ムーシカ文庫だより　1985・12・14

わるい風邪がはやっていますが、みなさんおげんきですか？　ムーシカ文庫は、だいぶ大きい人が減って、新しい会員がふえました。お話のきける人がふえてきたのですが、ムーシカ全体の子どもが二階でお話をきくことは、めったにないのです。それで、こんどのクリスマス会は、「おはなし」や「わらべうた」を中心に楽しい会をひらきますよ。

ムーシカ文庫だより　1986・3・15

長かった寒さもようやくおわって、卒業と入学の季節が近づきました。ムーシカ文庫の庭も、今年は春がおそく、フキノトウが、小さく顔をだしはじめています。

子どもたちの「本ばなれ」や、小・中学での「いじめ」の問題など、身近に聞かざるを得ない世の中です。が、幼い日から、こころの世界、楽しみの世界、あそびの世界をたっぷり味わえたひとたちは、多感すぎて十代になやむことがあっても、それに耐えるユーモアの精神を身につけ、新しい友人との交わりのうちに、それぞれが生きようとしてくれると信じます。

来る3月28日、第二回「子ども文庫功労賞」（伊藤忠財団）

を、いぬいが、小河内芳子さん、斉藤尚吾さんとともに、頂くことになりました。それぞれ、練馬の方たちにも縁ぶかい、図書館活動のベテランにまじって、ムーシカ文庫の私が頂くのは、多少心苦しくもあったのですが、今まで、この文庫を支えてくださった友人の作家や図書館員、ボランティアのお母さんたちや学生たち、そして、ムーシカ文庫と本を好きで来てくださったたくさんの子どもたちへのごほうびと思って、お受けすることにしました。

（ムーシカ文庫の21年の歴史については、改めて4月頃におたよりをさしあげます。）

◆会員数　89人

幼稚園	11
小1年	9
2年	14
3年	20
4年	12
5年	7
6年	4
中3年	1
小計	78

B会員	11
合計	89

ムーシカ文庫だより　1986・7・12

みどりの雨のつづくムーシカの庭に、今年はカラスうりの白い花がさき、ムカゴのおちたところから　やまいもの双葉がいっぱい出ています。もと原っぱの「土」は、生きているのですね。ムーシカ文庫の夏休みのスケジュールをお知らせします。

この4月、長くつづけてきた人たちがB会員になり、少しさびしく思っていましたが、新しいおともだちが増えて、二階での「おはなしの時間」は、にぎやかです。おはなしの時、ねころんでしまう人には注意しています。話し手はテレビではないのですから……。「小さくてもパブリックな場所ですよ」というしるしに。なお、夏休みにおすすめする本のリストは7月19日にさしあげます。では元気で　よい夏休みを！

ムーシカ文庫だより　1986・7・19

おたより88号で予告しました「夏休みにおすすめしたい本」のリストをおとどけします。

今年の8月18日～23日まで、「子どもの本世界大会」が、東京・青山の「こどもの城」で開かれることは、新聞などでご存知でしょう。アジアではじめての作家・画家・図書館員たちが、こどもの本の未来を考えあう大会です。この本のリストにも、そこに参加するM・エンデ、フィリッパ・ピアスさんたちの本も入っています。

この本たちは、85年3月にお配りした「春休みにおすすめしたい本」でもすいせんしてあって、いま小学5年～中1くらいの人たちが、すでに読んで楽しみました。（わかい大人とか、大学生がいまごろ大さわぎしはじめたこの本たちを！）ピアスさんの『トムは真夜中の庭で』は、ムーシカのOB・OGたちの思い出の本です。

どうか、夏休みには、貫井図書館や、地方に行かれる方は地方の図書館・ペンションの本棚でこれらの本を見かけられたら、家族で読んでごらんになってください。では、天候不順な毎日ですが、梅雨あけには、山で海で、また東京で、よい夏休みをおすごしください！

◆朝日新聞1986年（昭和61年）3月5日　記事より（抜粋）
あと半年、アジアで初の子どもの本世界大会

この夏、海外から約七十カ国三百人、国内から八百人が参加して、東京・青山の「こどもの城」で開かれる「子どもの本世界大会」まであと半年足らず。受け入れ準備に追われる日本国際児童図書評議会には、母親や子供たちからのカンパも寄せられ、一般の関心も徐々に盛り上がっている。

テーマ　なぜ書くか、なぜ読むか
ねらい　本を通して国際理解を

大会は八月十八日から二十三日までで、今回のテーマは「なぜ書くか・なぜ読むか」。子供の本の現状と未来について話し合う予定だ。すでに、日本からの安野光雅、松谷みよ子両氏を含めた全体会議講演者九人が決まっている。「子どもの未来」「子どもの本の創造」「私たちにとって子どもとは……」の三分科会には、いぬいとみこ、今江祥智、小河内芳子、小宮山量平氏ら九人が発表者として参加する。ほかに、日本の子供たちが参加するプログラムも用意されている。

◆「子どもの本世界大会」
周辺プログラムの絵本原画展や講演会にも　足をお向けください。

（いぬい）

ムーシカ文庫だより　1986・12・10

12月とは思えない暖かい日が、つづいています。今年のクリスマス会とお休みのスケジュールをお知らせします。夏には、『子どもの本世界大会』があって、日本の小さい『文庫』の役わりが、アジア・アフリカの国ぐににも、知れわたりました。子ども時代に、本をよむ喜びを知ることの大切さが、世界中の作家・画家・図書館員の人びとの声で強調されたのは、うれしいことでした。

お知らせとお願い（1987）

悲しいお知らせをしなければなりません。ムーシカ文庫が生まれたばかりのころからご一緒だった　松永ふみ子先生が、去る5月8日、急逝されました。

いまの文庫がここに建つまで、苦楽をともにし、わざわざ大磯から、毎土曜日きてくださって、おはなしや読みきかせをしてくださいました。5年ほど前、ぜんそくが悪くなり、貝の火文庫がお近くにできたので、いらっしゃれなくなり、いまのムーシカの子どもたちは、お顔を知らないでしょう。でも、『クローディアの秘密』（カニグスバーグ）の訳者の方よ、と言ったら、「えっ、うそぉ、あの方が亡くなられたなんて」と悲しむ人が多いでしょう。今年の3月10日、ムーシカの成人たちがお会いしたときは、じつにお元気で、「また、ムーシカへ遊びにいくわね」と、おっしゃっていたのでした。

そのときの笑顔が忘れられず、胸に悲しみがいっぱいです。でも、文庫の子どもたちが、本を読んだりおはなしをきいたり、さわいだりするようすを　松永先生は、きっと、見守っていてくださると信じます。

残された松永先生のご家族のみなさまに、心からお悔やみ申しあげます。

＊

去る6月27日、ムーシカOGの森友百重さんが、久しぶりにムーシカを訪れました。この4月から東京に戻っていらした木下惇子さんが、松永ふみ子先生のことをおはなしすると、百重さんは言葉も出ないほど、ショックを受けられたそうです。水野直子さんとマリさん、近藤知保さん、小松原宏子さん、喜代田智子さん、﨑村友男くんたちに、この悲しい知らせを告げるのが、辛いです。

＊

6月28日（日）、大森のめぐみ教会で、わかい女の人に声をかけられました。「おぼえていますか？」と聞かれ、「あっ、良美さん。お姉さんは浩美ちゃんね」とこたえました。斉藤さん姉妹は、1974年頃お引越しでムーシカをやめていった人です。良美さんは、この4月から、めぐみ幼稚園の保母になったと告げてくれました。いぬいもずっと昔、めぐみ幼稚園の保母をしていたのです。この不思議なめぐりあわせに驚きつつ、松永先生のことを話すと、「えっ、私、覚えています。小さいとき『はなのすきなうし』を松永先生に読んでいただいたことを……」と、良美さんも、悲しんでいました。

＊

このおたよりを読まれた方の中で、松永先生の思い出をお持ちの方、どうか、文庫の成人たちにおきかせください。ムーシカ文庫とかかわりの深かった松永ふみ子さんのことをいつか『伝言板』で、みなさまにお伝えしたいと願っておりますので。

（いぬい　記）

ムーシカ文庫だより　1987・7・11

せまいムーシカ文庫の庭に、ムラサキシキブの花や、バラ、ミズヒキ草、カラスうりの花が咲いています。

水不足の毎日ですが、みなさん、お元気ですか。

ムーシカに新しいおともだちがふえて、よろこんでいます。

夏休みが近づいてきました。どうか、お休み中には、貫井図書館などで、たのしい、長い物語や、絵本を借りて読んでください。また、海や山でからだもきたえて、9月にはげんきな顔をみせてください。

ムーシカ文庫だより　1987・12・5

ムーシカ文庫の垣根のバラの枝切りもすみ、サザンカの花が、かげのほうで咲いています。オオカミ原っぱ（十年前まであった、このへん最後の原っぱ）の名残りのアオキも八つ手の木も、工事のためにとうとう伐られてしまいました。ムーシカの小さな庭に、小鳥のフンから生え出た小さいアオキが、その形見です。近ごろ工事が多いので、行きかえり、車に気をつけてください。今年のクリスマス会と冬休みのお知らせです。休んでいるおともだちにも、おしえてあげてくださいね。

◆スケジュール

1987年12月19日（土）　☆本の貸出しとクリスマス会
　午後1時30分～2時　本4冊　貸出し
　午後2時～3時30分　クリスマス会
　（会場はムーシカ文庫の2Fです。）

12月12日（土）　☆クリスマス会に来られる人は、出・欠カードに○印をつけて、持ってきてください。
　☆19日に、来られなかった人は、12日に冬休み中の4冊の本を貸出します。

12月20日～1月8日　冬休み

1988年1月9日　文庫びらき
　この日から始めます。

◆くりすますかい・ぷろぐらむ

おはなし
人形劇
指あそび
ゲームいろいろ
うた

みんなもなぞなぞをおぼえてきてください。手品もかんげいします。

☆交換プレゼントはやめにして、文庫でささやかなプレゼントを用意します。
（おかしの袋・みかん・ミーシカ文庫からもらったプレゼント　など……）

☆今年も、アフリカの飢えたり病気になったりしている子どもたちに、おこづかいをプレゼントしましょう。井戸を掘るお金の一部として……。
12月12日・19日　箱をつくっておきます。
（集まったお金は、新聞社のアフリカ援助金におくります。よろしく。）

ムーシカ文庫　世話人一同
安藤・いぬい・片岡・木下・倉橋・小林・土屋・徳永・（おたより係）伊藤

ムーシカ文庫だより　1988・1・30

おとなりの工場とりこわしの騒音もやみ、静けさが、一応はもどってきました。

12月19日のクリスマス会は、地ひびきと騒音の中でも、41人の子どもと11人のおとなが『ちびくろ・さんぼ』の人形劇や『かにむかし』の紙芝居などを楽しむことができました。

そのあとで、残念なおたよりをさしあげなければなりません。「こんにちは！」と、かけこんでくる子どもたちの顔を見ると、とても言いづらいのですが、ムーシカ文庫は、今年の3月末までで、終了させていただきます。なんとか開けつづけようと、昨年以来、いろいろ相談してきたのですが……。

第一に、主宰者いぬいの健康の問題・家庭の事情が、引き金となりました。85年3月、救急車で入院して以来、気をつけていたのですが、母の老化がすすむ一方、87年7月に右目を手術。ムーシカの世話人の方々のご協力で、黒姫でなるべく過ごし、一応回復したのですが、あの騒音下、東京で仕事とムーシカのクリスマスに立ち会うなどしているうちに、物が二重・三重に見え、左目がほとんど見えなくなってしまいました。1月11日、主治医のところへ行きましたら、「このままの密度の忙しさが続けば、左目も再手術しなくては」と、宣告を受けてしまいました。それは、身体の過労というより、作家（87年度は、創作がひとつもできませんでした）・ムーシカ文庫・家庭の事情プラス地域の騒音など、すべてがストレスの原因となって、一番弱い目に影響が出てしまったのです。

22年間、文庫をつづけて来て感じることですが、最近、子どもたちや私たちに、ゆったりとした時間が、乏しくなりすぎました。ここ4、5年、世話人の間にも、いろいろな家庭の事情があり、引越しされた方もあり、みな無理をしながら、ムーシカを守りつづけてくださいました。そのおかげで、いま、ムーシカに来ている子どもたちは、おはなしや絵本が大好きになっています。たとえ、ムーシカがなくなっても、近くの貫井図書館などで、おはなしを聞いたり、本を借りることができるでしょう。その点が、せめてもの心のなぐさめです。

子どもたちの生活も、10年前にくらべると「忙しく」なりすぎました。私たちは、手づくりの小さな文庫で、学校の勉強とは一味ちがう「もう一つの世界」を発見してもらいたいと思いつづけて来ました。が、「この先、週1回、2～3時間の文庫に何ができるだろうか……」という感じも否めません。それにくらべれば、地域の図書館なら、開いている時間が、ずっと多いのです。4月からは、どうか、そちらで本を読み、おはなしを聞いてください。

◆『徳永明子さんのおはなしを聞く会』を2月26日（金）に、ムーシカ文庫でひらきます。アメリカの公共図書館を実際にみていらした体験談を通して、ムーシカの現状や、地域の図書館の大切さについて、うかがいたいと思います。どうか、お忙しいでしょうが、いらしてください。

◆クリスマス会のアフリカへのカンパは、1万6千89円でした。朝日新聞のアフリカ援助資金におくりました。

1988・1・30
ムーシカ文庫
いぬいとみこ（記）
世話人一同

ムーシカ文庫だより　1988・3・12

ムーシカ文庫の庭のチューリップたちが、ようやく芽をだし、日ましにのびています。

3月は、卒園・卒業……と、おわかれの季節ですね。ムーシカのおしまいの日も、とうとう、やってきてしまいました。3月12日が、さいごの貸出し、3月19日が、〈さようなら〉の日です。

「あと何かい？」「この本どこへいっちゃうの？」「おうちもなくなっちゃうの？」と心配してくれたひともいましたね。いいえ、このちいさいおうちは、ここにありますし、本も本棚もちゃんと残ります。だって、みんながたのしんでくれた本たちは、ムーシカの〈たからもの〉ですもの。よく、大きい人や、おかあさんや、出版社の人たちがお客にいらして、「わぁ、なつかしい！」と、本をなでていたのをおぼえていますか？　あの人たちは、ちいさいころ好きだった本がいっぱいあるムーシカに来て、自分たちの子ども時代とめぐりあってよろこんでいたのですよ。

2月26日、『アメリカの公立図書館について』うかがう会をムーシカ文庫の2階でひらきました。徳永明子さんの〈本は楽しいおともだち〉をどうかごらんください。おかあさんやおばあちゃま、もと文庫の世話人、いまの世話人に、お客さま一人も加えた16人で、カタログや写真をみせていただきながら、たのしい、みのり多いひとときを過ごしました。赤ちゃんの時代から、二代目、三代目が利用できるたのしい町の図書館の大切さを　改めて考えさせられました。

みなさんもどうか貫井図書館などへ、きょうだいやおかあさんたちと行ってみてください。

3月19日は、本を返し、2階でおはなしや読みきかせをきいて、たのしいひとときをすごしましょう。

おわかれに、ムーシカにある本を思い出せるように、本のリストと、〈ムーシカ・メイト〉というカードをひとりひとりにさしあげます。船乗りは、昔のなかまを　オールド・シップメイトといいますね。「あなたは、22年前から続いてきた　ふるいちいさなムーシカ文庫のなかまです」という、しるしのカードです。

どうか、げんきに出発してください！　そして、ムーシカ文庫をわすれないで！　ちいさいひとは、おかあさんによんでもらってくださいね。

ムーシカ文庫世話人
いぬいとみこ
木下惇子・片岡知子・倉橋栞・小林伸子・土屋ふき子・徳永明子・森口あだん・伊藤郁子（おたより係）

新聞記事から

一九七七（昭和52）年　1月20日（木）　毎日新聞

「ムーシカ文庫」の独立

東京・練馬の通称〝オオカミ原っぱ〟に、児童文学作家、いぬいとみこさんの「ムーシカ文庫」がよそおいを新たに開設された。十年間、間借り生活を続けてきたこの文庫が、新築のかわいらしい一軒家に移るまでの、いぬいさんたちの苦労は大変なものだった。子どもたちとの交流や、バザーやカンパに協力してくれた人たちの熱意に支えられてオープンにまでこぎつけたてんまつと、新しい年を迎えて子ども文庫に対する抱負を、いぬいさんに聞いた。

間借人のつらさ

西武池袋線富士見台駅から四、五分。裏道の突き当たりにある新築ほやほやの小さな二階家が「ムーシカ文庫」（練馬区貫井三の三十三の三）――昨年の秋ごろまで、このあたり一帯は雑草がいっぱいで、近所の子どもたちは〝オオカミ原っぱ〟と名づけていた。

いぬいさんが子ども文庫を開いたのは十年前。最初の四年間は幼稚園に、その後銀行のホールの片隅に間借りしていた。土曜の午後、銀行が閉まってから、銀行のお客らしからぬ小さなお客さんがやってくるのだ。

「初めのうちは、銀行も快く場所を提供してくれたのですけど。そのうち雨の日は階段をよごしたとしかられ、身の縮む思いでふき回ったり、夏の暑い日も、クーラーを入れると湿気がこもると怒られ、閉め切ったむんむんする部屋で……間借人のつらさがほんとうに身にしみました。でも、六年間もがんばってこられたのは、子どもたちのものおじしない、気がねを知らない態度に、勇気づけられたからでした」といぬいさん。

それでも昨年の初め、とうとう引っ越しを決意した。銀行側が保安を理由に文庫のオープン時間を一時間十分に短縮したのをはじめ、いろいろ制約をもうけるようになったためだ。引っ越し先を見つけるのが大変だった。貸家やマンションは見つかっても、子どもが大勢くるのでは……と断られた。そのあいだも、短い文庫開きの時間に間に合うようにと、遠くから中学生が息せききってかけつけてくる。それに励まされ、やっと建設中の今の家を見つけた。

うれしいカンパ

今度はお金の算段。翻訳者で文庫の協力者の松永ふみ子さんと二人で、まず二千万円の売値を千八百万円にまけてもらうように交渉。次に契約書をもって銀行へローンを申込みに。

「買物かごさげたおかみさんがきたとばかにされちゃって。松永さんと納税証明書を持って出直したのですけど、営利でなく福祉事業だから貸せないといわれました」

そこで今度は、相互銀行へ。二人の預金通帳と家を担保に、やっと高い利子で借りることにこぎつけた。

現在、地域文庫や家庭文庫は全国で約三千というほど文庫活動は盛ん。しかし、場所の問題でやむなく閉鎖しなくてはならないケースも多い。

昨年の十一月末、資金集めのバザーを開いたとき、「つくし文庫」「ブルブル文庫」「風の子文庫」「保育と人形の会」——いろいろの文庫の人たちが、出品物を提供して、いぬいさんたちを感激させた。「ムーシカ文庫」のO

Bの大学生から、アルバイトで得たお金のカンパも寄せられた。

約一年がかりで求めたすえの新しい文庫の家がようやく完成、昨年のクリスマスの日にテープカットを行った。常時七十人くらい集まった子どもが、ゴタゴタで三十人に減ってしまっていたのに、クリスマスにはOBたちはじめ百人近くがやってきて、中学や高校のお姉さんたちがプログラムのリーダー役を引き受けた。

この一月八日、オープンした日の夜、かけつけた地域の文庫関係者の人たちから、女性でありながら、しかも営利事業以外のことに銀行からお金を借りることの困難さをのりこえた、いぬいさんたちに、お祝いの言葉が寄せられた。

子どもたちのため

「執筆もあるし、文庫をやめちゃおうかと思ったこともあるのですけど。子どもが本を読まないといいますが、読む場所があれば読むんです。私は本が好きで、子どものときから本に恵まれて育ったので、いま恩返ししなくちゃと思うのです。それに子どもたちとのコミュニケーションは、教えられることがとても多いのです。子どもは、小学校三年生ぐらいまで放っておくと、センチなものを好むようになります。感傷だけは避けたいと思う。そして押しつけでない、その子の才能を解放できる楽しい場にしたい」と、いぬいさんは語る。

そのいぬいさんを支えているもう一つの理由は、五年間無欠勤で手伝っているEさんをはじめ、五、六人の主婦やOL、学生たち。そして受験で中断しても中学、あるいは高校に入るとまた通ってくる子どもたちとの息の長い交流である。

一九八〇（昭和55）年　12月15日（月）　毎日新聞（夕刊）

子供たちを〝本のトリコ〟に
『ムーシカ文庫』15歳　いぬいさんのチビっ子図書館

『ながいながいペンギンの話』『北極のムーシカミーシカ』など数多い児童文学の名作を発表してきた作家・いぬいとみこさんが開設している手づくりのミニ図書館「ムーシカ文庫」が、十五周年を迎えた。昭和四十年春、東京練馬区の幼稚園の一室を借り、蔵書数百四十四冊でスタートしたこの文庫も、いまでは小さいながら一戸建ての家に約三千冊の本を擁するまでに成長した。こんどのクリスマスには、一時は失明が心配された目の病もいえ、執筆活動を再開したいぬいさんの快気祝いを兼ねて、会員の子供たちや文庫から巣立っていったＯＢ、協力者たちの手で、十五歳になった文庫を祝福する集いが開かれる。子供の本離れがいわれるなかで「持続的に、楽しく、子供たちといい本をめぐりあわせる」ことを願って、続けられてきたいぬいさんらの努力は、ようやくいま、子供たちだけでなく、その若い親たちにも本への目を開かせようとしている。

間借り時代

西武池袋線富士見台駅に近い裏路地に建つしょうしゃな二階家が、週一回土曜日の午後開かれる会員制の「ムーシカ文庫」（東京練馬区貫井三の三三の三）だ。

「幼稚園の一隅を園長さんのご好意で使わせていただいて三年、銀行支店の一室で八年。長い間借り時代を経て、ようやく四年前に手に入れた安住の場所なの」

一年前、重症の網膜はく離を起こして手術、半年にわたる闘病生活ですっかり回復したいぬいさんは、ふっくらとした顔をほころばせる。だが、毎日出版文化賞、国際アンデルセン賞、野間児童文芸賞と輝かしい受賞歴を持つ、この著名な児童文学の作家にも、文庫の〝安住の家〟を入手するまでの苦労は並み大抵ではなかった。

「子供たちにいい本とめぐりあわせたいという私の願いに、最初は好意で場所を提供して下さっても、大勢の子供が集まるのは、うとまれるんですね。だんだん使用時間を減らされ、夏のクーラー使用も禁じられ、たまりかねて中古マンションを買う決心をして売り主に会いに行くと、子供がたくさん来ては迷惑と断られる始末」

子供が激励

貸家、貸室も同じ理由でつぎつぎに断られ、いぬいさんは文庫閉鎖を考えるところまで追い込まれた。「でもね、文庫の時間に間に合わせようと、遠くから息せききって駆けつけてくる子供たちに励まされて、とうとうがんばり通して」。いぬいさんは、現在地に分譲住宅が建つことを聞き、文庫創設二年後からの協力者で翻訳家の松永ふみ子さんと資金を折半、その一軒を買い取ることにした。売り値は当時二千万円。

「千八百万円にまけてもらうことに成功したけど、二人の手持ちではとても無理。銀行にローンを申し込んだら営利事業でない文庫には貸せないと断られ、別の相互銀行で、二人の預金通帳と家を担保にやっと返済期間七年のきびしい条件で借りて、〝ちいさいおうち〟を手に入れました」

「読み聞かせ」の時間——子供たちは物語の主人公になって本の世界にはいりこんでいく（右端がいぬいさん）＝ムーシカ文庫で

土曜日の午後一時半ちょうど、ムーシカ文庫を訪ねた。絵本や児童図書の並んだ書架が取り囲む階下の部屋で、いぬいさんと世話役の絵本作家、木下惇子さんたち三人が貸し出し準備の最中。間もなく玄関のカウベルが軽やかに鳴り出し、一週間前に借り出した本を抱えたり、手提げ袋に入れた子供たちが三々五々姿を見せ始めた。

持参の本を返すと、思い思いに書架の本を抜き出し、借り出し手続きをしてさっさと帰っていく子、本ダナにもたれて読みふける子、本を持ってトントンと二階の部屋にあがっていく子とさまざま。「本を持ってすぐ引き返すのは、塾に行かねばならない五、六年生が多く、二階にあがるのは、二時半から始まる〝読み聞かせ〟を聞く子供たち」といぬいさん。

読み聞かせの時間がきた。この日の担当の木下さんが本を抱えて二階に上がると、和室のコタツのまわりには、すでに十数人の子供たちが待っていた。子供たちは、お話を読み進む木下さんのくちびるを見つめ耳を傾け、ときにクスクス笑ったり、うなずきながら次第に物語の世界に引き込まれる。

ここは解放区

階下に戻ると、就職が決まったので立ち寄ったというOB会員の短大生、折戸広子さんが、十五周年記念のクリスマスパーティーの打ち合わせをいぬいさんとしていた。「ここは子供たちの〝解放区〟なんですよ。クリスマスの集いには、五十人を超す子供会員、それにOB、協力者たちで小さな家がパンクするかもしれませんね」。本と子供たちに囲まれ、いぬいさんは幸せそうだった。

〃新世界〃に橋渡し　幼いころに読書の習慣を
いぬいとみこさんにインタビュー

――悪戦苦闘の十五年、忙しい執筆時間をさいて「ムーシカ文庫」をよく続けられましたね。

いぬい　これまでに百人以上の人たちの協力と努力のおかげです。それに本に出合い、本を読む楽しさを知った生きた子供たちと付き合えるよろこびに支えられて。

――作家のあなたが子供のために手づくり図書館をなぜ？

いぬい　文学上の師として深く尊敬するソビエト児童文学の長老、コルネイ・チュコフスキー（一八八二―一九六八）に、昭和三十九年夏、モスクワ郊外のお宅で再会したんです。そのとき、チュコフスキーさんは「四キロ四方に一つ子供の図書館があれば、子供たちはいつも本と接することができる」と自宅の庭の小さな図書館に案内して下さった。私は、そのとき八十三歳の老作家が何十年来開いている楽しげな子供図書館と、読む場所さえ与えてやれば、子供たちが喜々として本を読む姿を目の前に見て、自分でもぜひと。

――子供たちの本離れがいわれ、毎日新聞社の読書世論調査でもそれを裏付ける結果が……。

いぬい　「近ごろの子供たちは、マンガやテレビばかり見て、本をあまり読まない」と、みなさんおっしゃいます。でもムーシカ文庫を十五年続けてみて、それは全部の子供じゃない。いま、私たちが開いてるような家庭文庫は、全国に三千以上あり、その仕事をやっている人たちと話して一致するのは「以前にくらべて、子供たちはテレビもマンガも見るけど、本もじつによく読む」という感想です。

――この文庫の子供たち、ほんとに楽しそうに本を読んでますね。

いぬい　個人別の貸し出しカードを見ると、文庫に来るようになってから百五十冊から二百冊も読みこなしている子供たちが何人もいるんですよ。よい本に出合った子供たちは、だれに教えられなくても、本の世界のすばらしさ、楽しさを自分で発見するんです。

――受験体制とかテレビとか、子供と本をしゃ断するものが、現代は多すぎると指摘されてますね。

いぬい　見落とせないのは、おかあさんたちの本離れ。テレビ時代の中で生まれ、育った若い母親たちの多くは、自分自身、子供時代ちゃんとした絵本も童話も読まずに大人になっているんですね。文庫から子供が借りてきた本を見て「こんなすばらしい子供の本があるのを知りませんでした」と感謝され、びっくりすることが何度も。よい本を大人たちにも出合わさなければとつくづく思います。

――本の読み聞かせにも力を。

いぬい　「作家は子供にじかに本を読んで聞かせることで、子供たちからずいぶん教えられるものだ」とチュコフスキー先生の言葉を守って。子供のほうも、読み聞かせた本は、かならず借りていくんです。本の世界への橋渡しとして、ほんとに効果があります。

――文庫は、これからも？

いぬい　もちろん。小さいとき本を読む習慣を持っていれば受験勉強で中断しても、また本の世界に戻ってくるのをOBたちが実証してくれています。

（特別報道部・松谷　富彦記者）

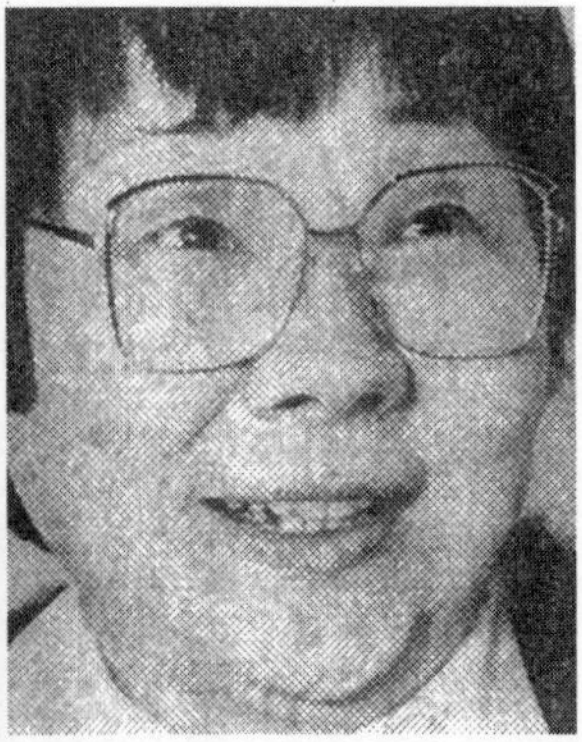

一九八一（昭和56）年　1月11日（日）　朝日新聞「天声人語」

その「小さな小さな図書館」が生まれた時、本は百四十四冊しかなかった。それでも最初の貸し出し日には四十人の子が集まった。子供たちはシャムねこの冒険物語を読んでもらい笑い声をあげた▼はじめは幼稚園の一室を借りていた。五年後に相互銀行の三階の部屋に引っ越したが、やがてそこも立ち退きを求められる。絶望的になって、やめようと思ったことが何度もあった。苦労して東京・練馬に独立した小さな家を建て、そこを図書館にした。十五年たった。蔵書も三千冊になった▼土曜の午後、子供たちは集まって自由に本を読む。必ず「おはなしの時間」がある。そこはいま、本を読むよろこびの灯の燃える場所になっている▼幼いころ、ここに通った子供たちがいまは高校生、大学生になり、時々訪れては貸し出しや図書カードの整理を手伝って行くそうだ。図書館の名は『ムーシカ文庫』、仕事を続けているのは作家のいぬいとみこさんたちである▼幼いころに本を味わうたのしさを身につけることができるかどうか、角がすりきれ、とじめがこわれそうになった一冊の絵本、一冊の物語の本をもつことができるかどうか、それはその子の一生を左右する。読書のたのしさを知る人になるには、小学一、二年までの体験が大切だといぬいさんはいう。逆にいえば、小学高学年までテレビ一辺倒だった子を活字の世界にひきいれるのは難しい▼子供は「本という新しい世界へ旅立つ旅人だ」と絵本作家の木下惇子さんはいっている。旅立ちがうまくいけば、あとはもう自分の足で、本の世界をどんどん先へ進む。本の世界を旅する自分の足とは、自分の想像力だ。その足は使えば使うほど強くたくましくなる、と。本への旅立ちを助けるために、いぬいさんたちは、のどが痛くなるまで、本を読んできかせる▼『ムーシカ文庫』のある練馬区には、同じような小さな家庭文庫が四十もある、という話に驚く。それは、活字離れに対する母親たちの危機感の表れだろうか。

一九八三（昭和58）年　10月30日（日）　朝日新聞「天声人語」

読書には、「楽読」と「苦読」があるのではないだろうか。仕事柄、毎日、たくさんの本とおつき合いをしている。ある主題に関連した本を集め、うずたかく積んで次々に読み飛ばす▼いや、読んでいるのではない。なにかを捜しているだけなのだ。こんな扱いをうける本のほうも迷惑至極なことだろう。むりをして細かい字を追ううちに、目が痛くなる▼新聞休刊日、それも雨の降る日、寝ころがってデイモン・ラニアンのマンハッタンものを読んだりしているときは、いくら読み続けても目が疲れるなんていうことはない。楽読と苦読の差は歴然としている▼たとえば辰野隆博士のような人は楽読の名人だったのではないか。「就寝時の読書は既に永年の習慣になっているが、時々、読んでいるうちに睡くなるのか、半ば睡りながら、なお読み続けているのか判らぬことがある。半醒半睡時の読書の戯れとでも云うのか」。楽読ざんまいの境地である（辰野隆随想全集）▼本を楽しむ習慣を身につけるには、幼時の体験がものをいう。筆者の仕事机のすみに『ムーシカ文庫の伝言板』という小冊子がある。童話作家いぬいとみこさんたちが続けている小図書館運動の会報のようなものだ▼これを読むと、幼い子に本を読んでやること、お話をきかせてやることの大切さがしみじみと伝わってくる。子供たちは耳から入ることばから、自分なりのイメージを組み立てる力をつける。楽しみながら想像力や創造性を身につけて行く▼ムーシカ文庫で育ったある少女がいうように、子供たちはここで「望めばどんなところへも行けるパスポート」を手に入れるのである。大学生の娘さんが古巣の文庫に遊びに来て、かつて自分が夢中で読んだ絵本を幼い子供たちに次々に読んできかせることもある▼心に種をまかれた人が次の世代へまた種をまく。そういう貴重な楽読の伝承が街の一角で静かに続けられている。

外なる子ども内なる子ども

——子どもの本世界大会での発表原稿——

いぬい　とみこ

外なる子ども　内なる子ども

いぬいとみこ

ここ20年間、私の身近には、6歳から13~14歳までの子どもたちがいつもいた。自宅の近くに小さい子ども文庫「ムーシカ文庫」を友人と開いてきたので、週に一回、土曜日の午後、そこで40~50人の子どもたちと会うことができた。私にとって「子ども」とは、ここで出会った多様な性格の、生きている子どもたちのことだ。

今年の一月の雨の土曜日、珍しいお客が文庫を訪れた。

——え、まさか、これがあの宏子ちゃん？

まさしく、つい3~4年前まで大学生やOLとして、しばしば訪ねてきた荒井宏子だった。小松原夫人となった彼女が、6カ月の長女優美《ゆみ》ちゃんを背負って入ってきたのだ。成人たちは、彼女が結婚後も大阪で女教師をしていたことは知っていたが、この変身ぶりには驚かされた。

——ここの本たち、変っていないんですね。なつかしい。いまに優美といっしょにみーんな読みます。

彼女は、昔なじみの『ピッピ』とか『マドレーヌ』とか『ライオンと魔女』など、いちいち書棚から出してさわってみては懐しんでいる。

——そう。この本たちといっしょにあなたは育ったのね。と、私はいい、あらためて、長年つきあってきた、子どもたちとの最初の出会いを思い出させられた。

一九六五年四月、私たちが小さい文庫のために用意した本は、わずか144冊だった。5才だった宏子は、兄と20分ほど歩いて本を借りにきた。文庫のまわりには緑の樹木や田んぼやキャベツ畑が残っていた。近くの川や池では、男の子たちがさかな釣りのできる環境でもあった。公立図書館は近くになかった。

しかし、幸いにも、60年代は、福音館書店、岩波書店、偕成社、理論社などから、小さい読者にふさわしい本が、つぎつぎ出版されていた。

「65年10月、『長くつ下のピッピ』、11月、ラチョフ『てぶくろ』、『エルマーとりゅう』購入、読み聞かせ。12月、『長くつ下のピッピ』3部作、文庫で大人気」

などというなつかしい記録が私のノートに残っている。

私自身、その本たちの一部の編集者であった。世間ではあまり手にとられないこれらの本たちを、文庫の小学3年生たちが、むさぼるように読む姿がうれしかった。しかも、子どもたちに『エルマーのぼうけん』や『ピッピ』を読んであげると、一人で目読していたときより、はるかに活性化したイメージを作品から受けることを私自身は発見した。

土曜日の午後、学校を終えたばかりで、まだ遊びたりない子どもたちは、文庫にきても、けっして静かにはしていない。しかし、あるとき、E・マチーセンの『あおい目のこねこ』を、20人ほどの子どもたちの前で絵を見せながら読んでいると、こねこが山をこえ谷をこえてねずみの国へ勇んで出かける場面で、40の目が熱心に絵を追って動いていく。子どもたちは、からだごと、主人公の心と行動に同調しているのだ。

この経験から、私自身、幼いとき、よき語り手であった幼稚園の岩村清四郎《いわむらせいしろう》牧師から、『三びきの子ぶた』、『モーゼの話』、『アリババと40人のどろぼう』の話をきいたとき、その主人公たちのすがたが、イメージとして目の前を動いていったことが思い出された。私は一人っ子だった。同じ年ごろの遊び相手のないときは、架空の友だちと対話することが多かった。そして、自分を不器用なハンパもの、グリムのホレおばさんの悪い方のむすめと思っていた。もしも当時の私が、なかま外れにされながらも、ねずみの国を発見しに出かける、この『あおい目のこねこ』の絵本に出会っていたら、どんなに満足できたろうか、とつくづく思った。

当時、慣れない編集者として、絵本の楽しさを知らない人々から、「子どもとは何か」と問いかけられ、統計上の数値で表現された子どもの反応にばかり注意をむけさせられていた私には、生きた子どもと出会えた喜びは大きかった。

「家庭」の枠にしばられず、「学校」の教育とは関係のないところで、一人一人の子どもたちが、楽しい本の世界と出会える場所——として私たちの文庫は誕生した。本は好きだが専門の図書館員でなく、絵とか文学が大好きで、文学を教育のけらいとしてみることが大きらいな成人たちが、自然に集まっていた。

同じ頃、私は画家の赤羽末吉さんや岩崎ちひろさんたちと、信州の山の中に小屋をもち、そこへ遊びにくる近くの「分校」の4年生以下の子どもたちと友だちになった。山村育ちの少年少女は、セミ、トンボ、カミキリムシ、クワガタ、ヘビといった生きものと親しかった。そのせいか、生物とかノンフィクションの絵本をより好んだ。しかし、2~3年つきあううちに、『おやすみなさいフランシス』とか、『長くつ下のピッピ』、『小さい魔女』(プロイスラー)が借りてゆかれて、うれしかった。東京では、ムーシカ文庫が生き生きとつづいていた。

しかし、生きた子どもとのふれあいが始まると、楽しいことばかりはつづかない。悲しい別れもやってくる。

——私、大きくなったら、ムーシカ文庫の支店をつくるの。

といい出す少女もいるのに、最初は幼稚園の一室に、つづいて、ある銀行の3階ホールの片すみに本棚と本を置かせてもらい、土曜日の午後だけオープンする……という小さい「間借り文庫」には、閉鎖の危機が絶えずあったのだ。

土曜日ごとに近くの5つの小学校からやってくる子どもは70人になり、『クマのパディントン』も、『ライオンと魔女』も、『トムは真夜中の庭で』も、〃予約〃する子の列ができるほどの盛況ぶりだった。それなのに、その裏で成人たちは、果して来年もこの状態をつづけられるのだろうか、といつも心配をつづけていた。

子どもたちの笑いと、お話を読み聞かせる声とに満ちた文庫の時間は、きびしい現実の学校生活や日常生活の隣りにある、ひとときの〃パラダイス〃だったといえる。そこは、成人たちにとっても〃パラダイス〃であり、「私たちのこんなに楽しい場所を、どうしてもつづけたい」と成人たちは願った。

この文庫に小学3年からきて、高校生になった喜代田智子《きよたともこ》は、76年11月、こんな手紙を寄せている。

「人気ものの『トムは真夜中の庭で』をずっと借りっぱなし。ごめんなさいね。P・S・クラスにも、パディントンのファンがいて喜んでいます」帰校時間が遅くなり、長い間、本を返せずにいることを気に病んでいる、こんな手紙を受けとると、どうしても、文庫を持続させなくては……と成人たちは決心を新たにするのだった。

この年、銀行を借りられる時間をたった「2時間」といいわたされ、成人たちは、真剣に「家」さがしを始めた。

最初から独立の建物をもつことを前提としたら、この文庫は誕生しなかったろう。しかし、芽生え始めた〃ユートピア〃の種子を、枯らしてしまう勇気が私たちになかった。むしろ、自らの幼年時代からひきつづいて愛する値打ちのあるものを、次の世代の子どもたちに伝達したい夢がすでに生れていた。友人の松永ふみ子と私は、銀行ローンを借りて、小さい「家」を買う決心をした。女二人、それが何とかできた、よき時代の最後だったといえるかもしれない。

一九七八年一月、オオカミ原っぱの片すみに建った小さいおうちで、楽しい本棚と1,500冊の本のある文庫が始まった。たっぷり、お話や本の読み聞せのできる新しい文庫の誕生は、うれしかった。

しかし、この建物をきっかけとして、子どもたちの遊び場であった原っぱに、つぎつぎとマンションや家が建ち、緑の樹が切られてしまったのは情けなかった。都市のミニ開発が始まっていた。

前記の宏子も智子も大学生となり、新しい文庫でのクリスマス会には、後輩たちのために、ゲームやうたの指導にあたってくれた。学習塾やピアノやそろばん教室へ通うひまをぬって、小学生たちは本を楽しむためにやってきた。

そして、寺村輝夫、松谷みよ子、佐藤さとるの作品や、『ドリトル先生物語全集』や、『ナルニア国ものがたり』、『リンドグレーン作品集』などを、つぎつぎと読んでいた。1階の本棚の上段には『ランサム全集』やル・グウィンの『ゲド戦記』、ペイトンの『愛の旅立ち』が並び、大学生たちによく読まれた。

しかし、80年代になると、この本たちは、本棚にいつも並んでいて、増設された「絵本の棚」に、小さい人たちが群れるようになる。

私自身、広島や周辺の軍都を舞台とした長編『光の消えた日』（岩波書店）を書き終えたあと、一九七九年末、左目の手術を受けた。その後の、約半年間、本やテレビや子どもたちの世界から遠ざかり、自分の心の闇を見つめて暮らすことになった。ムーシカ文庫へさえいけなかった最初の3カ月が、1年以上にも長く感じられた。生きた子どもたちの心との楽しくて明るい交流のみに目をむけて、つとめて自らの「内なる闇」を見まいとしてきた私に、一つの転機が訪れたのだ。本を読むことを許されない私は、やむなく信州の山小屋で、小鳥たちの音楽に心を慰め、友人の読んでくれたテープをくりかえし聞いた。

この経験から「本を読んでもらうこと」が、内容や意味の伝達ばかりでなく、読み手の心のイメージと、聞く人への愛の伝達であることが再確認できた。自分の無意識の底に蓄えられていた世界が、他者の声によって、よみがえる経験もした。どうしても『指輪物語』をすぐ再読したくて、友人の援助で半年がかりで私用のテープ48本ができあがった。私はそれをくりかえしきき、心の栄養をとることができた。神経のとがりきった私にとって声できくエルロンドの屋敷の光景や、夜の沼の光景は戦慄的でさえあった。

八四年の十月から、私はようやく創作を再開した。10年前に北海道のオホーツクへいって以来、書こうとして書けなかった『白鳥のふたごものがたり』を。―白鳥のふたごが生れ、友情をもち、死の危険と戦い、父鳥にはむかい、老鳥に助けられて冒険を完成する。それを書いてゆきながら、自分は、自分の「内なる子ども」へ語りかけつつ書いていると思っているのに、主人公たちが、勝手に行動し始め、自己主張を始めるのには驚かされた。主たる主人公のオオハクチョウにも、トリックスター的な3羽のアカエリカイツブリたちにも、ムーシカ文庫で出会った「外なる子ども」たちから得た投影が、さまざまな形で感じられた。

なかでも愉快なアカエリカイツブリたちは、正統派のオオハクチョウたちが困難な旅をしてふるさとへ帰るとき、あえて自分たちが発見した日本の沼で暮らすといって別れていく。

私自身、文庫を去っていった多くの子どもたちの心情や困難な状況について、目くばりを欠いてきたが、その彼らもまた私の心に見えるくらい影を残し、作品の中で、見事に反逆を主張していた。

「私にとって、子どもとは」という設問に対して、あまりに個人的主観的な展開の仕方ではあったが、一人の作家の子どもと本の世界へのかかわり方を述べてみた。

私たちの文庫への最年少の訪問者である小松原優美ちゃんは、21世紀をどのように迎えるのか。

彼女を含めた世界中の子どもたちが、この「核の冬」の脅威を前にしつつ、本の楽しさ、物語を通して〝小さいユートピア〟を心にもちつづけられることを、私は願っている。それがパンドラの箱の底に残った一つの希望の種子と信じて。

一九八六年子どもの本世界大会―第20回ＩＢＢＹ東京大会
（一九八六年八月一八日～二三日）
「なぜ書くか・なぜ読むか」
分科会(C)「私たちにとって子どもとは」のテーマでの発表原稿
8月20日（水）16:10～17 :30

consciousness while listening. The book was *The Lord of the Rings.* I couldn't help wishing to "read" the whole trilogy right then and there. Thanks to the kindness of my friends, 48 tapes were prepared for my personal use. The description by voice of the House of Elrond, or the Marshes at night sent a shiver down my spine.

Finally I could resume writing in October 1984. I began to work on a new book, *The Story of the Twin Swans,* which I conceived ten years ago when I visited the Okhotsk. It is a story of how the young swans are born and grow up in the northernmost lands overcoming many difficulties and dangers. While I was writing, I was constantly trying to speak to "the inner child" within myself, but the characters have often taken me by surprise by acting of their own will. I felt that in various subtle ways "the outer children," the children I've met in the library, are projected on the characters of my book, both on the swans, the main heroes, and on the red-collared grebes, the tricksters. The grebes dare to choose the way to settle down in Japanese lakes, while the swans, keeping the tradition, set out on a long and perilous journey home. I know that some of the children have left the library without my fully understanding their difficulties and emotions. But they, too, to my astonishment, rebelled and expressed themselves in the book.

I am afraid this answer of mine to the question "What is a child, after all?" may be too personal and too subjective. I hope you accept it as a report of a writer on how she has related herself to the world of children's books.

I wonder how Yumi, the youngest visitor in our library, will greet the 21st century. And all the rest of the youngest members of our human family? I do hope that they will survive the threatening season of Nuclear Winter, and they will maintain within themselves that little "Utopia" which can be gained through books and stories, for it is they that is the hope left for us in Pandora's box.

（P227から始まります。）

children as Wolf's Playground was soon developed into rows of houses and apartments leaving no room for trees to grow nor children to play.

At the first Christmas party in the new house, both Tomoko and Hiroko, then university students, came to help us. They taught small children games and songs. The children's life was becoming busier and busier. Many of them attended *juku* (cram school), and were taking piano, abacus or other lessons besides. But children managed to come to the library in between their tight schedule. They read the works of Teruo Teramura, Miyoko Matsutani, or Satoru Sato, and continued to enjoy the Dr. Dolittle series, Narnia books, and the works of Astrid Lindgren. Among older children, including some university students, the works by Arthur Ransome, Ursula K. Le Guin, or K. M. Peyton were popular.

Since the beginning of the '80s, however, we began to have fewer older children and more young ones. The books by the authors whose names I have just mentioned often remained on the shelves, whereas the enlarged section of picture books was heavily used by the very young.

It so happened that I was hospitalized due to my eye troubles at the end of 1979. After I had an operation, I was forced to keep away from my regular activities for nearly six months. For the period of three months I could't even visit my library. It seemed as if it were a year, as I missed it so badly. The period, however, turned out to be a given opportunity for me to look into my "inner darkness" which I had so far deliberately avoided, trying to fix my attention only on the cheerful and bright aspects of my relationship with the *living* children.

During the many days while I was cut off from reading and writing, I had to depend upon listening for the source of comfort and stimulus. In my Shinshu cottage I listened to the music of birds, and to tapes my friends so kindly recorded of the books I wanted to read. I listened to them intently and repeatedly, and was confirmed in my understanding of the values of "being read to." Reading aloud transmits not only the contents and the meaning of what is read, but also the inner images of the person who reads, and his or her love for whom the reading is done. I also came across such a moment, when, all of a sudden, the world hidden deeply in my unconscious was brought up to the surface of my filled with children's laughter and grown-ups voices reading to the young. It was a "paradise" situated just next to home and school.

A "paradise" it was for us adults, too, though it was not an easy task to keep the place going. We were always under a threat that we might lose the place, as we rented it and did not own it. At one stage we had to move from the kindergarten to a local bank, which offered us a corner of its hall on the third floor. But we could not stay there for good either.

Meanwhile, children, not knowing our concern, came cheerfully to us every week. The place was definitely becoming a part of their life. A girl told us that her future dream was to open a branch library of the Mushika Bunko. Another girl, Tomoko Kiyoda, who attended the library for eight years, wrote us one day saying, "I apologize for having failed to return the copy of *Tom's Midnight Garden* in due time. I come home from school very late these days and cannot make it to the library. I'm sorry, the book must be very much in demand... " In the post-script she shared with us a bit of her new life in high school, "Do you know what? I met some ardent Paddington fans here in my own class!"

Every time we learned how children depended upon our tiny library for pleasure of reading, our determination to keep the place was renewed. We began to look for a place where we could "settle down." The matter was serious as the bank limited our use of the hall to only two hours a week. Finally a friend of mine, Fumiko Matsunaga, and I made up our mind to purchase a small house just for the purpose, getting a loan from a bank. If an independent building had been a necessary condition for opening the library, we would never have launched the endeavor. But now, after several years of invaluable experiences, we had no heart to let the tiny bud of "Utopia" wither. We had already developed a dream to hand down what one generation of children loved and found worth loving to the next.

In January 1978 the Mushika Bunko was re-opened in our own house. A collection of 1,500 books was arranged nicely on the shelves. There was a separate room for reading aloud and storytelling. The only thing that made us sad was that the vacant lot next to the house known to

without a playmate of my own age, I used to spend a lot of my time talking with an imaginary friend. My self-image then was that of a clumsy in-between, or the ugly daughter in *Mother Holle.* If only I had read the book of *the Blue-Eyed* Pussy as a child! If only I had known this lovable cat with a brave heart who, in spite of being rejected by his fellows, ventured on a journey to find a mouse country, how thoroughly satisfied I would have been!

To share books with children in this way was my great joy. At work, I was often confronted with the question "What is a child?" The question, however, usually came from those who do not understand the pleasure of children's books, and they tried to draw my attention to all sorts of statistics that they thought answered the question. So it was all the more precious for me to be in touch with the *living* children in the library.

Our library was born as a place where each child could find the wonderful world of books, free from the "limit" of home, or "educational control" of school. The volunteers who happened to work here were those who love books but were not professional librarians, or who love art and literature but object strongly to regarding literature as a servant of education.

In the same year as I started the library, I got myself a cottage in a mountain in Shinshu, where I also got acqainted with the village children. Growing up in mountains, they were familiar with cicadas, dragon-flies, beetles, snakes and other creatures. Perhaps due to this background, they preferred informational types of picture books on nature to story books at first. But a couple of years later, they, too, began to enjoy such books as *Bedtime for Frances*, *Pippi Longstocking,* or The Little Witch（by Otfried Preussler）.

In Tokyo, the Mushika Bunko continued its activities. Children from five different schools, sometimes as many as 70, visited the place every week. They read avidly. Some of the books such as *The Bear Called Paddington, The Lion, the Witch and the Wardrobe,* or *Tom's Midnight Garden*, were so popular that there was a long list of names waiting to borrow the copies. For a few hours on Saturday afternoon the place was

from home. In those days there were still pacthes of green forest, rice paddies, and cabbage field around the kindergarten in which we rented a room for the library, and boys could fish in a nearby pond or a stream. There was no public library in the area.

The '60s were the period in which many of the titles that are now regarded as standards of children's literature were published one after another by such publishers as Fukuinkan Shoten, Iwanami Shoten, Kaisei-sha, or Riron-sha. The notes I kept of the library in 1965 say: "October, purchased a copy of *Pippi Longstocking.* November, acquired copies of *The Gloves* (by E. M. Ratchov) , and *My Father's Dragon*, and read them aloud to children. December, *Pippi* books are highly popular."

Some of these titles I edited myself, as I was then working in the juvenile section of a publisher's. I was encouraged to see that those books were devoured by children in our library, though they were not well-received by the general public.

We did a lot of reading aloud in our library. My experience of reading such books as *My Father's Dragon* or *Pippi* to children led me to a realization that these books could bring me far livelier images when I read them aloud to children than when I read them by myself in silence. One unforgettable experience happened while I was reading *The Blue-Eyed Pussy Cat* (by Egon Mathiesen) to a group of twenty children. The children were usually never quiet in the library, as they came straight from school and had not exhausted their energy yet. But this time, as I read on, the twenty pairs of eager eyes were fixed on the Pussy and then they began to move up and down as the Pussy ran up hill and down the valley to the country of mice! I was fascinated to see the children react, with body, mind and all, in perfect tune with the Pussy—his feelings and actions.

This reminded me of my own childhood experience of listening to the Rev. Seishiro Iwamura, the head of our kindergarten and excellent storyteller. How the *Three Little Pigs, Ali Baba and Forty Theives,* or *Moses* stood up in front of me and moved about in my mind's eye, when he told us these stories!

Speaking of my childhood, I was an only child. As I was often

A CHILD OUTSIDE AND A CHILD WITHIN

Tomiko INUI (Japan)
Trans. by Kyoko Matsuoka

For the past twenty years, there have always been children around me, for I've had a children's library near my house called "Mushika Bunko", where, once a week on Saturday afternoon, an average of forty-five children between the ages of six and fourteen gathered. When I say "children", I mean those *living* children with varied personalities whom I've met in this library.

On a rainy Saturday in January this year, we had an unexpected visitor in our library. "Could it be Hiroko? Well, I never!" I couldn't believe my eyes, but surely it was Hiroko, *our* Hiroko, who used to come to the library, not only as a child, but even after she became a university student. It was only three or four years ago when she stopped coming. We heard that she got married and moved to Osaka where she became a school teacher. And now, there she was, not a girl whom we used to know, but a young mother with her six-months-old daughter Yumi on her back!

Hiroko, or Mrs. Komatsubara now, looked at the bookshelves fondly. "Oh, these books, they haven't changed. How I missed them!" she said, "Now I'll read them all once again with my Yumi." Her hands caressed one book after another pausing from time to time on such titles as *Pippi Longstocking, Madeline, or The Lion, the Witch and the Wardrobe,* her favorites. "Indeed you've deveroped with these books, haven't you?" I said to Hiroko.

Her visit brought me back to my first encounter with her, and many other children, who, over the years that followed, have grown very dear to me. It was April 1965 that a few friends of mine and I opened a small library for children in our neighborhood. A hundred-and-forty-four volumes of books were all we had at the opening. Hiroko, then five years old, came with her elder brother, taking twenty minutes on foot

子どもは二度　本に出会う

「地域文庫、その広がりと深まり」（一九八九年六月）より

いぬい　とみこ

『ムーシカ文庫の伝言板』その四のムーシカの歴史の七月十二日の項に、一九六八年六月から「ねりま地域文庫読書サークル連絡会」がうまれ、ムーシカのいぬいも個人加入。またこの日、北大英文科、平野凉子さん、福井出身の九鬼啓子さん見学にみえ、のちふたりに手伝って頂く。の文章がありました。（九鬼さんは坪内さんとなられ、現在福井県春江町で図書館司書として活躍中。）これが、私と「ねりま地域文庫読書サークル連絡会」との長いおつきあいの始まりでした。

二十年後の今では、練馬区内に公立図書館が七館も出来、自転車ではしごをすることさえ夢ではありません。こんな状況になるとは誰にも考えられない時代でした。もっとよい本を知りたい、子どもたちと本を読むよろこびを増やしたい、もっと図書館の巡回バスを、いや、もっと図書館を増やしたい……と、私たちは燃えていました。

私自身まだ岩波書店で編集の仕事をしながら、創作・文庫との三足のわらじばきで、ふうふういいながらも張りきっていました。ちなみに、一九六八年迄に、岩波では、ランサム全集が完結（『ヤマネコ号の冒険』『六人の探偵たち』『女海賊の島』『スカラブ号の夏休み』『シロクマ号となぞの鳥』）、M・シャープ『ミス・ビアンカの冒険』とか、カルヴィーノ『マルコヴァルドさんの四季』、サトクリフ『太陽の戦士たち』が刊行され、たくさんの読者を得ていました。その年の六月から八月にかけて私は『みどりの川のぎんしょきしょき』を書き上げ、実業之日本社から十二月に刊行されています。

ムーシカ文庫では、一九七〇年の十二月十九日、東京相互銀行の三階で、楽しいクリスマス会を開いています。平野涼子さん（いま活躍中の図書館員で作家の佐藤涼子さん）が大きな紙芝居をしている写真が残っています。

一九七三年三月、いぬいの母が急に虎の門病院に入院。と同時に東京相互銀行から改装予定が早まったので、二カ月間ムーシカ文庫を休んでほしいといいわたされました。週一回しかない文庫を休むなんて……と大いそぎで連絡会の隣人たちに相談。関日奈子さんの「風の子文庫」高田千鶴子さんたちの「つくし文庫」甲野ヒサ子さんの「柿ノ木文庫」に本を約二百冊ずつと子ども二、三十人ずつをあずかってもらい、四月から六月まで、一回も休まず、子どもたちは三か所で本を楽しんでくれたのです。

このように、連絡会とのかかわりについて書きだしたらきりがありません。七〇年代の思い出として、生きている間借り文庫を、一回でも休むまいとしたエネルギーをなつかしく思います。「休むなんて、ズルーイ！」と怒ってくれる本好きの子どもたちのおかげでした。

連絡会と、その後増えていった図書館との共催で、おおぜいの講師の方たちに出会いました。私自身も自作について、ムーシカ文庫のたのしさについて、年にいく回も、他の文庫へ話しに伺ったりしました。

一九七八年十一月、網膜はくりで手術を受け、一年間全く本が読めなくなったとき、連絡会の阿部雪枝さんや阿部信子さんの人脈で、いろいろ助けて頂きました。活字に飢えた私を助けて阿部雪枝さんが「文学」の記事を、関日奈子さんが『指輪物語』の一部を何本となくテープに吹き込んで下さるとか、石神井図書館から盲人用テープを郵送するようにして下さったとか、感謝の思いは尽きません。

一九八二年一月と六月、筑波大の小沢俊夫さんが中村橋に計四回もきて下さり、「昔話」（リュティによる）の講演をムーシカの世話人全員がききました。そして、肉声をきくことの大切さを私たちは身にしみて学んだのです。

最後に悲しいお知らせです。二十三年つづいたムーシカ文庫は、一九八八年三月十九日残念にも、「休眠」に入りました。おはなしを聞くことも、本をよむことも大好きになった三十人以上の現役の子ども、B会員として高校生になっても時どき顔をみせ、ランサムとか、『ゲド戦記』など、ちゃんと借りていった十人あまりの人たちと別れたのです。原因は、近くの工場と団地四棟がなくなった開発のものすごさ、ムーシカ文庫にさえ二〜三年前から始まった塾がよいのための退会者の増加（つまり、文庫の幼稚園化）と、その幼児たちさえ、おはなしをたのしむ時間が制限されていく状況を知らされたことです。

その現状は機会をみて『ムーシカ文庫の伝言板』その五に報告したいと思っています。（八七年三月に亡くなった松永ふみ子さんの追悼記と共に）

幼い日から十一、二才まで文庫に通って本を大好きになった人たちは、中学・高校へ入り、自立のため一度は本の世界を見棄てます。しかし、二十代になり、大学生として『モモ』を読み直したとか若いＯＬとして「むかしのムーシカの本たちに会いにいきたい」といってくる人たちを私はたくさん知っています。大学三年になって、仙台から奈良・和歌山までバイクで旅をし、その帰りみち、ムーシカ文庫に一泊していった崎村友男くんのように。ムーシカ文庫は「休眠」しても、本棚もふんいきも、自分の子ども時代と変らなかったことを、彼は興奮して喜んでいました。やむなく、楽しみのための本の世界から遠ざかっていたかれらは、自分の心のふるさとへ、こうして帰って来てくれるのです。

個人カード

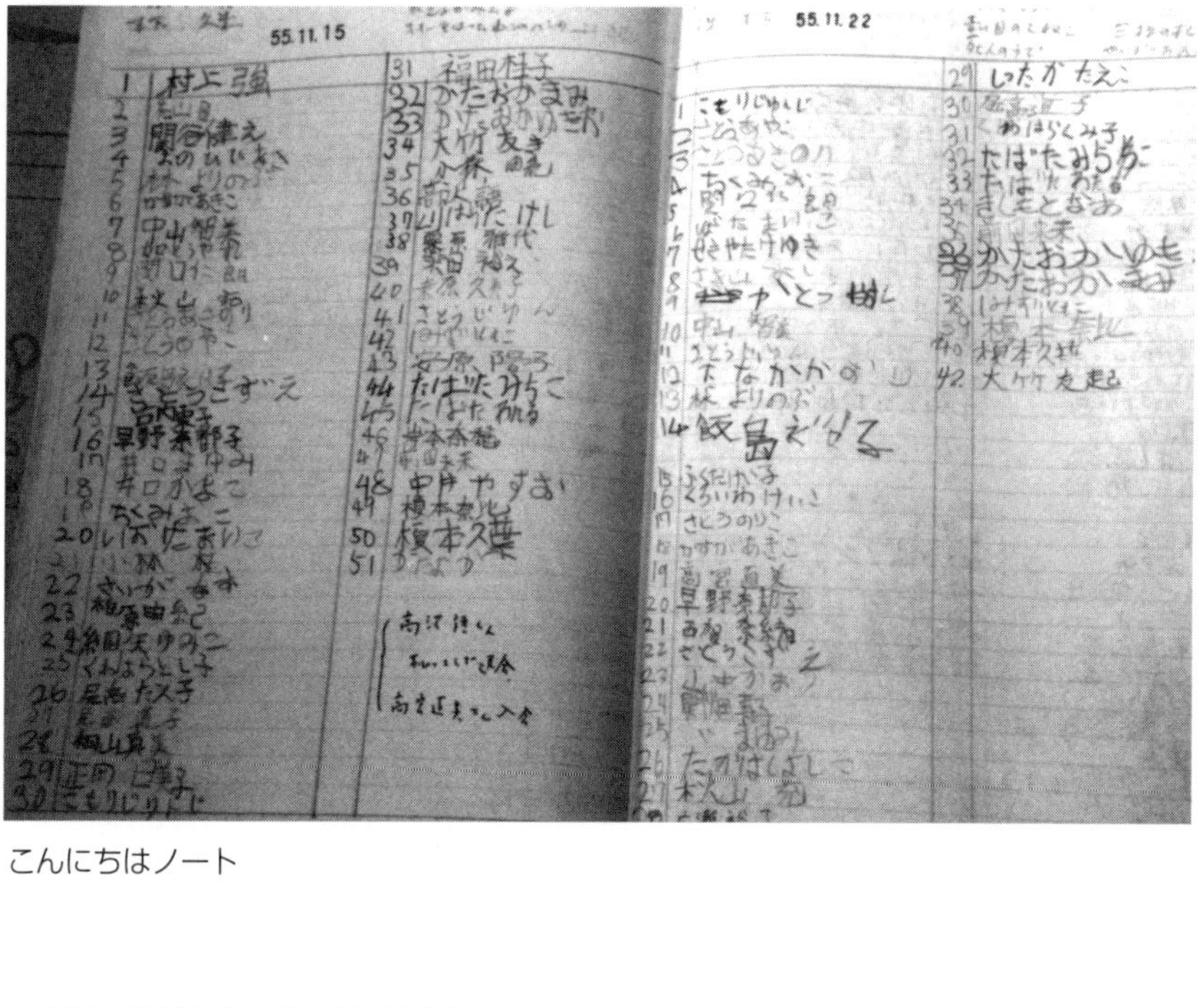

こんにちはノート

松永ふみ子さんの思い出

私たちのおともだち松永ふみ子さんが、一九八七年五月九日、とつぜん、もうひとつの世界へ旅立たれました。
　いまもたびたび、あのすばらしい笑顔が私たちをふっとおとずれてくれます。
「思い出」というにはあまりにも身近なあなたへの思いを、ようやくつづらせていただきました。

Ⅰ　松永先生とカニグズバーグ

徳永明子

八年前、私がムーシカ文庫のお手伝いをするようになったとき、松永先生は、もう文庫をおやめになったあとでした。ですから、文庫でご一緒の時間をもつことができなかったのを、とても残念に思っています。それでも、先生がムーシカに遊びに来て下さったときや、講演会の折などにお目にかかることが幾度かあり、そんなときは、先生のユーモアと機知に富んだ、テンポのいいお話を、とても楽しく聞かせていただきました。ドロシー・バトラーさんの講演を聞いての帰り道、たまたま話題がエンデの『はてしない物語』から映画「ネバーエンディング・ストーリー」のことになり、「あの〝虚無〟に、すごい実在感があるのよね」と、笑いながらおっしゃっていたことや、IBBY東京大会の分科会で、お隣り同士にすわり、子どもと読書についての、地域や文化の差による、それこそはてしない議論を聞きながら、「これじゃあ、キリがつかないわね」などと、ひそひそささやき合ったこと、また、おなくなりになった年の三月、いぬいさんの《路傍の石》賞受賞式のあと、帰りのバスに乗り合わせた、郷土文化賞を受けた北海道の鶴の村の村長さんの、一杯機嫌のおおらかなユーモアに、「おもしろいおじいちゃんね」と、さも楽しそうに笑っていらしたことなど、私には、貴重な思い出になっています。

そんなわずかな機会の印象でも、江戸っ子らしいキビキビしたお話しぶりや、ピリッと辛味のきいたお話のなかに、相手を包みこむような、あたたかい人間味と、こまやかな気くばりを感じたものでした。

そうした先生のご気質は、卓越した語学の才能や、人間に対する理解の深さとともに、先生が私たちにのこしてくださった「大いなる遺産」——子どもの本の翻訳のお仕事——にも、あますところなく表れていると思います。とくに『クローディアの秘密』や『魔女ジェニファとわたし』『ジョコンダ夫人の肖像』など、E・L・カニグズバーグの一連の作品は、翻訳であることを感じさせない、自然な伸びやかな日本語で、私たちを心から楽しませてくれました。少しドライな感じのする歯切れのいい文体、いきいきした会話。しかもそれぞれの作品にふさわしく、選びぬかれたことばづかい……カニグズバーグの作品の特性をいかした、松永先生ならではのお仕事と、感じいっています。

ところで、最近私は、〈子どもの本の〉翻訳ということに、おおきな関心をもっています。というのは、私も自宅で文庫を開いているので、子どもたちに読みきかせやおはなしをしたり、文庫に入れる本を選んだりすることがあるのですが、そんなとき手にする外国の本や読みものについて「おや?」と思うことがよくあるからです。外国で高い評価を受け、新聞などでもとりあげられて、たしかに良い本だと思えるのに、子どもたちに読みきかせてみると、何だか楽しめない絵本や幼年童話。また、読みごたえのあるストーリーをもちながら、なぜか心にしみてこないジュニア向けの読みものや昔話など、今ひとつ魅力に欠ける本が、しばしば目につきます。すぐれた子どもの本につきものの、心を奪われるおもしろさや、わくわくする楽しさがなく、とおりいっぺんの興味しか感じられない本が多くなっている、その理由が、どうも翻訳の文体にあるような気がしてならないのです。

そんなこともあって、去年から、小さなグループで、児童文学や絵本の原書と訳書とを、声に出して読みくらべてみる会をはじめました。「ものはためし」ぐらいの気持でしたが、やっているうちに、いろいろ思いがけない発見がありました。

訳としては正しいし、非のうちどころのない日本語でもあるのに、なぜか感動が伝わらず、よそよそしい感じのする読みものや、話の筋は通じるけれど、スペースに合わせるために大切なところがカットされて、味気なくなった絵本の文章（ネーム）。その一方で、原書のもつ楽しさが、心をこめた日本語にうつし換えられて、自国語だけにいっそう楽しく感じられるような訳もあり（もちろん読者の好みもあるとは思いますが）、その違いは、いったいどこから来るのだろうと考えさせられました。

そして気がついたのは、「子どもの本」の翻訳には、すぐれた語学力や、柔軟な日本語のセンスが要求されるのはもちろんですが、そのほかに、とくに大切なものがあるのではないか、ということでした。

それは、その本に対する、いきいきとした愛と喜びです。その本を楽しみ、大好きになる、子どもの心です。子どもの本の創作に、作家の「内なる子ども」の存在が不可欠であることはしばしばいわれますが、翻訳についても、同じことがいえると思うのです。

どんなに巧みにことばがうつし換えられていても、そこに作品に対する愛情や喜びがなければ、ほんとうの楽しさや感動は生まれてきません。まず訳者が、子どものような、というより子どもそのもののやわらかい感受性で、その本を楽しみ、感動し、好きになり、その気持をエネルギーとして、おとなの知力とことばの技術で、原作の「心」を読者に伝える――それが、子どもの本の翻訳の理想的な姿ではないかと思います。

谷川俊太郎氏が、詩の翻訳について、「リメイク」という表現をなさったのを聞いたことがありますが、子どもの本の翻訳も、まさしくリメイクではないでしょうか。長い間、日本の子どもたちに愛されてきた外国の本には、みな、訳者のリメイク――再創造というのでしょうか――の喜びが感じられます。しかし、今、街にあふれている子どもの本には、ただことばをおき換えただけの、「喜び」のない作品が、あまりに多いような気がするのです。

そんなことを考えながら、あらためて松永先生のカニグズバーグの翻訳を読むと、こころよい日本語のリズムをとおして、作品の「心」が伝わってきます。それに応じて、私の内側からわき上がってくる読者の喜びがあります。先生が、カニグズバーグの作品を心から楽しみ、その感動を、全力を注いで日本の読者に伝えようとしていらっしゃる、その心の弾みや、登場人物のひとりひとりに対するあたたかい愛情が感じられます。私たち読者が、クローディアやエリザベス、ときにはサライやマークと一緒になって、どきどきわくわくしながら、心の冒険をすることができるのは、松永先生のすばらしい訳文のおかげです！

そしてもうひとつ、翻訳には、作者と訳者の「相性」もたいせつな条件だと思いますが、Ｅ・Ｌ・カニグズバーグ夫人と松永ふみ子先生のそれは、ほんとうに恵まれた組み合わせのひとつだったといえるでしょう。先生のお書きになったそれぞれの作品の「あとがき」を読んでいると、才能といい、知性、感性といい、たぐいまれな二人の女性の、見事な精神のハーモニーが聞こえてくるようです。ほかの作品も、先生の訳で読みたかったなあと思わずにはいられません。

まだまだお元気で、もっとたくさんのお仕事をしていただきたかったのに、あまりにも早くお別れのときが来てしまったことを、心から残念に思います。けれども、先生が私たちの世界にいらっしゃらなくなった今も、先生ののこして下さった、心とことばの「大いなる遺産」は、生きつづけています。人生の支えとなるに違いない、その「遺産」の楽しさと喜びを、文庫に来る子どもたちに、私たちも、心をこめて手わたしていきたいと思います。

（一九八九・五）

Ⅱ　松永ふみ子先生の思い出　二題

小林伸子

例年のように、あれこれ討議の末、一九八四年のクリスマス会の演し物は、ペープサート「ブレーメンの音楽隊」に決まりました。脚本をつくるために、高橋健二訳、乾侑美子訳、ポール・ガルドン絵本、ハンス・フィッシャー絵本など読み合わせてみました。長い間語り継がれてくるうちに変化したのでしょう、ロバがギターひきだったり、太鼓たたきだったり、楽器なしだったりなど、いろいろの点で、相違あることを知りました。

翌日、家で、絵を拡大して板目紙に写して、切り抜いていきました。夕方、電灯をつけて、切り抜いたばかりの犬をかざして動かしてみました。すると、襖に映った犬の影が目にはいりました。そのシルエットのすてきなこと。さすがフィッシャーです。ロバもねこもにわとりも歩かせてみましたが、シルエットは紙人形より幻想的です。これはすてきな影絵になると、わくわくしながら、にわとりの羽根には細かい切れ目を入れ、楽器にはは・でな飾りを添えてと、作っていきました。

文庫の日、徳永さんに見せると、だんぜん影絵でいこうということになり、無謀にも、影絵劇の誕生となりました。

安藤さんのセリフの名調子と、土屋さんの声の落ちつきと、徳永さんの演出の賢さと、私のいつもとは一味ちがう空騒ぎをミックスした録音テープが、出来上りました。練習のたびに、動作も装置も変えていくような有様でしたが、何とも楽しく、私たち四人、まさにブレーメンの音楽隊そのものでした。

当日になっても、何とかなるでしょうというくらいの自信しかありませんでした。ところがところがです。松永先生がこの影絵をたいそう気にいって下さったのです。幕の後ろで演じていた私たちには、その時、喜んでいらした先生の顔はわかりませんでしたが、終わった後で、「よかったわ、すごいじゃない」と言って下さったとき、我ら音楽隊一同、心から喜んだのでした。

大磯の「貝の火文庫」からはこの日、松永先生と、先生の片腕の藤川さんが来て下さいました。藤川さんは、お人形とか、気のきいたおもちゃとか、いろいろ作られるのですが、この日は、おみやげに、木彫りのクマのブローチをたくさん持ってきてくださいました。私たちは目の色をかえて、「私はあれがいい」と、目星をつけ、本気でジャンケンをしてとりっこしました。女学生時代にもどったようでした。

あたたかいお客さま二人を迎えて、この年のクリスマス会は、いちだんと楽しいものになりました。

*

松永ふみ子先生に最後にお会いしたのは、一九八七年三月十日、いぬいとみこさんが、国際キリスト教大学の講堂で、路傍の石文学賞を受賞された日でした。

「こんにちは。いいお天気でよかったわね。だいちゃん、元気?」

いつも先生は、きのう会ったばかりのようにさらりとおっしゃいます。そして、いつも、我が家のいたずら坊主の泰斗のことを気にかけて下さるのでした。

長い長い受賞式の後、立食パーティが催されました。

「これ、たいしておいしくないわね」とか、「あら、あの人、ずいぶん歳とっちゃったわね」なんて、松永先生はときどきドキンとすることもおっしゃるので、私はまわりをキョロキョロうかがったりしましたが、その率直な発言に「ホントニネ」と、顔を見合わせたものです。

会が終わって出ると、大学構内は真暗でした。いぬいさんは出版社から贈られた花束を私たちに下さいましたが、どれもかかえきれないほど大きなものでした。そのなかでも松永先生に手渡されたのはひときわみごとなものでした。闇のなかの木立を背景に、淡い色の洋ランの花々におおわれた小柄な松永先生は、森の精のように見えました。

帰りは、松永先生と徳永さんと私の三人で、三鷹行きの関係者送迎バスに乗りました。北海道釧路市の自然公園で三十年もタンチョウヅルを世話しつづけた高橋園長と、そのお仲間の皆さんと隣り合わせになりました。山本有三郷土文化賞の受賞者といっても、どの方も、北の国の大地に生きてきた素朴なおじさんたちでしたが、その話のおもしろいことといったら、バスの中が笑いの渦になりました。お酒のはいったせいばかりでなく、きっと松永先生の心からの楽しそうな笑い声に、話し手もいちだんと興に乗ったことでしょう。

駅のホームで上り電車を待っている時、先生はひとりごとのように「今夜は、高円寺の太郎の所へ泊まろうかしらねー」とおっしゃいました。私たちは「そうなされば。もう遅いし、お花もあるし、大磯までじゃたいへんだわ」とすすめました。「そうだわねー」と言いながらも、先生はまだ思案顔でした。先生のなかの主婦の顔をちらりと見たようでした。

吉祥寺で、徳永さんと私は下車しました。

「じゃあね。元気でね。」

先生は、明日にでも会うみたいに、さらりとおっしゃいました。

電車は花のなかで微笑んでいる先生を乗せて、遠ざかっていきました。

（一九八九・五）

Ⅲ　「ほんとうはひとつの話」

木下惇子

〈その一〉

ひと昔前、私が時々大磯のお宅におじゃましていた頃の松永さんは、鍵をかけない方だった。戸閉まりをなさらないで、さっさとお出かけになるのだ。

鍵をかけないどころか、窓を開けっ放しのまま旅行に出てしまわれたこともあるそうで、心配した御近所の方が閉めて回ったという話を、御本人から伺ったことがある。

これはまだ東京にお住まいで、大磯のお宅をセカンドハウスとして使っていらした頃のこと、泥棒が大磯の松永邸を定宿（？）にして、ビールを飲みつつテレビを見たりなどして、ゆるりとくつろいでいたという話もある。（泥棒が侵入した時、鍵がかかっていたかどうかは聞き漏らした。）

そういう話をしてくださる松永さんは、いたずらを見つけられた時の子どものようだった。ちょっと困って、ちょっと恥ずかしそうで、でもやっぱりそのことを楽しんでいらっしゃる。

ひょっとしたら松永さんは、困難やトラブルさえどこかで楽しんでしまえるのかもしれない、と思える程、器の大きな方だった。何ひとつ失うまい、傷つくまいとして神経をとがらして防衛なさるような方ではなかった。

それでいて私は、松永さんのらい落さの中に、いつもある種の含羞というか、はにかみが隠されているのを感じていた。

〈その二〉

ムーシカのクリスマス会などで、子どもたちの前に、あの小柄な体をまっすぐピンと立て、これから物語を語り始めようという時の松永さんのお顔が、私は好きだった。

普段はひょうきんでやんちゃな子どもが、この時ばかりはからだ中を緊張させて、最大限にまじめな顔をして、学芸会や発表会のステージに立っている姿を思わせて、なんだかほほえましい気持になるからだ。(「まあ、失礼ねぇ。」と、あの大きな目で私をにらむ松永さんのお顔が目に見える。ゴメンナサイ、松永さん。)

ムーシカの子どもたちを、(例えば、たどたどしく、でも一心不乱に、覚えたての文字を読書カードに書き付けている小さい子たちを)かわいくてたまらないというように、とろけるような笑顔で眺めていた松永さん。そんな松永さんの「お母さん」の顔も、私は好きだったし、本を嗅ぎわける抜群のセンスと、子どもと子どもの本に対して持っていらっしゃる深い理解を尊敬し、信頼していた。

でも、子どもたちの前に立って、緊張とおののきを持って、不思議の国の扉を開けようとしていらしたあの松永さんを、私は文庫のおばさんとして一番信頼していたように思う。

もし松永さんが、見識のある有能な大人の顔と、愛情深い母親の顔しか持っていらっしゃらない方だったら、松永さんと一緒にいることがあんなに楽しくはなかっただろう。

松永さんが扉を開いて、招き入れてくださった物語の世界も、あれほど生き生きとはしていなかったにちがいない。

〈その三〉

御一緒に旅をした時も、ムーシカの小さな家ができ上って初めて二人で泊った時も、松永さんは赤ちゃんの持ち物のような、小さな可愛らしい枕を持参していらした。

カバンから取り出されたその小さな枕を初めて目にした私が、思わず「うわぁ、かわいい枕！」と言うと、松永さんは「これでなくっちゃ、眠れないのよー。」と、恥ずかしそうにおっしゃった。ずっと年下のくせに生意気な私は、とっさに「まあ、松永さんらしくもない。」と、からかいのことばが出そうになって、次の瞬間、ハッと口をつぐんだ。

「ホテルや旅館の高い枕はのどをしめつけるかもしれないし、羽毛の枕も喘息にはよくないはずだ」と、私はひそかに思い当って、勝手に納得した。私の推測はまったくの見当違いだったかもしれないが、なぜかあの小さな枕が目に焼き付いて忘れられない。

「肝っ玉母さん」のように頼もしい存在だった松永さんの中に、ベビー毛布をしっかりと握り締めて、暗闇の中の不安と闘っている小さな子どもの姿を、かいま見てしまったような気がしたからかもしれない。


〈その四〉


お茶の水の街を御一緒に歩いていた時のこと。どういう経過でそんな話になったのかは忘れてしまったが、松永さんが、断固とした口調で次のようなことをおっしゃった。「父親とか兄弟とか、とかく男性は家族の中の小さい子に対してチビだのデブだのとからかうことがあるけれど、たとえ親愛の表現でも、容姿のことをとやかく言うのはよくないと思う。特に女の子に対しては。言われる方は、自分でもそう思い込んでしまい、劣等感を抱くことになる。そういう思い込みは、大人になってからもなかなか消えないものだ」と。

幼い頃から父や兄や弟にまで、やれ「鼻ペチャ子ブタ」の「オタフク大福もち」のとからかわれ、長じては甥たちにまで「ブスでぶオバサン」と呼ばれていた私は、その御意見に大いなる共感を持って強く同意した。

「うちの父ったらねぇ、おまえは色が黒くてチビだからもらい手が無いだろうって心配してね。それで一生懸命さがし回って、お父ちゃん（御夫君のこと）を見つけてくれたのよ。」松永さんは続けてそうおっしゃった。「あんなすてきなお父ちゃんを見つけてくださったんですもの。何と言われようと、よかったじゃないですか。」と羨望をこめて私が言うと、松永さんは「そうねぇ。」とおっしゃって、照れながら、でもうれしそうにころころと笑われた。

それから何年も何年もたって、松永さんが亡くなられた後、私は松永さんの御本の中でもとりわけ好きな『ジョコンダ夫人の肖像』を、久しぶりに手に取って読み始めた。

物語にベアトリチェが登場してきた時、突然、私の中に、あの時の松永さんのことばがよみがえってきた。そして、目の前に、聡明で感受性の強い、小麦色の肌をした小柄な少女の姿が、あざやかに現われた。

それから先、私は、ベアトリチェに注がれる松永さんの、理解と慈しみに満ちた温かなまなざしを背後に感じながら、物語を読んだ。

松永さんが訳された本の中の子どもたちが、とりわけ、もがきながら成長しようとしている子ども一人ひとりが、生き生きとした姿で私たちの前に現われてくるのは、松永さんのこのまなざしのゆえではないかと、私は思っている。そして、そのようなまなざしを、松永さんが持ち得たのは、松永さん御自身の中に、小さな子どもが潜んでいたせいではなかったかと。

松永さんは、そのすぐれた知性と能力をチラッともひけらかさない方だったけれど、実は、翻訳と文庫の仕事のみならず、実業家として、妻、母、主婦として、いくつもの役割と仕事を抱えて生きられた、スーパー・ウーマンだった。

でも、私の知っている松永さんの中には、いつも魅力的な小さな子どもがこっそり住んでいた。好奇心に満ち、不思議な世界に心をふるわせ、自分の足で未知の世界を歩んでいこうとしている小さな子どもが。美しい世界にあこがれ、本当に大切なことだけを見つめようとしている、やわらかな傷つきやすい心を持った小さな少女が……。

〈後記〉

松永さんの告別式からしばらくたった或る日、黒姫のいぬいさんからお電話が入った。黒姫に来ないかという強いお誘い。「このショックは自然でしか癒されないわよ。」といういぬいさんのことばに心が動き、伺うことにした。

黒姫に着いた私は、それからの数日間、以前松永さんとムーシカの仲間たちと共に歩いた戸隠、野尻、妙高の地を、再びいぬいさんと一緒に歩いた。

今、正確な日付を調べてみると、松永さんと共に訪れたのは一九七七年五月二十一日から二十三日。そしてこの時、私が黒姫に滞在したのが一九八七年五月二十二日から二十五日まで。ちょうど十年目だったことに気が付いた。しかも同じ五月二十三日に、池の平の同じ宿に居たことになる。

「ああ、やっぱり」と、今私は思っている。松永さんの「あのお顔」に、もう一度お会いしたくて、私は出かけたのだと。

あの時、松永さんと私たちは池の平温泉に一泊した。宿の広々とした大浴場がすっかり気に入った私たちは、翌朝東京へ戻る前に、もう一度入浴した。

プールのように大きい円型の湯ぶねの中を、大きな窓から射し込む、金色の朝の光を浴びて、両手をオールのようにして、お湯をかき分けかき分け、松永さんは歩いていらした。ゆったりとくつろいで、心から楽しそうに、晴ればれと、松永さんは笑っていた。

私の記憶の中で、一番すばらしい松永さんのお顔が、そこにあった。

ひょっとしてあの時、松永さんは、「感性とユーモアすぐれた野の天使」カワウソ・ミジビルになっていたのかもしれない。

再び訪れたその宿は、すっかり新しく建て直され、浴室も変り、あの大きな円型の浴槽も、大きな窓も、もう無かった。

その夜、黒姫に戻り、いぬいさんの山荘の二階で、いぬいさんが捜し出してくださった一九五五、六年刊の「子どもの本棚」の、松永さんの文章を読んだ。つぶやくような気配にふと顔を上げると、雨だった。私は窓の外の暗闇に目を向け、ただ呆然としていた。

あれからまた二年が過ぎてしまった。

ここに書いた四つの話も、本当にあったことなのか、私の記憶の底で生れた物語なのか、もう定かでなくなって、すべてが昨夜の夢のようにも思われる。今、受話器をとれば、電話の向うで、松永さん御自身が「そんなことあったー？　それはあなたの夢よー。」と、おっしゃるような気がしてならない。

亡くなられた年に頂いた最後のお年賀状に「還暦を過ぎてから楽になってきました。これから何かできそう」という意味のことが、あのころっとした字で書かれてあった。（今手許に無いので正確に書けない。）そのことがしきりに思い出されて、胸が疼く。でも嘆くまい。松永さんに嘆きは似合わない。

それよりも、時を超えて私の前に現われてくださる松永さんを待とう。

身近な子どもたちの中に、物語の子どもたちの中に、きっと私は松永さんの姿を見つけるだろう。いたずらそうな、大きな輝やく黒い目を持った、小さな少女の姿を。

（一九八九・五）

Ⅳ　そして、やはり、松永ふみ子さんへの手紙

いぬい　とみこ

松永ふみ子さんは、「子どもの本」もふつうの本も、純粋にたのしみ、愛したひとだった。作品を、その作家の生涯のエピソードや思想そのものと直結させてあげつらうことを、身ぶるいするほど嫌悪したひとだった。

一九八七年五月九日の夜、その松永ふみ子さんが、とつぜんもう一つの世界へ旅立たれた。翌十日は、たまたま平塚武二さんの「花びら忌」で、鎌倉へいく日だったので、太郎さんの悲痛な電話を受けた私は、雲を踏む思いで大磯にまわり、夕方一人でお宅に伺った。あまり不意のことで、お宅の方もまだ呆然としておられ、こちらも事態を何もつかめず、ただ呆然と帰宅した。その後、告別式に伺い、親戚と思われる若い青年が、終始涙されている姿にも接したのだけれど、どうしても、あの松永さんが、亡ってしまわれたと、いまでも思うことができない。

夕ぐれに、小さなムーシカ文庫の花たちにホースで水をやりながら、ふと坂になった道を下って、「あら」と、いつもの笑顔を見せながら、あのひとが来てくれるような気がしてならない。

＊

松永さんが亡られて、早くも三年たってしまった。ムーシカ文庫を長いこと支えてきて下さったひとの思い出を、せめて三周年までに、小さな文集にして、遺族の方とムーシカのひとたちにあげなくては……と思いつつ、

いたずらに時が過ぎてしまった。この四月には、私の依頼に応えて、木下惇子さん、小林伸子さん、徳永明子さんが、心のこもった思い出の記を寄せて下さり、もう一つ、松永さんの著作リストの方は、一年前の三月に小川多栄子さんの手で出来上ってもいたのだった。

改めて『クローディアの秘密』や『ジョコンダ夫人の肖像』、そして『カワウソと暮らして――スコットランドの入江にて――』を読み返したり、頂いた手紙を読んでいると、ますます、何一つ書けなくなった。恥かしがりで妙に潔癖なあのひとが、「いや、そっとしておいてね!」と、こちらをみつめるこわいほどのまなざしが、胸につきささって来てしまう。

＊

でも松永ふみ子さん、これだけは、やはり書かせて下さい。私とあなたが結びつけられたあの夏の日のお葬式のことを。そして、二年後の五月、あなたがムーシカ文庫の窮状を救おうと、かけつけてきて下さったあの日々のことだけは。

＊

一九六四年の九月、街路樹のセミの声も暑くるしい本郷のある坂のほとりに、小学生たちが並んでいました。九歳で世を去った松永淳くんを見送る同級生たちの列でした。家の中の読経が止み、トントンと、打たれる音。幼い子をたった一人でゆかせまいとする、肉親のかたたちの何ともいえない号泣。と、道に立つ小学生たちが、幼い声で泣き出したのでした。こちらも涙をかみしめつつ、こんな心からの悲しみに出会ったことがあったろうかと、炎天下に立ちつくしていました。

淳くんは、小児喘息のため、幼い日から二宮の海辺で療養していましたが、元気になって帰京してまもなくの、突然の昇天だったのです。でも、この悲しい日のあとしばらく疎遠になり、一九六五年四月、ムーシカ文庫が生れ、ようやく一年がすぎて、絵本や本の好きな子どもたちはふえていくのに、私たち成人の仕事が忙しすぎて、つづけていくことさえ、不安になってきました。たまたま一九六六年の五月五日、NHK③チャンネルの「読書特集」で、ムーシカ文庫が五分あまり紹介されたとき、私は子どもといっしょに本を読むよろこびと、小さい文庫の人手不足を、ひっしに訴えたのでした。

と、つぎの土曜日、松永ふみ子さんが、中村橋の清和幼稚園の片すみのムーシカ文庫にかけつけてきて下さったのです。

「淳がいなくなって、ずっと気がおかしくなっていたの。同い年くらいの子どもをみると、しゃくにさわって。でも、いつまでもこんなことじゃいけないって思っていた矢さき、あのTVをみたの。で、思いきって、かけつけてきたのよ。」

あたりには、その年ごろの子どもがいっぱいで、お客さまを喜んでむかえています。

何気なさそうに笑顔を返しているあなたに、「どうも、ありがとう!」と、私はいうばかりでした。

戦後にできた慶應大学の図書館学科で、歯切れのいいシーロフ先生の秘書をされたあと、学生として図書館学を学び、渡辺茂男さんと一しょにストリーテリングまで勉強したひとが、ムーシカを支えにきてくれたのです。ピンチに、またとない助け手の到来でした。忙しい「レモン」のおしごとがあるのに、松永さんはお茶の水から、土曜日ごとにかけつけて、子どもに本を読んでくれました。大西純くんという小学三年生が、松永さんのおはなしが大好きで、くい入るようにきき入るのを、その肩をだくようにして、ほかの子にも本をよんであげていた松永ふみ子さん。

私たちはそのあと十何年も、淳くんのことは、ほとんど口にしませんでした。子どもと本を読んでいるとき、照りかえしのように互いの間にゆきかわす、しずかなしずかなよろこびこそが、松永さんへのいちばんのいやしであろうと、こちらは単純に思うのでした。でも、毎年九月になると「また、ちょっとおかしくなって……」と、松永さんがさりげなくいって、とおくをみつめる目をしてらしたことが、ちかごろ、痛く思い出されます。

＊

四月末、私の母が病いに倒れ、生死の境からこちら側へ戻ってきてくれました。むすめのために、生きようと努める八十六歳のひとの思いから、あの淳くんへのあなたや父君や太郎さんの思いを、私は改めて教えられました。私という人間の、わがまま勝手さにあきれながらも、そういうこちらを面白がって、助けて下さっていた松永ふみ子さん。あなたのふところの深さに「まいりました！」と、私は脱帽するほかありません。

古典的な作品ばかりずらりと並んでいたムーシカ文庫の中で、あなたが訳して下さった『クローディアの秘密』や、『魔女ジェニファとわたし』や『ぼくと〈ジョージ〉』は、現代の子どもの心に迫る作品でした。そして今から十何年か前、ムーシカの子どもたちはその本たちを、「じぶんの本」として受け入れたのでした。

自分の好きな、自分と心の波長の合った著者の作品しか、訳そうとしなかったあなたは仕合せなひとでした。

新しく出た少年文庫版の『魔女ジェニファとわたし』を改めて読んだとき、あの孤独な黒人の少女ジェニファばかりか、もう一人の少女チビのエリザベスの上に、あなたが投げかけている愛情を、ひしひしと感じました。また、初訳のころは、あなたが心配されていた「ハロウィーンの祭」（万聖節前夜祭）が、アメリカで体験した子どもも多くなり、いまでは日本でも商業的によく知られてきていることは皮肉です。

いま、学校生活のきしみに耐えている日本の少年少女たちには、ジェニファのつっぱりぶりも、感受性がつよすぎて孤立してしまっているエリザベスの悩みも、まさに（私のこと！）として受け入れられ、冬を越してふたたび出会ったときの二人の笑いのばくはつに、共感の吐息がもれるでしょう。

翻訳もまた、「創作」の一つということを、身をもって示してくれた松永ふみ子さん。

私たちが、いまも身ぢかにあなたをいきいきと感じているのは、共通して愛する作品の中に、あなたの分身とその息吹が、生きているからではないでしょうか。

（一九八九・一〇）

V　ある訃報

上野瞭

二つめの訃報は、新聞記事にもならなかった松永ふみ子さんのそれだった。

松永さんは、『クローディアの秘密』をはじめ、カニグズバーグの作品をつぎつぎ訳出紹介した人である。

佐野の訃報から三日経っていた。夜の九時過ぎ、突然電話のベルが鳴った。受話器をとると、いぬいとみこさんで、いぬいさんの声は、いつものはずんだそれではなかった。

「あのね、イーヨーさん。松永ふみ子さんが亡くなったのよ。そうなの。突然のことで、あたしも驚いてしまったけれど、もうお葬式も済んだところなの。ほんとうにどういっていいかわからない気持なの。そう、そうなの、姪ごさんのね、結婚式に出席なさって、その時は機嫌よく済んだのに、家に帰ったあと、突然喘息の発作に襲われて、そのまま亡くなられたそうなの。金曜日のことよ。そう、たまらない気持ね」

佐野の死去した一日前の話だった。いぬいさんは、文庫活動をいっしょにしていたため、イーヨーよりももっと近いところに松永さんを置いていたに違いない。それに同年齢だったという。せめて、文庫で発行している小冊子で追悼することくらいしかできないが、その時にはイーヨーにも一文を寄せてほしいと、いぬいさんはいった。

イーヨーが松永さんにはじめて会ったのは、一九七五年（昭和五〇）のことだった。『魔女ジェニファとわたし』や『クローディアの秘密』の作者E・L・カニグズバーグが、ダンナといっしょに日本にやってくる。ついては、京都や奈良をまわる予定だから、会いませんか……という誘いだった。文通から始まった松永さんとの接触は、やがてディビッド氏と共にイレーヌ女史が京都にくるに及んで、最初の対面となった。

松永さんは、ごくふつうの小柄な日本のおばさんという第一印象だった。すこししゃがれ声で、それも気さくに話しかけるあたたかなおばさんの姿から、「翻訳者・松永ふみ子」のそれは想像もできなかった。声がかすれているのは、すぐあとでわかったことだが、松永さんがひどい喘息持ちだったからである。

三月二十日、最初の日、タクシーで奈良へ行ったが、イーヨーは、英語がさっぱりだめだから何の役にも立たなかった。松永さんの流暢な英語を介して、やっとその場に存在することができた。たぶん松永さんは、イーヨーが多少は、英語を喋るに違いないと思っていたと考えるのだが、それが皆目だめと知って驚いたのではないか。大学の教師になるものは、すくなくとも二カ国語くらいは外国語を話せるものだと、イーヨーの知り合いのプロフェッサー氏がいったことがあるが、イーヨーは二カ国語はおろか一カ国語もだめで、もっぱら母国語一穴主義で押し通している。ただ、松永さんのりっぱなところは、じぶんが同時通訳のすぐれた能力を持っているのに、イーヨーのこのだめさ加減を知っても、まったく態度を変えなかったことである。イーヨーがだめなら、ひとつ、じぶんがイーヨーの耳と口になって、相互のコミュニケーションを円滑にしようと努力してくれたことである。その夜、グランド・ホテルで、菅原啓州氏を交えてカニグズバーグ女史にインタヴューすることになったが、これもまた松永さんの同席なしには成立しなかったものである。

つぎの日、都ホテルの一室で、カニグズバーグ夫妻を囲み、ひげのプーさん、今は亡き新村徹、島式子さん、三宅興子さん、今関信子さん、斎藤寿始子さん、それに前夜の菅原啓州さん、松永ふみ子さんで集りを開いている。これは当時、まだ発行中だった雑誌「子どもの館」の全面的なバック・アップで開けたものだと覚えている。

それから一週間ばかりして、イーヨーは仕事を兼ねて東京へいった。その折、御茶の水の「レモン」に寄って松永さんに会った。「レモン」は、松永さんの店であった。

松永さんに会ったのは、それっきりである。本郷に住んでいた松永さんは、すぐに大磯のほうへ引っ越していった。喘息を考えてのことだった。

「イーヨーさま。御無沙汰いたしました。京都はすごい暑さのご様子。おげんきでいらっしゃいますか？〈ジョージ〉の本（注1）が出来ましたので、まっ先にお送りいたします。見てやって下さいませ。いつか全部コピーして下さったり、とてもおもしろいと言って下さったり、この本をやる気になったのは、すべてイーヨーさんのおかげです。訳のへたくそは相変らずでお恥かしいのですけれど。

ほんとうはイーヨーさんにあとがきをかいていただきたかったのですが、『訳者が生きているのに他の人に書いてもらった前例がない』と、岩波に断られてしまいました。イーヨーさんにおせわになったこと、あと書きに書こうかと思いましたが、へたくそな訳にお名前を引きあいにだすのはごめいわくと思って、遠慮しました。お世話になったこと決して忘れません。『生きてる』といいましたが、このところゼンソクがわるく、死に死にです。お手紙やっと書きました。イーヨーさんもたくさんのご病気もちですから、くれぐれもおだいじに」（一九七八年七月十一日の手紙より）

松永さんの手紙は、まだ一、二通はあるはずである。しかし、長いそれは、たぶん、このあたりが最後だったのだと思う。それ以降、年賀状の空白部に走り書きをして、松永さんは近況らしきものを伝えてきてくれたのだが、会うことはなかった。

ほぼ十年の時間が経っている。カニグズバーグをめぐる一時期だけの出会いで、松永さんを語ることは適切ではない。イーヨーはそう考えて、いぬいさんに「追悼文」はお許し願いたいと葉書を書いた。

（注1）　岩波書店発行・一九七八年『ぼくと〈ジョージ〉』（E・L・カニグズバーグ作・松永ふみ子　訳）のこと。
（注2）　文中の「佐野」は、五月十一日に逝去された佐野美津男氏のこと。

「飛ぶ教室」二三号（日本のプー横丁・イーヨーはどのように児童文学とかかわったか㉓）一九八九年八月刊（光村図書出版）より

Ⅵ　思い出三話

小松原宏子

1　やかまし「村」

「宏子ちゃんなら書けるわよ」

　松永ふみ子先生がそうおっしゃった瞬間。それはまるで魔法のように切り取られた場面として今も私の脳裏に鮮やかによみがえります。

　あれは幼稚園生だったか一年生のころだったか。ムーシカ文庫でリンドグレーンの『やかまし村の子どもたち』を借りようとしていたときのことでした。まだ習っていない「村」という漢字を個人カードに書けるかな、というつぶやきを、優しい松永先生は聞き逃さなかったのでした。

　思えばそれが松永先生との初めての出会いでした。はっとして顔をあげたとき、にこにこしてこちらを見てくださっていた松永先生の温かいお顔。幼かった私にとって「知らないおばさん」から名前をよばれ、励まされたこと、それは胸が痛くなるほどの感激であり、喜びでありました。以後毎週土曜日文庫に行くたびに、私は松永先生の姿をさがすようになりました。そしていつのまにか十年がたち二十年がたっても、その習慣は私の中でずっと変わることがなかったのでした。

「あなたにぴったりの本があるわよ。」

　銀行の三階の本棚から一冊の本をぬいて松永先生が手渡してくださった本。それがE・L・カニグズバーグの『クローディアの秘密』でした。

　二十年間文庫に通って、松永先生から特定の本を読むように勧められたのは後にも先にもこのときだけでした。が、その後『魔女ジェニファとわたし』『ロールパン・チームの作戦』を加えた三冊を、何回繰り返して読むようになったかわかりません。

　そんなある日、松永先生はまるで「おいしいお菓子屋さんに行ってみない？」とでも言うかのような口調で、「こんどカニグズバーグさんが日本に来るの。あなたも会ってみない？」

とおっしゃいました。そして中学生だった私は松永先生に連れられてホテル・オークラの一室でカニグズバーグその人にまみえることができたのです。大きなガラス窓を背にした憧れの作家。彼女を囲む日本の作家や出版社の人といった錚々たるおとなたち。そして、いつも文庫でカードにはんこを押している姿しか見たことのなかった松永先生が、流暢な英語で格式高く、それでいて和やかに会をすすめている光景。

　まるで夢を見ているような気持ちでいた私に、

「今松永先生があなたのことを話しているわよ。『大きくなって大人の本も読み始めたけどやっぱり文庫に戻ってきた中学生』ですって」

とささやいてくれたのは、当時大学生だった、瀬田貞二先生のお嬢さんでした。

　それから十年ほど後、大学を卒業したてのある晩、松永先生から、

「『飛ぶ教室』に文章を書いてみない？」

という お電話をいただきました。

「カニグズバーグさんについて書いてくれる若い人を編集部がさがしているのよ」

と。そんな立派な児童文学誌に、と尻込みしたのはもちろんですが、そのとき私は再び松永先生のあの優しい言葉を聞いたのでした。

「宏子ちゃんなら書けるわよ。」

3　ふきのとう

大学の卒業が決まった春休み、私は初めて大磯の松永先生のご自宅を訪ねました。海と山とに囲まれた邸宅は松永先生のお人柄と画家であるご主人様のセンスが凝縮されているようでした。

お昼ごはんは松永先生手作りのお弁当を赤ずきんちゃんのようにバスケットに入れて、海を見ながらのピクニックでした。素敵な大磯の町をあちこちお散歩して過ごしましたが、松永先生は「らったった」（原付バイク）でせまい坂道を軽々とのぼっていくのに、私は息子さんの太郎さんのアメリカ製自転車でぜいぜい言いながら、ブレーキもうまくかけられず、何度も転びそうになりました。

太郎さんが結婚して同じ敷地の中に別棟を建てて住んでいらっしゃる話を伺って、私も「つきあってる人がいるんです」と言いました。「まあ、どんな人?」と聞かれて、こういう素晴らしい方々の前でどういうことを言ったらいいんだろう、と困ってしまい、思わず「普通の人です」と答えました。すると先生は「あら、普通いいじゃない。私普通大好きよ」とおっしゃいました。そしてその一年後、私たちの結婚式でスピーチしてくださった時このことに触れられて、「普通というのは普通のことを普通の言葉で語り合えるという意味だと思います。そこに大きな信頼感があるから言えることなのです」とおっしゃいました。私は大磯の分厚い木のテーブルをはさんで話しした情景をまざまざと思い出すとともに、松永先生の愛情深いお心と文学者としての言葉の捉え方を通すと、一瞬の会話がこんなに素晴らしい祝福となるのだという驚きと喜びを感じたのでした。

あの日大磯のお宅を辞する前、松永先生は「お土産にふきのとうを差し上げるわ」とおっしゃいました。そのふきのとうはどこにあるのかと思いきや、今から庭で摘みましょう、とおっしゃるのです。そして再び赤ずきんちゃんのバスケットを手にすると、私を広々とした裏庭に案内し、地面にかがんで探し始めました。もともと小柄でまるまるした体型の先生ですが、それがさらにまるまって、かくれているふきのとうを一生懸命探す姿は、大学生だった私が言うのも申し訳ないですが「かわいい」の一言に尽きました。

地面に生えているふきのとうを見たのはあのときの一度きりですが、あれから年月が流れた今でも、私は八百屋の店先に並んだふきのとうに格別の感慨をもたずにはいられません。

普通の人生の中で恵まれた特別の出会い。特別の出会いに彩られた普通の幸せ。本を通し、言葉を通し、生き方を通して松永先生が教えてくださいました。先生があまりにも早く天に召された悲しみは癒えることはありませんが、先生に頂いたたくさんの贈り物をいつまでも大切にしていきたいと思っています。

Ⅶ　松永ふみ子　年譜

一九二四年（大正13年）
東京市神田区小川町に今井鉄次郎の長女として生れる。
一九三六年（昭和11年）一二歳
東京市神田小川小学校卒業
一九四一年（昭和16年）一七歳
東京府立第一高等女学校卒業
一九四五年（昭和20年）二一歳
津田英学塾英文科卒業
一九四八年（昭和23年）二四歳
画家、松永和夫と結婚。群馬県館林市に新居を定める。関東女子短期大学英文科教師となる。
一九四九年（昭和24年）二五歳
長男太郎生れる。
一九五三年（昭和28年）二九歳
上京。東京、神田駿河台に居を定める。「レモン」開設。
一九五五年（昭和30年）三一歳
慶應義塾大学文学部卒業。ジョージァ・シーロフ先生、ロバート・ギトラー先生の知遇を受く。
一九五六年（昭和31年）三二歳
次男淳生れる。

このころ、いぬいとみこさんのすすめで、「ホーン・ブック」に載ったD・N・ホワイトや、ヴァージニア・リー・バートンの児童図書、絵本に関する小文を訳して、「子どもの本棚」一一、三号に掲載。同人に小林静江、福知トシ、福光えみ子さんらがいた。
一九五八年（昭和33年）三四歳
四ツ谷に引越す。
一九五九年（昭和34年）三五歳
文京区本郷に土地家屋を求め、居を定める。
一九六四年（昭和39年）四〇歳
次男淳、喘息のため九歳で死亡。
一九六六年（昭和41年）四二歳
五月、練馬区中村橋の清和幼稚園で開かれていた「ムーシカ文庫」を手つだい始める。
同文庫は一九六九年（昭和44年）富士見台駅近くの東京相互銀行三階へ移ったが、ひきつづき、土曜日ごとに本の読みきかせのため、熱心に通いつづけた。
ロバート・ローソン作『ウサギが丘』訳を、学習研究社より出版。
一九六九年（昭和44年）四五歳
E・L・カニグズバーグ作『クローディアの秘密』（岩波書店）、アンドリュー・ラング作『フェアニリーの黄金』（大日本図書）出版。
一九七〇年（昭和45年）四六歳
E・L・カニグズバーグ作『魔女ジェニファとわたし』訳を岩

波書店より出版。

一九七二年（昭和47年）四八歳

E・L・カニグズバーグさんを、アメリカ、フロリダに訪ねる。

一九七四年（昭和49年）五〇歳

E・L・カニグズバーグ作『ロールパン・チームの作戦』（岩波書店）出版。

一九七五年（昭和50年）五一歳

E・L・カニグズバーグ作『ジョコンダ夫人の肖像』（岩波書店）出版。

一九七六年（昭和51年）五二歳

このころ神奈川県大磯に居を定める。

E・B・ホワイト作『白鳥のトランペット』訳を福音館書店より出版。

一九七七年（昭和52年）五三歳

八月、「ムーシカ文庫」立ち退きを命ぜられ、いぬいとみこさんとともに、練馬区貫井三丁目オオカミ原っぱに「ムーシカ文庫」の小さい家を建て、よろこぶ。翌一九七八年（昭和53年）一月、この家で「ムーシカ文庫」の新学期始まる。

E・L・カニグズバーグ作『ほんとうはひとつの話』（岩波書店）出版。

一九七八年（昭和53年）五四歳

このころ喘息に苦しむ。

E・L・カニグズバーグ作『ぼくと〈ジョージ〉』訳を岩波書店より出版。

一九七九年（昭和54年）五五歳

藤川照子さんと、神奈川県大磯に子どものための「貝の火文庫」を開く。

「ムーシカ文庫」にも力をそそぐ。

一九八一年（昭和56年）五七歳

「大磯の自然を守る会」に参加。

一九八二年（昭和57年）五八歳

ギャヴィン・マクスウェル作『カワウソと暮らす』（冨山房）出版。

長男太郎、富田直美と結婚。

一九八四年（昭和59年）六〇歳

E・L・カニグズバーグ小特集のための訳を雑誌「飛ぶ教室」（光村図書出版）に掲載。

ムーシカ文庫のクリスマスに藤川さんと出席、楽しくすごす。

このころ喘息の発作、入退院をくりかえす。

一九八七年（昭和62年）六三歳

三月十日、いぬいとみこさんの「路傍の石文学賞」受賞式に大磯から出席。ムーシカ文庫の徳永明子、小林伸子、飯島美智子、倉橋しおりさんたちと会い、いつもの笑顔でみなをよろこばせた。

五月九日、午前二時ごろ喘息の急激な発作で死す。

（松永和夫作成）

（一九八九・十二）

Ⅷ　松永ふみ子　翻訳書目録

ウサギが丘
　ロバート・ローソン作・絵　学習研究社（新しい世界の童話シリーズ18）　一九六六年一一月一八日
　Rabbit Hill　Robert Lawson, 1944

フェアニリーの黄金
　アンドリュー・ラング作　月田孝吉画　大日本図書（子ども図書館）　一九六九年五月三一日
　The Gold of Fairnilee　Andrew Lang, 1888

クローディアの秘密
　E・L・カニグズバーグ作・絵　岩波書店　一九六九年一〇月二〇日
　From the Mixed-up Files of Mrs. Basil E. Frankweiler　E. L. Konigsburg, 1967

魔女ジェニファとわたし
　E・L・カニグズバーグ作・絵　岩波書店　一九七〇年七月七日
　Jennifer, Hecate, Macbeth, William McKinley, and me, Elizabeth　E. L. Konigsburg, 1967

キルディー小屋のアライグマ
　ラザフォード・モンゴメリ作　バーバラ・クーニー絵　学習研究社（少年少女　新しい世界の文学　19）
　一九七一年　*Kildee House*　Rutherford Montgomery (written), 1949　Barbara Coony (illustrated), 1949

ロールパン・チームの作戦
　E・L・カニグズバーグ作・絵　岩波書店　一九七四年七月八日
　About The B'nai Bagels　E. L. Konigsburg, 1969

ジョコンダ夫人の肖像
　E・L・カニグズバーグ作　岩波書店　一九七五年一二月一〇日
　The Second Mrs. Giaconda　E. L. Konigsburg, 1975

白鳥のトランペット
E・B・ホワイト作　エドワード・フラスチーノ画　福音館書店　一九七六年三月一〇日
The Trumpet of the Swan　Elwyn Brooks White (written), 1970　Edward Frascino (illustrated), 1970
ほんとうはひとつの話
E・L・カニグズバーグ作　岩波書店　一九七七年九月二二日
Altogether, One at a Time　E. L. Konigsburg, 1971
あかちゃんでておいで！
フラン・マヌシュキン作　ロナルド・ヒムラー絵　偕成社　一九七七年
Baby　Fran Manushkin & Ronald Himler, 1972
ぼくと〈ジョージ〉
E・L・カニグズバーグ作・絵　岩波書店　一九七八年七月一二日
(George)　E. L. Konigsburg, 1970
カワウソと暮らす――スコットランドの入江にて――
ギャヴィン・マクスウェル作　冨山房（冨山房百科文庫　34）　一九八二年三月二二日
Ring of Bright Water　Gavin Maxwell, 1960
ぶらんこをこいだら
フラン・マヌシュキン作　トマス・ディ・グラッジャー絵　偕成社　一九八二年六月
Swinging and Swinging　Fran Manushkin & Thomas Di Grazia, 1976
くらやみをこわがったフクロウぼうや
ジル・トムリンソン作　木下惇子絵　偕成社　一九八三年六月
The Owl who was Afraid of the Dark　Jill Tomlinson, 1968
〔岩波少年文庫〕
クローディアの秘密　一九七五年　　魔女ジェニファとわたし　一九八九年
ロールパン・チームの作戦　一九八九年　　ぼくと〈ジョージ〉　一九八九年

（横澤多栄子　作成　一九八八・三）

『松永ふみ子さんの思い出』を、ようやくお届けいたします。敬愛するふみ子さんとのお別れが、思った以上に悲しく辛く、上梓がこんなに遅れてしまいました。

でもムーシカ文庫にゆかりの者ばかりか、作家上野瞭先生に文章を載せさせて頂き、また松永和夫先生に、年譜を作成して頂くことができ、ほんとうにありがとうございました。

一九九〇年一月

いぬい　とみこ

母について

松永太郎

母について、何か書くように小松原さんから、お勧めをいただいたが、いまだ、何をどう書いたらいいのか、よくわからない。わからないまま、書き始めることにする。

母が亡くなったのは、あまりにも突然で、父も私も激しい悲しみの中で周章狼狽するばかりで、母の多くのお友達にご連絡もできなかった。ここで改めてお詫びを申し上げたい。もうずいぶん時間がたってしまったが。

母の葬儀に列席してくださった方や、家に来てくださった方々の中にまるでご自分の家族をなくされたように、涙を流される方がたくさんいらっしゃって、改めて母が非常に多くの人から慕われていたことを知った。母はたくさんの人とおつきあいがあった。そこら辺から書くといいかもしれない。

最初は、津田塾の同窓生の方々で、この女性たちは、いずれも一騎当千の豪傑、失礼、ご婦人方であり、虫明亜呂無さんという変わった名前の小説家が、メアリー・マッカーシーの「グループ」の向こうを張って、このレイディーズのことを書こうとしたことがある。しかしおそらく、あまり色っぽい話がなくて（失礼）、小説にはならなかったのだろう（と思う）。いずれにしても、すばらしい女性たちであり、みんな豪胆である。僕は今でもひそかに男性よりも女性のほうが肝っ玉が大きいと思っている。

それから母は慶應の図書館学科に行ったのだが、このときは僕は子供で、家にいて一人でいるのがいやになって、ねえや（は十五で嫁に行き、のねえやであるが）に言って慶應までつれてってもらった。そしたら母が慶応の長い坂を向こうから、僕を迎えに降りてきて、今でもそれがイメージとして、強く残っている。こんなことを書いていていいのだろうか。しかしそこで、石井桃子さんと出あったのではないか（ここら辺ははなはだ不確かである）。

石井桃子さんは『ノンちゃん雲に乗る』という名作を持つ児童文学作家で、一度、僕も母に連れられて、お会いしたことがある。小金井の長い道を二人で歩いて、お会いしにいった記憶がある。なんで僕を連れて行ったか、わからないが、たぶん、『ノンちゃん雲に乗る』を僕が好きだったから、原作者に会わせようと思ったのかもしれない。

それで、会社を経営しながら、翻訳を始め、いぬいとみこさんと一緒に子供図書館を始めた。子供ながら、よくまあいろんなことをやるなあと思った。それもぜんぜんそくでふうふう言いながらやるので、まったくたいしたものだった。大磯の家では、自然保護運動までやっていた。それらでお付き合いをした方々は、おたがい、母が違う分野で何をしているかぜんぜんご存じないのがおもしろかった。自分のことはほとんど言わない人だったのである。

翻訳の最初は、ドリトル先生のシリーズの下訳だった。子供ながらにちっともおもしろくなかったが、母は一所懸命やっていた。ガラスのかたつむりにはまいった。

カニグスバーグさんの作品を翻訳する前に、かなり苦労してギャビン・マックスウエルの『かわうそ物語』を翻訳していた。『輝く水の輪』というしゃれた原題を覚えている。もちろんそんな題では売れないだろう。しかし後に映画になった。かわうそがかわいそう過ぎて見ていられない映画である。

カニグスバーグさんの本は僕がもう高校生になったころか、よくわからないが、最初は『クローディアの秘密』で、お姉さんと弟が家出してメトロポリタン美術館の中で一泊する話で、これはおもしろかった。ただ僕はもう生意気になっていたし、とにかく不肖の息子だったので……涙で曇ってよく書けないが、カニグスバーグさんとはホテル・ニューオータニで母とお会いした。だんなさんがつまんなそうにしていたので、僕が話し相手になった。母はその後、フロリダにカニグスバーグさんに会いに行った。

母の訳したカニグスバーグさんの本は、今、多くの読者から愛されていると聞いている。この間もたまたま家に来た方が、仏壇にある母の訳した本を見てびっくりして「僕はこれを全部読んだのです」と言われたのにはこちらもびっくりしした。

母が、いぬいさんと始めたムーシカ文庫は、一度つれてってもらった。可愛いお嬢さんがたくさんいたので、ひじょうにどぎまぎした。その中に小松原さんもいらしたのだろうと思う。母は、ムーシカ文庫に非常な情熱を燃やしていた。僕には、本ばかり読んでいるとろくな大人にならないとか言いながら、自分は子供たちに本を読んで聞かせていたので、矛盾した話である。でも母は江戸の下町娘で、憎まれ口はすごくうまかったのである。

しかし、子供のときの読書ほど、純粋な読書はない。今でも僕は、陽だまりのなかで、おせんべいをかじりながら西遊記を読みふけるほどの幸福をほかに知らないのである。

多くの人が母を愛していた。僕は、今でも母のことを夢に見る。夢の中では、自分が夢を見ているとはわからないから、なんだ生きていたんじゃないか、と思う。それで眼を覚まして、深い喪失の思いにさらされる。けれど、僕はひそかにこの長い人生という夢から覚めた後、母と再会できるとどこかで信じているのである。

（まつなが・たろう／（株）レモン代表取締役社長・多摩美術大学教員・翻訳家）

ムーシカ文庫からまーしこ・むーしか文庫へ
——文庫移転の記録——

木下惇子

一九九六年（平成八年）

いぬいさんのご入院ご療養生活が長期に及ぶことが予測され、文庫の土地建物の共有者であった松永ふみ子さんが他界なさってすでに九年もたっていることから、八十八年に文庫を閉めてからもそのままの状態で残されていた文庫の部屋と本を、それ以上維持していくことが困難になった。

3月9日　元世話人の伊藤郁子さんと木下が清水しげみさんからお話を伺い、諸事情を考慮して六ヶ月以内に文庫の本を他所へ移すことになる。

3月10日～3月下旬　ご入院中のいぬいさんには、ご病状を配慮し、症状が落ち着いていらっしゃる時にお話しすることとし、文庫の元世話人、会員や文庫と関わりの深かった方々に、木下から事情をご説明し、文庫の本の処遇についてご相談、ご意見を聞く。

ムーシカ文庫の世話人か会員だった方が文庫を引き継いでくださることが望ましいが、まず、本を置く場所を用意することが困難な住宅事情と、それぞれ、仕事や子育てに追われていたり、老親の介護や自身の病気治療中などの事情があり、何年か先なら可能かもしれないが、数ヶ月以内に文庫の本を引き取ることは無理であることが確認された。

ムーシカ文庫関係者が無理であるならば、できればいぬいさんと関わりの深い場所に文庫を移設できないかと考え、木下から大森めぐみ教会の岩村信二先生にご相談をする。ご検討いただいたが、後日「残念ながら、場所を確保できないので。」とのご返事をいただく。

4月上旬　元世話人数人で相談の結果、文庫の本の受け入れ先を外部に探すことにし、こちら側の希望として、次のような基本方針を決める。

1子どもたちに読まれてこそ、いぬいさんのご意思を伝えることになると考え、本が書庫や書棚の中で眠ったままにならないよう、多くの子どもたちに利用されるところに委ねたい。

2本は分散させず、ムーシカの蔵本の価値がわかってくださり、蔵本をすべてまとめて引き受け、文庫を引き継いでくださるところをさがす。

3できれば「ムーシカ」の名前を残したい。

4古い絶版本など、資料としての価値がある本は、その本に適した場所で保存していただく。

4月上旬~下旬　元世話人や文庫に関わりの深かった方々を通して、文庫の引き受け先をさがす。何件かのお申し出をいただいたが、こちらの方針と合致しない点もあり、辞退する。

4月28日　文庫で清水しげみさんと打ち合わせをした後、伊藤さんと木下で、本の実数と状態のチェックをする。「受け入れノート」によると、黄が七四〇冊、赤が九三一冊、茶が五三四冊、緑が二一一冊、計二四一七冊になるが、重複して記載されている本（赤の本のノートに多い）や、廃棄したり、行方不明になった本、よそへ差し上げたりした本などの記録が消されないまま残っていたりで、実数がノート上の数とあわないことは以前からわかっていた。（この辺がムーシカの事務処理能力の限界）手分けしてざっと数えたところ、二階の本を入れてほぼ二千冊あまり。本の状態は、特に赤の本の中にかなり汚れたり痛んだりしているものがある。それだけよく読まれたというしるしであることと、文庫開設から三十年という年月をあらためて実感する。

5月3日　元世話人の徳永明子さんから東京子ども図書館の松岡享子先生にご相談してみてはという提案があり、

徳永さんから松岡先生にお電話をする。

松岡先生から、何件か心当たりがおありになるが、職員会議にかけ、いずれ職員の方がムーシカの蔵本を見にいらしてから、あらためて候補にあがっている中のどの場所が適当かを検討したいというご返事をいただく。

5月29日　東京子ども図書館職員の張替恵子さんが、松岡先生の秘書役をしていらっしゃる吉野庸子さん（ムーシカの世話人の伊藤、徳永さんともお知り合い）と共にムーシカ文庫に来てくださる。文庫からは伊藤さんと木下が立ち会い、こちらの要望と事情を詳しくお伝えする。一階と二階の本を見ていただき、資料となるような古い絶版本（十八冊）も抜き出していただいた。適切な引き受け先を選んで、三週間以内にご返事をくださるとのこと。

6月2日　木下から清水さんと世話人数人に二十九日のいきさつを報告、今後の相談をした後、病院にいぬいさんをお訪ねし、その内容をご報告する。「松岡先生ご紹介の、ムーシカ文庫を引き継いでくださる方に蔵本はまとめてお委ねする。一部の古い絶版本は東京子ども図書館に寄贈する。」という方針で話を進めることでご了承を得る。

6月12日　松岡先生から木下にお電話があり、既成の文庫より、新しく始めてくださる方がよいと考えて、益子在住の石川綾子さんに話してみたところ、大変喜んで、「ぜひに」とのご返事だったとのこと。石川さんは現在お住まいの庭に文庫のための建物を建設することが可能であること、協力者も多いことなど、公立図書館がないという益子町の事情を含めて、詳しいご説明をいただく。関係者に木下から報告。

6月18日　益子の石川綾子さんご夫妻がムーシカ文庫をお訪ねくださる。木下が応対。ムーシカの今までの歩みや、いぬいさんの文庫への思いなどをお話し、石川さんの方の受け入れ態勢のことなども詳しく伺い、本を見ていただく。

6月21日　木下から石川さんとお会いして伺ったことを関係者にご報告、ご意見を聞いた後、病院にいぬいさんをお訪ねし、いきさつを一通りご説明する。いぬいさんは「よかったわ。」とくりかえしおっしゃって、喜んでく

だ さった。
6月25日　石川さんに、「いぬいさんと関係者のご承諾を得たので、よろしくお願いします。」と、正式にご返事をする。松岡先生と張替さんにも御礼とご報告の手紙を出す。
7月24日　ムーシカ文庫に、元世話人の安藤、飯島、桑原、土屋さん、木下が集まり、「文庫だより」その他の書類の山や、会員カード、備品類などの整理をする。不要なものの処分、残しておくもの、益子に差し上げるものの分別作業などで夕方までかかる。
8月　本、及び書棚や備品類などの引渡し内容や、引越しの日程について、益子の石川さんと清水さんと木下で連絡を取り、ご相談する。
9月8日　伊藤さんと木下、文庫に行き、記録ノートや、会員カードなどの整理をする。書棚の本、ノート類、会員カードの束などの写真を撮る。
清水さんからのお話で、事情が変化したため、十一月一杯お時間を頂けることになった。当初予定していた九月中の引越しを十一月に延期する。
10月23日　安藤、伊藤さんと木下、文庫の二階の本の分類整理作業などをする。
11月10日　元会員の喜代田智子さん、長嶋史乃さん、水野直子さんが、お別れとお手伝いに文庫に来てくださる。木下応対。それぞれ、ご自身や弟さんや妹さんの入会カード、読書記録、古い写真などお渡しする。
11月18日　益子への引渡しの日。午前中、安藤、伊藤、桑原さんと木下で手分けして備品その他の整理と引渡しの準備をする。高速道路が渋滞していたため、予定より遅れて十二時過ぎに石川さんご夫妻とお仲間の方々六人が到着。午後作業にかかる。書棚もすべて解体して二台の幌付きトラックに積み込む。チュコフスキーさんと小さな図書館の二つの額、二つのマトリューシカもお渡しする。九月に元会員の中西光さんから送られてきた五万円の図書券も中西さんの手紙と共にお渡しする。小松原宏子さんが差し入れてくださった手作りのケーキでお茶をいただいた後、益子へ向けて出発する皆さんと本を見送る。
11月23日　伊藤さんと木下、文庫で、残された記録類や個人カードなどの整理をする。元会員の瀧澤（旧姓折戸）広子さんがいらっしゃったので、個人カードなどお渡しする。午後長嶋さんが来てくださる。
12月2日　安藤さんと木下、文庫で最後の後始末の作業をする。益子へ送るもの、こちらに残すものを仕分けし、リストを作る。東京子ども図書館へ寄贈する本のリストも作成。
小松原さんのご自宅に預かっていただくことになった、個人カード、入会カード、会員名簿やアルバム、「文庫だより」のファイル、「お別れノート」「お客さまノート」などのノート類その他の荷物と、それに引越しで出たごみを、小松原さんが車でご自宅と文庫を二往復して運んでくださる。
益子へ送る、本のリストのノート、貸し出し控えのノート、個人読書記録ノート、読み聞かせとおはなしのノート、「こんにちはノート」、「文庫だより」のファイルなどをダンボール箱につめる。同じく東京子ども図書館へ送る本と、二つのダンボール箱の荷を近くの店まで運び、宅配便で発送してすべての作業が終わると夜になっていた。「今日一日でよくやれたと思う。」と安藤さんも漏らす。これで本当にムーシカ文庫とのお別れとなる。
12月3日　文庫の記録類を宅配便でお送りしたことを、木下から益子の石川さんにお電話でお知らせすると、先日から工事が始まっている文庫の建物、もう屋根ができたとのこと。新しいスタートに向けて着々と準備が始まっている。

一九九七年（平成九年）

1月　木下がお預かりしてきた、個人カード、入会カード、古い写真類など、文庫の部屋と書棚の写真と共に、現住所がわかっている元会員、世話人の方々に発送する。
5月31日　益子に「まーしこ・むーしか文庫」が誕生する。「ムーシカ文庫一同」からお祝いのお花と祝電、カードなどをお送りする。後日、石川さんから清水さんや木下宛に文庫開きの日の写真や、「子どもたちも大人たちも大喜びです。何よりも、ムーシカの本たちが一番喜んでいるように思います。」とのお手紙が届く。

6月11日　NHKテレビの関東地方向け番組の中で、短い時間だが「まーしこ・むーしか文庫」が紹介される。ムーシカ文庫の関係者も、「小さいおうち」の文庫の建物や、楽しそうな子どもたちの様子、懐かしい本たちの姿を映像を通して見ることができた。

一九九九年（平成十一年）

6月12日　「まーしこ・むーしか文庫」開設二周年の「二歳のお誕生会」に、小松原宏子さんご一家と木下が参加する。文庫には解体して運んだムーシカの本棚がそっくりそのまま再現され、黄、赤、茶、緑のラベルもそのままに、懐かしい本たちが並んでいた。

時間が近づくと、子どもたちが次々にやってきて、ムーシカ文庫と同じようにノートに名前を書き込んでいく。「きょうは○日、かえす日は○日」のプレートも、カードボックスも、ムーシカのものがそのまま使われている。

壁にかけられたチュコフスキーさんの図書館の額にも再会することができた。

「おはなしの時間」の後、木下もムーシカ文庫のアルバムを子どもたちに見せながら、この本たちが長い間住んでいた「東京の練馬の小さいおうち」のこと、この同じ本を読んで楽しんでいた大勢の子どもたちの話をした。子どもたちは首をのばしてムーシカ文庫の写真を眺め、このたくさんの本がここにやってくるまでの話を熱心に聞いてくれた。

「子どもの時にこの文庫の本をいっぱい読んでいた人」と、小松原さんが紹介されると、子どもたちは不思議そうな、驚いたような、そしてうれしそうな表情を見せた。その後、昔ムーシカ文庫のクリスマス会で木下がやった絵のなぞなぞをしたが、それにも喜んで参加してくれた。部屋が子どもたちで満員なので、入りきれない大人たちはみな、外から大きな窓越しに話を聞いてくださった。

文庫の時間が終わってから、石川さんはじめ、文庫の世話人や協力者の方々からも、文庫の活動の様子を伺うことができた。

いぬいさんは『伝言板　その2』に「こころに種をまくことの意味」を書いていらっしゃる。いぬいさんがまかれた種は、ムーシカ文庫の子どもたちの心にだけでなく、益子の地にもしっかりと根付いて、さらに多くの幼い心への種まきが続けられてる。

まーしこ・むーしか文庫「二歳のお誕生会」にて

ムーシカ文庫から生まれた文庫たちNo.1

まーしこ・むーしか文庫

まーしこ・むーしか文庫
（栃木県芳賀郡益子町大澤2809　主宰：石川綾子）

木下さんをお迎えして

現在の建物

最初の建物

まーしこ・むーしか文庫は

東京練馬にあった、児童文学者いぬいとみこ先生主宰
「ムーシカ文庫」の本を譲り受け、１９９７年６月にオープンした
子どものための家庭文庫です。
文庫のきまりを守れる人は、だれでも無料で利用できます。

★文庫が開いている日
　毎週土曜日　午後１時～５時
★お休みの日
　年末年始・陶器市
★貸出冊数・期間
　ひとり３冊まで、２週間借りられます。
　（本を紛失した場合、同じ本を買って返していただきます。）
★おはなしの時間
　小さい人（１年生まで）午後３時から
　大きい人（２年生 以上）午後３時３０分から
★文庫のきまり
　１．本をたいせつにする。
　２．本をきめられた日までに返す。
　３．文庫でははしずかにする。
　４．おもちゃやたべものをもってこない。
　５．本をよむときは手をきれいに。

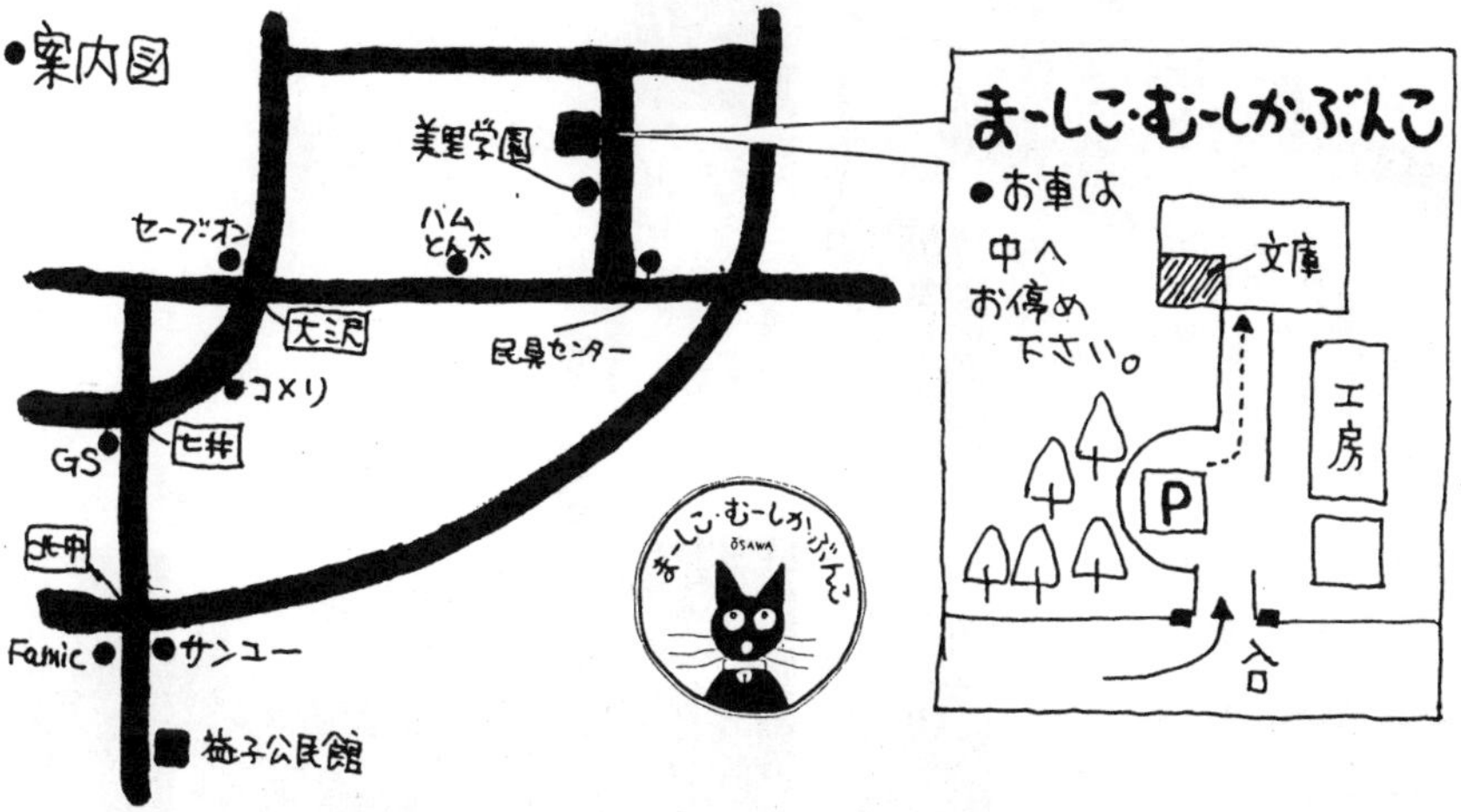

〒321-4104栃木県芳賀郡益子町大沢２８０９
〈かたつむりの会〉　石川綾子

ムーシカ文庫から生まれた文庫たちNo.2

松永ふみ子先生記念　ロールパン文庫

ロールパン文庫
（東京都練馬区富士見台4-25-23　主宰：小松原宏子）

伝言板No.1　ロールパン文庫だより　開設記念号　2003・6・20

小松原宏子

◆ロールパン文庫ができるまで◆

ロールパン文庫の源流は、1965年に練馬区でうぶ声をあげた「ムーシカ文庫」までさかのぼります。

童話作家のいぬいとみこ先生と、翻訳者の松永ふみ子先生が、中村橋の清和幼稚園の一室を間借りして始めた子どものための文庫。私はそこに幼稚園のときから大人になるまで、じつに20年以上通って本を読み続けていました。

清和幼稚園が閉園になったあと、文庫は富士見台駅前の東京相互銀行（現在の東京スター銀行）の三階を借りて続けられ、のちに先生方が買われた貫井3丁目の一戸建てに安住の地を見出しました。

松永先生がお亡くなりになり、いぬい先生がご病気になって、ついにムーシカ文庫が幕をとじたとき、卒業生のだれかが継承することが望まれましたが、そのとき私はまだ子どもも小さく、お引き受けするわけにはいきませんでした。

結局ムーシカの本は松岡享子先生のお弟子さんであり、陶芸家でもある石川綾子さんによって栃木県益子町に引き取られ、「まーしこ・むーしか文庫」として生まれ変わりました。ですから本家本元のムーシカの本は、記念にいただいた一部のものを除いては私の手元にはありません。

けれどもムーシカ文庫の影響を受けて子どものころから集めた本がいつのまにか1000冊以上になったことに加え、故松永ふみ子先生のご子息で、ご自身も翻訳家である松永太郎さんのご厚意により、ふみ子先生の遺品の蔵書をいただくことができました。五月の中ごろに大磯の松永先生のご自宅に伺い、たくさんの大切なご本を頂戴しましたので、今では書棚に2000冊近くの本が並んでいます。もちろんそのほとんどが絵本と児童書です。

これに新しく購入したものを足して、五月から本の貸し出しを始めました。最近はやりのマンガチックな本や攻略本ふうのもの、ディズニーものなどは一切置いていませんが、それでも子どもたちは喜んでたくさんの本を借りてくれています。本当にうれしいことです。

◆ロールパン文庫の名前の由来◆

この名前はE・L・カニグズバーグの作品のひとつ『ロールパン・チームの作戦』（原題：About The B'Nai Bagels）からとりました。故松永ふみ子先生の名訳により日本の子どもたちにも知られるようになったこの作家の作品は、代表作『クローディアの秘密』のほか、『魔女ジェニファとわたし』『ぼくと〈ジョージ〉』『ジョコンダ夫人の肖像』『ほんとうはひとつの話』があります。実はこの方の著書はほかにも数多くあるのですが、残念ながら松永先生は1987年に63歳の若さで急逝され、以後の作品は他の翻訳者によって日本に紹介されています。『ロールパン・チームの作戦』は、初訳の出た1974年当時、日本ではベーグルというものになじみが薄かったために松永先生がお考えになった表題ですが、先生の死後、出版元の岩波書店ではカニグズバーグ作品集を出した際に、書名だけを原題の英語のままの『ベーグル・チームの作戦』と変えました。日本でも「ベーグル」がふつうに見られるようになったからだと思われます。よって松永先生のつけた名タイトル『ロールパン・チームの作戦』という名前は今では見ることができなくなってしまいました。（今でもお話の中身は松永先生の名訳で読むことができますが。）

ですから松永先生の貴重なご本で文庫を開くにあたり、よいものをみなさんに知っていただき記憶にとどめていただくためにも、私自身が松永先生の思い出を大切にするためにも、このかわいい言葉を愛称として使わせていただくことにしました。どうぞ『ロールパン文庫』を末永くよろしくお願いいたします。

Ⅱ　追悼のことば

大森めぐみ教会　葬儀にて

2002・1・26

いぬいとみこ先生は、二〇〇二年一月十六日、七年間の闘病生活の末、都内の病院にてご逝去されました。

一人っ子で生涯独身を通された先生でしたが、いとこの清水慎弥さんと奥様のしげみさんが献身的に看病し最期を看取られました。

ご葬儀は一月二十六日に大田区の日本基督教団大森めぐみ教会において、土戸清牧師によって執り行われ、山口県柳井市から駆けつけられた『光の消えた日』記念碑事務局・いぬいとみこ記念文庫」の吉岡慶治さんをはじめ、いぬい先生の作品のファンなど、たくさんの方々が参列されました。

ご遺族への手紙

木下順二

いぬいとみこさん御逝去謹んで心からお悔みを申しあげます。永らく音信不通になっていて、時々今どうしているだろうと思いだしていたのですが、御病気とは知りませんでした。

いぬいさんと最初に会ったのは一九五八年に岩波から『日本民話選』を出した時ではなかったかと思います。編集者として、単に熱心である以上に、本当に打ちこんでいっしょに本を作ってくれる人だと思いました。この本がのちに『わらしべ長者』（六二年岩波）になるのですが、そのあとがきに私は「いぬいとみこさんからは、助言と同時に、書店側編集担当者としての立場から大きな助力を（私が彼女に与えた多くの迷惑と引きかえに）受けた。」と書いています。また翻訳の『ジャックと豆のつる』（六七年岩波）のあとがきでは「例によって編集者としてのみならず作家としての立場からさまざまの to the point な助言を与えられた、いぬいとみこさんに対してあつくお礼を申しのべると書いています。このときの翻訳のために A Dictionary of Slang and Unconventional English という大部の辞典を貸して下さって、仕事のあと、そのまま持っていて下さいということだったのでその本はまだ私の手許にあります（恐らく岩波書店として買った本だったのでしょう）。そのほかいろいろ彼女の作品についての感想などもありますが、今はただ心からの悼意を申し述べるにとどめます。

どうか安らかに眠られますよう

二〇〇二年一月十九日

（きのした・じゅんじ／劇作家）

いぬいさんを偲んで

中川李枝子

いぬいとみこさんは、私にとってまさに幸運の女神とお呼びしたい方でした。いぬいさんのお蔭で今日の自分があると深く感謝しております。

私の外にも、いぬいさんのお世話になった方、ご親切を受けた方は、大勢いらっしゃるでしょう。神様は凡てをご存知で、いぬいさんを天国へお召しになったと思います。

私は、いぬいさんに作家になるきっかけを作って頂き、又、大切な事を沢山教わりました。

もう五十年程も前、朝日新聞の婦人欄に、いぬいさんが岩波少年文庫の編集者であると紹介されたとき、私はすぐ手紙を書きました。少年文庫を愛読していたので、じっとしていられなかったのです。でも作家になりたいなど考えてもいませんでした。いぬいさんはお返事と一緒に同人誌に誘ってくださいました。それが、いぬいさんとのご縁の始まりです。

思えば、あの頃からずーっと岩波書店を退職なさるまで、いぬいさんの忙しさは度を越えていました。

出版社のお仕事に、ご自分の勉強、そして創作と大変でした。お若かったいぬいさんは、ペンを使うのでスーツの右の袖口がすり切れる、著者の所へ原稿を頂きに通うので靴を一ヶ月ではきつぶす、と嘆いたものです。

その後、網膜剥離や腱鞘炎を患うなど、お辛い時期もありました。が、お会いすれば、いつも明るく意欲満々、よく話し、よく笑い、よく食べ、おしゃれで、疲れ知らずの驚くほどタフな女性でした。しかし忙がしすぎました。もっとご自分を労ってほしかったと、今更ながら悔やまれます。追悼の会をするなんて本当に哀しいではありませんか。

大森めぐみ教会といえば、いぬいさんのお母様の告別式が、ついこの間のように思えます。あの日、いぬいさんは私の腕をとって、ゆっくりゆっくり教会を案内してくださいました。めぐみ教会を心から愛し、寄り所とするいぬいさんの表情はとても幸せそうでした。

一月二六日　私は奈良の子どもの本専門店へ行っておりますので、奈良の人たちと共にいぬいとみこさんのことを語り合い、ご冥福をお祈りしたいと存じます。

二〇〇二年一月十七日

清水慎弥様からいぬいとみこさんの訃報を伺って

（なかがわ・りえこ／児童文学作家）

お別れの言葉

小川壽夫

いぬいさん、いぬいとみこさん、お久しぶりです。

こうして、ふくよかな顔のあなたの写真の前に立つと、もう三十年前四十年前にタイムスリップして、みんなといっしょに長時間飽きずに語り尽くした「あの頃」が生き生きと甦ってきます。

私が岩波書店に入社して最初に配属されたのは、あなたと同じ部屋、同じ課でした。あなたの児童書は、少年文庫を中心に、活発に新刊書を刊行していました。同僚に鳥越信さんがいたし、石井桃子さんも毎日のように見えて、賑やかな職場でした。

この課では、ひと月に一度、食事をしながら、それぞれの担当をこえて、フリートーキングする慣わしになっていました。まず私が驚いたのは、そういうとき、あなたが大変な論客であったことです。自分が正しいと思うことはあくまでも主張する。相手を熱っぽくえんえんと説得しようとする。批判すべきものに対しては口を極めて攻撃する。次から次へ、早口で、言葉が出てくるのですね。

しかしすぐに、一方であなたがやわらかな感性の持ち主であることを知りました。ある日、黒板の予定に「自宅勤務、原稿整理、夕方出社」と書いて、そのまま出てこなかった。誰もが出社するのが面倒になったのだろう、くらいに考えますが、そうではなかった。後で聞くと、あなたは原稿を読みながら、感動して、涙が出てきて止まらず、立ち上がれなくなったのだと。原稿整理という作業は煩瑣で時間に追われているので、斜め読みして機械的に処理するしかないのです。それが、作品の中にのめり込んで、感動のあまり泣き崩れてしまうなんて。

ようやく私が、編集者として独り立ちし始めた頃のことでした。「小川くん、これ読んでくれる?」ちょっとはにかむような仕草で渡されたのが『木かげの家の小人たち』です。すでに、同人誌などに発表した文章はコピーして読まされていました。現代に生きる創作童話が必要なこと、日本に根づいたファンタジーを創りだすべきことなど、繰り返し聞かされていました。けれども、はっきり言って、当時の私には、いぬいとみこの文学を理解できる力はなかった。

いま改めて読み直してみると、そして、それから十八年後に完成された『光の消えた日』と合わせて読み返してみると、あなたがどうしても書き留めねばと思っていた物語が、映像が、見えてきました。

数多くの男たちの、荒々しい戦争体験記があった。それらは時間とともに、パターン化し風化していった。その陰に隠れて、ひっそりと生き続けてきた子どもたちの戦争体験。あなたはそれを、反戦の意味をも込めて、鮮明に、詳細に、描き上げたかったのでしょうね。

山口県柳井市では、『光の消えた日』を「郷土が生んだ文学」として顕彰しています。昨年3月、戦時保育園ほまれ園跡地に『光の消えた日』の記念碑が建てられました。作品の一部を石に刻み込んだ「いぬい文学の小道」もできています。

いぬいさん、しばらく安らかに眠っていて下さい。いずれまた、私も近くへ行って、おしゃべりする機会がくるでしょう。その時まで、さようなら。

(おがわ・ひさお/元岩波書店)

お別れの言葉

岩村和子

乾冨子さんと私は小学校六年間同じクラスの親友でした。いつも肩と肩を組み合って遊んでいました。そして日曜日はめぐみ教会の日曜学校に一緒に通っていました。当時のめぐみ教会は冨子さんの家の真ん前で、私の両親はめぐみ教会員でした。

冨子さんは、当時オカッパ頭が普通でしたのに、髪の毛はいつも横分けでした。

三月三日はおひな祭とお誕生日が一緒で、必ずおよばれしておすしをごちそうになりました。冨子さんが一人っ子で家じゅうの方に大事にされてるのを見て、私は六人姉妹だったのでうらやましく思っておりました。

冨子さんにはご両親のほかにおばあさまがいらっしゃいましたが、とても印象に残る方でした。当時としては珍しく髪は断髪でモダンな方で、いつもきちんと着物を着ていらっしゃいました。このおばあさまは私たちの遠足に付き添いとして必ずついてこられ、冨子さんがちょっとでも外れたことをすると、「冨子、冨子」といつもしかっておられました。大の犬好きで小さな犬を「メルさん、メルさん」とさんをつけて呼んでいらっしゃいました。いつかその犬が死んだとき、冨子さんと私と三人で本門寺の動物のお墓に埋めにいったことをおぼえています。

お父さまは背の高い温厚な紳士で、絵がお好きらしく、当時小学校の絵の先生であった佐藤先生と私と冨子さんの四人で多摩川まで歩いて写生に行ったことをおぼえています。たしかお父さまは慶應出で私の父が早稲田だったので、早慶戦になると二人できそったものでした。

お母さまは美しいやさしい方で、いつも静かで、あまり目立たない方でした。おばあさまにはよく仕えたとうかがっております。

私たちもだんだん高学年になると遊びも変わってきて、ある友達の家で遊んだときに皆でお話を書こうということになりました。冨子さんは「蟻の家」という題で書かれたのですが、私も幼いながら実にうまいと思いました。蟻が地面を掘って掘ってやっとお部屋にたどりつくというものです。もうこのころから文筆家として芽生えていたのかもしれません。

ある日、学校で「非常時日本」という題で作文を書かされたとき、冨子さんは「百万人といえども我ゆかん」といった愛国心あふれた作文を書いて先生にほめられ、私はこの言葉だけ鮮明におぼえています。

小学校で冨子さんはもちろんトップクラスでした。特に数学が得意で、難解な応用問題をすらすらと解いていきました。この方面に行かれるかと思ったら文科系だったのに驚きました。当時難関とよばれた府立第六高女(三田高校)にお入りになりました。後になって冨子さんは、「私は本当はキリスト教の学校に入りたかった。公立はいやだ」と話しておられました。

小学校卒業以来、学校も違うし交際もなくなりました。でも冨子さんのあの第六の制服を着た姿は目の前に浮かびます。

その後、戦争でばらばらになり音信不通の状態でした。それが何十年かたって再びお会いするようになったのです。神さまの不思議なお導きでした。

それは冨子さんが網膜剥離という病気になり、目を覆われた病床生活になったとき、何も見えない悶々としたときに、昔聞いた幼稚園・教会の先生だった「岩村安子先生」の聖書の言葉がはっきりと浮かんできたのだそうです。この人が後に私の主人の母になるのですが、昔大変お世話になった先生の声でした。それで、洗礼は受けたが教会籍のはっきりしない自分を思い、昔の古巣の教会に移ろうということになるのです。そして目のほうもよくなり、「放蕩娘」をお許しくださいといって、めぐみ教会の籍に入り、ここで教会の二代目の牧師の妻である私と再会いたしました。本当に不思議な、神さまのお導きでした。

住居が練馬と大変遠いので毎週とはいきませんでしたが、よく礼拝に出られておりました。

母一人・子一人の生活で、お母さまをとてもとても大事にしていらっしゃいました。別荘としてお建てになった黒姫山の山荘に夏はお母さまとご一緒でした。お母さまが病あつくなったときに、「母にぜひ病床洗礼をさずけてほしい」といわれ、夫と二人で病院に行きました。このお母さまが亡くられてから、冨子さんはだんだん弱られ、病院生活となりました。

そして七年の病床生活の末に天国に召されました。きっと冨子さんがえがいていた天国で、神さまの豊かな恵みのもとにあると信じます。

平成一四年一月二六日

（いわむら・かずこ／小学校同級生・大森めぐみ教会）

ムーシカ文庫の思い出

小松原宏子

いぬいとみこ先生に初めてお会いしたのは、今から三五年以上も前のことでした。

練馬区中村橋の清和幼稚園の一室でスタートしたムーシカ文庫。四つ年上の兄は一期生でした。その妹として、まだ五歳だった私も、特例として小学生になる前から通わせていただくことになりました。

土曜日の昼、家でご飯を食べてからまた幼稚園に行く。それがうれしくて飛び跳ねていた私の手に、母は手作りの布の手提げをもたせてくれました。

帰り道、その手提げの中には一冊の絵本が入っていました。いぬい先生が幼い私のために初めて選んでくださった『まりーちゃんとひつじ』でした。

それ以来何年にもわたってその手提げは毎週土曜日の午後に一冊ずつ本を運び続けたのでした。

いぬい先生のいるムーシカ文庫で過ごした時はなんと楽しかったことでしょう。絵本には黄色いシール、小さい子向けの本には赤いシール、高学年向けの本には茶色のシール。ずらりと並んだ本の背表紙に、土曜の午後の日差しが斜めにさしこんでいた光景が今も目に浮かびます。背の高い本棚を見上げ、いつか私も茶色のシールのついた本を読むのだと、胸をときめかせたのが昨日のことのようです。

数年後、文庫は富士見台の銀行の三階に場所を移し、そこにも子どもたちは本を借りに次々と集まってきました。クリスマス会には百人以上も出席したものでした。いつのまにかいちばん上の棚にも手が届き、小さい子どもに本を選んであげる年齢になった私たちでしたが、小学校の高学年になっても、中学生になっても、土曜の午後にはムーシカに通い続けました。私たちは、ただ自分が好きな本を読みにきていたわけではありませんでした。それだけならば学校の図書館でもできることでした。私たちは先生に会うのが好きで、お話を聞くのが好きで、いい本にめぐりあうのが好きでした。みんなで本を読むムーシカの雰囲気が大好きでした。そして他の子が本を読んでいる姿を見て、うれしいと感じるようになりました。年下の子どもたちにも自分と同じように本を楽しんでほしい、と思うようになりました。

やがて銀行の借り暮らしから抜け出したムーシカは、オオカミ原っぱの一戸建てに落ち着きました。そこにもたくさんのお世話人の先生方や、文庫の子どものお母様方が集まるようになりました。高校生になっても、大学生になっても、社会人になり主婦となり母となってからも、土曜の午後にムーシカをたずねれば、いつでもいぬい先生が笑顔で迎えてくださり、なつかしい本たちもまた、何十年も変わらない姿で待っていてくれました。

今ムーシカの本たちは、栃木県益子市に居を移し、陶芸家の石川綾子さんの手で「まーしこ・むーしか文庫」として再び命を与えられています。緑に囲まれたかわいい木の建物に、益子の子どもたちがたくさん集まって、てんでに本を手にとっています。それは三十年前に私たちが手にとって開いたまさにその同じ本です。益子を訪れたとき、黄色や赤や茶色のシールのついた本を開いて読みふけっている子どもたちを見て、まるでタイムスリップでもしたかのような光景に、胸が熱くなったものでした。流行や時代に動かされず、時をこえて心に響く本を、いぬい先生は備えてくださっていたのでした。

いぬい先生のただひとつの願い。それは「子どもが本を読むこと」でした。その願いはかなえられたと今私は思っています。ムーシカで最後までお世話してくださったたくさんの世話人の方々、益子の石川さんと子どもたち、そして今全国にちらばって、大人になり父となり母となり、自分のまわりの子どもたちに本を読んで聞かせているムーシカの卒業生たちが、先生の思いを今日もどこかでひきついでいます。いぬい先生がまいた種は確実に根をおろし、枝をはり、実を結ぼうとしています。先生が愛した本は、これからもずっとずっと、子どもたちの手から手へと渡されていくことでしょう。まさに今日、土曜日の午後、今もこの瞬間に、益子ではムーシカ文庫の本がちいさなひざのうえで開かれているのです。

いぬい先生は私たちに「本を読むよろこびを知ること」だけを望んでおられました。それ以上のこともそれ以下のことも求めてはおられませんでした。いぬい先生が偉大な作家であったことすら知らずにムーシカ文庫を通りすぎていった千人あまりもの子どもたちとともに、これからも本を愛し続けるという思いをこめて、弔辞とかえさせていただきます。

（こまつばら・ひろこ／ムーシカ文庫卒業生）

ムーシカ文庫ゆかりの方々

いぬいとみこ先生の追悼文集ともいえるこの本を編集するにあたりまして、ムーシカ文庫を支えてくださったいぬい先生のご友人の方々から温かいお言葉をいただきました。この場をお借りして厚く御礼申し上げます。

いぬいさんを思う

神沢利子

いぬいとみこという名をここに記すだけで、もう、胸がいっぱいになる。

ずっと体の弱かった同じ年のわたしが、ここに無事に生きていて、いぬいさんはどこにもいない。いないまま、わたしだけが年を重ねた。

独りっ子のいぬいさんのために、「生きていなければ」と年老いてもいい続けたというお母さまが亡くなられて、その告別の日、何年ぶりかに会ういぬいさんのふくよかだった頬は、痩せてすっかり小さくなっていた。見るなり涙が噴きだして、わたしの視界はまっ白になり、眼鏡をはずしても涙はとまらなかった。心も体もどんなにか、とご看病の日々を慰めることもなかった自分をはげしく悔いたけれど、どうにもならなかった。

その後のご入院を知り、その時も、ああ、よかった。今のいぬいさんには静養が大切。もう、お母さまのことは案じずに、ゆっくり休んで回復なさることだと、むしろ、ほっとしたのだった。回復の後は必ず大きなお仕事にとりかかるはずと信じていた。いぬいさんの生命力をしんそこ疑わなかったのに……。

その後、もれ聞く話では心を暗くするようなことばかりで、大友康夫さんからのたよりでご病状を知った。もう、知人の顔も識別できないと聞いて、胸つぶれる思いで伺った病院では、いぬいさんは以前よりふっくらして、声も涼しく、「神沢さん」と、懐かしがって下さった。歯切れよく病院の誰彼のことや、元気よくおはなしなさるのが、わたしはうれしくて足をマッサージしてさしあげた。母の病院に通っては、運動できない母のだるい足をさすったように、足のうらや指の一本一本、押したりさすったりして。いぬいさんは素直な童女のように足をなげだして、わたしの膝にのせて気持よさそうにしていられた。「トイレにゆきたいから、手伝って」といわれた時もうれしかった。ドアをあけて転ばないように手をそえるだけのことだったけど、それだけでも頼まれたのがうれしかった。

ほーっと安堵してわたしは家に帰ったのだ。しかし、次に行った時は、まるで様子が違っていた。病院の方もわたしに注意なさったけれど、神経がたかぶっていられた時だったので、長居はできずにすぐ帰った。病院の門をでても、わたしは溢れる涙をとめることができなかった。

どうしてお病気になられたのか、辛かった。初めてお目にかかったのは、多分、今江祥智さんの初めての出版記念会の時だと思う。

その時はほとんど会話らしいこともなくて、この方があの「ながいながいペンギンのはなし」の作家かと思ったのを覚えている。

児童文学の何たるかも知らずに、無鉄砲に童話をかきだしたわたしだった。雑誌「母の友」に拾われ、松居直さん今江祥智さんの後押しと理論社の小宮山量平氏のおかげで運よく処女作が出版された時、いぬいさんはいち早くわたしを認め、励まして下さったおひとりだった。同じ一九二四年のうまれだけれど、いぬいさんは既にかがやかしい作家であり、岩波少年文庫の編集者でもあって、わたしにはまぶしい存在だった。いぬいさんは編集者として新人を見守り、多くの作家を育ててきたのだと思う。その上、長年保母としてこどもたちに関わってきた、ゆたかな母性をお持ちだったのだと思う。

現実に二人の子を持ちながら、そのようなゆたかさはわたしにはなく、外のこどもたちに対しても、ものいいかけるすべもわからない人間だった。文をかく時だけ、心が解放され、のびやかになれたから、ともかくも、童話だけはわからぬなりにかき続けてきたのだ。

いぬいさんは次々に時代を切りひらく作品をかき、わたしはいつもその背中をみつめて歩いてきた。

未だにいぬいさんがいらしたら、と思うことが度々ある。多くの方の思いも同じだろう。同じ年でもわたしの何たる不甲斐なさ！　この年なら沢山の若い人々のために役立ち、ＪＢＢＹやいろんなことのために働いたり、時には助言もすべきなのだろうに、一切しない　できない。その器量は皆無の自分だ。

とかく、知らぬくせに知ったふりして、勇み足して悔いることが多かったわたしは、ある時からよくよく考えることに決めたのだ。しかし、鈍い頭では判断がつかず、保留ばかりが重なった。もはや残り少ない人生の今となっては、保留ばかりをあの世へ持ちこすことになりそうだ。出来得る限り考えて、いうべきことはいおうと思う。

間違っていたらその責めは負うことだ。そう心に決めた。いぬいさんの背中、いや、お顔に向かって、遅すぎるけれども！　わたしはそう告げる。生きのびてしまったわたしのできることをしようと。

（かんざわ・としこ／児童文学作家）

戦後創作児童文学のジャンヌ・ダルク
——《友愛》を語りつづけた　いぬいとみこさん

小宮山量平

私がいぬいとみこさんと知りあったのはいつのことであったのだろうか。山中恒さんの『赤毛のポチ』の出版記念会のときも、今江祥智さんの『山のむこうは青い海だった』や寺村輝夫さんの『ぼくは王さま』の出版記念会のときも、いぬいさんは必ず出席なさっていたような気がする。何しろあのころは、これはといった創作児童文学の出版記念会といえば、大方は理論社の本で、出席なさる顔ぶれは坪田譲治・平塚武二の両先生を囲む形で、古田足日と鳥越信の両批評家が気鋭のお目付役のように控えて、それに当日の作家のお仲間たちが顔をそろえる。いずれもお互いに古くからの同志めいた顔ぶれで、儀礼的なほめ言葉や、改まった出自の紹介なども無く、気心の知れたゼミナールの仲間めいた活気あるやりとりに終始したものだ。

そんな空気の中でも、いつも格別に活撥に発言するただ一人の女性がいぬいさんで、とりわけ当時の大先輩作家に向かって何のえんりょもなく、新しい世代の文学的テーゼを述べる。童顔の彼女がニコニコしながら弁舌を揮うと、そんな思い切りの良い発言が、何の抵抗もなく一座の上昇気流をかもしだすかのようであった。

その歯切れの良い主張の第一点が、何といっても「面白さ」の強調であった。当時新しい欧米児童文学の紹介において先駆的であった岩波書店の児童書編集者として、極めて豊富な情報量が裏付けとなっているために、彼女の主張には明るい説得力があって、いつしか一座はこの若い作家の「お説拝聴」といった空気となっているありさまであった。

同じように歯切れの良い主張の第二点が、誰にえんりょもない「戦争責任」の追及であった。ともすればスネに傷を持つような引け目を持たずにはいられない大方の先輩作家たちをも前にして、彼女の発言は容赦もないきびしさに満ちているのだったが、その彼女自身が「軍国少女」としての自分の来歴をザックバランに語るおおらかさが裏付けとなっているために、一座に暗うつな空気が停滞するようなことは、先ず無かった。

坪田・平塚の両先生にしても、山本和夫さんや住井すゑさんのような大先輩にしても、彼女の舌鋒の前に立たされたことはあったのだが、格別に言い訳をなさるでもなく苦笑を混じえて受容されていることが多かった。一面において彼女に対しては、同業の出版人という立場を自覚しないではいられなかった私などは、ふと、彼女の天衣無縫な発言ぶりを見つめながら、さすがに天下第一の岩波書店の編集者に対しては、大方の作家たちがつい寛大になるものらしいなどと、僻《ひが》んで見ずにはいられなかった。

それにしても、そんな隔意のない懇親のあと、あたかも恒例のようにすっくりと立ち上がったいぬいさんが、「さあ歌いましょう」と言うなり誰彼の腕をとって、そのころ誰しもが参加していた歌ごえ運動などで流行していたあの歌この歌のリーダーシップをとって、ソプラノの声を張り上げたりすると、私たちはいつしかそんな歌ごえの輪に巻き込まれて、けっこう良い気分になるのだった。

それが五十年代の末から六十年代にかけての創作児童文学興隆期の一般的な風景なのであった。そんな歌ごえに肩と肩を組み合わせながら、明るく自然に湧き上がってくる名状しがたい同志感に揺さぶられるのにつれ、私はいぬいさんの耳元にささやきかけたものである。

「いぬいさん、あなたは戦後創作児童文学の明日のために、天が恵んでくれたジャンヌ・ダルクですよ、まったく!」

＊

そんな私の賛辞には、いささかのイロニーも含まれてはいなかった。何しろ大正期の「赤い鳥」文化育ちの私の心に刻まれた女英雄像《ヒロイン》と言えば、何と言っても第一にかの「オルレアンの少女」であり、第二にナイチンゲールであった。とりわけ十四世紀の初頭から十五世紀の半ばに及ぶ百十余年に亘った《百年戦争》の中世的な暗うつのとばりを破るかのように颯爽と登場したフランスはシャンパーニュ地方の一少女、ジャンヌ・ダルク！ 彼女こそはその戦争の末期に救国の神託を受けたとの信念をかかげ、百年に亘って北方からの侵略をつづけていたイギリス軍を打ち破って、先ずオルレアン地方を解放したという——そんなドラマこそが、私たちの少年時代からの憧れのヒロイン物語だったのである。

けれども私の尊敬に満ちた評価を聞きとがめるかのように、いぬいさんは「あら、いやァだ！」と、一言のもとに跳《は》ね返すのだった。そして、「わたしって、あんな魔女かしら」と、私を睨み返したものである。なるほど、無理もない、と、そんな彼女の反撥に気付いたのは六十年代の後半になってからだろうか。そのころすでに、ジャンヌ・ダルクに対する古典的な評価も揺らいでいた。そんな映画が作られたせいもあってか、あのオルレアンの少女こそ実は当時の魔女狩りの犠牲者であり、かのイギリスへの通謀者ルーアン司教たちこそ、悪玉などではなく、そんな中世的魔女狩りに対して闘かう良心の持ち主であったのだ……と、歴史への評価を変えるべき「冤罪《えんざい》」の時代が始まっていたのである。そして、いぬいさんたちこそは、そのような慧眼《けいがん》をもって近・現代史を切り拓くべき先駆性をかかげる「新人」であったのだ。

まぎれもなく、いぬいさんは、そのような戦後的「新人」であった。しかも通例の戦後派にありがちな威勢の良い公式論を振りかざしたりするのではなく、むしろ彼女自身の知的成長を支え通した特有の直感力に恵まれていた。

戦後の世界史の大きな曲り目毎に、いぬいさんは極めて率直に大胆に周辺の仲間たちに論争を挑んだりしたものだが、今にして思えば、あのスターリンの死後、五六年のフルシチョフによる「スターリン批判」が始まると、つづいて起こった「ハンガリー事件」に際しても、「チェコ事件」に際しても、ずいぶんと烈しく文学的な批判の鉾先《ほこさき》を差し向け、いちはやくソ連へ東欧へと旅をし、可能な限り自分の足と眼で情勢を確めようとする好奇心を発揮することを怠らなかった。すでに親しく結ばれていた外国の友人たちに対しても、えんりょなく討論的であり、スターリン批判の率直さによって反って友人たちからの信頼を捷《か》ち得たのだろう。とりわけ、そんな信頼関係の中でも、ソ連児童文学界の巨峯コルネイ・チュコフスキイ翁から寄せられた信頼関係は、やがて、日本とロシア相互の児童文学の深いつながりを創造する点で巨きな役割を果たすこととなったのだと思う。

今にして思えば、いぬいさんの明るい直感力によって伐り拓かれた国際的視野は、日本の創作児童文学の国際的評価を高めることにもずいぶん役立った。例えば中川李枝子の『いやいやえん』(ソ連版では『チューリップようちえん』)が、戦後日本の幼年文学第一等の傑作として真っ先に翻訳紹介されていったときなど、それをすすめたいぬいさんも、それを受けとめたアラ・コロミーエッツさんも、みんな元気で、ぐんぐんと直感力を発揮していて……身近にそんな交流を支えつづけていた私までが、何と楽しかったことだろう!

＊

そんな明るい直感力で押し進めながら、結果として大変巨きな遺作となったのが、何と言ってもいぬいさん自身の作品そのものであった。とりわけ代表作とも言うべき『ながいながいペンギンの話』『北極のムーシカミーシカ』そして『白鳥のふたごものがたり』と、三作をかえりみると、そのいずれもが「ふた子のきょうだい」を主人公としているではないか。じつはそのことに関して、未だお元気であったころのいぬいさんに、私の方から議論を吹っかけてみたことがあった。

――これは私自身の持論なのでもあるが、あのフランス三色旗の赤・白・青の美しい色は何を表徴しているのだろう? 大方の人びとは、何を今更と言った顔つきで、それは自由・平等・博愛をあらわしているに決まっているじゃないか、と、答えるに違いない。いぬいさんも、そう答えた一人だった。

——けれどもいぬいさん、あのフランス革命が掲げた旗印の何れもが、今のわが国で民主主義化の目標として、十分に自覚されているのでしょうか？……そう言って私はいぬいさんの童顔をのぞき込んだものだ。

——つまり、自由についても、平等についても、今やずいぶん烈しく要求が掲げられ、不充分ながら成果も挙がっていると思うんだけれど……そう言えば、あら、博愛なんて明治時代の教育勅語のままの語感で、うす汚れたまま、自由や平等ほどには大切にされてはいないわ——と、彼女は鋭い直感力で私の言いたいことを忽ち理解するのだった。

そうです、日本の戦後の民主化のたたかいの中で、自由と平等ばかりが格別に高く評価されるのにつれて、いつしか友愛 Fraternity という目標が立ち消え、見落とされてはいないだろうか。単なる Friendship ではなく、人びとが正に「きょうだいのような愛 Fraternity」で結び合う、そんな「友愛」を大切なカギとしない限り、日本の戦後の民主主義なんてものは形骸化し、挫折するおそれがないだろうか。私たちは、そんなことを語り合ったものだ。

それかあらぬか、いぬいさんの代表作の主人公は、ペンギンにせよ、北極グマにせよ、白鳥にせよ、何れもふた子のきょうだいを軸として物語をくりひろげる。今にして私は、いぬいさんの代表作を読み返しながら、思わずも「いぬいとみこさん、ありがとう！」と、日本の子どもたちに遺された「友愛」の記念碑を抱きしめるような思いにならないではいられないのである。

いぬいさん！　今にして戦後の日本が取りこぼしてきた徳目の第一は、何と言っても、真の「友愛」ではなかったでしょうか。いや、日本だけではありません。世界じゅうが、自由を高唱し、平等を掲げて、近代化のコースを行進することに目覚めながら、いつしか一番大切な「友愛」を置き去りにしてきたような気がします。その友愛という温もりに支えられない自由が如何に虚しいものか、友愛の裏打ちを忘れた平等が如何に物欲に支配され易いものか——世界は今、そんなダメージに苦しんでいるのではないでしょうか。

二十一世紀が、そんなダメージから解放されるためには、今こそ自由・平等・友愛の理念が固く一つの温もりを結晶させうるかどうか。幼い子どものうちから、そんな結晶へのあこがれを魂として育てることが、現代児童文学の一番巨きな課題でしょう。

いぬいさん！　あなたがふた子のきょうだいを描きつづけた作品が、そんな日のための糧として、ますます大切にされる日はつづくことでしょう！

（こみやま・りょうへい／理論社創業者・作家）

《いぬいさんから受けとったもの》

津田櫓冬

蓑

ぼくの仕事場のドアの内側には、三十数年前からずっと、稲藁で編まれた蓑が一枚掛かっています。蓑は、当初はふっさりとして、素朴な中にも野武士的な風格を備えていましたが、今やその端々が無情にも、すり切れて、まるで、嵐の後の惨状を見るようで、心細い状態になっています。そうなったのは、蓑を掛けた分だけ狭くなったドアの出入り口のすり抜け（……たつもり）を、長年、繰り返してきたからでした。

ふり返れば、一九七十年代半ばの秋、信濃町近辺在住で案内役のKさんと、いぬいさんと三人で野尻湖に注ぐ川筋の上流に点在する集落のうち、ある一軒の農家をたずねたことがありました。

その家の主《あるじ》のMさんには、私達の希望を受けて、囲炉裏を置いた板敷きの間の、隣に仕切られた小部屋を見せていただきました。そこは、蓑を作る作業場で、稲藁が積まれ、仕上がり半ばの蓑や、既に出来上がったものが二〜三枚ありました。

いぬいさんが、Mさんに蓑作りを始めた動機を尋ねますと「私の娘や次男は嫁いだり就職したりで町の方へ出ていますが、知的障害の長男だけは何処へも行けず、私と妻と三人でずっと一緒に暮らしています。私はもう七十五歳、長男は、もうすぐ五十歳になります。私達夫婦が先立った後、息子のことが心配で、この先の持ち時間を考えると心もとないのですが、少しでもその後の彼の生活の足しになればと、蓑をつくり続けているのです」

まさに藁をもつかむ気持ちのMさんの話に、私達は返す言葉がありませんでした。

当時、黒姫駅前の、民芸品などを売るみやげ店に蓑が置かれていました。その店への蓑の運び役がKさんでした。翌年、黒姫が雪解けの頃「これから、注文の品を届けるわよ」と、山荘から降りてきたばかりのいぬいさんから電話がありました。やがて、京王線・調布駅の改札から、蓑を引っ担いで山んば然とした姿が現れました。いぬいさんでした。

今も、蓑がすり減った分だけ余裕が出来たドアの隙間を、ぼくは、すり抜け続けています。

うち明けられた話

一九七三年の春、『ちいさなちいさな駅長さんの話』が絵本になると決まった段階で、いぬいさんが、絵本のテキストについてうち明けて貰った話を、ここに書き記して置きます。

「津田さん、短編作品として読むのと違って、絵本になるということで原作をもう一度読み直すと、このストーリーが、何か平面的で物足りない感じがして、それは何故なのか。いくら考えても分からなくなって……で、思いきって、師匠の瀬田貞二さんにお会いして、ご意見を伺ったの。すると瀬田さんは、私が持ち込んだテキストに目を通されるなり『いぬいさんが、そう感じるのは尤もですよ。いぬいさん、この中に時間的なものを置けばどうでしょう』というヒントをいただいたの。さすがに瀬田さん。その一言で解決出来たのよ」

絵本「ちいさなちいさな駅長さんの話」のP30〜P31からの、〝わしが　おじいさんに　なったころ、ちいさなちいさな　この駅の……〟以降の箇所が、懸案を払拭出来たいぬいさんの答えでした。

瀬田さんの、味わい深いアドバイスも然る事ながら、その経緯を語るいぬいさんの、自作への弛まざる思い入れと、率直さに、教えられました。

元安川での体験

一九七六年、被爆体験画集〃原爆の絵〃の出版企画のために、友人でデザイナーのK氏と、いぬいさんと、いぬいさんとは旧知の、佐伯敏子さんにお会いする為に、広島へ行きました。

佐伯さんは、原爆で十三人の親族を亡くされ、ご自分も二次被爆されていて、その画集の企画に関わってこられた方でした。

七年後に、佐伯さんから《……平和公園の傍の元安川が、来春に浚渫工事が始まりそうです。そうなれば被爆した瓦が拾えなくなります。この秋が最後のチャンスだと思いますよ……》という手紙が届きました。

そこで、一九八一年十一月八日、十数人誘って丹後、東京より、広島へ出かけました。

原爆ドームが対岸に見える元安川の岸に立つと、瀬戸内海は干満の差が大きく、午前の十時頃は、満潮で川は滔々として溢れんばかりの力強さで流れていました。八月六日八時十五分の時刻と、干潮、満潮にはさほど大きなずれはないことがわかりました。午後の二時頃になると、うそのように水が引き、川原が現れていました。

長靴をはいて降り立った時、場所をわきまえず、ぼくはなつかしい、子どもの頃に引き戻された状態に包まれました。元安川の川原は、生きる喜びの場を与えてくれていた自分の子どもの頃の磯の匂い、日本海の潮の香りを再び提供してくれる場所でした。石や瓦を持ち上げると、その下から、ゴカイや小さなカニ、貝が姿を現し、あの日の記憶を受け継いでいるかのようでした。

それまでの、川原に立つことによる乾いた緊張感は瞬く間にやわらいでゆきました。

しかし、一九四五年の八月六日は、ぼくが小学校一年の時です。その日の出来事と、自分の中の至福の時との隔たりを、今も埋める事が出来ないままなのです。

このような感慨と向き合う体験は、もとはといえば、いぬいさんとの出会いがあったからでした。

(つだ・ろとう／画家)

いぬいさんと、ねりま文庫連と、わたし

関日奈子

このたび、文集の中に加えていただく機会を与えていただき、ムーシカ文庫と、ねりま地域文庫読書サークル連絡会との因縁を記したいと思います。

いぬいさんがムーシカ文庫を始められたのは一九六五年、中村橋の清和幼稚園の一室でした。この年に『うみねこの空』が野間児童文芸賞を受賞しています。

ねりま文庫連が一九六九年に発足するときに、いぬいさんに記念講演をお願いしたのは当たり前のことでした。文庫の先輩であり子どもたちが大好きな『ながいながいペンギンのはなし』の作者である、いぬいさんが練馬区に住んでおられるのですから。

そして、発足の日にいぬいさんは、ねりま文庫連絡会の会員に加わり、以来一九八八年までお仲間でした。三月二日に、あの懐かしいムーシカ文庫をわが家とするまでの、いぬいさんのがんばりは頭が下がるものでした。そのいきさつを、彼女はねりま文庫連の記録誌「輪をひろげる文庫連絡会」の一九七七年と一九八九年に書いています。

私は西武線中村橋駅の近くに住み、風の子文庫をしています。ムーシカ文庫とは、紅茶のさめぬご近所ですので、しばしば「お茶を飲みにきませんか」のお誘いがありました。そんなとき、図書館のこと、絵本のこと、映画のこと、世の中のことなどおしゃべりしたものです。

さて、いぬいさんが『木かげの家の小人たち』を完成したのは一九五九年で、すぐ中央公論社から刊行されましたがしばらくして絶版になり、一九六七年に福音館書店から出版されました。このとき「あとがき」で、暗い戦争の日々彼女は妖精たちの存在を物語を読んで知り、敵国の妖精たちを愛することに後ろめたさを感じながらも、どうしてもその小さい人々を大切に思わずにいられなかった、と書いています。

私はこの『木かげの家の小人たち』の初版本を持っています。続編の『くらやみの谷の小人たち』も。

いぬいさんは、アイリスの七色のリボンのことを「あとがき」で次のように書きました。

「アイリスは、いまのいまも黙って、せっせとクモの糸のリボンを編みつづけています。世界のどこかで、戦争はまだつづいているのですから……。」

更に『くらやみの谷の小人たち』ではアイリスのリボンがキラキラ光って、みんなを救ったのです。ハトの弥平はアイリスとの別れのときに、「アイリス、ロビン、さようなら。アイリスは、七色のリボンを、これからもずうっと編んでいてくれるでしょうね?」「もちろん、アイリスは、編みつづけますよ!」とロビンはこたえます。

私にとって、いぬいさんはいつも身近な存在です。本を開くと、会えるのですもの。

(せき・ひなこ／風の子文庫)

おいで、おいで、つかまえてごらん

横澤多栄子

「この川の瀬の音は、いぬい先生がお聞きになったものと、変わってないと思いますよ」と、柳井の街なかを流れる川を指しながら、吉岡さんが言った。そこは、いぬいさんが二十代のころ働いていた保育園のすぐそばの川辺で、柳のあたらしい緑がもうまぶしかった。

耳をすます。六十年たったいまも、おなじ音をたてて流れている川。さいわい、このあたりは、自転車屋さんがまだ繁盛しているくらいで、車もすくなく、瀬の音をさえぎるものもなかった（その自転車屋さんの奥さんは、いぬいさんの教え子だそうだ）。『川とノリオ』にあるとおり、すずしい音をたてて、さらさらとやすまず流れている。ノリオが、春にも夏にも、冬の日にもきいた川の声。「おいで、おいで、つかまえてごらん。」

いぬいさんは、この声をききながら、戦時保育園の幼い子どもたちに「三匹の子ぶた」のはなしをしたり、王様クレヨンで絵をかいたり、乏しい紙で工作を工夫していたのだ。おとうさんのいない子どもたちを保育しながら、子どもたちが子ども時代を安心して生きられる世の中を、どれほど願い、祈ったことだろう。その祈りが、かずかずの文学に結晶した。

吉岡さんは、柳井市にいぬいとみこの記念碑を建てたり、文庫をつくったりした運動の発起人のひとりで、この町のあちこちを、親切に案内してくださった。当然のことながら『光の消えた日』を愛読されていて、話がはずんだ。

吉岡さんたちの努力がみのって、いま柳井には、いぬいさんの文学碑が四つある。メインの大きいのと、かわいいのが三つ。いずれも、『光の消えた日』の舞台となった場所に、その部分の文章が刻まれてある。それを読むと、いぬいさんがいかにスケッチにすぐれていたかがよくわかる。やさしい文体でありながら、形も色も音も匂いさえもただよってくる。いぬいさんが柳井を愛した気持と、柳井の人たちがいぬい文学を愛する気持がよくわかる。『川とノリオ』から『光の消えた日』まで、二五年。いぬいさんの残したたくさんの本は、そのほとんどがファンタジーだ。「わたしはファンタジーがすき」と自身よく言っていた。そのファンタジーが、七〇年代後半あたりから簇生してきたふわふわしたメルヘンチックなものに墜ちていかなかったのは、このしっかりしたスケッチの力によるところが大きい。風景や事柄、心象をきちんと見据えてリアルに伝えることが、物語を支えている。それは、たぶん、イギリスやロシア、東欧の児童文学を紹介した、編集者としてのいぬいさんが身につけたものでもあった。また、ただ具体的な、眼に見えるものを描写するだけでなく、川や北風やふきのとうの歌を聴き、大地や樹木に棲まうものをもリアルに描き出す力は、宮澤賢治から受け継いだものが多かったようだ。

きれいな、リズムある日本語で書かれ、読み終わってふと立ち止まってしまうような児童書が市場からだんだん姿を消していく。あちこちの子ども文庫の灯が消えていく。いぬいさんの本も、ほとんど書店で見ることはなく、学校図書館の棚からも消えていく。そんななかで、柳井の地に、文学碑が建ち、著作が集められ、読まれているのは、ほんとうに心づよく、うれしいことだった。

いぬいさんは「子どもと本をむすぶもの」として、文庫を位置づけた。そして、いぬいさんと本をむすぶものは子どもだった。その子どもの原点がたぶん、柳井の子どもたちだったにちがいない。「子どもの本を書くことは、心に向かう旅だ」とイアン・マキューアンが言っていたけれど、あの川の瀬の音をいっしょに聞いた子どもたちとともに、いぬいさんは心に向かう旅をはじめたのだ。瀬音をききながら、「わたしは、だあれにもつかまらないよ」と、けらけら笑ういぬいさんのまあるい笑顔が見えるような気がした。

（よこざわ・たえこ／岩波書店）

「ムーシカ文庫」から「まーしこ・むーしか文庫」へ
――感謝をこめて

石川綾子

「あやちゃん、文庫をやってみない？」電話のむこうで東京子ども図書館理事長松岡享子先生がそうおっしゃった瞬間、うれしいとかそういう感情ではないところの私の心の奥がドキンとし、体がガタガタ震えました。一九九六年のことです。

当時、私は一九九〇年三十歳のときに東京から栃木県益子町に越してきて、地元の読み聞かせグループに所属し学校に出掛けるようになり、「子どもと本」の世界に足を踏み入れたところでした。その間、東京子ども図書館おはなしの講座等に通い、講師を招いての講習会を開いたりと自分なりに真面目に取り組んではいました。自分でも家庭文庫が開けたらなあと少しずつ本をそろえてもいました。しかし、それを遂行すべく多大なる努力をし日々精進していたわけではありません。ただ漠然と考えていた夢物語でした。それが現実になろうとしたとき、体じゅうが喜びであふれヤル気満々になって熱くなる自分と、イヤイヤそんな大それたこと無理に決まっていると冷たくなる自分とがいました。私が未熟なことは松岡先生ももちろんご存じであったと思います。そのうえでたくさんの助言や励ましの言葉を頂きました。そして、いぬい先生のこと、ムーシカ文庫の歴史と現状を話してくださいました。いろいろ考えてお引き受けしたのにはさまざまな理由がありました。子どもたちに良い本を…と真剣に考え楽しく勉強し活動を共にしている地元の仲間がいたこと、そしてその仲間が文庫のことをとても喜んでくれたこと。益子町には図書館がないこと。ダンナ君の応援と協力。そして何よりも私が幼いころ、安心した子どもらしい心でいられた家庭文庫での体験を益子の子どもたちにも分けてあげられたらと思ったからです。

私は一九六〇年代後半から一九七〇年代前半にかけて、世田谷区経堂にあった「わかくさ文庫」に大親友のえみちゃんと通っていました。今でも本が並んでいる室内の様子が目に浮かびます。カーテンをひいてろうそくを灯してのおはなし会、時にはお客様として松岡先生や佐々梨代子先生もおはなしに来てくださいました。「なまくらトック」を聞いて、えみちゃんとおなかがよじれるほど笑ったこと、夜のおはなし会に出掛けるときのワクワクした気持ち、夕暮れ時の文庫の帰り道どちらからともなく「ミアッカどん」とつぶやいてあんまり恐くてワァーっと走り出したこと、家ではナルニアよろしく洋服だんすの中で遊んだこと、「ピッピ」みたいにモノ発見家になったり、しょうが入りクッキーを焼いたり。幼いころの私たちは、さながら本の世界に生きていたように思います。どれもこれも文庫でおもしろい本を読んで、読んでもらい、語ってもらって、そしてそれを一緒に楽しめる友だちがいたから体験できたことでした。文庫の大人たちは皆親切でした。きちんと接してくれました。そういう幸せな状況を子どもの私は当たり前のこととして受け入れていました。その私が大人になって、子どもたちにそのような環境を作るのはやはり当たり前、自然のことのように思いました。

しかしながら子ども時代は短く、そんなにたくさんの本を読んでいたわけでもなく、二十五年近くも子どもの本から遠ざかっていた私には本に対する知識が貧弱でした。練馬のムーシカ文庫で木下さんとお会いしたとき、本のことなどいろいろ質問されましたがちんぷんかんぷんで何をお話ししたのやら覚えていないぐらい悲惨なものでした。また大層緊張してもいました。あるのはヤル気と行動力だけでナイナイづくしの私でした。ムーシカの責任を負っていた木下さんはさぞかし心配されたことと思います。今思っても冷や汗ものです。

それでもやっと借家に十畳ほど建て増しをし、ムーシカ文庫は「まーしこ・むーしか文庫」としてオープンしました。一九九七年六月です。益子にムーシカの本が並んでいます。新しい本も仲間入りしましたが、やはりムーシカのときと同じく「絵本は黄・物語は赤・ちょっと上の人の茶・科学は緑」とシールが貼られています。DATE DUEにはムーシカの子どもたちの日付がそのままあります。それを見てむーしかの子どもたちは「たくさんの人が借りてるね。」と感心します。オープンのときに五歳の誕生日だった常連さん、今小学校五年生の男の子は、「こういう古い本にはおもしろいものがいっぱいあるんだよね。」と言います。本屋さんにあるピカピカの本よりも文庫の本のほうが良いんだそうです。何週も続けて『どろんこハリー』を借りていった幼稚園生の子は本屋さんでハリーを見つけ大層驚いたそうです。「どうして文庫の本がここにあるの？」母親が説明し「買ってあげようか？」と聞くと、「いい、文庫で借りるから。」と答えたそうです。これはムーシカの本に、文庫に対する信頼だと思います。私は胸がいっぱいになります。いちいちあげればキリがないほど子どもたちのかわいらしいエピソードがこの六年半でたくさんになりました。はじめて文庫に来た子は「すごーい、本がいっぱいでいいなあ。ここに住みたい！」「あやこさん、これ全部読んだの？」と目をまるくします。残念ながら「うん。」とは言えませんが。失敗もたくさんあります。はじめのころ、四歳の子が字を読むのを見てあんまりびっくりして、「えらいねえ、もう字が読めるんだ。」と言ってしまいました。その子はとても得意になって、しばらくの間絵本の字ばかり読んでいました。子どもに気の毒なことをしました。

残念なことに、私はいぬい先生とお会いしたことがありません。しかし、いぬい先生のご葬儀という悲しい場ではありましたが、文庫のお世話をしていた大人の方々にご挨拶することができました。またムーシカの当時の子どもたちにもお会いすることができました。ほとんどが私と同世代の人たちでした。ムーシカの子どもたちがいぬい先生や文庫のことを語っている同じ場にいますと、私もなんだかムーシカの子どもであったような気がしてきます。いぬい先生もまるで知っている先生みたいに身近に感じられます。それにしてもムーシカの子どもたちはたくさん本を読んでいたなあと感心します。題名などをあげて思い出話をするのを聞いていると、「ゲゲッ、そんな難しい本を読んでいたのか！」とびっくりします。あのときもう少し時間があれば、ムーシカの優秀な子どもたちにムーシカ文庫の引き継ぎができたのではないかしら……とも思い、本当に私でよかったのかしらと今でも不安になります。でもムーシカの方々が皆さん、益子のむーしか文庫を喜んでくださって、温かいお気持ちを本当にありがたく思います。

今自宅を建築中なので二〇〇四年一月に新しい場所で文庫は再オープンです。文庫は、うちの中でいちばん良いところです。庭に面した日当たり抜群の十三畳の部屋で、急な階段もあったりして楽しいスペースになりそうです。ムーシカの皆さん、どうぞ益子の「まーしこ・むーしか文庫」に来てください。

私は、いぬい先生はじめムーシカ文庫の方々からバトンを受けとりました。ムーシカの子どもたちがそうであったように、益子の子どもたちが本を楽しみ、幸せな安心した子どもらしい時間を持つことができるならば、それが私の願いです。

いぬい先生、ありがとうございました。おまかせくださいとドンと胸をたたけない私ですので、どうぞ天国から見守っててください。最後になりましたが、木下さんはじめムーシカの方々、子どもたち、そして清水さんご夫妻に……ありがとうございました。「まーしこ・むーしか文庫」はムーシカの思いがいっぱい詰まった皆の大切な文庫なのだと改めて思います。

（いしかわ・あやこ／陶芸家）

文庫の世話人

ムーシカ文庫が二十二年間の長きにわたって一度も途絶えることなく続いたのは、「縁の下の力持ち」として子どもたちのお世話をしてくださったたくさんの大人たちのおかげでした。

このたび多くの世話人の方に快く原稿を書いていただけたことを、卒業生一同心から感謝申し上げます。

いま思うこと

安藤房枝

いぬいとみこさんとお別れしてもう一年以上たちました。昨年の一月二十六日は大変寒い一日でしたが、心の中はあたたかくなった一日でした。

それは、きっとムーシカ文庫のOG・OBの方々がいぬいさんをなつかしく思ってああしてお集まりになられ、更に各々が大事にしている文庫の思い出を話されるのをきかせてもらえたからだと思います。

私が手伝いをしていましたのは一九七九年から六年ほどでした。その時分は、初期から会員だった人が高校生や大学生になり、折につけ文庫にお顔をみせ、お元気だったいぬいさんや松永ふみ子さん、また木下さんとうれしそうに話してゆかれたり、本の貸し出しやクリスマス会などの催しをお手伝いできるくらい成長したところだったらしいのです。いぬいさんはそれをとてもよろこばれ、その人たちのことをおそらく誇りにも感じていらしたのではないでしょうか。そうしてその子たちがまた更に成長した姿に私は再会できた、というわけなのです。

そのうえ彼女たちは、親類でもなく、私の教えるでもなく、ただただ私が文庫にかかわっていたことがある、というまったくはかないような出会いでしたのに、私のことを覚えていてくれました。思いがけなくてとてもうれしいことでした。

もうひとつよかったのは、まーしこ・むーしか文庫の近況をお聞きしたことでした。七年前木下さんのお心遣いで、いよいよ文庫の本が本棚とともに新しいところへ引っ越すとき、私も呼んでもらいました。益子の石川さんをはじめお仲間のかたが、きれいに棚を解体して運んでゆくべく、身軽く作業するのを間近で見、頼もしいなあと感じたことでした。それであの日、アルバムなど見せてもらいましたところ、ムーシカとはもちろん違うけれど、さまざま工夫しながら、活き活きした活動をしている様子がよくわかり、実によかったなあと思いました。以前テレビの紹介番組を見ましたときから、行ってみたい行ってみたいと思っていますが、なかなか果たせません。でもいつかは、と楽しみにしています。

ところでいまひとつ書き添えたいことがあります。当時私は、ふだんは主に本の貸し出しを手伝い、クリスマス会では人形劇や紙芝居をやりましたが、いつでも小さい人たちが帰った後、本とその周辺のことどもが話し合われ、あるときは皆で小澤俊夫さんの講座を聴きにいったりしたこともありまして、実は大いに楽しんでいました。また時によってはいぬいさんも木下さんもご不在のことがありましたが、そんな折には、少しお年上の徳永さんが自然発生的に私たちのお姉さん役となってくださり、おかげでいつも和やかな雰囲気のままスムースな活動ができていました。現在の私は文庫活動とはほとんど無縁なのですが、そのようにして、そのときを共有したお仲間のかたとの交流は途切れていません。小さい人たちは良い本と出合えたムーシカ文庫なのでしょうが、大人の私にとっては良い本だけでなく、良いお仲間との出会いの場でもあったのでした。ご縁のあった皆様がた、これからもどうぞよろしくお願いいたします。

（あんどう・ふさえ／ムーシカ文庫世話人）

「絵本音痴」の私とムーシカ文庫

飯島美智子

ムーシカ文庫の隣に住んでいた十一年間の思い出は、私にとってまさにいぬい先生とムーシカぬきには考えられないでしょう。娘が幼稚園入園後、お隣という事情から早く入れていただき、まもなく私もボランティアとして文庫の世話役を引き受け、親子でかかわるようになりました。たぶん本にお詳しい世話人の方々の中で、絵本の世界から最も遠くにいたのは私だったと思います。

土曜の午後、子どもたちが帰ってから、本の受け入れをノートに書いたりカードを作ったりといった事務的な仕事が始まります。そんなとき、いぬい先生の本の話がはじまると、世話人の方たちの手は次第にノロノロになっていき、ついにはストップしてしまいます。皆子どものように目を輝かせて、いぬい先生の話にのめり込んでいくのです。話の中に入っていけなかった私がいたお陰で（?!）その日の作業が無事終了したと考えるのはちょっと傲慢でしょうか。

いぬい先生のご自宅が近かったこともあり、個人的にもいろいろとお手伝いさせていただきました。特に子どもたちが夏休みに入るとムーシカの本の整理を小学生の娘と二人でしました。初めてのときはどのようにしたら良いかわからず悩みました。でもそれは　どんな本がムーシカにあるか　というまったく基本的なことを私に教えてくれました。おかげで今でもムーシカにあった本の題名はかなりたくさん覚えています（実際に読んだことがなくても！）。

先生のおそばにいたということで、宮沢賢治の話を聞いたり、昔話の講演会へ行く機会を得ました。未知の世界に誘っていただき、「絵本音痴」だった私の視野をずいぶんと広げていただいたように思っています。本当に心から感謝しています。

今先生とお話できたらたくさん聞きたいことがあるのに……あのムーシカ文庫での日々がいかにもったいなく、贅沢であったのか……今懐かしく思い出されます。

（いいじま・みちこ／ムーシカ文庫世話人・飯島裕子の母）

ムーシカ文庫の想い出

伊藤郁子

ムーシカ文庫を想うとき、なんと大学生の私がよみがえってきます。もう数十年も前のことなのに、つい昨日のことのように……ちょっと眩しいですね。

いぬいさんとの出会いは、あの流れる?ようないぬいさんのマジック細ペンで書かれた文章を読めてしまったことから始まりました。それを見込まれて、いぬいさんの書き物のお手伝い、そしてムーシカ文庫のお手伝いをさせていただいていました。

土曜日の昼下がりの富士見台駅、各駅停車しか停まらない富士見台駅へ通うようになりました。私は図書館大好きっ子だったので、子どもたちの文庫、本のぎっしりと詰まった空間はうれしかったです。しかも、帰りに本を貸していただけることも大きな魅力でした。ムーシカ文庫の茶色ラベルには、本当に楽しませていただきました。

子どもたちと接すること、子どもたちに本を聞いてもらうことは、新鮮な緊張感のあることでした。そういえば、子どもたちに聞いてもらう本を何度も何度も読んでみたものでした。これがなかなか難しく、つい電車でも夢中になっていて、膝の上からバッグを盗られてしまったこともありました。私がどう読んだら、子どもたちはどう聞いてくれるのか、ことばがどう入っていくのか、私なりにかなり真剣だった、楽しい思い出です。

いぬいさんは、文庫にやってくる子どもたちを本当にニコニコと見守っていらっしゃいました。大人には少々辛辣ないぬいさんが、子どもたちをゆったりと受け入れるポーッと温かい存在としていたことが印象的です。しかし、ちょっと男の子びいきだったですね。そう、ムーシカ文庫に置く本を選ぶときはかなり厳しく吟味していました。そして文庫の日には、本を手にする子どもたちをただ目をほそめて見ていらっしゃいました。子どもたちの本との出会いをそのまま見ていました。「本の世界の地図」は、自分の足で歩きながら拡げていくものですから、いろいろな地図が描かれていくのを楽しまれていたのでしょう。

仕事が忙しくなった私は、みんなが帰った後の少しだけ余韻が残ったムーシカ文庫に現れて「ムーシカ文庫だより」や「夏休みにすすめる本」などの印刷を担う人になり、だんだんと文庫の活動現場から裏方というか「夜に訪れて、打ち合わせをして、印刷して、次の文庫までにお届けする係」になっていきました。昼下がりの富士見台駅が夜の富士見台駅になり、通り過ぎる列車を何本か見送り、やっときた各駅停車に乗って帰るようになりました。

ムーシカ文庫の本たちが、益子のまーしこ・むーしか文庫で相変わらず子どもたちと楽しく過ごしていることがとってもうれしいです。私には想い出ですが、本たちは現在進行形で活躍しています。

まーしこ・むーしか文庫がいつまでもお元気でありますように！

（いとう・いくこ）

『ムーシカ文庫』

片岡知子

練馬に引っ越してきて『ムーシカ文庫』の存在を知り、早速に我が子たちを連れて文庫の門をたたいたのが始まりでした（昭和53年）。バラのアーチをくぐり戸を開けると、もう楽しそうな文庫の世界。壁に貼られたピーター・ラビットの絵、宮沢賢治の作品の版画、棚の上のかわいらしいぬいぐるみ。備え付けの木目のままの本棚には、子どもたちに夢をいっぱい届ける本がずらりと並んでいました。そこには世話人の方々がいらして、また二階では「おはなし」や「読み聞かせ」をされていました。子どもを膝にのせながら知らず知らずそれらに聞き入り、楽しい雰囲気にすっかりとりこになっていました。それから毎土曜日の午後、子どもたちが喜んで通うことになったのです。そんな子どもたちに、いぬい先生はよく声をかけられ、その時々の反応を楽しまれていらっしゃるようでした。

やがて、自分の子どもがそれぞれの都合で文庫から足が遠のいたころ、今度は私が世話人として文庫にかかわらせていただくようになりました。文庫に来るなり急いで本を返して借りるだけですぐ帰る子、お気に入りの本を迷わず借りる子、選ぶのに時間がかかる子、本を返すなり慌ただしく二階に駆けつける子など、本当にさまざまでおもしろかったです。

二階での「おはなし」の間にみせる子どもたちの純粋で新鮮な目の輝きに触れて、「読み聞かせ」のすばらしさ、大切さを改めて実感しました。不意に私の膝に乗ってくる子どももいたりして、かつての我が子の姿を思い出したりしたものです。その傍らで、森友さんが「おはなし」に聞き入っている子どもたちの様子を写真に撮ってくださり、どんなにか当人たちの素敵な宝物になっていることでしょう。

ほんの少し私も、本や紙芝居の「読み聞かせ」や X'mas 会での人形芝居などをやらせていただき、いろいろなことを学びそして楽しい思い出となりました。

文庫の時間が終わり、子どもたちが帰った後、反省会を兼ねたお茶のひと時の飲み物は、決まっていぬい先生のお好きなアップルティーでした。そのとき、先生はよく「～のお話の～の場面であの子がこんな反応したわね。」などとうれしそうに話され、折にふれ先生の感性の素晴らしさに感心したものでした。

文庫が閉じたことは、私にとっても、またご無沙汰していた我が子たちにとっても、とても寂しいことです。文庫の中にだけ漂っていた温かいほんわかした雰囲気はほかでは味わえないものでした。先生はじめすばらしい世話人の方々との触れ合いを持てたことはとてもとても幸せでした。そして、文庫でお世話になった子どもたちも本を通して得たさまざまな思いをいつの日か心の引出しから取り出すとき、いぬい先生が微笑んでいらっしゃることと思います。

赤色がお似合いになるチャーミングないぬい先生、ありがとうございました。

（かたおか・ともこ／ムーシカ文庫世話人・片岡磨美、由樹夫の母）

いぬいさんとムーシカ文庫の思い出

木下惇子

昭和二十八年、二十九年発行の「岩波こどもの本」の古ぼけた初版本が、私の書棚に二十冊ほどある。当時子どもだった私と弟が読んだものだが、小学校の図書室で、同じ本たちを見つけて、なぜかうれしかったことを今も覚えている。

その後に読んだ「岩波少年文庫」の本たちも、いまだに手元に残っている。少年文庫の本を読んでいる頃は、毎日学校の図書室に入り浸っていた。古い木造校舎の二階、東南の角にあった図書室は、教室よりも印象に残っていて、今でも、たとえばケストナーの本が部屋のどの辺の棚においてあったかなど、思い浮かべることができる。

六年生ごろから、はやく大人の本が読みたくて、大人の「文庫本」などに手を伸ばし始め、その後は児童文学からはすっかり遠ざかっていた。ただ、高校、大学時代も、働き始めてからも、絵本には関心を持ち続けていたので、時折、書店の児童書のコーナーをのぞくことがあった。

二度の出会い

ある日、書店の棚を眺めていて、『床下の小人たち』の背表紙が目についた。懐かしさに、つい手に取り、表紙を開いたとたん、あの、男の子が床下の小人たちを覗き込んでいる絵が目に飛び込んできた。すると、遠い昔、はらはらドキドキしながらこの物語を読んだ時の、面白くてたまらなかった感覚が、体中にどっと押し寄せてきた。

それからの私は、あの感覚をもう一度味わいたいという思いで、再び児童文学を読み始めた。いぬいさんの作品に出会ったのもその頃である。当時出版されていたいぬいさんの著作はほとんど読んだ。そして、いぬいさんが、私が子ども時代に出会った本たちの編集者であったこと、「ムーシカ文庫」を主宰していらっしゃることを知った。いぬいさんにお会いして、ムーシカ文庫を手伝い始めたのはその後であるが、お会いする二十年も前に、私はまず、いぬいさんが編集なさった本たちに出会っていたのだった。

「よい本には二度会う」ということを、いぬいさんはよくおっしゃっていらした。子ども時代の私に与えられた、本との最初の出会いはすばらしいものだったが、ムーシカ文庫で、子どもたちと共に読んだ二度目の出会いも、また喜びに満ちたものだった。その、二つの出会いのどちらにも、いぬいさんが関わってくださっていたこと、そして、いぬいさんとの出会いもまた、本が導いてくれたものだったことに、今、あらためて気付かされている。

「小さいおうち」への引越し

私がムーシカ文庫を手伝い始めたのは一九七五年だった。途中、親の看取りや、自分の病気などでお休みしたり、二年ほど仙台で暮らしたりで、文庫に通えなかった時期もあったが、一九八八年三月に文庫を閉じるまで、世話人の一員として関わらせていただいた。その間には、大勢の子どもたちとたくさんの本との出会いがあった。いぬいさんのご葬儀の後の文庫の仲間との会や、一年後の記念会では、今はもう立派な大人になられた「昔の子どもたち」に再会することができて、当時のことが一気によみがえってきて、懐かしさでいっぱいになった。その再会の場で、お一人お一人が文庫の思い出を語るのを聞きながら、私は、「いぬいさん、大変だったけれど、文庫をやってきてよかったですね。」と、遺影に向かって心の中で声をかけた。

心によみがえってくることはたくさんあるが、私にとって文庫での最大の出来事は、やはり銀行での間借り暮らしから、「小さいおうち」へ引っ越したことである。

そのいきさつについては『伝言板』の中で、いぬいさんが詳しく書いていらっしゃるが、読み返しているといろいろな出来事が思い出されてくる。

銀行での最後のクリスマス会の最中、銀行側からの要請で、当時子どもたちの出入り口となっていた非常階段の入り口に立って見張り番をしていたこと。

いぬいさんと松永さんの物件探しとお金の工面のお話に一喜一憂したこと。

オオカミ原っぱの建売りを買うことになって、みんなで土地を見に行ったこと。

そして、上鷺宮会館でのてんやわんやのバザー。いろいろあって、ついに引越しの日が来た。

「私たちの文庫」は、踏切を渡って、線路沿いの通りの角を曲がると、そのつきあたりに小さな姿を見せた。私たちは、その、つきあたりの「小さいおうち」に向かって、引越し荷物の一部を台車に積んで運んだ。「新しい文庫」をめざして、台車をガラガラいわせながら押していった時の、わくわくするようなうれしさが、今でもよみがえってくる。

建物の中に入って、「私たちの本棚」を見た時の喜び！

みんなで新しい本棚の一段一段をキュッキュッと力を入れてからぶきして、わいわいと騒ぎながら、次々に本を入れていった。棚に全部本が収まった時のうれしさと満足感。

文庫を久しぶりに訪れた、成長した会員たちが、真っ先にながめて、「うわぁ、懐かしい！」と言うのが、この本棚である。私の中にもこの本棚はしっかりと焼きついていて、「ムーシカ文庫」が閉じられてからも、今でも、どこの棚にどんな本があったか、ありありと目に浮かんでくる。

引越しから二十年後、この見慣れた本棚とお別れをしなければならなくなって、後始末の作業をしていた夏の午後、私はこの本棚の本たちを一冊残らず写真に撮った。この本棚を懐かしいと思っている会員たちに送ってあげたいと思いながら。

静まった昼下がり、シャッターを押しながら、私はあの引越しの時の、新しい空の本棚に、次々と本を差し込んでいった時の喜びを、みんなのさんざめきを思い出していた。

　いぬいさんと松永さんが、この「小さいおうち」を手に入れるまでのご苦労は、やはり『伝言板』に記録されているが、おふたりが、文庫のために多額のローンを背負ってまでこの家を買われたことに、当時も、そして今でも、私は脱帽している。

「ムーシカ文庫」が、おふたりにとって、それだけかけがえのない存在だったのだとも言えるのだろうが、やはり、よほどの覚悟と決断力、情熱と行動力がなければできることではないと思う。ただ、子どもたちと好きな本に接することが楽しいからという理由だけで文庫に通っていた私の中に、おふたりが、文庫のためにこの「小さいおうち」を手に入れた過程は、頼もしく、また、まぶしいような、大先輩の生き方として深く留まった。

　いぬいさんがこの家を買うことを決断なさったのは、もちろん、子どもたちと本との出会いとつながりの場であるムーシカ文庫を続けたいという強い思いからだろうが、私はひそかに、いぬいさんには、ご自分が思い描くような文庫を続けていかなければ、という、ある種の強い使命感のようなものがおありになるのではないかと感じていた。その使命感は、幼い日に大森めぐみ教会で受けた体験や、戦時中、保母として幼い人たちと過ごした体験から生まれてきたものなのか、あるいはチュコフスキーさんとの出会いにもよるものなのか、キリスト者としての信仰に基づくものなのか、おそらくそのすべてなのだろうと、私はひとりで勝手な推測をしたことがあるが、このことを口にしたことはなかった。

けれど、あの「小さいおうち」で過ごした、楽しくも豊かな時を思うとき、断固としてあの空間と時間を確保してくださったおふたりに感謝せずにはいられない。

　文庫を続けていく上で、いぬいさんの最大の理解者であり、協力者でいらした松永ふみ子さんは、はるばる大磯からムーシカに通ってくださった。後にご病気のため、いらっしゃれなくなったが、「小さいおうち」のローンの負担を担い続けてくださった。そして、一九八七年に急逝された後も、松永さんのご遺族のご好意で、それまでどおり、「小さいおうち」を文庫として使わせていただけた。当時の事情を知るものの一人として、この場をお借りして、松永さんのご夫君故松永和夫先生とご子息の太郎さんへの感謝を記しておきたい。

網膜はく離の時

一九七九年一一月二六日、月曜の夜、いぬいさんからお電話があり、網膜はく離で急遽明日入院なさることになったとのこと。前の土曜日、文庫で、目の調子がおかしいので月曜に石井桃子先生からご紹介いただいた眼科に行ってみるとおっしゃっていたのだった。

翌日、いぬいさんのマンションへかけつけ、入院のための荷物を準備して厚生年金病院へ向かった。二九日午後手術。手術後、病室に戻ったいぬいさんは、ベッドで顔の両側を砂袋ではさまれ、身動きできない状態だった。その夜、私は病室に泊まりこんで付き添ったが、顔を動かしてはいけない、寝返りを打ってもいけないとの注意を受けていたので、一睡もできないまま、いぬいさんを見守った。

ご入院中、お見舞いにきてくださった、いぬいさんのご友人の皆様が、いろいろお世話をしてくださったが、いぬいさんご自身のご要望もあって、やはりムーシカの世話人だった伊東琴さんと、伊藤郁子さんと私の三人が交代で付き添った。

ある時、私が病室にいると、いぬいさんが突然「見えるわ、見えるわ!早くメモして!」と叫ばれた。私はあわてて紙とペンを持って、枕元でいぬいさんのおっしゃる言葉をメモした。両目を眼帯でふさがれ、ベッドの上で思うように体も動かせない日々が続いている時、暗黒の中、いぬいさんの脳裏に何か鮮やかなイメージが現れたのだろう。日ごろあんなにメモ魔だったいぬいさんが、それをご自身でメモすることのできないもどかしさが私にも伝わってきた。文庫では接することのない、作家としてのいぬいさんの姿に触れた一瞬だったような気がした。

退院なさってからも、しばらくのあいだは読むことも書くことも禁じられて、不安と恐れを抱えながら日常生活に復帰なさっていらした過程を、いぬいさんはやはり『伝言板』に書いていらっしゃる。

いつの頃からか、いぬいさんから私へ週に一、二度ぐらいお電話が入る習慣ができていて、たいていは、いぬいさんが身の回りで起きたことや、読まれた本の話をなさり、私はもっぱら聞き役だったのだが、この時期は、毎日のように、時には一日に二度もお電話がくることがあった。電話の向こうで、いぬいさんはいつもなにか苛立っていらっしゃるご様子で、それだけ、いぬいさんにとってはお辛い時期だったのだろうと察せられる。

それから時がたって、一九八六年に『白鳥のふたごものがたり』の三部作が刊行され、私の元にも届けられた。一読した後、私は、あの網膜はく離の時を経てこの物語が書かれたことに思いをめぐらした。いぬいさんの中で、物語がここまで育った、その長い年月を思った。

旅・黒姫

いぬいさんとは何度かご一緒に旅をしたが、中でも二度の花巻行きが忘れがたい。

以前ムーシカ文庫にもいらしてくださり、ご自宅で文庫を開いていらっしゃるドイツ文学の真壁伍郎先生から、新潟の「賢治の会」で、斉藤文一先生が連続講義をなさるのでいらっしゃいませんかとお誘いを受けたいぬいさんと私は、ぜひ先生のお話を聴きたいと思い、新潟をお訪ねした。(斉藤先生は超高層物理学がご専門で、『宮沢賢治とその展開—氷窒素の世界』の著者である。)その折、真壁先生のご紹介で、私たちは、園芸学の萩屋薫先生から、賢治設計の「南斜花壇」についてもお話を伺うことができた。

そのことがきっかけとなって、一九七九年五月、りんごの花の咲く頃に、萩屋先生、真壁先生と共に、いぬいさんと私は花巻に賢治の設計した「南斜花壇」のあとを訪ね、賢治の農学校時代の教え子、富手一さんにお会いすることができた。

富手さんから、賢治自筆の封書と方眼紙に描かれた花壇の設計図をみせていただき、詳しい説明を伺った。その時は一同悦びと興奮に包まれたが、いぬいさんのそれは、また格別であった。お話を伺った後、私たちは、富手さんのりんご園に案内された。りんご園は見渡す限り白とうすいピンクの花が満開だった。富手さんと、富手さんの美しいりんご園に出会えたことは、いぬいさんにも私にも忘れ得ないこととなった。

二度目に訪れたのは三年後の八十一年十月、りんごの実の実る頃だった。その時は、富手さんのご自宅でずいぶんと長い時間、お話を伺うことができた。尊敬と思慕がこもった「先生」という呼び方をなさりながら、淡々と語られる、克明で鮮明な賢治についてのお話を、いぬいさんは時を忘れて熱心に聴き、一言漏らさずという感じでメモを取っていらした。いつの間にか夜になり、富手さんのお宅を辞して見上げた、花巻の高く澄んだ満天の星空は、今も目に焼きついている。

花巻では宮沢清六さんを、また盛岡に森荘已池さんをお訪ねして賢治のお話を伺うことができたが、私にとってこの二度の旅は、若い頃、暗記するまで繰り返し賢治の作品を読んだという、いぬいさんの宮沢賢治の文学への思いの深さを知らされる旅でもあった。


黒姫のいぬいさんの山荘には何回おじゃましたのか、数えたことがないが、四季それぞれの思い出がある。真冬、腰まで雪につかり、雪の中を泳ぐようにして、やっと山荘の入り口にたどりついたこともあったが、黒姫の思い出は、たいてい植物の記憶と共にある。山荘の庭に咲いていた可憐なチゴユリ、いぬいさんに教えていただいたウワミズザクラの白い花、松永さんたちと訪れた戸隠で見たカタクリの群生。薄暗がりの林の中にぬっと現れるテンナンショウ（マムシグサ）の花もいぬいさんに教えていただいて初めて知った。野尻湖へ行く途中で見た、薄紫の滝の流れのように咲いていた野生のフジ。ミツガシワの花が咲いていると聞き、二人でわざわざ池の平まで見に行ったこともあった。

黒姫での生活で、もう一つ思い出すのはいぬいさんの健脚ぶりである。ある時、黒姫の駅への途中にクサボケの花が咲いている所があるとのことで、それを見てから東京に帰ろうということになり、駅まで歩くことにした。クサボケの花は見ることができたが、時間がなくなって、駅まで走りに走った。息はゼイゼイ、わき腹も痛みながら、やっとどうにか東京行きの列車に飛び乗った。あの頃、いぬいさんは五十代だったと思うが、よくあれだけ走られたと、自分がその年齢になって、あらためて感服している。

ある秋のこと。いぬいさんは竹で編んだ籠を背負って、ご自分の庭のようによく知りぬいた林の中をどんどん先に行かれるので、こちらも足を速めて後に続く。落ち葉の中の松ボックリを拾ったり、赤い実をつけたノイバラや、ムラサキシキブの実のついた枝や、真っ赤なツルリンドウの実などを見つけては、少しだけいただいて籠に入れる。

山荘に戻ってから、私は、ノイバラやアケビのつるなどで輪を編み、松ボックリやツルリンドウの実などを差し込んで、輪かざりをいくつか作った。東京へも持ち帰り、その後、飾りを変えて、ムーシカ文庫の玄関にクリスマス・リースとして飾ったりもした。

そんなことがあったことなどすっかり忘れていたある時、いぬいさんが『山んば見習いのむすめ』の本をくださった。表紙をめくると、一枚のカードがはさんであって、「輪かざりの作り方を教えてくださって、うれしかったです。感謝をこめて。」というようなことが書かれていた。私がいぬいさんの創作のお役に立てたのは、たぶんこのことだけだっただろう。

お別れ

後から思い返すと、あれもご病気の兆候だったのかもしれないと、思い当たることがいくつかあるのだが、私がいぬいさんのご様子の変化について気になりだしたのは一九九五年の夏ごろからだった。翌年春、それまで何度も危機を乗り越えていらしたご入院中のお母様の御容態がお悪くなった。四月末に、お母様のお見舞いに病院へいらっしゃるいぬいさんのお供をするためマンションをお訪ねし、身支度のお手伝いなどをしたが、この時、いぬいさんのご病状に接して、内心とても心配になったことを覚えている。

一人っ子のいぬいさんは、常々「私は、一日でも母より長生きしなくちゃならないのよ。」とおっしゃっていらした。ご自分しかお母様を看取る人間はいないのだという、強い責任感からのお言葉だったのだろう。五月にお母様がお亡くなりになった後、悲しみと強い喪失感のせいか、いぬいさんのご病状はまた進行なさったように思われる。

長い間いぬいさんのお世話をしてくださり、いぬいさんも信頼なさっていらした阿部とく子さんがずっといぬいさんの介護をしてくださっていたが、ご病状が進むにつれ、マンションでの生活がご無理となってきたため、まわりの者はご入院をお勧めした。叔母様の清水布久子さんもいぬいさんの身を案じてご高齢の身でマンションまでいらしてお話なさったが、いぬいさんは、なかなか決心がつかないご様子だった。その後、布久子さんのご子息で、いぬいさんとはいとこにあたる清水慎弥さんとしげみさんご夫妻のご努力と奔走のおかげでご入院なさった時には、一同ほっと安堵した。

入院なさってからのいぬいさんは、お元気な時と変わりないご様子の時もあったが、お見舞いに伺う時によって症状が変わっていらした。落ち着いてお話ができる時に、私はムーシカ文庫の本の処遇についてご説明をしてご了承を得た。現実の状況をどのくらいご理解いただけたかはわからなかったが、文庫関係者で相談して出した結論に「それがいい、そうしましょ。」とおっしゃっていただけたので、文庫の移転に向けての作業を進めた。

さまざまな経緯があって、益子の石川さんにお会いした後、いぬいさんをお訪ねし、「石川さんという若い方がムーシカ文庫を続けてくださると申し出てくださった。」とご報告すると、いぬいさんはうれしそうに、「よかったわ、よかったわ！」と、とても弾んだ声で繰りかえしおっしゃった。いぬいさんが何とおっしゃるか、案じながら病室へ向かった私は、それを聞いて肩の荷が下りたような安堵を覚えたが、同時に何かとても切ない思いがこみ上げてきた。「文庫が再開されて、また子どもたちが本を読みに来ますよ。」という私の言葉が、強くいぬいさんの心に届いたのだろうと察せられたからだ。いぬいさんは、文庫を閉めてからも、いつかは文庫を再開したいという希望を持っていらした。「今度は二、三才の子どもを対象に始めたいわ。」と、私におっしゃったこともあった。その事が思い出されて、いぬいさんが喜んでくださったのだから、これで正式に石川さんにご返事ができると、ほっとしながらも、いぬいさんの笑顔を見るのがつらかった。

それからまた時がたって、ある時、お訪ねすると、いぬいさんはサンルームのような広い廊下の陽だまりの中で、車椅子に腰掛けられたまま、うつらうつらなさっていらした。しばらくご一緒に時を過ごしてから、お別れを言って私は廊下を帰りかけた。曲がり角で振り返ると、いぬいさんはにっこり笑って、しきりに手を振ってくださっていた。私も手を振り、角を曲がった。しばらく来てから、後ろ髪が引かれる思いで引き返し、曲がり角まで戻ってそっと覗いてみると、いぬいさんはまた首を垂れて、うつらうつらしていらした。

その後も時々お見舞いに伺ったが、だんだんベッドの中で過ごしていらっしゃることが多くなり、時には私がいる間中、一度も目を開けてくださらない時もあった。

二〇〇二年一月十六日夕方、清水しげみさんからいぬいさんが息をひきとられたとお電話が入った。仙台に移り住んでいた私は、翌日の密葬に参列するつもりで、新幹線の時刻表を調べたりしたのだったが、風邪が悪化し、翌朝は発熱により体がふらつき、上京を断念した。

時計を見ながら、もうお式が始まったころかと、ぼんやり考えている私の中に、あの、病院の陽だまりの中で手を振りながらにっこり笑っていらしたいぬいさんのお顔が浮かんできた。「さよなら、いぬいさん……」私はその笑顔に向かってつぶやいた。

（きのした・あつこ／ムーシカ文庫世話人）

本の世界を旅する子どもたち

桑原泰子

大事に保存してくださって、先生とのお別れの日に大森教会の二階で手渡された「読書カード」によれば、一九七七年七月に長女八歳、十月に次女六歳のとき、ムーシカ文庫に入れていただきました。

それまでは、『いないいないばあ』とか『あめのひのおるすばん』とか『どろんここぶた』など、くりかえしみて、楽しんでいました。長女が幼稚園のころ、こどものとものシリーズとか、近くの本屋さんから「岩波こどもの本」を毎月2冊ずつ配達してもらい、毎晩読んで寝るのを楽しみにしていました。『ちいさいおうち』『おさるのジョージ』『はなのすきなうし』、歯の抜けかわるときには、『ねずみのおおさま』等。〝もっともっと〟とせがむ長女、ねむそうな私の声に〝もうねていいよ〟となぐさめる妹。――そんなとき、人に教えていただき二人で文庫に通うことになりました。自分で本を選び、自分のカードに記入し、たくさんの本を読んでいただけるのが何よりの楽しみ、本好きの人たちの楽園のようで、私の胸も躍りました。子どもたちも、とてもうれしげでした。

ある日、文庫からお便りか何かで、ムーシカに集うことがありました。初めて私も二階の畳の部屋へ上がらせていただきました。他のお母様がたと膝つき合わせ、顔と顔も間近に、先生がたの笑顔もすぐ目の前で快い空気が流れていたように思い出されます。そこで、いぬい先生の自己紹介があり、「岩波こどもの本」を手がけられたと知りました。

あの手ごろな大きさの本、世界から集められた数々の楽しい話を編集された先生なのだと、好ましく、親しみを感じました。

先生の、「本の楽しみを皆に分かち、伝えたい」という熱意と、そればかりでなく、『伝言板』で言われるように、「子どもたちが公共の場所へ来るときの約束が書かれている本を読んであげたいなと思いつつ、あてつけがましいかなとえんりょ中」と書かれ、あの大勢の子どもたちが出入りする小さなおうちを皆が自分の居場所と感じられるよう配慮なさっていることに感銘しました。

あるとき、次女が「ドリトル先生」の一巻を、何度も借りては返しを繰り返すばかり、永い期間にわたるので、私は見かねて〝読めなかったら、一度返しなさい。この本を読みたい人がほかにもいるかもしれないから〟と注意しました。そんなとき、先生は、同じ本を何冊も用意され、次女の自由にまかせてくださっていました。ある子どもの日の朝の出来事、主人が新聞を見ながら、〝いぬい先生がラジオでお話しするよ〟と声をかけました。めずらしくラジオに家じゅうで―主人の母も泊まっていました―耳を傾けました。いつもの高い早口（失礼！）の先生の声が流れてきました。少しすると長女の名も次女の名も出てきます。本のよく読めるお姉さん、少し背びしているお話のよくきける妹。話がよくきけて本を楽しむことと、自分で読んで楽しむことの間には、階段のような壁のような大きなへだたりがあることをお話しになり、時間をかけて待つこと、楽しみがあることを知っていれば、いつか乗り越えることをお話しなさいました。期待をもって待つことの大事さを、大人は工夫をこらしながら待つことを教えられました。突然の放送に、祖母もこんな風に孫を見守っていただいて、幸せな子どもたちだねーと、感心していました。カードによれば、時間をかけて、「ドリトル先生」「ケストナー」『ツバメ号とアマゾン号』『ツバメ号の伝書バト』と次々に題名が並ぶようになり、幼時にハトを飛ばした体験など思い出しながら、十分楽しんでいたことが想像されます。

ゆったりと豊かな視野で、私の子育てでは足りないところを、文庫の先生がたにみていただいていると、心温まる思いで、すごさせていただきました。

本の世界を旅する子どもたちを、社会のあちこちに広め、少しでも本好きを多くと活動されたお元気なころの先生を思い出すと、今は亡き寂しさを、つい先日の一年目の偲ぶ会でも感じさせられました。

次女の子ども―孫がちょうど、娘が文庫に通い始めた年ごろになりました。「ダンゴ虫の飼い方」の本が好きで、エサやり、脱皮はと楽しんでいる最中です。久しぶりに一緒に物語を読んでみますと、〝そんなこと、ほんとうにあるわけないジャン〟と言い切りました。私は表紙にもどって、〝ここに「〜作《さく》」ってあるのは、この人が作ったお話で、こうだったらいいのになーって思うことあるでしょ、そう思って書いた本なの。この続き知りたい？〟と言いますと、〝ウン〟と言って、すり寄ってきました。やっぱり娘の子も、お話が好きみたい――。

先生、いい時を、ご一緒にすごさせていただき、見守ってくださって、ありがとうございました。

（くわはら・たいこ／ムーシカ文庫世話人・桑原久美子、都史子の母）

ムーシカ文庫のお掃除おばさん

小林伸子

そのころ、絵本の世界に魅せられていた私は、あちこちの展示会や講演会に許される限り出掛けていました。そんなある日、親子読書の会主催の文庫巡りに参加しました。その折、世話役の志々目彰さんが「小林さんは富士見台？　だったら、いぬいさんの文庫があるよ。」と教えてくださいました。

「えっ、どこですか？」「たしか、駅前の銀行の二階って聞いたな。」

その翌日、二軒目に訪ねた銀行で、土曜日に文庫が開かれているのを知りました。

土曜日になるのを待ちかねて、三歳の娘の手を引いて行ってみました。

「絵本がいっぱいあるよ。おもちゃもあるかもね。」と。

外階段のところで、降りてくる女の子たちに会いました。間違い無し！　やっている！

階段を登って、扉を開けて。あら、なんだか殺風景です。ガランとした部屋の中で女の人が三人、真ん中にあった机や荷物を片付けたりしていました。いぬいさんらしき人はいません。

「文庫に入りたいのですが。」と告げると、ひとりの静かな人が娘を見て、

「もう少し大きくなってから、いらしてください。」と、抑揚の無い声で言いました。

すごすご階段を降りながら、私は迷っていました。取って返して、

「この娘、絵本大好きなんです。ちゃんと、おはなし聞けますから。」と、無理を言ってみようかと。でも、なん

だかもう拍子抜けしていました。

二年近くたって、今度こそと、また行きました。でも、もうそこにムーシカ文庫はありませんでした。当時、下の子が生まれ忙しかった私は、懸命に文庫の行方をさがすことはありませんでした。

数年たったある日、友人のKさんから電話がありました。

「あなたの団地のOさんに電話しているのだけれど、全然通じないの。伝えてくれない？」

「あ、Oさん、入院中よ。」

「そう、じゃ、ダメね。いぬいとみこさんが文庫の掃除たのみたいって、言ってるんだけど。」

そのとき、私は思わず知らず言っていました。

「それ、私にさせてもらえないかしら？」

私は、我ながら驚いていました。というのも、それまでの私は（今でもそうですが）後先考えず、自分だけで事を決めることができませんでしたから。そのときは、誰かに背中を押された、そんな感じでした。どぎまぎしている私に、Kさんは事もなげに、

「じゃ、あなたから直接いぬいさんに電話したほうがいいわ。」と言い、「ただ、いぬいさんは自分に絶対の自信を持っている人で、普通の人と違うから、あなたも自分の希望や条件をきちんと言ったほうがいいわよ。」と、付け加えました。

このKさんの助言は、後々まで私を励ましてくれました。（それにしても、いぬいさんてどんな人なのでしょう。）

二日後、我家から数分の所に在りながら行方不明だったムーシカ文庫で、にこにこしたいぬいさんに会いました。いぬいさんはよほど急いでいらしたのでしょう。家事の不得手な私でもOKとなりました。さしてほどなく、文庫も手伝ってくださいと言われました。三年生になっていた娘と、入園したばかりの息子も文庫の会員になりました。それからは、私たち母子にとってムーシカ文庫は掛け替えの無いものとなっていきました。

――文庫でのことは、次の機会に――

さて、お掃除おばさんは、文庫に来るとまず雨戸を開けます。この雨戸は下手に動かすと敷居から外れて庭に落ちてしまうので、開け閉めにはちょっとしたコツを要します。

その次に、机の上のいぬい先生からのメモを読みます。先生の字はひどくクセがあるので、判読にはかなりの熟練を要します。メモは私への連絡のほか、文庫世話人への伝言、きのうあったこと、面白かったこと、今イカっていることなどさまざまでしたが、必ず書き置いてありました。

メモが解読できると、二階の雨戸や窓を開け放ちます。閉め切っていた家の中を風が通っていきます。

向かいのマンションから、いつもピアノの音が聞こえます。ショパンです。音大生なのでしょう、同じ小節を何十回も。

ある日のこと、北の小窓を開けると、「ナンミョウホウレンゲキョウ」と威勢のい読経の声と、線香の匂いがプーン。あわてて閉めます。やれやれ、先生もここで執筆なさるのはたいへんだろな。

雨上がりの日に、庭の草むしりをしてみました。「あら、先生かと思ったら。」と声がして、老婦人が垣越しにのぞいています。お隣の奥さんです。「町会のことで先生にご相談したいことがあって。」と。先生には、そんな用事もあるのでした。

小さな庭と思いましたが、一時間かかっても大して草は取れません。蚊の餌食になるので、私は一度でやめました。でも、先生はずいぶん多くの時を庭で過ごされたのではないでしょうか。庭は手入れがされていましたし、ムラサキシキブや時計草は勢いよく、門の上のバラのアーチは、大きな淡いピンクの花々が咲くと、それはそれは見事でしたから。

清掃が終わると、戸締まりをする前に、本棚の前に立って見渡します。

その日は、黄色いラベルの中から『きんのりんご』という本が目にとまりました。開くと極彩色の画面の中に真っ赤なりんごが一つ。次のページも極彩色に真っ赤なりんご。次も、次も。強烈な色々が、私は怖くて怖くて。パタンと本を閉じると、追いかけられるように文庫を後にしました。坂の上まで来て深呼吸。（ひとりぼっちのとき、不用意に本を開いてはなりません。本は生きているのですから。）

また、ある日、茶色いラベルの分厚い本の間に、薄べったい本を見つけました。「あら、絵本がまぎれこんでいる。」と引き抜き開くと、かわいいネズミたちの絵。どうしてこれが茶のラベル？　めくると、意外と文字が多い。ああ、赤いラベルの読み物ね、と思いながらちょっと読んでみました。そして私はそのまま本から目が離せなくなりました。その場に釘付けになり、一気に終わりまで読んでいました。なぜか涙が出てしかたありませんでした。気がつくと冬の日は短く、文庫の中は薄暗くなっていました。でも、電灯をつける気になれず、そばの椅子に腰を下ろし、もう一度ゆっくり読みました。『ねずみ女房』という本です。その時の私にぴったりの本でした。あの時、たしかにあの本が私を呼び寄せたのです。

次の文庫の日、「この本よかった！」と言うと、木下さんが「そうよ、名作ですもの。」と一言。さすが木下さんです。文庫の本のラベルは安易に付けられてはいませんでした。子どもたちに貸し出す本の選択にも、先生はいっさい妥協をしませんでした。

もし、まだ先生がお元気でいらっしゃったら、今の世の中を見てどうおっしゃるか、何をなされるか、そして私たちはどうするべきと言われるだろうかと、時々思います。その答は、いぬい先生の作品や、先生の選ばれた本の中にあるにちがいありません。

ムーシカ文庫に出合えたことを神様に感謝します。

（こばやし・のぶこ／ムーシカ文庫世話人・小林桂、泰斗の母）

いぬいとみこ先生とムーシカを偲ぶ

土屋ふき子

三月二日いぬいとみこ先生を偲ぶ会は、清水慎弥様ご一家を始め木下惇子様、小松原宏子様のお陰でたくさんの方々がお集まりになり、とてもいい会でした。皆々様のお話を伺っていぬい先生への思いも一段と深まり、私自身うれしくなって帰ってきました。

一九八三年の始め、広島から越してきたばかりの私は、同じ社宅にいらした桑原泰子さんに紹介していただき、小三の三学期を迎えた次男と二人、ムーシカ文庫にお世話になりました。

広島では、友人五名で社宅の一戸を無料で借りて文庫を始め、三年近く過ぎたところでした。長男も次男も本好きで「ドリトル先生シリーズ」や「アーサー・ランサム全集」などは大好きでした。狭い住まいに家計を圧迫するほど本をどんどん買い与えることもできず、選びぬかれたムーシカの本『ゲド戦記』や『ナルニア国ものがたり』など、とても喜んで読んでいました。

そのうち、次男は野球だのサッカーだのとやり出して、土曜日のムーシカ文庫へ行く時間がなくなってしまいました。そこで、私が文庫のお手伝いの帰り、これぞ、と思う本を借りて帰り、リビングの机の上に何気なく積んでおくのです。すると、いつの間にか読んでしまっている、そんなパターンで数年を過ごしました。生意気になってきた次男は、母と一緒に文庫に行くことも、また母に言われて本を読むことも、いやになっていたようです。私は私で、いつまでも大人に育ち切っていない理想的なことを夢みているような人間でしたので、自分自身のために、子どもの本を読むことが好きでした。

私が生まれ育った幼いころは、戦争のため、貧しい時代でしたので、良い本がほとんど身近にありませんでした。広島時代に、社宅で文庫を始める仲間に入れていただいたのも、そんなわけでした。

ムーシカ文庫で子どもたちの帰ったあと、いぬい先生を囲んで木下惇子さん、徳永明子さん、小林伸子さん、安藤房枝さんなどのお仲間と本の話や世間話、子育てのアドバイス等……それはそれは、いろいろのことを学びました。また文庫には作家の方々や編集者、画家の方など、いろいろのお客様も見えました。地方では、なかなかお目にかかれなかった方々のお話も聞くことができました。長男が幼時から幾十回、もしかして百回近く、読んでもらったり読んだりして大学生、いや社会人になっても本棚にある『くまのプーさん・プー横丁にたった家』（石井桃子訳）の古くなっていた本に、石井先生のサインをしていただいたことは、私から長男への大きなプレゼントでした。

広島時代、いぬい先生の『木かげの家の小人たち』と『山んばと空とぶ白い馬』など読んで先生のお人柄を、私の理想とする方と思っておりましたので、ムーシカ文庫へ行くことが本当に楽しくて楽しくてしかたありませんでした。現実には、時には先生の感情の起伏のはげしさにとまどったりすることもありましたが、その世界のことに無知な私にとっては学ぶことも多く、また子どもたちと一緒にいることが楽しく、せっせと通っておりました。

そして、とうとう文庫が閉じてしまってから、先生がご病気になってしまってから……少しずつ少しずつ先生の生き方が理解できる気がしてきました。ここ一年余りご葬儀や、今回の偲ぶ会などに出席させていただき、先生の業績の大きかったこと、また、子どもの本を書くための純粋な心の持ち主だったことなどが、私の心に染みてきます。

偲ぶ会で清水慎弥さんから先生のお母さまがお亡くなりになったときのことなど伺い、そこにいぬい先生のお気持ちのすべてが表れているようで、先生の児童文学者としての生涯を納得し、私とは違った世界の感覚を理解できた気がします。

今思うと、すべてが懐かしくいい時代だったのです。いぬい先生を始め文庫の方々、本当にありがとうございました。

（つちや・ふきこ／ムーシカ文庫世話人・土屋国昭の母）

ムーシカ文庫で学んだこと

徳永明子

ムーシカ文庫を初めて訪れたのは、一九八〇年の秋でした。子どもの本がぎっしり並んだ本棚と、そこにいる子どもたちを見たときの感動と興奮を、いまもときどき思い出します。私がムーシカの世話人をさせていただいたのは、その翌年から文庫が「休眠」に入るまでの数年間でしたが、子どもと本について、また文庫について、ムーシカ文庫で学んだことは数えきれません。

ムーシカで子どもと本の出会いの現場を見て、すっかり文庫に魅せられてしまった私は、当時住んでいた杉並の自宅で、一九八五年に「きりん文庫」を開きました。その十年後に移転した福岡県春日市の自宅でも「きりん文庫かすが」を開き、現在も活動を続けていますが、この十八年間、いつもその活動を支えてきたのは、ムーシカの世話人をしながら学んだ文庫のノウハウであり、折に触れいぬいさんが話してくださったことから学んだ、子どもの本についての考えかたでした。

この三月、いぬいさんの没後一年の記念会に参加させていただき、懐かしいムーシカのお部屋に立ったとき、たくさんの思い出が湧き起こってきて、あらためてそこで学んだことの大きさを思いました。子どもと本を結ぶことの大切さ、すばらしさをはじめ、本は文字ではなくことばでできているのだということ、子どもが本の楽しさを知るのは、文字を読むことからではなく、ことばを聞くことから始まるのだということ、だから、文庫に入れる本は厳選しなければならないし、「おはなしの時間」を大切にしなければならないということなど、いま私がきりん文庫で実行していることは、すべてムーシカで教えていただいたことなのです。

めまぐるしい時代の変化の中で、子どもたちの生活環境も大きく影響を受け、幼稚園に入るころになっても基本的なことばが身についていない子どもや、小学校でも先生のことばがちゃんと聞けない子どもが増えるなど、いろいろな問題が起こっています。文庫の活動も例外ではなく、本の返却や貸し出しに手間取ったり、おはなし会を始めようとしてもなかなか静かにできなかったり、自分中心の行動が多くて、文庫のおばさんたちも何かと苦戦を強いられているこのごろです。そんな中でも、子どもたちが喜んでやってくる楽しい文庫を、なんとか続けてこられたのは、よい協力者が得られたことと、ムーシカでの経験が底力になったのだと、心から感謝しています。

いま、「きりん文庫かすが」には、小学生や幼児はもちろんですが、赤ちゃん連れのおかあさんや、読み聞かせやおはなしのボランティアの人たちなど、毎月100人以上の会員が出入りしています。年齢は0歳から七十歳以上までと幅広く、午前と午後の時間帯によって内容はさまざまですが、いきいきとした生命感のあることばを大切に、ささやかながら、子どもたちと本をつなぐ役目をしていると、ひそかに自負しています。

いぬいさんや松永先生、木下さんたちが、ムーシカ文庫の子どもたちの心に蒔いてくださった喜びの種が、いま、あちこちで実を結んでいるように、私もそのおすそ分けの種を、きりん文庫の子どもたちの心に蒔き続け、本の好きな子どもたちがたくさん育ってくれたらいいなと願いつつ、新年度の活動に入ったところです。

（とくなが・はるこ／ムーシカ文庫世話人）

『ムーシカ文庫の伝言板』の思い出

堀佶

いぬいとみこさんが主宰する「ムーシカ文庫」と出会ったのは、私が二十代も後半に入ってからであった。ポプラ社の編集者として勤めはじめて、すでに三年が過ぎていた。そろそろ児童作家に原稿を依頼したいと思っていた。その頃、私はいぬいとみこさんの作品をたくさん読んでいた。大好きな著書がいくつもあった。是非、原稿をお願いしようと、いぬいとみこさんの御自宅を訪問した。最寄の駅は、西武池袋線の富士見台であった。

その時いぬいさんは家の近くで「ムーシカ文庫」という、こども図書館を、毎週土曜日一時半から開いているということを、話された。私はすぐに、それのお手伝いを申しいれた。文庫に来るこどもたちが、どんな傾向の本を読んでいるのか、こどもの本を作っている編集者として知るいい機会だと思ったからだ。文庫へ行けば、こどもたちと話ができる。勿論、先生ともお話ができる。原稿の催促もできる。私はその頃、清瀬に住んでいたので、文庫に行くのも便利だった。そんなきっかけで通い始めたのである。

ムーシカ文庫は、富士見台駅にすぐ近い銀行の三階にあった。私の仕事は一時頃行って、部屋を、こどもたちがすぐに本を読めるように整える。つまり机を動かすことだ。私が部屋に着いた時には、いつもいぬいとみこさん、翻訳家の松永ふみ子さんが見えている。

一時半になると、部屋の入り口で待っていたこどもたちが、つぎつぎとはいって来る。お兄さん、お姉さんと来る未就学児もいれば、中学生位のこどももいる。本を探すこども、本を返すこども、いぬいとみこさんに本の感想を話すこども、実にさまざまである。

カードにはんこを押すのが私の役目だ。かなり忙しい。合間をみて、「学校が終わったら何をしているの?」「今、どんなことに興味があるの?」「将来は何になりたいの?」などと、話しかけた。質問の答えを聞くのが楽しみだった。

ムーシカ文庫に来るこどもたちは、とても読書力があった。今だったら、小学校高学年か中学生でやっと読めるくらいのリンドグレーンやその他の翻訳本などを、小学校の中学年のこどもが、どんどん読んでいた。

こどもたちが本を二冊ずつ借りたあとは、お話の時間だ。読み聞かせは松永さん。はりのある語り口で、ぐいぐいとこどもたちをお話の世界にひきずりこんでしまう。とても上手だ。

こどもたちが帰ったあとは貸し出し用のカードをみて、こどもたちの読書傾向と名前を覚えることに力を入れた。長く来ているこどもは、カードが何枚にもなっている。

いぬいさんや松永さんは「この子は最近好きな本の傾向が変わってきたわね」などと、話しあっていた。松永さんは、大磯から来られていたので、文庫が終わるとすぐに帰られた。

また、文庫がおわっても、二、三人のこどもといぬいさん、それに私は、残っていることが多かったので、銀行の守衛さんに追い出されることもしばしば。話し足りない時は、富士見台駅近くの寿司屋で話した。そんなとき、私はいぬいさんからさまざまのことを学んだ。いぬいさんは、岩波書店の編集者であり、作家でもあったので。編集者はどうあるべきか、著者とどうつきあったらよいかなど、若い私には勉強になることばかりであった。お酒が入ってくると、いぬいさんは独特の早口で、熱っぽく児童文学論を語った。

その後文庫の場所は、駅から五分ほど歩いた、オオカミ原っぱ(こどもたちがなんとなく呼んでいた)の近くの一軒家に移った。小さな庭にはバラが植わっていて、ずいぶん私たちの目を楽しませてくれた。

この場所に移ってから、こどもの年齢が上がると共に、新しく小さいこどもたちも入ってきたので、会員の年齢層が厚くなっていた。そのうち文庫で本を読んでいたこどもの中にも、すぐに帰るようなこどもたちも多くなった。塾に行くこどもが増えたからだ。しかし、何人かは、塾よりも文庫に足繁く通ってきていた。

私はこの頃になると、こどもの名前も覚えられ、こどもも私の名前を覚えてくれた。

クリスマス会も行なわれた。そこでは、お話、ペープサートや紙芝居、ゲームなどをやり、私はこどもたちと一緒に楽しんだ。一年一回の大事な行事。いぬいさんもクリスマス会には力を入れていた。

そんなある日、いぬいさんが『ムーシカ文庫の伝言板』という、小冊子を作りたいと私と木下惇子さんとに話された。以前から考えていたようだった。文庫をやっている以上、記録として残したかったのだろう。文庫に来ているこどもの父兄にも、どんなふうにしているのか知らせたかったのかもしれない。

すぐに、発行が決まり、私が編集を引き受けることになった。いぬいさん、木下さん、それに私の三人が集まり、詳細について話しあった。決まったことは、年に一回発行する、A５判、三十二ページ、表紙は二色、表紙絵は、木下さんに描いてもらう。そのような大枠がきまった。

執筆者については、いぬいさん、松永さん、木下さんたちが検討していた。巻頭文はいぬいさん。そのほか、世話人の皆さん、文庫に来るこどもにも書いてもらうことになった。

私は出版社から出ているPR誌を参考にしながら、体裁を決めた。

原稿をお願いした人たちからはすぐに出来あがってきたが、いぬいさんの原稿はなかなか出来なかった。出来あがったところから割付けていった。カットは木下さんにお願いした。そのうち、いぬいさんからの原稿をいただいたが、よみにくい文字なので解読するのに苦労したことを覚えている。

一週間すると初校が出た。それをいぬいさんに渡した。初校にはあちこちに赤字が入っていた。整理にまた苦労した。木下さんが描いた表紙の絵は、本を読んでいる二匹のくまの絵であった。『ムーシカ文庫の伝言板』にピッタリの、白いくまの絵であった。いぬいさんも大満足だった。

やっと責了になり、一週間後に見本ができた。500部を文庫に納めた。いい本だと皆んなが喜んでくれて、いぬいさんもとても喜ばれてホッとした。文庫に来るこどもたちに渡し、児童文学者関係や、マスコミ関係に送付した。「文庫でのこどもの様子がわかる」「文庫のポリシーがよくわかる」など、父兄たちにも好評だった。朝日新聞の『天声人語』に紹介され、ムーシカ文庫の存在が全国に広まった。文庫に入りたいという問い合わせが遠方からきた。しかし「文庫は地域に根づくものであり、こどもは自分の地域の文庫に通うもの」という、基本方針があったから、ほとんど断ったようだ。

『ムーシカ文庫の伝言板』は、四号まで出した。表紙の色はその都度変えて、シンプルで、親しみやすいシリーズになった。この小冊子は、いぬいさんには、とてもいい記念になったようだ。文庫の記録を残すことは、著作とおなじくらいに大事なことだったのではないだろうか。

いぬいさんとは長いお付き合いだった。書き下ろしの本は出来なかったが、一冊の短編集『白クマそらをとぶ』『ちいさなちいさな駅長さんの話』をだすことが出来た。それより、『ムーシカ文庫の伝言板』の本を編集させてもらったことが、私にとって思い出ぶかいものになった。

その後いぬいとみこさんが亡くなり、葬儀のときに集まったこどもたちやお母さん方から、今でも、『ムーシカ文庫の伝言板』を大切に持っていると聞いて、涙がでるほどうれしかった。若き日、いぬいさんと一緒に編集してよかったと、心から思った。

「文庫のお兄さん」だった私も昨年11月に還暦を迎えた。若い編集者としての一時期を「ムーシカ文庫」とともに過ごし、小冊子の仕事にたずさわったことを、今でも誇りに思っている。いぬいとみこさん、ありがとう。そして安らかに……。

2004年2月4日　立春

（ほり・ただし／ポプラ社）

個人カード

垣根のバラ

文庫の卒業生　会員の保護者

ムーシカ文庫で本を読んだ経験のある子どもは少なく見積もっても千人をくだりません。その子どもたちが今おとなになって、全国の家庭で、職場で、本を読み、子どもに読み聞かせ、いぬいとみこ先生と文庫の思い出を大事にしながら暮らしています。

ここに掲載するのはごく一部の卒業生の文章ですが、いぬい先生の熱意と愛情がいかに大きなものであったかを、一人でも多くの方にお伝えできたら、と願っています。

家の隣の小さなお家

飯島裕子

私がいぬい先生に初めて会ったのは、物心つくかつかないかのころだ。

4歳になる年、まだ大根畑が残る練馬区に越してきた私は、マンションの隣に「ちいさいおうち」を発見した。山小屋風の二階建て、季節の草花でにぎわった庭とバラの垣根に囲まれたその家には、週に一度、どこからともなく子どもたちが集まってくる。「誰が住んでいるのか？」「何をしているのか？」どこか秘密めいたこの家が、気になって気になってしかたなかった。

「よかったら仲間に入れてください」母に手を引かれ、文庫を訪ねたのは5歳の秋のこと。小学校に上がってからというのを「隣に住んでいるから」と無理をお願いして入れてもらった。初めて借りたのは、『ひよこのかずをかぞえるな』と『かめさんのさんぽ』。あこがれの「ちいさなおうち」に足を踏み入れることができた喜びは、今も忘れることができない。

ムーシカ文庫には本を楽しむすべてがあった。貸し出しを行う1階リビングには、木で作られた本棚とテーブルに椅子。玄関には、さまざまな外国童話の小物や人形。床にはアルファベットや動物の描かれたタペストリー。壁にかかった不思議な絵や、部屋や庭を飾る草花。一歩足を踏み入れるとそこには、ファンタジーの世界が広がっていた。

2階の和室では本の読み聞かせが行われていた。数人の大人に混じり、先生みずからも本を手に子どもたちに読んで聞かせた。読み聞かせの常連だった私は、「ムーシカごっこ」なる遊びを発明し、家で友だちや人形を相手に絵本を読み聞かせるほど熱中していた。文庫が閉まる夕方になっても、「あと一冊、あと少しだけ」とねだっては大人たちを困らせた日々が懐かしい。

ムーシカ文庫の庭は、四季折々の草花でいつも彩られていた。とりわけ先生が大切に育てた垣根のバラは、近所で評判の美しさだった。

あるとき、文庫の水仙が伸び続け、2メートルも茎をのばして花をつけたことがあった。文庫に来ていた作田兄弟がそれを「お化け水仙」と命名したことから、『ゆきおと木まもりオオカミ』は誕生した。この本の舞台は、先生が「オオカミ原っぱ」と名付けた文庫の隣に広がる空き地。マンションの建設によって、そこに植えられていたケヤキやいちょうの木が切り倒されることになった…それを何とか守ろうとする少年とオオカミの物語だ。この悪名高いマンションは、私が住んでいたところ。主人公のゆきおくんは、小学校の同級生。物語中にも登場する作田兄弟は同じマンションに住む幼なじみだった。この本は、最も身近で、最も思い出深い、私の子ども時代の大切な一冊となっている。

この物語に象徴されるように、80年代半ばごろから、のどかだった文庫周辺にもマンションが建ち並び始めた。自然を愛する先生にとって、周囲の木が次々に伐採されていくのを見るのは、まるで身を切られる思いだったに違いない。子どもの活字離れもすすみ、文庫を訪ねる子どもたちの数も少しずつ減っていき、文庫は88年に休眠することになった。

中学に入ってからは何かと忙しく、文庫を訪れる機会がほとんどなかった私は、文庫にかかわっていた母の口からその話を聞いた。当時の先生の心境を知る由はないが、さまざまなことに疲れ切ってしまったのかもしれない。その翌年、私は家族とともに、武蔵野の面影が残るひばりヶ丘に引っ越した。高校、大学とますます忙しくなり、先生にお会いする機会はめっきり減ってしまった。

最後の会話

いぬい先生と最後にお会いしたのは、95年、夏の黒姫だった。大学のゼミ合宿の帰りに教授とゼミ生と共に先生のもとを訪ねたのだ。その前夜、「絶対無理だと思うから諦めてるんだけど、私本当はＯＬじゃなくて、記者とか、物を書く人になりたいんだ」当時大学４年。就職先が決まっていない私が、酒の勢いでこぼしたその言葉を仲間は見逃さなかった。翌日、先生の前でその秘密を暴露され赤面する私に、先生は意外なことをおっしゃられた。「書くっていう作業は本当に本当に大変なことなのよね」としんみりとつぶやかれたのだ。好奇心と想像力にあふれ、次から次へ作品を生み出してきた先生のそんな一面を見たのは初めてだった。

そしてそれが先生と交わした最後の会話となった。先生はその数ヶ月後、体調を崩して入院され、亡くなるまでの数年を重い病床で過ごされることになったのだ。

今、先生と猛烈に話がしたい。先生の言葉に怖気づいたわけではないけれど、あの後、一般企業に就職した私は、結局夢をあきらめきれず小さな新聞社に転職。今はフリーランスの記者として仕事をしている。ムーシカ文庫で、いぬい先生を通じて、本を読んでもらう楽しみ、みずから読む喜びを教えてもらった私は、書くことに向き合う日々の中で、先生の言った謎解きのような言葉を今深く、かみしめている。

どうか私をいつまでも見守っていてくださいね。心からの感謝をこめて。

（いいじま・ゆうこ／フリーランスライター）

ムーシカ文庫の思い出

井元舎子

私がムーシカ文庫に初めて足を踏み入れたのは、小学校二年生になったばかりの昭和五十三年四月八日。ムーシカ文庫のお家を閉める際に、木下惇子先生が会員カードと貸出カードを送ってくださったのですが、それらの記録に入会日として記されています。それから約一年七ヵ月後に引越のためムーシカを離れるまでに、全部で123冊の本を借りたことも、貸出カードを見て改めて知りました。

123冊というのが多いのか少ないのかはよく分かりませんが、カードに題名が書かれている本のほとんどを覚えていないことに我ながら驚きます。中には三回も借りている本があったりして、かなり気に入っていたに違いないのですが、内容どころか題名すら記憶にないのです。

ムーシカで読んだ本の記憶があいまいなばかりか、私にはムーシカでの記憶やいぬい先生との思い出も実はあまり残っていません。お話会でどんな本を読んでもらったのかも、残念なことに全く覚えていないのです。数少ない思い出と言えば、一回だけ参加することができたクリスマス会でのプレゼント交換で、親子のカメのろうそくをもらったこと（このロウソクは今でも持っているし、そのときの写真が残っているから記憶されているのかもしれません）。それから文庫の近くで火事があり、その日は急遽お話会が切り上げられ早く終わってしまったにもかかわらず、ほかの子どもたちが帰った後でも、太田姉妹と三人で二階のベランダから「火事だよー、助けてー」と手を振りながら「火事ごっこ」をしていたこと、くらいなのです。

二十年以上前のことではあるし、まだ小さかったから、ということもありますが、いぬい先生やムーシカで出会った本についての思い出が何も残っていないことは、寂しい気持ちがします。そして、ムーシカに対してたくさんの語ることのできる思い出がある人が羨ましくもあります。

でも、確かに覚えていることは、ムーシカで過ごす土曜日の午後はいつも楽しかった、ということです。もしかしたら、具体的な事柄に対する記憶は時間とともに薄れていき、そのときの「気分」だけが記憶の中に残った、ということなのかもしれません。そして、大人になった今、最も印象深い思い出が「楽しい気分」であるということを、そのような気分で過ごせる場所が子ども時代の私にはあったということを、とても幸せなことだと思うのです。だからこそムーシカに通っていたということは、いつまでも私の中で大切な思い出として残っているに違いありません。

先日のいぬい先生を偲ぶ会で、ムーシカを離れて以来初めてあのお家に足を踏み入れることができました。もう二度とこのお家に来ることはできないだろう、と思っていただけに、本当に懐かしくうれしい気持ちでいっぱいでした。いつの日かこの場所でまた文庫が再開され、子どもたちが幸せな時間を過ごす場所としてあり続けることを願っています。

（いのもと・せきこ／富士ブレイントラスト㈱勤務）

22年前にいぬい先生に送った手紙

大島美穂

仕事に家事に忙殺される日々を送っている中で、本追悼作文集の編者の方から思いがけないファックスを職場に頂き、22年前にいぬいとみこ先生に私が宛てたお手紙についてお知らせを頂戴し、大変ありがたく思っております。

実は、いぬい先生にお手紙を書いたこともすっかり忘れていたのですが、この22年間、特に子どもが生まれて一緒に児童書を読む中で、ムーシカ文庫のことは生き生きと思い出すようになっていました。翻訳が出たばかりのC・S・ルイスのナルニア国物語を手に取ったときのぞくぞくするようなうれしさ、ドリトル先生シリーズの思わず声を出して笑ってしまったときのこと、みな鮮明です。私は学校の帰り道も歩きながら本を読んでいて、オートバイと衝突事故を起こしてしまうような子どもで、いつも本の中に生きていました。

ある本に「子どものとき夢中になれる趣味と出会った人は、その後の人生においてつらいことがあっても乗り越えていけるものである」とありましたが、子どものとき豊かな本の世界に遊ぶことを知った自分はその意味で本当に幸せだと思います。しかも、いまは子どもと一緒に、自分の過去を追体験すると同時に、新たな発見を繰り返すことができる、という二重の幸運まで手に入れているのですから。

私は現在大学の国際関係学科で教鞭をとっております。専門は政治ですが、時々、児童文学に興味のある学生が来るとうれしくなって話し込んでしまいます。とくに自分の専門の北欧の話になるとたまりません。今年度は初めてゼミにリンドグレーンで卒論を書く人が現れ、彼女の草稿を添削する時間は至福のときでした。スウェーデンでリンドグレーンが亡くなっても、彼女のことを大事に思う国民が毎年リンドグレーンの映画や記念のイベントをやっているように、本当にすばらしい児童文学は時を越え、国境を越え生き続けていくのだと思います。そして、つらいこと、苦しいことに出会ったときにも、社会に立ち向かっていく力を、子どものときに読んだ本は与えてくれるのだと思います。

いぬいせんせい本当にありがとうございました。

（おおしま・みほ／津田塾大学国際関係学科助教授）

いぬいとみこ先生を偲んで

太田昭子

私の娘、玲子と有紀子は一九七七年四月から一九七九年三月までのちょうど二年間、ムーシカ文庫に在籍させていただきました。

その当時中村橋に住んでおりまして、社宅のお友達、桑原久美子さん・都史子さん、井元舎子さんと一緒に、毎週土曜日、それはそれは楽しみに、通っておりました。

通い始めたとき、玲子は二年生、有紀子は四歳でした。娘たちは嬉々として通い、家ではお話を書いたり紙芝居を作ったりしておりましたし、いぬい先生はじめ文庫の先生がたに憧れて、玲子は「大人になったらお話を書く人になりたい。」と言っておりました。私はというと、「ムーシカ文庫だより」で娘たちが文庫でどのように過ごしていたかを知り、ただ娘たちから話を聞くだけで、すべておまかせの若いのんきな母親でした。

ちょうど娘たちが三年生と幼稚園を終えた春休みに、主人の転勤で、香港に行くことになり、私は好奇心が旺盛でしたので、新しい土地に行くのを楽しみに引越しましたが、何とも残念だったのは、ムーシカ文庫を離れなければならないことでした。娘たちにとって、こんなによい時間を過ごさせていただける所は滅多にないと思っていたからです。実際香港に行ってみますと、案の定、そのような所はなく、本と触れ合えるようにと、日本系デパートで童話を見つけては買っていましたがある日突然、漫画売り場に変わったときには、本当にびっくりしてしまいました。

五年間を香港で過ごし、一九八四年四月に帰国して、中村橋ではなく、取手に住むようになりました。いぬい先生とは時々お手紙のやりとりをしていまして、アッシジに行かれた時の朝日新聞の切り抜きや、「ムーシカ文庫だより」を、送っていただきました。「いつか　あそびにいらしてね。」といつも書き添えていただいておりましたのに、土曜日に他の稽古事が入っていたこともあり、一度も伺わなかったことが今になってはとてもとても悔やまれます。

先生は天に召され、玲子とご葬儀に参列させていただき、一年忌に懐かしい富士見台の文庫に伺っても、先生のお姿はなく、なぜ、お元気なときに、お世話になった娘たちに会っていただかなかったのかと、残念でなりません。思慮の浅い母親でした。

先日の一年忌には、ご葬儀には失礼した有紀子も連れていきましたが、幼稚園生だったとはいえ、「何も覚えていないのです。」と皆様の前で申しました。でも、木下先生が、「あなたは覚えていないかもしれないけれど、私はよく覚えていますよ。」と、すぐにあたたかく答えてくださり、彼女も感慨深く思い、また、私も小さい子どもをよく見ていてくださったのだと、ありがたくうれしく、感激いたしました。

私の子どものころは終戦後まもなくで、幼稚園で「ひかりのくに」と「キンダーブック」という絵本を二冊買ってもらっていたのをよく覚えていますが、あとはグリム童話や日本の昔話などを読んだように思います。しかし、今は、自分で読んだ本より、娘たちの本を一緒に読んだ記憶のほうがたくさんあります。

いぬい先生と同じころに、リンドグレーンも亡くなりました。私は「長くつ下のピッピ」をまた読みたくなり、図書館で借りてきて読みました。

今年の二月には、オーロラを見に、フィンランドへ行きましたが、その国で生まれた、トーヴェ・ヤンソンの童話の「ムーミン」シリーズを、今まではテレビでしか見たことがありませんでしたが、それも図書館で借りて読んでみました。白銀の世界に春がもどってきたとき、長い冬から目覚めて、ライラックが美しく咲くらしいと知りました。また、森と湖の国・フィンランドでは、森に、トントという、とんがり帽子をかぶった小人が住んでいて、森の地下に快適な家を作っていて、森の保全のためにたえず働いていて、傷ついた小鳥の世話をしたり、冬のえさのない時期に鳥や小動物に木の実を届けたり、余分の枝をはらったりしている。姿は見せないが、トントは人間のすることを見ていて、人間が彼らを尊敬している間は陰ながら働いてくれるが、そうでなくなるといたずらをする。そういうトントの存在を多くの人が信じ、実際に目撃したり、対話できる人がけっこういる。こんな、おとぎ話のような、夢のような、実際の話があることを、旅行のあとに知ったとき、真っ先にいぬい先生の『木かげの家の小人たち』『くらやみの谷の小人たち』を思い出しました。

そして、北極圏に足を踏み入れた私としましては『北極のムーシカミーシカ』も気になり、書棚から取り出して読みましたら、やっぱり出てきたのです。——夜が長く、さむさがますますきびしくなったある日、くらい空にふしぎな火がもえました。「ママ、ママあれを見て!」マーシカが、こわがって、いいました。空の火は、みどりいろから赤いいろまでまじった、光のカーテンのように、空じゅうにひろがってもえました。「ああ、あれは、オーロラよ。しずんでしまったお日さまが、わたしたちに、『おやすみ』をいっているの」——私も、幸運なことに、空じゅうを動き回る、見事なオーロラを見ることができたのです。

一年忌で、木下先生が「いぬい先生がたくさんの種を蒔かれた」とお話しになり、徳永先生が「今も年配のかたと童話を読んでいる」とお話しになったことが私の胸に残りましたが、自分の大切な経験や想いがいぬい先生や他の方の童話に彩られる楽しさ・うれしさは、この歳になっても変わらないものです。これも、いぬい先生に出会わせていただけたおかげと、ありがたく、感謝申し上げ、先生のご冥福を、心よりお祈り申し上げております。

二〇〇三年四月二十五日

（おおた・あきこ／太田玲子・有紀子の母）

くらやみの谷のみどりの川から

岡恵介

創立15周年を期して『ムーシカ文庫の伝言板』（以下『伝言板』と略す）が発刊され、わたしどものもとに届けられたのは一九八一年一月のことだった。同封された葉書に「近況を」とのいぬい先生の添え書きがあって、翌年『伝言板その2』にわたしの近況も載せていただいたのは、これにお応えしてのことだったと思う。そこには、今読めば気恥ずかしくなるようなことどもに、二十三歳のわたしが今度大学院で環境科学を学ぶことになった底流には、主人公のモデルは自分に違いないと勝手に思いこんでいる、あの『みどりの川のぎんしょきしょき』との出会いがあった、と書いている。主人公の二郎と同じように、拾った仔犬を飼いたくて、でも団地のきまりだからだめよ、と親に言われた時の悲しさ、悔しさを、ムーシカ文庫でいぬい先生に訴えた淡い思い出があった。当時は先生も、わたしたちと同じ、湿気た黒土とコンクリートの匂いのする上鷺宮の団地に住んでおられたのだ。

だが、ムーシカ文庫に通ったのも思えばわずか二年間で、わたしは小学校三年生の終わり一九六七年三月に、父の転勤で仙台に移り住んだ。一九六八年出版の『みどりの川のぎんしょきしょき』は仙台に行ってから読んだ本で、自分がこの話のモデルではないか、と直接いぬい先生に確かめるチャンスは、その後ついになかった。

そして五年後の『伝言板その4』では、一九八五年四月からわたしが岩手県の北上山地に位置する岩泉町の小さな複式の小中併設校で教員となったことが紹介され、その前年秋に、かつてより憧れの雑誌であった、今はなき平凡社の『アニマ』という雑誌に生まれてはじめて書いた、北上山地の山村におけるドングリ食についての小文を（私信によれば元編集者のカンで）先生が気付いていて下さったことがつづられ、そして岩泉町安家（アッカと読む、語源はアイヌ語の清き水ワッカから、など諸説ある）は、『くらやみの谷の小人たち』のイメージを求めてさまよった土地で、自然が多く残っている、がんばって下さい、とうれしいメッセージを送って下さっている。添えられた私信には、新しいエコロジストの誕生をうれしく思う、とまで書いて下さっていた。「アニマ」のような動物生態学・自然誌関係の雑誌にまで、先生の目が届いていることに驚いたが、当時の動物生態学の最新知見を消化して書かれた『北極のムーシカミーシカ』や、日本で初といってもいいエコロジー児童文学作品『みどりの川のぎんしょきしょき』の作者であることを考えれば、むしろ当然だったのかもしれない。

今調べてみると『木かげの家の小人たち』の出版は一九五九年（中央公論社版）。一九七二年出版の『くらやみの谷の小人たち』のあとがきには、一九六七年五月までに三分の一ができていたと記されている。先生が安家をさまよったというのは、一九六〇年代前半ごろだったのだろうか。

「日本のチベット」という表現は放送禁止用語となって使われることもなくなったが、北上山地は終戦後この言葉とともに語られ、一九五〇年代の終わりには北上山地を舞台とした岩波新書の「ものいわぬ農民」も多くの人に読まれた。特に安家は、日本が高度経済成長をとげていくなか、都市が飛躍的に発展していく反面で、開発から外れ、古い因習の残る、遅れた貧しい地域の代表として報道されることが多かった。さらに一九六〇年代は、それまで戦前から長く山村社会の基幹産業であった木炭生産が、石油へのエネルギー政策の転換によって急激に衰退し姿を消していく時期にあたり、専業製炭者たちは山を下り、中学校を終わった子供たちは、その多くが金の卵として、男の子は大工や建設工事の人夫、女の子は紡績工場などに集団就職していくのがふつうになっていった。今これらの人々の多くはそのままその地で結婚し、家庭を築いている。東北地方の山村が、いわゆる過疎化へとゆっくりあゆみをすすめていった時期であった。社会の弱者にいつも目を配る先生のことだから、岩手の大自然ばかりでなく、人々の暮らしへのこのような視角をもって安家を訪れたのか。あるいは、先生の創作の原点であるという、宮沢賢治の世界を探る意味で岩手を訪れたということだったのか。今となっては知るすべもない。

その後も手紙のやり取りは細々と続いていたが、ある時先生はわたしにC・W・ニコル氏の作品を薦められた。同じ黒姫に棲む作家同士としての交流があったようである。当時わたしはこのウェールズ出身の作家については、テレビのCMや、雑誌にかかれたエッセイを見たことがあるくらいだったが、白人がたどたどしい日本語で日本の自然や文化の良さを語ればみんなが納得してしまうような風潮がばかばかしくて、あまり良い感情を持っていなかったので、先生にもそう書いてしまった。安家に棲み、伝統的社会を呑み込んでいく近代化への批判の眼を強くしていたわたしは、かなり単純に西欧文明こそがアジア・アフリカ世界を壊していくという強い問題意識に駆られ、正直に告白すると、先生に対しても西欧文明やキリスト教への素朴な憧れがあるのならそれは危険ではないか、とさえ思っていた。日本の民話的世界を作品にどう取り込むか苦闘していた先生のお仕事がまったく見えていなかった、不遜で厚顔無恥な自分がそこにいた。先生からは、私もあなたは彼があまり好きじゃないのではないかと思っていた、でも読んでみなさいよ、とちょっと気弱な感じの返事が返ってきたが、その後あまり手紙を交わすこともなくなってしまった。

昨年家族でイギリスを旅行する際に、セント・アイヴスでの濱田庄司とバーナード・リーチの作品のことなどを調べていて、まったく偶然視界に入ってきた『バーナード・リーチの日時計』を読み、C・W・ニコル氏への評価は一変させられた。彼の失われた美しいものへの愛惜のこめられた文章は、私の感性にぴったりだった。「伝言板 その3」のムーシカ文庫で人気のある本（全345冊）にはちゃんとこの本が入っていて、今となっては自分の不明を恥じるばかりである。

久慈市の短大に職を得て安家での暮らしが安定し始めたころから、わたしは暮らしの中で使いこまれた古いものを美しいと思うようになり、集めはじめた。浄法寺塗りの皿や民窯・小久慈焼の片口、裂き織り、木の民具などの古いものが八戸の骨董屋に行くとしばしば安く見つかった。息子が八戸でピアノを習っていたついでもあり、この骨董漁りの八戸行を続けながら、一週間分の食料を八戸のモールで買い込んだりするうちに、時々そこに飾られている子どもらの版画作品が眼につきはじめた。そういえばここ八戸は、先生の『うみねこの空』の舞台になった町でもあった。小学生のわたしにとっては難しくてよくわからなかった作品だったが、今読むとその時代の雰囲気と問題意識がよくにじみでていて興味深い。『うみねこの空』の先生のモデルとなった坂本小九郎先生は、その後養護学級の生徒を指導して連作「虹の上をとぶ船」を制作し、ムーシカ文庫にもプレゼントされていたそうである。後に宮崎駿の『魔女の宅急便』では、これが一部描き加えられた上で画家ウルスラの作品として登場して驚かせられたのだが、それはともかく、いぬい先生は本の最後で、『うみねこの空』執筆に一九六四年の十一月八日までの3年間を費やしたことを述べている。一九六二年に先生が、無着成恭氏や松居直氏とともに八戸の坂本先生を訪ねたことが、八戸の古本屋で見つけた「青森県版画教育覚え書（一九七九年、津軽書房）」という本にも記されていた。あるいはこの八戸行の帰りに安家を訪れたことがあったのかもしれない。ただ、現在では高速道路を使えば一時間半で着く八戸—安家間も、当時は決して簡単な道のりではなかった。八戸から久慈までは八戸線で約二時間、久慈から安家へは交通の便は少なく、炭俵や用材を積んだトラックの荷台に乗って未舗装の峠道を来られたのかもしれない。一九六〇年代の北上山地の交通事情では珍しいことではなかった。

大正十四年一月二十九歳のときに宮沢賢治も、八戸を経由して種市まで国鉄で来て（当時八戸線は種市までで、久慈まで開通するのは昭和五年）、そこから徒歩で久慈を経て下安家へと向かい、「異途への出発」「暁穹への嫉妬」などの詩を創作している。そんなことも先生はご存知のうえでの安家行であったのではないか、という気もしてくる。

この小文を書くにあたって、わたしは事実関係の確認のため先生の年譜を探し、これを含む対談の本があることを知った。しかしこの本は近くの図書館では手に入らず、早く内容を知りたかったわたしは横浜の両親に近くの図書館で探してくれるように頼んだ。本はすぐにあったが、対談の部分はあまり関係なさそうだとの両親の話だった。しかし何か気になって、ぜひにと全部の写しを送ってもらった。そこで出会った数行に、わたしはいぬい先生の遺言を聞いたように感じた。

〈いぬい―だからムーシカ文庫で、二十二年子どもたちにつきあわせてもらってほんとうにありがたかったと思う。彼らのひとりが「『みどりの川のぎんしょきしょき』の主人公はぼくだ」と言ってくれて。八歳で別れたけれど、いま岩手県で農村の近代化の構造を研究している青年です。（中略）『みどりの川のぎんしょきしょき』は、一九六五年代の子どもたちの姿を追っているんでしょうね。東京にヤンマやトンボがいて、みんな自然が好きになって……。〉

八歳で別れた、とある。正確には小学校三年生、九歳であるが、これはわたしに間違いあるまい。別れた、とは子どもが一人引っ越していったのにずいぶん大げさな表現だと思われるだろうか。本のモデルに関する年来の疑問にも、先生はここに答えていてくれた。「あなたが、自分がモデルだととらえてくれていたことがうれしかった」と。あとはここで先生が期待してくれていたことを胸に、自分の研究を実らしていかなければならない。

いぬい先生、わたしは最近、先生の好きだった『グスコーブドリの伝記』のはじめのところで、ブドリの両親が飢饉で薪が売れなくなり、食べ物が買えなくなって、身体を壊してしまうところに疑問を持っています。ほんとうの北上山地の山村は、町から食べ物を買わなければ生きていけないような、都市に隷属した存在ではありませんでした。平地農民が農村恐慌の時代に金に困り、娘を売らなければならないような事態になっていたころ、そんな困窮した農家の娘を引き取ることさえあったのです。それは、北上山地がまだ自給的で、雑穀や木の実を主食とする暮らしを営んでおり、救荒時には野生植物をあく抜きして食料とする備えもあって、商品経済にまだ完全に取り込まれていない暮らしの自立性、健全さを保持していたからなんです。自給性を保持したエコロジカルな豊かさがあったからなんです。暗く貧しく見えていたくらやみ谷にこそ、ほんとうの豊かさがあったんじゃないでしょうか。そんな話をゆっくり先生としたかった。

（おか・けいすけ／東北文化学園大学）

魔法の扉

岡田千重
（旧姓・森友）

富士見台駅前の銀行の二階にあったムーシカ文庫に通い始めたのは小学二年生のころだった。何事であれ、〝おねえちゃんが行くなら私も行く！〟子であったから、当然のように姉にくっついていったのだろう。

本を読むことはもともと好きで、そこに文字があれば目が追ってしまうという風だったから、ムーシカはとても魅力的な場所だった。本を開き、物語という名の別世界に出かけていく楽しさ！　喜び！　本は魔法の扉だった。ムーシカには色とりどりの、よりすぐりの扉がずらりと並んで私を待っていてくれた。

そして無数の扉へと至る道に灯をかかげて、立っていらしたのが、いぬい先生――そんな感じだった。

学校の教師や親は、どうしてもあれこれと注文が多いけれども、いぬい先生は違った。「本さえ読んでいればそれで十分」という態度で子どもに接してくださった。学校や家がつらいときもムーシカ文庫では安心していられた。

でも、実際のところ、先生は何も口に出しておっしゃらなかったけれども、内心ではあきれたり、がっかりなさったりしていたことと思う。何しろ私の読書には進歩がなかったから。それでも、そのまま、それに甘えた私を受けとめてくださったことにとても感謝している。

先生のともしてくださった灯はとても暖かかった。暖かく、楽しく、本やおはなしに出合える場が、今の子どもたちにもあってほしい。そのために自分ができることを探していきたい。

ムーシカ文庫の日々は私の根っこの部分に息づいている。

（おかだ・ちえ）

『ムーシカ文庫』

片岡由樹夫

わたしがムーシカ文庫に通っていたのは、小学校の低学年時代にさかのぼります。我ながら驚きますが二十年以上前の話です。実は母より今回の文集の話をききました。素敵な話だし、是非、参加しよう（書こう）と思いました。が、母からせっつかれ、せっつかれ、ようやく筆を執った次第です（笑）。

ムーシカ文庫、それは母に連れていかれたことより始まります。気が付けば毎週土曜日、ムーシカに行くのが楽しみになっていました。

いつも二階に駆け上がると、童話を聞くのを大変楽しみにしていた自分の姿を思い出します。数人の先生方がいくつかのお話（童話）を分けて読み聞かせしてくださいます。子どもたちは、先生を囲んで、その話に興味津々です。笑ったり、わくわくしたり、驚いたり、はたまた、怖がったり。目には見えない、たくさんの感情がムーシカ文庫の二階の部屋に行き来していたんだなと思います。私は、当時、グリム童話の怖い話が好きで、その話になるとどきどきしていたものです。

読み手の先生たちも話の内容によって、声色を変えるものだから、聞き手側からすると非常に雰囲気がでているわけです。そういえば怖い話のときには泣き出す子もいました。

いぬい先生は、眼鏡をかけて、いつもページをめくるごとに、人差し指をペロッとなめていました。どちらかというと口ごもったような優しい声。そんな印象です。当時、ぼくは子どもだったけど、先生のお顔は、今でもよく覚えています。

残念なことに先生とはムーシカを卒業してからは結局、一度もお会いする機会がありませんでした。でも私が中学に入ったころ、母が文庫で働き出したので、先生の様子、ムーシカ文庫の様子は耳にしていました。子どものわたしに夢を与えてくれた場所、この場をかりて、いぬい先生にお礼を述べさせてください。

いぬい先生、由樹夫も今年で三十歳になります（驚いてますか?）。

まだまだ元気でがんばりますよ!

夢をあたえてくださいまして、ありがとうございました!

（かたおか・ゆきお／（株）ミネベア勤務）

いぬい先生の思い出

喜代田智子

昨年、大森めぐみ教会で、小松原（旧姓荒井）宏子さんがお別れの言葉をおっしゃったとき、ムーシカに通っていた私たちは、涙が止まりませんでした。あの弔辞にあったように、私たちは、通い始めた時期に違いはあれ、本棚を背にしたいぬい先生にニコニコ迎えられて、楽しく文庫通いをしてきたからです。土曜の午後、学校から帰ってお昼を食べて、手提げ袋に先週借りた本を入れて文庫へ向かうのは、あのころ、当たり前と思っていましたが、かけがえのない時間でした。

文庫は不思議な空間で、今考えると、銀行の会議室の一画に子どもの本のぎっしり詰まったスチール本棚があるのも不思議でしたが、何よりも、あれをしなさい、それはしてはいけないという大人が一人もいないというのが、やはりかけがえのないものでした。叱られるのは、大声を出して、本を読んでいる人に迷惑がかかるときだけ、どんな本を借りても、何度同じ本を読んでも、難しくて読みきれない本を本棚に戻しても、それはまったく私の自由でした。その自由のなんとうれしかったこと。

文庫はさらに不思議なところで、ときどき外国からのお客様がいらっしゃったりもする。いつもはフツーのおばさん（失礼の段、お許しを）と思っていた松永先生が通訳なさったりして。

弟は『孫悟空』が大好きで、他の本には目もくれず、何種類もの『孫悟空』ばかり読んでいました。文庫にはそれがなくて、弟はいぬい先生にお願いして、岩波少年文庫の『西遊記』を入れていただきました。小学校低学年の弟には難しくて、愚弟はそれを読破したのか、怪しいのですが、そんな弟の読書も、いぬい先生は、面白がってくださいました。

『ムーシカ文庫の伝言板』を読むと、いぬい先生はじめ、大人の方たちはさまざまな苦労をなさって、ムーシカの時間や空間を守ってくださっていたことがわかります。私たちはその中で、ただ、本を読む楽しさ、喜びをむさぼるように味わっていました。何にも換えがたい幸せをいただき、本当に感謝しています。

大森めぐみ教会は、偶然今の住まいに近いのですが、花どきに通りかかると、門のそばの大きな桜の木が、それは見事に花を咲かせていました。いぬい先生もあの花をご覧になって笑っていらっしゃるような気がしました。

（きよた・ともこ／高校教諭）

「文庫の子ども」

小松原宏子

　ムーシカ文庫には、「幼稚園間借り時代」「銀行間借り時代」「オオカミ原っぱ時代」の三つがありましたが、そのすべての時代にかかわった「文庫のおとな」はいぬい先生と松永先生のお二人だけであり、そのすべての時代を知っている「文庫の子ども」はおそらく私ひとりだけだと思います。

　と言っても、もちろんそれぞれの時代には、私以上に活躍した卒業生がたくさんいますし、私自身はずっと「子ども」のつもりでいたので、お手伝いしたり何かの役に立ったり、という記憶はほとんどないのです。むしろある日久しぶりに文庫に行ったら自分の貸し出しカードが他の子どもと一緒のところになくて、「B会員」の箱にしまいこまれていたのを見て泣きそうになったくらいです。それも、恥ずかしいことに、高校生になってからのことなのです。

　そんな私でも、少しは「お姉さんらしいこと」をした記憶があるとしたら、一番熱心に通っていた銀行時代、後片付けを手伝ったことくらいでしょうか。当時小学生だった崎村くんが、いつも最後まで本を読んでいて帰らないので、中学生だった私がえらそうに電気を消してカーテンを閉め、「さあ、早く帰りなさい」と追い出したりしたことがありました。

　私自身も小学生のときは週に二冊しか借りられないのが残念でした。土曜日のうちに借りた本を読み終わってしまうと、次の土曜日までの一週間が長くて長くて、待ちきれない思いがしていました。ところが要領の悪かった私とちがい、崎村君は注意深くなるべく厚くて長い本二冊を選び取ると、それを手提げ袋にしまいこみ、あとはぎりぎりまで別の本を読んで帰るのでした。小さいくせになかなか知恵がある、と感心したりうらやましく思ったりしたことも忘れがたい思い出の一つです。

高校生になっても大学生になっても文庫とつながっていたことは『伝言板』にも記されていますし、自分でもこの本の中で「はじめに」や「松永先生の思い出」の中で書かせていただきました。結婚式にも、いぬい先生、松永先生においでいただきました。いぬい先生はスピーチの中で、『伝言板』にも書かれているサン=テグジュペリの言葉を引用して下さいました。けれども、長女が生まれたときに文庫を訪れたときのことが、IBBYのいぬい先生の講演の中で語られていたことは全く知りませんでした。

松永先生が亡くなられた一年後、文庫が休眠に入ったとのお手紙をいぬい先生からいただいたときは本当にショックで、自分が何のお手伝いもできないままに終わったことが悔やまれてなりませんでした。その頃はまだ娘たちが小さくて、毎日の育児と家事に必死の生活でしたが、ようやく「文庫の子ども」がおとなになったというのに、何の力にもなっていない自分が不甲斐なく、情けない思いでした。もちろん「母娘二代で文庫に通う」という夢がついえたことも残念でなりませんでした。

その後何年かがたち、いぬい先生が入院され、文庫の本が益子に引越していったあと、私は文庫卒業生の森友（現・二川）百重さんといっしょに先生のお見舞いに行きました。私の家からは交通の不便な場所にあり、百重さんが群馬から運転してきた車に乗せてもらって行ったのでした。

病室の入り口でいぬい先生に面会したい旨を伝えると、応対してくださった看護婦さんは言いにくそうに、

「お話はできないと思いますよ」

とおっしゃいました。いぬい先生は車椅子に座って、明るい陽だまりの中、大きなガラス窓の方を向いていらっしゃいました。そばに寄って、

「いぬい先生」

と声をかけても、ちょっと首をかしげたままで相変わらず窓の外を見ていらっしゃいました。けれども、

「先生、宏子です。荒井宏子です」

と、旧姓で名前を告げたとたん、先生の顔はぱっと明るくなり、私の手をとって、感きわまったように、

「まあ、宏子ちゃん」

とおっしゃいました。そのときの、冷たいけれどすべすべした先生の手の感触を、私は今もはっきり思い出せる気がします。

それから少しのあいだ、百重さんと二人でいろいろな話をしました。先生は嬉しそうにうなずきながら聞いていてくださいましたが、突然何かを思い出したような、はっとした表情を浮かべて、

「私はもうだめですよ。もう、いけません」

とおっしゃって、それきり遠い目で再び窓の外に心を奪われてしまったようでした。その瞬間、どういうわけか私はどうしようもなく泣きたい気持ちになりました。

それから私たちはいとまごいをしましたが、先生は二度と私たちを見上げようとしませんでした。広いサンルームから出るまでのあいだ、私たちは何度も先生を振り返りました。ほかに何人もの患者さんや看護婦さんがいる中で、先生の後姿はぽつんと心細そうに見えました。そのときは、私はもう二度とここへ来ることもないだろう、と思いました。家の近所しか運転のできない私は、どうやってここまで来たらよいかもわからなかったからです。

ところがその翌年、次女がたまたま私立の中学に進学することになり、どうやって通わせたらよいかと悩みながら地図を見ていた私は、偶然にもその学校と先生の病院が目と鼻の先にあることに気づいたのです。

結局、学校の行事や保護者会などがあればそのたびに病院の前を通ることになり、少し早めに家を出てお見舞いに行くようになりました。ご病気の先生のところに伺うことにはためらいも迷いもありましたが、病院の前を

素通りすることもまたはばかられ、いろいろな思いをかかえながらも、一年に何回かは短いながら先生のおそばで過ごす時をもつことができました。先生は眠っておられることもありましたが、益子の文庫の話や柳井の記念碑の話をすると嬉しそうに笑ったり、感きわまって涙を流されることもありました。

病院の面会ノートには、いつも清水しげみさんの名前がありました。いぬい先生は七年のあいだ、ひっそりとたゆとうような時を病室で過ごしたのでしたが、同じだけの長いときを、いとこの清水慎弥さんの奥様であるしげみさんも、誰も見ていないところで黙々と先生のもとに通い続けて過ごしたのでした。

娘が思ってもみなかった学校に入り、それがいぬい先生の病院のそばであったことが偶然ならば、年に数回しか訪れない私が病院でばったりしげみさんにお会いしたのもやはり偶然だったのでしょうか。お見舞いといっても先生の病室で過ごす時間はほんのわずかの間であったのに、同じ日のちょうど同じ時間にしげみさんがおいでになったことは、私にとっては神様のお引き合わせとしか思えませんでした。それ以来、学校に用事がない季節にも、しげみさんから先生のご様子を伺うことができるようになったのです。

二〇〇一年の十二月三十日、夫の運転する車で、私の母と三女を連れてお見舞いに伺ったのが、いぬい先生にお会いした最後の時となりました。その二週間後、明けて二〇〇二年の一月十六日、しげみさんから、いぬい先生ご逝去のお電話をいただいたのでした。

先生が荼毘に付された火葬場でお骨を拾わせていただいたあと、私はしげみさんに「長いことお疲れ様でした」と申し上げようと思っていました。体の弱いしげみさんが、うちの子どもと同じくらいの子供さんを育て、慎弥さんのご高齢のお母様、布久子さんのお世話もしながら病院に通うのはどれほどのご苦労であったか、と思われたからです。けれども、骨箱を抱いてしょんぼりと立っているお嬢さんの結花さんと、その隣で泣きじゃくっている息子さんの大河くんの姿を見て、私ははっとしました。きっと清水さんご夫妻がいぬい先生のお世話を始めたとき、お二人はまだ小さくて、ずっとそのことを当たり前のように育ってこられたのだろうと気づいたのです。そして病院にいるいぬい先生をまるで家族のように思ってこられたのだろうと。お母さんをとられた、などとは考えずに、いっしょに親身になって協力してこられたのだろうと思うと、お二人のけなげさに胸を打たれました。慎弥さんもしげみさんも泣いておられました。布久子さんも、ご自身がご高齢であるにもかかわらず、しげみさんがいぬい先生のお世話のために病院に行くことを喜び、いつも労をねぎらっていた、ということも後になって伺いました。いぬい先生が息をひきとられる前に流されたというひとすじの涙は、きっと、一人っ子だった先生が、最後に清水家という「家族」に恵まれたことへの感動の涙だったのではないかと思います。

その後もこうしていろいろな形で清水さんご夫妻を通してムーシカのことに関わらせていただいていることも、私にとっては何か見えない道が備えられているようでもあり、知らないうちに流れに乗ってここまで来たようでもあり、不思議な気持ちがしています。けれども、富士見台の文庫の建物がそのままの形で保存され、毎年垣根のバラが咲き、今もいぬい先生の息づかいがしのばれるような場所となっていることは、ひとえに清水さんのご尽力のおかげです。

私たちはいつでもこの場所に戻ってくることができます。「オオカミ原っぱのムーシカ文庫」を見上げ、四季おりおりの庭の草花に出会うことができます。いぬい先生、松永先生のありし日の思い出にひたり、文庫で本を読むことができて幸せな人生だった、と語ることができます。

ですから、ここにムーシカがあった、ということを私は自分の三人の娘たちと、おはなしが好きなたくさんの子どもたちに伝えていきたいと思っています。けれども、その前に、私は昔読んだ本を読み返すことが楽しくてたまらず、また、文庫にかかわった方々と今また新たなお交わりをいただいていることが嬉しくてたまりません。文庫がなくなった今も、こうして本と人との出会いをたくさんくださっている天国のいぬい先生、松永先生に、ほんとうに感謝の思いをいくら言葉にしても言い尽くせない気持ちです。

（こまつばら・ひろこ／私立高校講師）

貝がらと話せる耳、星屑を数える瞳

﨑村友男

1974.1.12
『エルマーとりゅう』、『火星人のついせき』
1977.12.10
『ミス・ジェーン・ピットマン』、『イシ』

八歳から十二歳まで、263冊の名前が記されている十一枚の読書カード。掌に載せると、遠い、遠い何かがホンの少し、私の周りを巡るように感じる。

いぬい先生の、ムーシカの想い出を書こうとして、正直、困った。ハッキリと記憶に残っているのは、本棚、建物の佇まい、大きな版画、いぬい先生とあと二、三の方々のお顔ぐらい。木下さんや小松原さんや津田さんに、本に夢中になっている﨑村君の姿はよく覚えている、と言われたけれど、まさに本しか眼中になかったらしい…。

就職して東京に出て、一度だけお元気だったいぬい先生と夕食をご一緒できたけど、あとは年賀状だけだった。小松原さんの、文庫の本は卒業しても文庫とかかわりが続いた時期のお話とかを聞くと、親の転勤が無ければなぁと痛切に思う。

2003.4.8
五味太郎『バスがきた』、『爆竜戦隊アバレンジャー』、長新太『ムニャムニャゆきのバス』、クリングス『みつばちのミレイユ』
2003.4.14
クリングス『のみのリュース』、五味太郎『ぼくのすきなやりかた』、たむらしげる『ダーナ』、クリングス『しらみのルールー』
2003.5.3
和田誠『ことばのこばこ』、ゼーマン『シンドバッドと怪物の島』

当時五歳の息子に、寝かしつけとして読み聞かせた本のメモから。六歳になった最近では、さとうまきこの『9月0日の大冒険』とか伊東寛の「ごきげんなすてご」シリーズといった絵本でない本も少し混じってきている。

本を読める力を贈りたくて、二歳になってまもなくの『もこ　もこもこ』から読み聞かせを始めた。長新太の『キャベツくん』、島田ゆかの「バムとケロ」シリーズ、工藤直子の「ごりらはごりら」と「でんせつ」とかはのべ五十回以上読むはめに。十回程度読んだ本なら、数十冊あるだろう。語彙、喩え、話の組み立て、あちらこちらにそうした絵本たちの姿が見え隠れする。子どもの、少なくとも一部は親が作るのだな、と思う。

息子に、読書どっぷりの人生を歩んでほしいと思っているわけではない。私自身、学生時代にバイクツーリングに夢中になり、成人後にリバーカヤッキングを、そして最近ウクレレを楽しむようになって、そういったアウトドアとか音楽演奏とかスポーツとかのほうが人とのふれあいが多いので、むしろより楽しむようになってほしいと願う。ただ、そうした趣味や日々の暮らしの基盤の一部に、本を楽しむことが入るといいな、と思っている。

暮らしの基盤は技能と教養と健康だと思うが、そのひとつである教養とはつまり、世界の多様性を感じる機会をどれだけ持てたかだと思う。そしてそのためには、今もなお読書以上の手段は無いだろう。個人が多大な時間を費やして発信するのに、ほかのメディアは向いていない。直接の経験は最高だが時間的に限られ、テレビやゲームは集団で作りかつスポンサーが要るがゆえの限界を持ち、ネットでの表現は少なくとも今はまだ収入が得られにくく片手間以上には難しい。

子どもを殺されて刑事裁判が続いている人に、勝ったら賠償金が貰えるんでしょ、と言った近所の人。酒を飲むと、女と賭け事と職場の話ばかりの男。楽して儲かる話にためらいながらも乗る大人。そういう風には、なってほしくない。あとはまぁ、やつの人生だ。

閑話休題。

私自身、本当に本が好きな子どもだったと思う。そしてそれを、ムーシカは大いに後押ししてくれた。父親も母親も、本好きな子どもにしたいと思っていたのは確かだが、自身で読書を楽しむ姿はあまり見なかった。中学のうちに、家にある本の過半は私のになり、高校のときの小遣いは、大半が本代に消えていた。足りないから、文庫本一冊ぐらいの立ち読みは日常だった（今は無い、金港堂ブックセンターさんごめんなさい）。

そんなに上出来な人間になっていないが、それほど悪くない来し方だったし、その源の一つは、確かにいぬい先生だ。

一周忌で四半世紀ぶりの文庫に行った。中も周りも様変わりしていたけれど、あのウシの版画は変わらずに迎えてくれた。それにしても、ご葬儀にも、一周忌にも、男の卒業生はとても少なかった。当時は、半分に満たないとはいえ、けっこういたのに、と思う。

「男は、忘れるが許さない。女は、許すが忘れない。」ちょっと違うかな。

いぬい先生が亡くなって、二度の集まりがあり、そしてこの文集が編まれている。とてもうれしいことに、来春にまた文庫での再会が予定されていると聞く。小学校四年生のときの担任であった土岐先生の言葉、「皆さんが二十歳になったら集まりましょうね」を頼りに、弘前の墓前で小さな同窓会が開かれたことがある。

そうした贈り物が遺せる人生を、もはやどこから見てもオッサンの私は、歩んでいるだろうか。

二〇〇三年の冬至に、井上陽水「海へ来なさい」を聴きながら

（さきむら・ともお／会社員）

いぬい先生の思い出

瀧澤広子
（旧姓・折戸）

先日、「いぬい先生をしのぶ会」へのお誘いをいただき、懐かしい方々と久しぶりにお会いすることができました。ムーシカ文庫の二階での集まりということで、文庫の中に入れるのは本当に久しぶりだったので、その点でも懐かしく参加させていただきました。

以前このムーシカのおうちの中に入ったのは、益子へ本を送るとき、そして、本がなくなった文庫の中での備品の片づけという、今思い出してもさみしさのこみあげる仕事のためでした。貸し出しカードをわかるだけでも本人のところに戻したいということで、微力ながら数名のカードをお預かりしお届けしました。カードを受け取った卒業生はムーシカのことを懐かしく思い出し、そしてカードをとても喜んでくれました。「元気だった？」「久しぶりだね～」「ご両親は変わりない？」子どものころを一緒に過ごした友達とその家族には、大人になって知り合うご近所の方々とはまた違った親しみがあるもの。お互いに大人になっちゃって……元気でね、と励まし合いました。

「ムーシカ文庫の伝言板」を読み返してみると、ところどころに私たちの世代のことが書かれています。小学生でクリスマス会に参加していたころ、中学生になり気が向くと顔を出していたころ、高校生のころは土曜日の午後はクラブがあって、試験休みのときくらいしか顔をみせていない。短大の学生だったときと就職してからはお手伝いとティータイムを楽しみに。進路のことをお話ししたときも親身になって考えてくださったこと、思い出します。私自身はムーシカに顔を出すのは気が向いたら、時間があったらという自分勝手な基準だったように思うのですが、ＯＢ会員が顔を出すことはいぬい先生にとっては大切なことだったんだな、と改めて感じました。

今の私は二人の息子と仕事に忙しい夫との４人の家庭を整えるのに、日々バタバタしています。でも子どもは日々成長し、べったりお世話しなくても大丈夫なくらいになってきました。さて、私のマンパワーはどういった方向に向けていこうか、ゆとりの時間を何に使おうかと悩む贅沢な身分になりつつあります。いぬい先生が目先の成果を期待せずに私たちに種を蒔いてくださったこと、今になって感謝の気持ちでいっぱいです。私もまた何かのかたちで未来につながるように種を蒔くことを意識していきたいと思っています。いぬい先生、ムーシカでお世話になったたくさんの方々、本当にありがとうございました。

（たきざわ・ひろこ）

大切な樹

長嶋史乃

仙台で暮らす友人から、かわいい三男坊についてメールが届きました。ちょっぴり成長して『エルマーのぼうけん』シリーズを読んでもらっています。

でもまだ挿し絵のないページはつまらなくて、

「ちょっとだけ、次のページ（絵が透けて見える）見てもいい？」

とちらっとめくり
「ありがと」

と言ったりしています。

そうだった……と思い出しました。絵本ではなく文字でいっぱいの本に集中するのは大変なことでした。絵のあるページの待ち遠しかったこと!!

趣味は読書と即答する私ですが、本との付きあいにも幾つかのハードルがありました。そのひとつ……読書は大好きだけれどもどんな本を選んだらいいのかわからずにとまどっていたときに、級友に誘っていただき、いぬい先生とムーシカ文庫に出会うことができました。

銀行の棚に並んだ本たちは、小学生の私には宝物のように感じられました。

「さあ!!　手に取ってご覧なさい」

土曜の午後の光の中で、おおらかに見守ってくださったいぬい先生。物語を味わう喜びや、未知の世界を思い描く楽しみを与えていただきました。

当時の小学生も、40代となった今も、居心地のよい本の小部屋だけでは生きていけないのは同じ。きょろきょろ迷ってしまうことの多い日々です。

迷子になっても……見知った樹が立っている。その樹の姿を見れば、安心してもう一度出発できる……そんな存在として、いぬい先生とムーシカ文庫は私を支えてくれます。

戦争のこと。成果ばかりに重きを置いて過程を軽んずる風潮。「これでいいのかしら」「私に何ができるのかしら」と思うこのごろです。力強く、ではなく、いぬい先生がおっしゃっていた「力弱く」という言葉の意味を考えています。

（ながしま・ふみの／会社員）

（編注・いぬい先生の『子どもと本をむすぶもの』（晶文社）P47以降に登場するF・Nさん）

いぬい先生とムーシカ文庫に感謝

中西光

私は小学校一年生から中学校一年生までムーシカ文庫にお世話になっていました。そのお陰で多くの本と接する良い経験ができました。もしもムーシカ文庫に入っていなければこれほどの量は読まなかったと思います。週に一度本を選び、読み聞かせをしていただける楽しい場所でした。いぬい先生のやさしい笑顔が思い出されます。それほどお世話になりながら最後に失礼をしてしまったことが心残りです。お借りした本で返却していないものがあるのです。ずっと気になりながらも本の返却、お詫びができずにいました。

三十年近くたち、次男と一緒に行った図書館でいぬい先生の本を手に取ったところ連絡先が記載されていました。あまり本を読まない息子を嘆いているときでしたので、改めていぬい先生とムーシカ文庫のありがたさを思い出し、手紙にお詫びの品を添えてお送りいたしました。残念ながら時すでに遅く、いぬい先生は病を患われ、私の謝罪と感謝の意が正確には伝わらない状況でした。もう少し早くするべきだったと後悔いたしております。

そのときに木下様からムーシカ文庫が二十二年間も続き、幕を閉じた後もたくさんの人に愛され続けていることを教えていただきました。私の図書カードや当時の写真も保存してあり、送っていただきました。大変懐かしく、大切に保管してくださった方々に感謝しております。また、先生の作品の中で最も印象に残っていた『みどりの川のぎんしょきしょき』も合わせてご送付いただきました。私も「つぐみ台団地」の住人でしたので、とても身近に感じられた一冊です。団地には本当に魔女のようなご婦人が住んでいたような記憶があります。

過日、小松原様からいぬい先生の足跡をしるすような文集を出されると伺い、いぬい先生とムーシカ文庫への感謝の気持ちをお伝えしたくてこの拙い文章を書かせていただきました。

天国のいぬい先生、ムーシカ文庫を開催していただき本当にありがとうございました。そして、最後にお借りした本を返却せず誠に申し訳ありませんでした。

せめて、わが息子には読書の素晴らしさを伝えていきたいと思っております。

（なかにし・こう／三井不動産株式会社勤務）

（編注・いぬい先生の『子どもと本をむすぶもの』（晶文社）Ｐ47以降に登場するＫ・Ｎくん）

わたしの好きだった場所

仲谷利理
（旧姓・川井）

いぬいさんとの最初の記憶は、幼児のころ相当怪しいひらがなで書いた、抗議のハガキかもしれません。内容は「リリっていうのは、あたしの名まえだから、ペンギンのにしないで」というもの（わたしは当時も今も鳥類が大のニガテなのです）。「ごめんね、とってもかわいいお名前だから使わせてね」というお返事で、以後、「りりちゃんのお名前借りてるから」という姿勢を貫き通してくださいました。こんなふうに、小さな子どもにも、同じ目線にたってお話ししてくださるいぬいさんでした。実はペンギンのリリのほうがわたしより先輩なのだ、ということを知ったのは、随分あとになってからです。

いぬいさんは、元々わたしの母の友人なので、親子ほどの世代の差があって当然なのですが、この遠いささやかな記憶から思い起こしても、いつもわたしのなかでは、遥かな存在というより、向かい合って話せる人としてあり続けてくださったと感じています。親世代の人たちとは、親しくおつき合いしていく過程のどこかで必ず、ぶつかったり、衝突するまでに至らなくても違和感を抱いて、率直な言葉を呑み込んでしまう瞬間があったような気がするのですが、いぬいさんとの間には、なぜかあまりそういう記憶がないのです。ものの見方、考え方が完全に一致していた、ということは、恐らくなかったでしょうから、なんだか不可思議な気もします。では、いぬいさんにとっては、わたしってどう存在していたのだろう？　自分が大人になったいま、もし、またお話しできるのなら、おたずねしてみたかったな、という思いに駆られることがあります。

いぬいさんとは、黒姫山の家もすぐ近所でした。坪田譲治さんが「子どもの文化を取り巻く人たちへ」と橋渡ししてくださった黒姫山麓の土地に、わたしの親たちと同時期に山小屋を建てられたのは、昭和40年ごろのことです。ここは、地元の村の人たちが初めて受け入れてくださった別荘村でもありました。当時は山荘まで電話回線が来ていなくて、徒歩で10分以上かかる村唯一の公衆電話が頼みの綱。夜になると、漆黒の夜とはこのことなんだ！というくらい深い闇に包まれ、晴れた夜のみ星だけが降るように輝く世界。大雪に見舞われると、下界から完全にシャットアウト！……そんな中での生活には、ちょっと特別な連帯感があったのではないかと思います。

いぬいさんがファンタジーの何編かを紡ぎだされたこの山荘村は、本当に静かなところです。林のなかに咲く、白やラベンダーの小さな花、裏山の水芭蕉の群落。春になると、たらの芽やぜんまい、蕨を採る。夏の体じゅう染まってしまいそうな濃い緑。艶やかな秋、そして雪・雪・雪の冬。四季折々にやってきて、かわいいけれど厄介ごとも引き起こす小さな動物たちとつき合いながら、いぬいさんは、この自然の中で、たくさんの時を過ごされました。ことに創作活動一本に絞られてからは、山荘村の留守見守り役といった趣きも。また、山荘一の「麓の村の事情通」でもあったような気がします。明るく闊達で、どんな年齢の人とも話し込める才能を持ったいぬいさんは、村の人たちにとって、最も近い距離に鮮烈に飛び込んで来た山荘の住民だったかもしれません。ミニ・ムーシカ文庫ともいえるいぬい山荘に出入りして、物語の世界を愉しんでいった何人もの村の子どもたち。あるときはその成長を見守り、あるときは開発のさまざまな波の中で、根ざす立場の違いから、葛藤や対立があったり……。いぬいさんは、まさに「キツツキ小屋のキリノさん」だったのでした。

わたしは、小学校から高校時代まで、学校の長期休暇のほとんどを黒姫で過ごしました。小さいころは、心おきなく野山を駆け回っていましたが、大きくなるにつれて、野山の魅力は少しずつ色あせてしまいました。夏だと、テレビ映りのいい家に上がりこんで高校野球のテレビ観戦にふけったり、野尻湖あたりにリゾート気分を求めて出没したり。冬、春だと、スキーに熱中したり、飽きてゲームセンターにはまってみたり。黒姫での時間を持て余していたそんなころ。さらに、自然や人類への愛情より、恋するときめきのことで頭がいっぱいだったような時代にも、幼いころから変わることなく惹きつけられ、居心地のよい場所だったのが、いぬいさんの山荘でした。とくに、何度目かの改築のあとのいぬいさんの仕事部屋は、わたしのお気に入りの空間でした。本棚の中に埋め込まれたような長椅子があって、そこにはチェックの暖かい色合いのカバーがかかっていて（記憶に間違いがなければ）、ごろりと横になって本を読んだり、くつろいでおしゃべりするのにうってつけなのでした。いぬいさんは、わたしがお邪魔するときは大抵、仕事机の前の椅子に座っていらして、その机の抽斗や周りから、ちょっと素敵なものや珍しいものを、まるで魔法のように取り出して見せてくださるのです。その部屋で、向い合って時がたつのも忘れて聴いたり語ったりしたのは、どんな話だったか……。そして、ここは、多彩な領域の本を通して、未知の世界へわたしを誘ってくれた場所でもあるのですが、こうして振り返ろうとすると、語られた言葉や読み尽くした文字の記憶ではなく、あの部屋のさりげなく、温かみのある色彩の記憶……空気の記憶ばかりが、やけに鮮やかに蘇ってきます。今はもう、訪れる機会の失われた部屋。そこで語ったり語られた言葉も、いつか断片的な記憶をたどって、パズルのように探し出してみたいと思っているのですが、この好きだった場所の記憶をわたし自身が失うことがない限り、それって可能なことに違いないんだ、というちょっと暗示をかけるような気持ちが、わたしの中にはあります。

時おり、この部屋のことを思いがけないときに思い浮かべることがあります。それは、部屋の窓の外に広がる木々のざわめきや木漏れ日のあいだに垣間見える空の色へと広がることもあり、さらに、いつのまにか遠のいてしまった未知への夢や、怖れと、触れ合うものだったりします。時の経過の中で失ってしまったものに気づいて、はっとする瞬間。そして、そういう自分をいとおしく感じ、ほっと胸をなでおろすような瞬間であったりもします。

子どものころ好きだった場所というのは、自分の心をかたちづくっている原風景なのでしょうか。それを贈ってくださったいぬいさんには、今あらためて、心からの感謝をお伝えしたいです。

でも、現実の場で、なつかしい何かに不用意に出会ってしまうと、思わず目眩がしてしまうことってありませんか……。注意深くしまいこまれていたはずの断片的な記憶が、一気に押し寄せてきて、圧倒されてしまうような。二〇〇三年の早春、久しぶりに富士見台の駅に降り立ち、ムーシカ文庫の家が視界に飛び込んできたときのわたしが、そうでした。まさか、ご遺族の方がこのような姿で残してくださっているとは予想していなかったので、小さな声で「あっ！」と叫んでしまったくらいの衝撃でした。そして、同時に、家の入り口に蔓をめぐらすバラの木が、二十数年の歳月の流れも否応なく伝えてくれたのでした。このバラは、石神井のわたしの育った家の小さな庭を占拠していたのですが、横浜に転居するとき、母がムーシカ文庫に譲りました。バラの茂みの大きさは、わたし自身の少女時代との時の隔たりを示していましたが、その一方で、大人になったわたしを子ども時代につなぐタイムトンネルのようにも見えました。その瞬間、心のどこかがキリリと痛んだのは、主だったいぬいさんが天に召された現実、たくさんの時が過ぎてしまった現実を唐突に突きつけられたように感じたからでしょうか。

このバラの木のあるムーシカ文庫へは、実は、数回しか訪れたことがありません。わたしが本を借りに通っていたのは、富士見台駅の反対側にあった銀行の中の文庫でした。近所の友達数人と、石神井公園駅から電車に乗って通っていましたが、小学校高学年のころ受験を理由にやめてしまったので、そんなに長い期間は在籍していなかったと思います。ムーシカ文庫では、なぜか、いぬいさんご自身といっしょに過ごした光景があまり思い出生来せなくて、松永さん、それから甲斐さんや木下さんといった『お姉さん』たちのほうが、記憶に鮮明です。生来ナマケモノのわたしをはじめ、本好きとはちょっと言いがたい雰囲気の友人たちが、よく苦もなく通っていたものです。今にして思うと、わたしにとっては、自分のペースで好きな本を自由に選べるところが一つ。もう一つは、世話人の方々と、いわゆるオトナ対コドモの構図ではなく、いっしょに時間と空間を共有しているような感覚があって、そこに魅力を感じていたのかもしれません。ただ本を借りて返すところ、というだけでなく、本を通して、そこにいる人たちを通して、幼かったわたしの一つ先に見えるドアの鍵を、自分の手で探せる場所。この魅力は、結局、黒姫のいぬいさんの仕事部屋で見つけたものと通じているものだったのか、という気がしています。

（なかや・りり）

モモの恩返し

二川白重
（旧姓・森友）

群馬県に引っ越してから早くも十三年、自分の子（現在中一と小四です）に本を読んでやる傍ら、公民館や小学校での読み聞かせの仲間に入れてもらい、細々と子どもの本にかかわる活動を続けてきました。

それが2年ほど前、ひょんなことから小学校の図書室で働かないかというお話があり、奇跡か魔法かと喜んだのでした。特に司書の資格は必要なく、村の臨時職員という身分で、本（しかも絵本と児童書ばかり！）がぎっしり並んだ棚に囲まれて仕事をしております。こういう仕事を始めましたと報告した何人かの方から、「さっと、いぬい先生も松永先生も喜んでいらっしゃるでしょう」というお言葉をいただいて、とてもうれしく感じました。つくづく、私の基本はムーシカ文庫なのだと感じるからです。文庫で培った「貯金」で仕事ができてしまうのです。ムーシカ文庫の選書、子どもの本への姿勢、見事だったと思います。もちろん、今時の小学生の心をつかむには、最近の本も知らなければなりません。

絵本は、古典となったもの、定番物が十分通用しますが、読み物、特に高学年向けは新しい本に精一杯アンテナを張っています。私自身は欧米の物語が大好きですが、翻訳物は、あまり読まれないですね。それから、長い物語は敬遠されます。ブームに乗ったハリー・ポッターは例外です。気軽に読めるのではないかな、と思われる本でも、活字がずらずら並んでいたり、本が少し厚かったりするだけで、手を出さない子が増えてきています。短編集か、または見るからに薄い本が人気です。

人気があって、すぐぼろぼろになってしまい、修理が追いつかないような本は、マンガかマンガに限りなく近く、話の展開が早いものですね。いぬい先生は、漫画（劇画）を否定的に見ていらしたという記憶があるのですが、今どきの子どもたちには必要なものです。それどころか、マンガでさえ手に取らない子もいて、お願いだから紙に印刷されて綴じられたものを読んで〜、と叫びたくなることもあります。ですから、いぬい先生がお元気でこの本をご覧になったら激怒するだろうなと思うような本も、図書室の棚の大切な一員です。それだけ子どもの心を捉えているのですから、それはそれでよしとし、ほかにも本はいろいろあるよと紹介するように努めています。

小学校の図書室も近年は読書だけでなく、勉強の重要な場所となっています。特に、「総合」という科目が始まってからです。専門的知識のない私には、子ども用百科事典の『ポプラディア』全12巻（ポプラ社）が強力な味方です。昨年度に購入したら、多くの先生が喜びまして、もう1セット追加注文しました。でも、学校司書または図書室職員（多くが私のように臨時雇いです）が、どんなにこの百科事典が良いから買ってほしいと言っても購入してくれない学校もあるそうです。「総合」「調べ学習」に対する考え方は、学校や先生方によってずいぶん違います。

この調子で書いていくと切りがないので、なるべく手短にまとめます。私は幸い、購入図書の選定をかなり任せてもらえるので（学校によって扱いが違うのです）、蔵書の中にプロイスラーの『大どろぼうホッツェンプロッツ』シリーズ（偕成社）がないのにショックを受けて、すぐさま3冊とも買いました。数ケ月前、4年生の男子が、「この本、すげえ面白いんだぜ。」と友達に話しているのをカウンター内で聞き耳をたててました。このときはうれしくて、飛び上がりそうになりました。

岡田淳さんの著作も1冊しかなかったので、現在入手しうる限りを全部購入しました。同じ作者の別の本を読んでみたいという気にさせる力はさすがといえます。一度ファンになると次から次へと読んでいきます。あるお母さんからは、「娘が字の多い本を読むようになった。」と感謝されてしまいました。ほかに気軽に読んでもらおうと、講談社青い鳥文庫ではやみねかおるさんや松原秀行さんのものをそろえました。6年生からは、読みたい本を真剣にリクエストされることもあり、森絵都さんの本を買ったりしています。

最後に、一昨年の図書委員長のお薦めの本を紹介します。『トイレまちがえちゃった!』(ルイス・サッカー作、講談社)は、問題児が学校の異色カウンセラーの助けを借りて立ち直っていくお話です。日本のいじめ物のようにじめじめしていないし、本人がやる気を出したときの家族のサポートが素晴らしい!(私は同じ作者の『穴』のほうが好きで、こちらは格別に面白いので機会があったら読んでみてください。)とにかく、彼女はこれをたいへん気に入ってしまって、休み時間に高々と本を掲げて「誰か借りなよ!」と叫んだり、同級生を呼びとめて借りさせようとしたりしていました。子どもと本との出会いを手伝えて、私もムーシカ文庫へ少し恩返しができたかしら。

(ふたがわ・ももえ/小学校図書室勤務)

ムーシカ文庫の思い出

水野直子・青木まり
（旧姓・水野）

昭和四十四年に中村橋の社宅に引っ越してきた私たちは、三年生と幼稚園児で、ムーシカ文庫にお世話になることになりました。それから、それぞれ小学校時代はムーシカ文庫に「通い詰め」ていたような気がします。私たちは学年で四つ違いますので、姉のほうは「文庫」というと、東京相互銀行の一室を、妹のほうはあのかわいいお家のほうを思い出します。

「書店で本を選ぶ」ということは、はずれがあってすごく難しいな、ということを子ども心に知っていたような気がします。ですから、家の本棚にはプレゼントされた本やお薦めと言われて買った本、あとは折り紙の折り方やクイズの本や少女小説はあったけれども、自分の好きな本、感動した本はすべてムーシカ文庫の本棚にありました。（でも中学に上がったころか、いぬい先生にお願いして二、三人で岩波少年文庫のハードカバーの本を買いに連れていってもらった記憶があります）ムーシカ文庫の本で子ども時代を過ごしたわけです。

妹のほうは私が行くというので、自分もということで通い始めたのだと言っていますが、私のほうは本に対していつもがつがつとしていました。「おすすめ本」を借りてきては、四冊並べてだーっと読んでいき、小学生ながら「週末の幸せ」を感じていたことを思い出します。リンドグレーン、ケストナー、アーサー・ランサム、フィリッパ・ピアス、ルーマー・ゴッデン、ファージョン、そしてカニグズバーグの本などは、あるだけ全部読もうとして、まだまだあるから大丈夫だ……と安心しながら読んでいったように思います。

私が「赤」「茶」のラベルの本だけしか読んでいなかったのに対し、妹は幼稚園児でしたから、ちゃんと「黄色」から入りました。「ムーシカというと、絵本の読み聞かせをしてもらったことをまず思い出す」そうで、「名作」といわれる絵本は、すべてムーシカで知った妹は、自分の娘にも、絵本を読んであげるとき、それらの本は欠かさないそうです。妹の娘たちは、それゆえ赤ちゃんのころから『ちいさいおうち』『ひとまねこざる』『マドレーヌ』『さむがりやのサンタ』『しろいうさぎくろいうさぎ』などの美しい絵本に囲まれています。

多くの本に出会えた場所であると同時に、ムーシカ文庫にかかわっていられた方たちがとても魅力的な大人の方々であり、さまざまなふれあいがあったことも、大きな思い出です。小学生のとき、いぬい先生や松永先生、木下先生などが大人だけで話していることを背伸びして聞いては、いろいろな感想を持ちました。(例えば「なぜ、子どもに感想文を書かせるのが良くないか」など納得して聞いておりました)また、『冒険者たち』に夢中になっていたころに斎藤惇夫先生が来てお話をしてくださったり、自分のふだん接している大人たちとはどこか違ったにおいのする大人たちのいる場所としてムーシカ文庫を見ていたように思います。「卒業」後も、節目節日には、先生方に会いに行っていました。松永ふみ子先生の大磯の「貝の火文庫」とお宅をお訪ねし、結局泊めていただいたこともありました。

お元気にご活躍されていたころのいぬい先生や松永先生に、多くのものをいただいている私たちですが、お礼も言えないままお別れすることになり、本当に残念です。私は中学の国語の教員として、妹は母親として今、子どもたちに接するときに、ムーシカ文庫での読書は反映されているとは思いますが、それよりもなによりもムーシカ文庫のおかげで、現実の生活とは別の所に「とってもたのしい遊び場所」を持つことのできた子ども時代を与えていただいたことに心からの感謝をしたいと思っています。

(みずの・なおこ/中学校国語教論)
(あおき・まり/タイ在住)

親族

冨子の思い出

清水布久子

乾冨子の叔母の清水布久子です。

叔母と申しましても年が近いものですから姉妹のように育ちました。家に来ると、よく隣の獨協中学に行って遊んだものでした。私のことは「布久子おばちゃん」を短縮して「こばちゃん」と呼んでおりました。私も太っていましたが、冨子も太っておりました。

乾のおばあちゃんに連れられて方々へ行った思い出がたくさんあります。東京の下町でおでんを食べたりみつ豆を食べたり。

お風呂に入ると拭かずに出てきてキャアキャアはしゃぎまわった姿は忘れられません。

小学校卒業後は府立第六に入りましたが、そのころも家に帰るとおせんべいをぼりぼり食べて本ばかり読んでいる人でした。

親が転勤で大阪の方へ行ったあと、母方の実家に当たる私の家から日本女子大に通っていましたが、やはり親元で暮らしたいと思ったのか、大阪に近い平安女子大に入り直しました。父親の利之丞をとても敬愛しておりまして、二人でいつも世の中のことについて話し合うのが楽しくてたまらないようでした。

冨子の母親の乾たまは娘のころから乾家に入りました。利之丞が一人息子で親をみている様子がたいへんそうだと言って嫁に行ったのですから、その愛情はたいしたものだと思います。冨子は常々まわりの人に「一人っ子はたいへんだから、決して子どもを一人っ子にしないように」と言っておりました。ですから両親が世を去ったあとは、つくづくきょうだいのいないつらさを味わったことでしょう。

私も妹のようにして暮らした冨子が亡くなり、本当にさみしくてなりません。

（しみず・ふくこ／いぬいとみこの叔母）

あとがきにかえて

清水慎弥

「いぬいとみこ」への沢山の暖かなお気持が集まって、このように立派な本が出版できましたことを、親族を代表いたしまして心より御礼申し上げます。

葬儀の際に、ムーシカ文庫の関係者の皆様と「一周忌は練馬の文庫で」というお約束になり、それが実現した席上で、この文庫の記録を作ることになりました。ですから、故人と関係の深いご友人の方が、まだまだ多くいらっしゃるのですが、ムーシカ文庫に縁りの方のみとさせていただきました点、どうぞお許しいただきたいと存じます。（日本児童文学二〇〇二、7-8に鳥越信先生、三浦精子先生が追悼文を書いてくださっています。）

「いぬいとみこ」は生涯独身でしたので、一番の近親者が、私の母清水布久子でございます。私の母は、故人の母、乾たまの妹ですが、八人きょうだいの末っ子で、とみこの叔母といっても八歳しか年が違わず、一時は一緒に住んでおりましたので姉妹のような間柄だったそうです。そんなわけで、私は故人のいとこにあたるのですが、年が三十歳以上若いので子供のようにかわいがってもらいました。ですから、私の幼いころの記憶にある故人は、いとこというより「本のおばさん」でした。当時、岩波の編集者でしたので、いつも岩波少年文庫を持ってきてくれたのです。あるとき、母が、「とみこちゃんが書いた童話が賞をとったのよ」と手渡してくれたのが、『ながいながいペンギンの話』でした。こうして私もいつのまにか本を読むのが大好きになりました。そういう意味では、私こそがムーシカ文庫の第一期生と言えるかもしれません。

そこであとがきが少し長くなりますが、故人の思い出を書かせていただきます。大学の入学祝いは、自分の使っていた執筆用の「本のおばさん」は、その後もさりげなく私を見守ってくれました。この作品は、三十代で召集され、中国大陸で戦死した、故人の叔父（私の母の兄）松下滋へのレクイエムでもあると、確信しました。これを読み、私の中での「本のおばさん」は、尊敬する作家へと変身しました。ムーシカ文庫について知ったのもそのころでした。「あなたも手伝いに行けば？」という母の言葉もあり、子供に本を読んであげたいとの思いもあったのですが、当時、私は演劇を志しており、芝居を作るのに夢中で、実現しませんでした。卒業が近づき、大学の演劇博物館で、私はそのモンブランで卒論を書き上げました。

そして、芝居への挫折、就職、結婚……その後も私の人生のエポックにいつも「とみこ先生」は登場します。私たちの結婚式のスピーチで「私、一度でいいからウェディングケーキから煙が出るのを見たかったんです」と、子供のようにニコニコ話してくれたのをよく憶えています。私の妻しげみも、小さいとき『ながいながいペンギンの話』を読んでいて、いぬいのファンであり、とても喜びました。しかし、後になってまさか自分がこの先生の最期を看取ることになろうとは、思ってもみなかったことでしょう。素晴らしい文学者であったと同時に、本当に子供のようなところのある純粋な人でした。

いぬいは母のたまが他界したとき、お骨になるのが怖くて、どうしても火葬場には行けませんでした。そして、大切な母が長患いの末逝ってしまってから間もなく、失意のあまり、自身も病んでしまったのだと思います。そのころから私たち家族が故人の面倒をみることになりました。私の母も八十歳を過ぎ、足も弱ってきていましたが、妻も快く引き受けてくれました。介護付の病院を捜して、身の廻りのお手伝いをしていただいた阿部とく子さんと各地を見て回りましたが、週に一、二度、行き易い練馬の病院に入院することになりました。

それから七年余り、看護の甲斐なく、ついに「いぬいとみこ」は天国に召されました。昏睡状態の中で「とみこさん」という妻の呼びかけに反応し、一瞬目を開き、ひとすじの涙を流した後、静かに眠るように逝ったそうです。その涙は、私たちへの感謝の涙だったのか、もっと生きたかったという無念の涙だったのか、今となってはもう誰にもわかりません。どうぞやすらかに天国で、父利之丞、母たまさんと共に過してください。

世は子供の活字離れが懸念されていますが、ご心配なく。あなたの遺志は、ムーシカ文庫の卒業生が母となり父となった今、その子供たちへと確かに受け継がれています。

私も自衛隊がイラクへ派遣されることになった年に、反戦が主要テーマの一つだったあなたへの追悼をこめた本が上梓されたことを噛みしめて、これからも生きてゆきたいと思います。

最後に出版に当たり、お力添えいただきました全ての皆様に深い深い感謝を申し上げます。

特にムーシカ文庫の卒業生小松原宏子さんには原稿集めから構成、編集まで本当にお世話になりました。二人で理論社の小宮山民人さんのところへご相談に行って、出版先のてらいんく佐相伊佐雄さん（生前いぬいとお仕事をされたことがおありだそうです）をご紹介していただいたり、大磯の松永太郎さん（故松永ふみ子先生ご子息）宅へ伺ったり、この人なくしてはこの本は完成できなかったことでしょう。

そしていろいろとご協力くださった木下惇子さんはじめ世話人の方々に深く感謝しております。

また、この本の表紙と挿絵をご多忙中にもかかわらず快くお引き受けくださいました、津田櫓冬先生に、この場を借りて心から御礼申し上げます。

（しみず・しんや／親族代表）

二〇〇四・一・一六

ムーシカ文庫に関するお問い合わせは、ロールパン文庫
（東京都練馬区富士見台4-25-23　主宰：小松原宏子）まで
お願いします。

ムーシカ文庫ホームページ

http://playboater.cocolog-nifty.com/kokage/

http://ip.tosp.co.jp/i.asp?i=inuitomiko

ムーシカ文庫の伝言板

発行日　二〇〇四年三月三日　初版第一刷発行
　　　　二〇〇四年六月三十日　第二刷発行

編集人　ムーシカ文庫
発行人　清水慎弥
装挿画　津田櫓冬
発行所　株式会社てらいんく
〒二一五-〇〇〇七　川崎市麻生区向原三-一四-七
ＴＥＬ　〇四四-九五三-一八二八
ＦＡＸ　〇四四-九五九-一八〇三
振替　〇〇二五〇-〇-八五四七二
印刷所　モリモト印刷

ISBN4-925108-62-X C0095